하느님의 길

초월실재의 인식과 종교대화

하느님의 길

초월실재의 인식과 종교대화

김 진 지음

철학과현실사
2005

※ 서문 ※

어릴 적부터 하느님에 대하여 궁금한 것들이 많았다. 고교시절인 것 같다. 예수 그리스도와의 만남이 나의 삶을 변화시킬 수 있으리라는 확신을 갖게 되었다. 그러나 기독교 신앙을 가진 후에도 하느님에 대한 생각은 갈수록 복잡해졌다. 아무도 속 시원하게 이야기해주지 않았다. 교회생활을 통하여 히브리적 성서적 신의 모습에는 상당히 익숙해졌으나, 나에게 민족의식이 생겨나기 시작하면서 이스라엘 사람들의 하느님이 한국인의 가슴 속에도 똑 같은 의미를 가질 수 있는가에 대하여 회의하기 시작하였다. 그러는 동안에 신 그 자체와 신앙의 문제를 근본적으로 부정하는 데까지 이르게 되었다.

프란시스 쉐퍼의 책을 읽은 지 얼마 되지 않았을 때 나는 우연히 버트랜드 러셀의 기독교 비판서를 접하게 되었다. 러셀이 열매를 맺지 못하는 무화과나무를 꾸짖고 말라죽게 한 예수에 대하여 자연 법칙을 무시한 인물로 규정한 사실이나, 우주론적 신 존재 논증의 한계를 지적했던 부분들에서 깊은 인상을 받았던 것 같다. 신앙과 지식의 관계 정립에 대한 오랜 사상사적 갈등이 나에게도 여지없이 찾아온 것이다. 그러나 러셀의 비판만으로 기독교 신앙을 버릴 수 없었다.

대학에 다니면서 철학 책이나 신학 책을 탐독할 수 있는 기회가 많아졌다. 루이스 벌콥(L. Berkhof)이나 찰스 하지(Charles Hodge)의 『조직신학』(Systematic Theology) 책들을 발견한 나는 기독교의 교의신학 체계에 관심을 갖기 시작하였다. 우리나라 신학자로서는 박형룡을 읽었던 기억이 난다. 군 복무를 마치고 대학 3학년 과정에 복학하였을 때 나는 하이데거의 『존재와 시간』(Sein und Zeit)과 씨름하였으며, 그 과정에서 자연스럽게 폴 틸리히(Paul Tillich)를 접하게 되었다. 그로부터 틸리히는 내가 가장 좋아하는 사상가 중의 한 사람이 되었다. 그러나 나는 광주민주화 운동을 직접 겪게 된 1980년 이후부터 서남동의 민중신학에 심취하게 되었으며, 이를 통하여 히브리적 전통과 한국적 전통을 연결시킬 수가 있었다.

나에 대한 틸리히의 영향은 가히 절대적인 것이었다. 그의 사상편력을 따라잡는 동안에 나는 서구의 전통신학이 형이상학으로부터 자유롭지 못하다는 사실을 깨닫고 아리스토텔레스부터 다시 공부해야겠다는 생각에 미쳤다. 플라톤과 아리스토텔레스를 공부하면서 하느님의 존재에 대하여 철학적으로 성찰할 수 있는 기회를 가진 것만으로도 여간 다행스럽지 않았으며, 매사가 그저 즐거울 뿐이었다. 내가 대학원에서 보낸 기억은 아리스토텔레스와 하이데거와 화이트헤드가 전부였다. 조우현 교수님과 장욱 교수님에게서 아리스토텔레스를 배웠고 조요한 교수님의 논문들을 읽었다. 신옥희 교수님으로부터 하이데거를 배웠으며 오영환 교수님으로부터는 화이트헤드를 배웠다. 사실 나는 현대 영미철학을 공부할 생각도 가지고 있었으나, 고교시절부터 줄곧 관심을 가져왔던 하느님-물음을 던져버리지 못하였다.

화이트헤드는 나의 하느님-물음을 더욱 혼란스럽게 하였다. 내가 화이트헤드의 취지를 이해하기 시작한 것은 박사 논문을 마친 후에서였다. 그 동안 나는 독일 보쿰시에 위치한 루어대학에서 철학과 기독교 신학을 공부하였다. 이 시기에 나의 관심을 끌었던 사상가는 바로 에른스트 블로흐(Ernst Bloch)였다. 나는 그의 책을 읽으면서 전율을 느낄 때가 많았으며, 상당한 기간 동안 정신적 오르가즘의 상태에 빠져 있었다. 그렇게 해서 나는 블로흐의 사상적 원류의 하나인 칸트로 돌아가서 희망과 요청의 문제를 학위 논문 주제로 정할 수 있었다.

칸트는 신에 대하여 이중적인 태도를 견지하였다. 이론철학의 영역에서 하느님의 존재는 결코 논증될 수 있는 대상이 아니었다. 그러나 칸트는 도덕적 실천을 의미 있고 가능하게 하기 위해서는 신의 존재가 요청되지 않으면 안 된다고 생각하였다. 이와 같은 그의 요청이론은 나중에 블로흐의 희망철학과 긴밀한 연관성을 갖게 된다. 블로흐는 도덕적 실천을 가능하게 하기 위해서는 신의 존재가 요구되는 것이 아니라 신의 폐위가 요청된다고 주장했던 것이다. 바로 이 점에서 칸트와 블로흐는 갈라서게 된다. 그러나 그들의 근본정신은 동일하다. 블로흐는 우리에게 유토피아가 주어질 수 있다면 그것은 오직 하느님이 없는 하느님의 나라라는 형태로만 가능하다고 생각하였다. 마르크스(Karl Marx)는 그것을 자유의 왕국(Reich der Freiheit)이라고 불렀다.

하느님에 대한 충격적 지식들은 그 이후에도 계속되었다. 스피노자, 파스칼, 포이에르바흐, 니체, 화이트헤드가 바로 그들이었다. 그러나 학위논문을 쓰는 동안에 나에게 새로운 관심이 생겨나기 시작했다. 한국의 종교사상과 불교철학이 바로 그것이었다. 우리나라에 있었을 때 나는 이런 문제들에 대해서 전혀 관심도 없었고 접할 기회도 없었다.

어느 학자들이나 마찬가지로 나의 지도교수님(Richard Schaeffler) 역시 새로운 학문적 기여를 하기 위해서는 독일 학자들에게 친숙하지 않은 우리의 고유사상과의 비교연구가 필요할 것이라고 제안하였고, 그 때문에 나는 칸트와 블로흐의 희망철학을 매개할 수 있는 철학적 전통을 찾아내기 위하여 광범위한 조사연구를 시도한 적이 있다. 바로 그 때 나는 동학이후 증산과 원불교사상, 그리고 대종교 사상에 이르는 우리의 고유한 사상사적 자취들을 접할 수 있는 기회를 갖게 되었다. 다른 한편 나는 불교사상에서 희망철학의 가장 분명한 단서를 찾아낼 수 있었다. 그래서 나의 박사학위 논문은 칸트와 블로흐와 불교를 주제로 다루었던 것이다.

그리스도적 신 개념과 그것을 무력화시키기 위한 무신론적 테제들에 이어서 나는 드디어 불교적 사유지평에 도달하게 된 것이다. 불교에 대한 나의 관심은 두 가지로 나타났다. 그 하나는 기독교 신앙과 타종교와의 대화 모색에 관한 것이고, 다른 하나는 서양철학과 불교사상의 지평융합에 관한 것이다. 이런 시도들이 우리나라의 불교학계에는 어설프고 낯선 것으로 비쳐질 수 있을 것이다. 그러나 나는 아랑곳하지 않고 내식대로 글을 발표해왔으며, 이런 기초연구가 끝나면 나의 생각을 체계적으로 정리할 수 있을 것이다. 불교사상을 이해하는데 스피노자, 라이프니츠, 칸트, 피히테, 셸링, 헤겔, 쇼펜하우어, 니체, 하이데거, 화이트헤드 등의 서양철학자들이 매우 유용할 수 있다. 이 주제들에 대해서는 다른 기회를 통하여 정리할 생각이다.

기독교 신앙을 가진 나로서 종교철학에 대한 관심은 가히 궁극적인 것이었다. 그래서 하느님과 그 현존에 대한 물음은 나의 뇌리를 떠난 것이 없었다. 그러나 불교적 사유지평으로 확장된 나의 철학적 관심은 이제 종교간의 대화 문제로 이행하게 되었으며, 여기에서 새로 만난 주요 사상가들이 바로 칼 라너(Karl Rahner), 윌프레드 캔트웰 스미스(Wilfred Cantwell Smith), 존 힉(John Hick), 라이문도 파니카(Raimundo Panikkar), 한스 큉(Hans Küng)이다. 이들에 대한 연구를 통하여 나는 그리스도에 대한 이해를 새롭게 가질 수 있었으며, 더 나아가서 원효(元曉)와 수운(水雲 崔濟愚)과 다석(多夕 柳永摸)에 이어서 함석헌과

길희성의 마음과 생각을 따라갈 수 있게 되었다.

하느님의 길은 존재한다. 우리가 하느님에게 다가서는 길이 있으며, 하느님이 우리에게 오시는 길이 있다. 하느님이 우리에게 어떻게 나타나시는가에 따라서 계시의 다양성이 존재하고, 우리가 하느님에게 어떤 방식으로 다가서는가에 따라서 신앙의 다양성이 존재한다. 그러나 결국 계시와 신앙은 동일한 근원과 근거를 가진다. 이 간단한 진리를 설파하기 위하여 쿠자누스, 칸트, 틸리히, 블로흐, 라너, 캔트웰 스미스, 힉, 파니카, 한스 큉이 방대한 작업을 하였으며, 그래서 얻은 결론이 하느님은 많은 이름을 가지고 있으며, 각각의 문화와 전통 속에 나타나신 그리스도에 대한 신앙을 통하여 우리는 영원한 일자에 대한 기억을 간직할 수 있다는 것이다. 불교적 사유전통에 출현하는 수많은 보살과 부처들이 바로 그리스도이며, 갈릴리 지역을 누비며 진리를 선포하던 예수 그리스도 역시 위대한 보디사트바라는 사실을 깨닫게 된 것이다. 그리스도가 히브리 전통 속에서 출현할 수 있다면, 그리고 파니카가 강조한 것처럼 힌두인 속에서도 미지의 그리스도가 나타날 수 있다면, 우리나라의 역사문화적 정체성을 온전하게 이어받은 순수한 화랑 그리스도 역시 가능할 것이다.

이 책 "하느님의 길"에서는 우리에게 다양한 방식으로 다가오는 초월실재의 인식과 종교대화의 문제를 다루고자 했다. 그리스도에 대한 신앙을 근본주의와 보수주의의 시각에서 바라보는 이들에게는 이러한 논의가 참아내기 어려울 지도 모른다. 그러나 이와 같은 논의는 필요한 것이며, 자신의 신앙을 보다 굳건하게 하기 위해서도 논의에 참여할 가치가 있다. 내가 회피하려는 사람들 중에도 하느님의 사랑이 미칠 수 있다는 것을 알아야 한다. 선지자 요나의 생각과는 달리 하느님은 니느웨 사람들을 향하고 있었다. 보수주의자들이 외면한 사람들에게도 하느님은 그를 찾아올 수 있도록 자신의 길을 보여주고 있는 것이다. 칼 라너가 그리스도 교회 밖에도 구원이 있을 수 있다는 취지에서 정식화한 '익명의 그리스도인'(anonyme Christen)은 이제 가톨릭 교회뿐만 아니라 전지구인이 존중해야 할 '교파일치적 세계질서'(ökumenische Weltordnung), 그리고 더 나아가서 종교일치적 세계질서를 가능하게 하는 필연적 조건명제이다.

마지막으로 이 책은 울산대학교의 2003학년도 저술연구비 지원에 의하여 세상에 나올 수 있게 되었다. 특히 인문학 도서 출판의 어려운 사정에도 불구하고 이 책의 출판을 쾌히 허락해주신 전춘호 사장님께 감사의 말씀을 드린다. 어린 나이에 멀리 떨어져서 고군분투하는 아들과 뒤늦게 공부를 다시 시작한 아내에게도 용기를 불어넣어 주고 싶다. 이 책이 우리 종교인들의 마음을 열고 넓히는데 일조할 수 있기를 바라마지 않는다.

2005년 2월 25일
무거동 연구실에서
김 진

차례

:제1장: 신의 출생에 대하여

신이란 본래 그 자신 이외의 아무것에도 의존하지 않은 실체적 존재이다. 그러므로 신은 '영원부터 스스로 있는 자'로 여겨져 왔다. 그러나 언제부터인가 사람들은 이 말조차도 있는 그대로 받아들이려고 하지 않았다. 신이 존재한다면 그것 역시 어떤 무엇인가에 의하여 탄생할 수밖에 없다는 것이다. 이러한 주장은 이 세상이 존재하지 않은 상태에서 신의 존재가 무슨 의미를 가질 수 있겠는가라는 물음에서 보다 구체화된다. 이로써 신과 세계, 그리고 인간과의 관계가 철학적으로 문제되기 시작하였다. 신이 세계를 만든 것인가? 아니면 신과 세계는 같은 것인가? 신이 존재하고 그로부터 세상이 비롯되었다면 이 세상은 본질적으로 신과 같은 것인가? 아니면 처음부터 세상이 존재하고 있었고, 그로부터 신이 만들어진 것인가? 신은 물질적 세계로부터 진화된 것인가, 아니면 이 세상은 신이 거주하는 집인가? 이러한 물음들은 우리를 결코 해결될 수 없는 순환론적 위기로 내몰고 있다.

1. 빌헬름 슈미트: 지고신의 출현

뉴욕 타임즈의 베스트셀러로 이름난 『신의 역사』(*A History of God*)에서 카렌 암스트롱(Karen Armstrong)은 아브라함 시대부터 현대에 이르기까지 신이 인류에 의하여 어떻게 인식되어왔는가를 다루고 있다. 이 책은 빌헬름 슈미트(Wilhelm Schmidt 1868~1954)의 저서『신 관념의 기원』(Der Ursprung der Gottesidee. The Origin of the Idea of God 1912-1954)에서 소개된 원유일신론(Urmonotheismus)으로부터 출발하고 있다.

　　태초에 인간은 만물의 제일원인이자 하늘과 땅의 통치자인 신을 창조하였다. 그 신은 형상으로 표현될 수 없었고 그를 섬기기 위한 신전이나 사제도 없었다. 그는 부족한 인간의 경배를 받기에는 너무나 존귀하였다. 그러나 점차 신은 사람들의 기억에서 사라져 갔다. 신이 너무 멀어졌기 때문에 사람들은 자신들이 더 이상 신을 원하지 않는다고 단정하게 되었다. 결국 신은 완전히 사라졌다고 전해지게 되었다.[1]

　슈미트에 의하면 최초의 인류는 최고신에 대한 관념을 가지고 있었다. 최초의 원시적인 인간의 관념에 자리한 천신(Sky God) 혹은 지고신(High God)은 가장 원초적인 형태의 유일신관이었다. 그러나 언어나 문자로 표현할 수 없는 원초적 형태의 지고신은 이내 곧 이방 종교의 만신전(pantheon)에 있는 매력적인 신들로 대체되어 버리거나, 멀리 떠나거나 죽은 것으로 간주되고 말았다. 원초적인 형태의 유일신이 다른 신들에 의하여 대체되거나 죽었다고 간주되는 것과 같이 오늘날 현대인들은 유대교와 기독교와 이슬람교에서 강력한 존재로 숭배되어 왔던 바로 그 유일신마저 비슷한 운명에 처한 것으로 생각하고 있다. 과

---

1) Armstrong, Karen: *A History of God. The 4,000-Year Quest of Judaism, Christianity and Islam*. New York 1993. p. 3.

학 문명의 발달로 인하여 사람들은 거룩하고 영적인 존재로부터 발하는 신비로운 힘(mana)을 느낄 수 있는 감각 능력을 상실하게 되었다. 루돌프 오토가 1917년에 『성스러움의 의미』에서 누멘적(numinous) 감정이라고 불렀던 것은 바로 영적 존재의 임재로부터 오는 압도적이고도 신비한 힘(numina)을 지칭한 것이다. 유일신과 같은 초월적 존재가 아니라 할지라도 신성한 숲이나 돌들에서 이 신비한 힘을 느끼는 사람들도 있다.

슈미트의 지고신 개념은 종교인류학자들의 일반적인 입장과 반대된다. 진화론적 사유가 확대되면서 종교인류학자들은 종교의 기원에 대한 연구를 수행함으로써 인류 문화의 재구성을 시도하였다. 타일러(E. B. Tylor 1832~1917)는 애니미즘(animism)에서, 매렛(R. Marett 1866~1943)은 마나이즘(manaism)에서, 그리고 프레이저(James Frazer 1854~1941)는 주술(magic)에서 최초 종교의 형태를 발견하고자 하였다. 타일러는 인류의 본성은 동일하며, 문명화된 정신 속에 잔존하는 과거 상황의 흔적을 추적하여 초기의 인류 문화를 복원할 수 있다고 보았다. 이것은 영혼과 혼령들 속에 미개한 주물 숭배자에서 문명화된 기독교인에 이르기까지 정신적인 연결선이 있기 때문에 가능하다는 것이다.[2] 프레이저는 그 연결선이 주술, 종교, 과학으로 진화하는 사고과정 속에 단절 없이 존재한다고 보았다.

존 러벅(John Lubbock 1834~1913)은 그의 저서 『문명의 기원과 인간의 원시적 상태』(*The Origin of Civilization and the Primitive Condition of Man*)에서 종교의 진화 단계를 무신론(atheism), 물신숭배(feti-shism), 자연숭배(nature worship), 토테미즘(totemism), 샤머니즘(shama-

---

[2] Capps, Walter H.: *Religious Studies. The Making of a Discipline*. Minneapolis 1995, p. 82, 한국어판: 『현대종교학 담론』, 까치, 서울 1999, 129쪽 참조.

nism), 신인동형동성설(anthropomorphism), 유일신론(monotheism), 윤
리적 유일신론(ethical monotheism) 등으로 제시하였다.

종교의 기원을 진화론적으로 규명하려는 학자들이 일반적으로 원시
적인 신앙 개념에서 초월적인 존재에 대한 신앙으로 설명하려는 시도
에 반대하는 학자들도 있다. 타일러의 제자였던 앤드류 랭(Andrew Lang
1844~1912)은 원시부족이 창조주이면서 도덕적 질서의 조정자인 고차적
인 지고신(High God)으로부터 각각의 종교 형태가 파생적으로 진화되었
다고 주장하였다. 랭은 우선 가장 원시적이고 단순한 사람들에게서 신에
대한 믿음을 확인하였다. 그것은 물활론적인 정령존재가 아니라 인간을
만든 '거대한 비자연적 인간'으로서의 조물주 사상이었으며, 여기에다 윤
리적인 배려가 가미된 고차적인 신 개념이었다. 그러나 랭의 주장은 당
시 사람들에게 주의를 끌지 못하였다.

랭의 주장은 빌헬름 슈미트(Wilhelm Schmidt 1868~1954)에 의하여
빛을 보게 되었다. 독일 출신의 인류학자, 언어학자, 민속학자이면서
가톨릭 신부였던 빌헬름 슈미트는 최초의 인류가 장소에 관계없이 모
두 지고신의 존재를 믿었다는 원유일신론(Urmonotheismus, primordial
monotheism)을 주장하였다. 그는 1912년에서 1954년까지 저술한『신
관념의 기원』(Der Ursprung der Gottesidee, The Origin of the Idea of God)
에서 피그미족, 티에라 델 푸에고인, 부시맨, 오스트레일리아 원주민, 북
아메리카 원주민들에 대한 광범위한 실증적인 연구를 통하여, 여러 문화
권에서 공통적으로 하나의 지고신을 믿고 있는 사실을 확인하였다. 그는
다신교 이전에 이미 일신교가 광범위하게 존재하고 있었다고 말한다.

인간은 합리적 원인을 발견하지 않으면 안 된다. 이는 세계와 그
안에 거주하는 것들을 창조했던 지고 존재라는 개념에 의해서 충족

된다. 인간은 사회적 욕구를 가지는데, 가족을 창시했고 그러므로 남편과 아내, 부모와 자식, 형제와 자매, 친족이 신종(臣從)할 의무를 가졌으며 또한 인류의 아버지이기도 한 지고 존재에 대한 믿음에서 이 욕구는 충족될 수 있다. 인간은 도덕적 욕구를 가지는데, 이것 역시 입법자, 감독관, 선함과 악함의 재판관이며 스스로는 모든 도덕적 오점에서 자유로운 지고 존재에게서 머물 곳을 찾고 충족된다. 인간의 정서적 욕망, 신뢰, 사랑, 감사는 그런 존재, 모든 선이 나오고 선 밖에는 아무것도 없는 아버지에 의해서 만족된다. [...]

　　인간은 스스로를 체념하고 맡길 수 있는 보호자를 필요로 한다. 이런 필요는 지극히 높고 만물 위에 있는 이러한 존재에 의해서 충족된다. 그러므로 이런 모든 속성들에 있어서 이런 고귀한 존재는 원시인에게 살아가고 사랑할, 신뢰하고 일할 권능과 세계의 주인이고 노예가 아닐 수 있다는 가망성 그리고 더욱더 높고 초현세적인 저 너머의 목표에 대한 포부를 제공한다. [...]

　　이런 신이라는 개념을 통해서만이 우리는 전방을 향해서 투쟁해 나간 우리 최초의 선조들이 가졌던 힘을 설명할 수 있다. 그리고 인간 에너지 중 가장 귀중한 것 □ 모든 인류의 합일을 향한 노동, 책임감, 열망, 상승감 □ 은 여전히 이런 태고 시절까지 거슬러 올라갈 수 있다. 그러므로 우리는 일련의 모든 원시민족들 사이에서 많이 분화되고 완전히 주목할 만한 종교를 발견한다.[3]

슈미트는 원시인들이 일신론을 가지고 있었다는 사실에 머무르지 않고, 그들의 신 관념이 현대 기독교인들이 신봉하는 신학적 속성과

---

3) Capps, 『현대종교학 담론』, 135-138쪽 참조.

일치한다고 주장하였다. 하느님이 전지전능하시고, 자비롭고 도덕적이며, 선한 행위에 보상하는 특성들은 고대인이나 현대 기독교인의 신 관념에서 공통적이라는 것이다. 이러한 사실에서 슈미트는 초기 인류에게 인식되었던 그 신은 바로 기독교인들이 경배하고 있는 신과 같으며, 그것이 서로 다른 이름으로 불리더라도 하나의 동일한 하느님일 것이라고 주장하였다.

이에 대하여 이탈리아 종교학자 라파엘 페타조니(Raffaele Pettazzoni 1883~1959)는 슈미트가 신에 대한 신학적 고찰과 인류학적 자료들의 일치를 갈망한 데서 비롯되는 오류라고 비판하였다. 페타조니는 초기 인간들의 사회에서 단일 신격들이 신봉된 사실은 받아들이지만 그것이 기독교의 신 개념과 일치한다고 주장할 수는 없다고 못 박았다. 그는 고대의 일신교 신앙은 다신교적 틀 속에서의 긴장 관계를 통하여 형성되었다고 주장함으로써 슈미트의 원유일신론을 어느 정도 수정하고 있다.

> 일신교는 그러므로 다신교보다 나중이다. 다만 진화론자들의 이론이 가정했던 것처럼 다신교로부터 진화해 나온 것은 아니다. 진화적 과정에 의해서 거기에서 발전해 나오기는커녕 일신교는 혁명에 의해서 모양을 갖추어갔다. 모든 일신교의 도래는 종교혁명에 의해서 결정되었다. 사색에 의해서 발생하기는커녕 일신교의 형성은 종교생활의 충만으로부터 솟아나왔는데, 그런 것은 좀처럼 인간 역사 과정에서 일어나지 않을 만한 것으로, 적절한 정황들이 보기 드문 우연의 일치를 보일 경우에 일어날 뿐이다. [...] 지고 존재라는 관념은 이론적으로 거기에 내재하는 최고의 속성들로부터, 또는 전 지성 중 하나로부터 만들어진 신이라는 추상적인 일신교적 관념의 반영이 아니다. 그것이 나타났던 문화적 환경에 따라서 때로 다양한 속성과 다

양한 형태를 취하는 구체적인 역사적 형성물인 것이다.[4)]

그리하여 페타조니는 초기 인류의 신 개념이 기독교의 신과 일치하지 않으며, 그 신적 속성 역시 동일한 것이 아니라고 지적하였다. 에를 들면 전지전능이라는 신적 속성이 반드시 일신교에만 적용되는 것은 아니며, 천신과 천체신의 경우에도 적용될 수 있다고 본다. 원시문화에서 지고 존재에 대한 믿음이 발견되는 것은 사실이지만, 그것은 슈미트가 말하는 원유일신론과는 다른 형태라는 것이다. 같은 지고 존재라 하더라도 그것은 부족들 사이에서의 문화적 맥락에 의하여 서로 다른 의미를 가질 수 있으며, 종교는 이런 문화의 일부이고, 지고신 역시 그런 종교의 일부에 지나지 않는다고 보았다.

2. 에누마 엘리쉬: 신들의 유출과 진화

기원전 4000년 전부터 수메르인들은 티그리스와 유프라테스강 유역에서 최초의 문화공동체(Oikumene), 즉 문명화된 세계를 이룩하였다. 그들은 설형문자를 만들고 우르(Ur), 에레크(Erech), 키쉬(Kish) 등의 도시를 건설하였으며, 지구라트(ziggurat)라는 거대한 탑 모양의 신전을 세웠다. 기원전 2000년경에 아모리인(Amorite)들이 수메르-아카드 문명을 정복하고 바빌론을 수도로 삼았으며, 그로부터 500년 후에는 앗시리아인(Assyrians)들이 일어나서 기원전 8세기 경에 바벨론까지 점령하였다. 그런데 신들을 찬양하는 바빌론의 서사시 「에누마 엘리쉬」(Enuma Elish)에서는 신과 세계창조에 대한 흥미로운 사실을 보여주고 있는데, 그것은 바로 태초에 신들이 거룩한 무형질의 질퍽질퍽한 황무

---

4) Capps, 『현대종교학 담론』, 138-143쪽 참조.

지로부터 둘씩 출현했다는 것이다.5) 이것은 후대의 『성서』가 주장하는 무로부터의 창조와는 전혀 다른 내용이었다. 신이나 인간, 그리고 이 세계가 존재하기 전부터 영원토록 신성한 물질이 존재하고 있었다는 것이다. 이와 비슷한 생각을 우리는 플라톤의 우주론에서 발견할 수 있다.

메소포타미아의 신관은 철저하게 유출론적이다. 이것은 앞서 말한 바대로 플라톤의 우주론이나 플로티노스의 유출론 사상에 대한 선구를 이루고 있다. 우리는 플라톤의 신학과 플로티노스를 중심으로 한 신플라톤주의가 기독교신학에 결정적으로 영향을 주었다는 사실을 잘 알고 있다. 그런데 문제는 플라톤과 플로티노스에 앞서서 메소포타미아 지역의 신관이 유출론적이었다는 사실이다. 고대 메소포타미아의 문명적 요소로부터 플라톤이 전적으로 자유로울 수 없다면, 이것은 플라톤주의적으로 해석된 유대-기독교적 신관이 메소포타미아적 요소로부터도 자유로울 수 없다는 것을 암시하고 있다.

태초의 황무지에서 달콤한 강물을 뜻하는 압수(Apsu), 그의 아내로서 짠 바닷물을 나타내는 티아마트(Tiamat), 그리고 혼돈의 자궁인 멈무(Mummu)라는 세 가지 형태의 신들이 출현한다. 이로부터 다시 여러 신들이 보다 구체적인 차이를 드러내면서 진화론적으로 출현한다. 물과 땅이 아직 범벅이 된 상태를 뜻하는 라무(Lahmu)와 라함(Laham), 그리고 하늘과 바다의 경계선을 뜻하는 아누(Anu: 하늘)와 에아(Ea: 땅)가 출현한다. 이로써 신들의 세계에서는 하늘, 강, 땅이 분리되어 완성단계에 이르렀으나 지상의 창조는 이제 갓 시작되었다.

젊고 힘이 센 신들은 부모 신들에게 반기를 들었다. 에아는 압수와 멈무를 해치웠지만 티아마트를 이기지는 못하였다. 그러나 에아는 신

---

5) Armstrong, Karen: *A History of God.* New York 1993. p. 7.

들의 혈통 가운데서 가장 완벽한 마르둑(Marduk: 태양신)이라는 아들을 낳게 되었는데, 그는 결국 티아마트를 죽이고 신들의 통치자로 군림하게 된다. 마르둑은 거대한 티아마트의 시체를 딛고 서서 새로운 세계를 창조하고, 신들은 이를 기념하여 지구라트라는 거대한 신전을 바쳤다. 마르둑은 에아에게 죽은 압수를 티아마트가 다시 살려서 만들었던 킹구(Kingu)를 잡아다가 죽인 후에 그 신성한 피에 먼지를 섞어서 최초의 인간을 만들었다. 메소포타미아 신화에서 인간은 창조의 최고 완성품이 아니라 가장 어리석은 신을 재료로 만들어진 하찮은 존재에 불과하다. 그러나 최초 인간이 신의 실체로부터 창조된 것은 분명하다. 이 사실은 곧 인간과 신들 사이의 간극을 해소하는 데 결정적인 역할을 한다.

가나안 사람들은 마르둑과 티아마트의 신화에서 착안하여 폭풍과 다산의 신 바알-하바드(Baal-Habad)의 신화를 만들었다. 구약성서는 비알 신을 철저하게 적대하고 있다. 바알은 바다와 강의 신 얌-나하르(Yam-Nahar), 그리고 가나안 최고의 신 엘(El)과 공존하고 있었다. 엘의 어전에서 얌이 바알에게 자신을 따르라고 강요하자 바알은 얌을 죽이려고 한다. 그 때 엘의 부인인 아쉐라(Asherah)가 간청하자 살려주었는데, 이 때부터 얌은 땅을 끊임없이 위협하는 홍수를 일으킬 수 있는 바다와 강의 상징이 된 반면에, 폭풍의 신으로서 바알은 대지를 비옥하게 하는 상징성을 갖게 되었다.

다른 신화에서는 바알이 머리가 일곱 개나 달린 용 로탄(Lotan: 히브리어로는 레비아탄Leviathan)을 죽인다. 용은 아직 분화되지 않아서 형태가 없는 것을 상징한다. 따라서 바알은 미분화된 상태의 것으로부터 창조행위를 한 것이다. 그 공로를 인정하여 신들은 바알에게 아름다운 궁전을 선물한다. 주어진 조건들을 새롭게 구성하는 능력을 우리가 창조적 영감(inspiration)이라고 부르는 것은 이 때문이다. 그러나 바알은 죽임을 당하여 불모의 신 모트(Mot)의 세계로 내려간다. 최고신 엘조차도 아들의 비운을 듣고서 최선을 다하였지만 살려내지 못한다. 바알의 쌍둥이 누이이자 애인이었던 아나트가 그를 찾아 나섰으며, 바알의 시신을 수습하여 장례식을 치른 후에 모트를 잡아서 대지 위에 뿌린다. 이난나, 이쉬타르, 이시스와 같은 위대한 여신들도 아나트처럼 죽은 신을 찾아내고 대지에 새로운 생명을 부여하는 역할을 한다. 아나트의 승리는 축제를 통하여 영속화되고, 결국 바알은 생명을 되찾아 아나트의 곁으로 돌아온다. 바알과 아나트의 재결합은 전체성과 조화를 상징하고 있으며 고대 가나안에서는 제의적인 성 행위를 통하여 이를 기념하였다. 신의 죽음, 여신의 구제, 신의 복귀는 메소포타미아 문명 이래로 그리스신화, 유대교, 기독교, 이슬람교에 공통되는 종교적 주제를 이루고 있다.

특히 그리스 신화에 나타난 신의 출생 계보는 메소포타미아 신화에서처럼 유출과 진화의 요소를 간직하고 있다. 헤시오도스(Hesiodos)는 『신통기』에서 신들의 출현과 유출을 다음과 같이 기술하고 있다. "맨 처음에 생긴 것은 카오스고, 그 다음이 눈 덮힌 올림포스의 봉우리들에 사시는 모든 불사신들의 영원토록 안전한 거처인 넓은 가슴의 가이아와 [...] 불사신들 가운데 가장 잘생긴 에로스였으니, [...] 그는 모든 신들과 인간들의 가슴속에서 이성과 의도를 제압한다. 카오스에게서 에레보스와 어두운 밤이 생겨나고 밤에게서 다시 아이테르와 낮이 생겨났으니, 밤은 에레보스와 사랑으로 결합하여 이들을 낳았던 것이다. 가이아는 맨 먼저 자신과 대등한 별 많은 우라노스를 낳아 자신의 주위를 완전히 감싸도록 함으로써 그가 축복받은 신들에게 영원토록 안전한 거처가 되게 했다. 가이아는 또 여신들의, 산골짜기들에 사는 요정들의 즐거운 처소들인 긴 산들을 낳았다. 가이아는 또 거칠게 파도치는 추수할 수 없는 폰토스를 낳았다. 사랑으로 교합하지도 않고. 그러나 그 뒤 그녀는 우라노스와 누워 깊이 소용돌이치는 오케아노스와 코이오스와 크레이오스와 휘페리온과 테이아와 이아페토스와 레아와 테미스와 므네모쉬네와 황금 머리띠의 포이베와 사랑스런 테튀스를 낳았다. 그들 다음에 음모를 꾸미는 크로노스가 막내로 태어났으니 가장 무서운 이 아이는 건장한 아버지를 싫어했다. 그녀는 또 마음이 거만한 퀴클롭스들을, 브론테스와 스테로페스와 마음이 드센 아르게스를 낳으니, 그들이 제우스에게 천둥을 주고 번개를 만들어 주었다."6)

카오스에서 신들이 유출되고, 아버지 신을 죽이고 다시 새로운 신들이 출현하는 유출과 진화의 파노라마가 펼쳐지고 있는 것이다. 이전의 원시적인 신으로부터 보다 세련되고 강력한 신이 탄생하는 것은 바로 신의 유출과 진화를 말해 주고 있는 것이다.

3. 엘로힘과 야훼: 창조설화에 숨겨진 신의 유출

성서의 창조설화에도 유출신관이 숨겨져 있다. 『성서』에 의하면 최초의 유대인 아브라함은 기원전 20세기에서 19세기 사이에 우르 지역을 떠나서 가나안 지역에 정착하게 된다. 그가 기원전 3000년경에 메소포타미아에서 부족을 이끌고 지중해 방면으로 이주한 부족장이었을 것이라고 보는 학자들도 있다. 메소포타미아와 이집트 문서에서는 이들 방황하는 자들을 아비루(Abiru), 아피루(Apiru), 하비루(Habiru)라고 부른다.

「창세기」 기사에 의하면 오늘날의 히브리인들은 가나안 지역에 세

---

6) 헤시오도스, 『신통기』, 천병희 옮김, 한길사 2004, 32-34쪽.

차례에 걸쳐서 이주하였다. 기원전 1850년경에 아브라함과 헤브론이 가나안으로 이주해 왔다. 두 번째로는 아브라함의 손자 야곱이 세켐에 정착한 것을 들 수 있다. 세 번째로는 기원전 1200년경에 모세를 중심으로 이집트를 탈출하여 가나안 땅으로 들어왔다. 이 경우에 우리는 아브라함과 야곱과 이삭의 하느님, 그리고 모세의 하느님이 동일한 하느님인가에 대하여 의문을 가질 수 있다. 왜냐하면 그들은 오랜 동안의 이주생활과 새로운 문화접촉을 통하여 현저하게 다른 문화를 형성하게 되었기 때문이다.

모세오경에 대하여 양식비판주의자들은 서로 다른 관점에서 기술된 텍스트들로 인하여 「창세기」나 「출애굽기」에 서로 모순되거나 상충되는 경우가 있다고 보고하였다. 기원전 8세기부터 활약했을 것으로 추정되는 최초의 성서 기자들 중에서 한 그룹은 신의 이름을 야훼, 여호와(Yahweh, Jehovah)라고 기술하였으며, 다른 그룹은 엘로힘(Elohim)이라고 기술하였다. 기원전 8세기에 이스라엘은 남북으로 분열되었는데, J기자는 남쪽 유다왕국에서, 그리고 E기자는 북쪽 이스라엘왕국에서 활동하였다.[7] 그밖에 신명기 기자(Deuteronomist)와 제사장파 기자(Priestly)가 있다.

「창세기」 1장에 나오는 천지창조의 장엄한 기사는 기원전 6세기에 P기자가 작성한 것이다. 땅의 혼돈과 공허와 흑암이 깊음 위에 있다는 기사는 메소포타미아의 「에누마 엘리쉬」에서 노래하는 창조 신화와 매우 흡사하다. 그런데 P기자는 '태초의 심연'(tehom)을 메운 물에 대한 이야기로부터 시작하는데, 이것은 바빌론의 신 티아마트(Tiamat)가 죽어서 부패된 공간을 뜻한다. 야훼는 그것으로부터 하늘과 땅을 만든다. 그러나 P기자는 신들끼리의 전쟁이나 점진적인 유출을 통하여 세

---

7) Armstrong, Karen: *A History of God.* New York 1993. pp. 12-13.

계가 창조되는 것이 아니라 야훼의 독자적인 능력에 의하여 만물의 질서가 부여된다고 기술하였다. 바로 이 점에서 바빌론 신학과 P기자의 결정적인 차이가 드러난다. 처음부터 끝까지 유출이 강조되는 바빌론 신화에서와는 달리 P기자는 하느님과 인간의 분리로 마감했기 때문이다.8) 그럼에도 불구하고 P기자는 인간이 신 그 자체로부터 직접 유출된 것은 아니지만 신의 형상에 따라 창조되었다고 기술함으로써 다른 피조물과의 차이를 인정하였다.

이와 반대로 J기자는 「창세기」 2장 5-7절에서 일상적인 역사적 시간에 따라서 피상적으로 기술하였다. J기자는 야훼가 하늘과 땅의 유일한 창조주인지 분명하게 말하지 않고 있다. 반면에 그는 신과 인간을 분명하게 구분한다. 인간은 그가 섬기는 신과 같은 신성한 재료로 만들어진 것이 아니라 땅에 속한 존재로 규정된다. 여기서는 아예 유출의 개념은 그 흔적조차 찾아볼 수 없다. 그러다가 「창세기」 12장에서 갑자기 이스라엘의 역사가 시작되면서 시대의 흐름을 따라서 성격이 다른 신들이 출현한다. 성서에서 가장 먼저 출현한 야훼는 아브람에게 가나안으로 이주할 것을 명령한다. 그러나 이 야훼는 도대체 누구였을까? 이스라엘 민족을 선택하기 전에 그 신은 역사 속에서 전혀 나타나지 않았던 새로운 신이었을까, 아니면 그 이전의 다른 민족에게도 출현했던 신일까? 아브라함에게 나타났던 신은 그 이후의 이스라엘 족장들이나 모세에게 나타났던 신과 같은 신일까? 이스라엘 사람들은 야훼를 '우리 조상의 신'이라고 부르고 있지만, 그는 아브라함 이후의 족장들이 경배했던 가나안의 최고신 엘(El)과는 전혀 다른 모습을 하고 있었다.

J기자는 아담의 손자 때부터 야훼를 섬겼다고 말하지만, P기자는

---

8) Armstrong, Karen: *A History of God.* New York 1993. p. 63.

'불타는 가시덤불'에서 야훼가 모세에게 나타나기 전까지 이스라엘 사람들은 야훼에 대하여 결코 들어본 적이 없다는 사실을 암시한다. P문서에서 야훼는 자신이야말로 아브라함이 섬겼던 신과 동일한 신이라는 사실을 설명한다. 그런데 야훼는 모세에게 아브라함이 자신을 '엘 샤다이'(El Shaddai)라고 불렀으며, 야훼라는 신성한 이름은 몰랐다고 말하고 있다(「창세기」 4:26, 「출애굽기」 6:3). 이 사실은 아브라함과 모세가 믿었던 신이 서로 다른 이름을 가졌다는 사실을 암시하고 있다. J기자는 모세의 시기부터 알려진 '야훼'라는 이름을 그 이전시대에까지 당연한 것으로 일치시켰던 것이다. 이것은 후대에 이르러서야 비로소 알게 된 지식을 그 이전 시대의 사람들도 알고 있었던 것처럼 소급해서 적용함으로써 착각을 일으킨 것이다.

우리는 이스라엘의 초기 조상들이 모세 이후의 이스라엘 사람들처럼 처음부터 유일신을 믿었던 것처럼 생각하고 있다. 그러나 아브람을 비롯한 초기 이스라엘 사람들은 메소포타미아 지역에서 여러 신들을 섬기고 있었으며, 초기 가나안 이주시절에도 그들과 더불어 마르둑, 바알, 아나트 등의 신을 믿었을 가능성이 있다. 따라서 아브라함의 신, 이삭의 '무서운 자'나 '친족', 그리고 야곱의 '전능한 자'는 모두 각각 다른 세 가지 형태의 다른 신이었을 수도 있다(「창세기」 31:42, 49:24).

아브라함의 신은 가나안의 최고신 엘(El)이었을 가능성이 크다. 그 신은 아브라함에게 자신을 '엘 샤다이'(산악의 신)라고 소개하였으며, 이것은 엘의 전통적인 칭호 가운데 하나이다(「창세기」 17:1). 다른 곳에서 그는 '엘 엘뤼온'(El Elyon: 가장 높은 신) 또는 '벧엘의 엘'(El of Bethel)로 불리었으며, 그 이름은 오늘날 이스라-엘(Isra-El)이나 이쉬마엘(Ishma-El) 등의 히브리 이름에 남아 있다.

수 세기 후에 이스라엘 사람들이 알게 되는 야훼의 마나와 거룩한 두려움의 경험이 여기서는 아직 드러나 있지 않다. 화산이 폭발하는 시나이 산에서 모세에게 나타난 신은 두렵고 무서운 존재였으나, 아브라함에게 나타난 신이었던 엘은 매우 자상하고 부드러운 모습을 하고 있었다. 그는 마치 친구처럼 찾아왔고 인간의 모습으로 나타나기도 하였다(epiphany). 엘은 그들에게 족장이나 두목처럼 자상한 충고를 하고, 방랑생활을 인도하였으며, 누구와 결혼할 것인가를 말해주고 꿈속에서 자신을 계시하기도 했다.

야곱이 돌베개를 베고 잠들면서 하늘에 오르는 꿈을 꾸었던 사건은 마르둑의 지구라트 신전을 연상하게 한다. 야곱이 명명한 '하느님의 집'(beth El) 역시 바빌론 사람들이 '신들의 문'(Bab-ili)이라고 부른 것과 연관이 있다(「창세기」 28:16-17). 돌을 세우는 것은 기원전 8세기까지 벧엘에 성행했던 가나안 다산신앙의 공통적 특징이다. 벧엘을 떠나가 전에 야곱은 그곳에서 만난 신을 자신의 엘로힘(elohim)으로 섬기고자 하였다. 엘로힘은 신을 뜻하는 모든 것을 상징하는 말이다. 엘을 자신의 엘로힘으로 섬기겠다고 서약한 것이다.

야곱이 말하였다. "당신의 이름이 무엇인지 가르쳐 주십시오." 그러나 그는 "어찌하여 나의 이름을 묻느냐?" 하면서, 그 자리에서 야곱에게 축복하였다. 야곱은 "내가 하느님의 얼굴을 직접 뵈옵고도, 목숨이 이렇게 붙어있구나" 하면서, 그곳 이름을 브니엘(Peni-El: 엘의 얼굴)이라고 하였다(「창세기」 32:29-30).

이 사건은 모세 이후의 사람들에게는 불가능한 것으로 여겨진다. 하느님의 얼굴의 직접 보는 것은 바로 죽음을 뜻하기 때문이다. 따라서 여기에 나타난 신관은 모세의 것과는 전혀 다르다는 것이 분명하다.

아브라함과 이삭에게 나타난 하느님은 아들을 제물로 바치라는 끔찍한 명령을 내리는 기사는 이미 J기자의 관점이 가미된 것이다. 출애굽의 신화에 의하여 만들어진 신은 대개 잔인하고, 편파적이며, 살인적인 '야훼 사바오트'(Yahweh Sabaoth: 군대의 신), '전쟁의 신', '화산의 신'의 모습을 하고 있으며, 따라서 야훼는 이스라엘 사람들의 고유한 신이 아니라 미디안 지방의 신이라고 주장하는 학자들도 있다.9) 프로이트는 모세에 관한 저술에서 모세가 이집트인이며, 그가 아케나톤 황제 치하에서 유포된 태양신에 대한 유일신 신앙을 미디안 지역의 신 개념과 결합시킴으로써 이스라엘의 유일신 신앙을 새롭게 확립했다고 주장하였다.

고대 이방의 세계에서는 신들이 쉽게 합병되거나 흡수되기도 하고, 어느 지역의 신이 다른 부족의 신과 동일하다고 여겨지기도 했다. 출애굽 사건은 결정적으로 야훼를 이스라엘의 신으로 믿었으며, 모세는 이스라엘 사람들에게 야훼야말로 아브라함과 이삭과 야곱의 하느님과 동일한 신이라고 선포했던 것이다. 오늘날 기독교인들은 야훼가 원래는 미디안 부족의 신이었다는 이른바 미디안 가설(Midianite Theory)을 부정하지만, 모세에게 전적으로 충성과 헌신을 요구하였던 이 신은 그에게 엄청난 공포와 외경의 존재였으며, 그 스스로 "나는 스스로 있는 나다"라고 대답할 정도였다. 또한 모세는 모든 백성들이 두려워 떨고 있는 상황에서 하느님이 불로 쓰신 석판을 받아 왔다. 이런 사실들은 인간과 신 사이의 차이를 너무나 잘 드러내고 있다(「출애굽기」 19:16-18). 이러한 사실들은 메소포타미아의 초기신화나 아브라함에게 나타난 엘의 인간적 모습과는 너무나 대조된다.

그런데 모세가 이스라엘 백성과 하느님 사이의 새로운 계약을 성사

---

9) Bihu, L.E.: *Midianite Elements in Hebrew Religion*, in: *Jewish Theological Studies*, 31, Salo Wittmeyer Baron, *A Social and Religious History of the Jews*, 10 vols, 2nd ed., New York 1952-1967, I. p. 46.

시킨 이 사건에서 우리는 이스라엘 사람들이 그 전에는 온전한 의미에서 유일신 신앙을 가지지 않았다는 사실을 유추할 수 있다. 특정한 신과의 계약은 다신교적 상황에서만 가능하기 때문이다. 실제로 이스라엘 사람들은 가나안에서 바알, 아쉐라, 아나트 등의 신을 섬겼으며, 모세가 시나이 산에 올랐던 순간에도 엘의 상징이었던 금송아지 상을 만들었던 것이다. 이런 사실들은 모세 사건 이전까지의 이스라엘 조상들이 섬겼던 신과 야훼신에 대한 신앙이 서로 다를 수 있다는 것을 보여준다. 모세의 출애굽 사건 이후에도 이스라엘의 유일신 신앙은 확고하게 정착되지 못하였다. 「시편」 82편에서는 야훼가 바빌론과 가나안 신화에 등장하는 신들과의 회합에서 주도권을 행사하려는 광경이 묘사되고 있다. 하느님이 하느님의 모임에 나서서 재판장들 중에 판단하셨다는 기사로부터 시작되고 있다. 그렇다면 '하느님'은 누구이고 '하느님의 모임'에 동참하였던 하느님은 또 누구인가? 존 바우키는 이 부분을 "하느님(Yahweh)이 하느님(El)의 법정에 나와서 신들을 모아들이시고 재판을 하였다"[10]고 풀어쓰고 있다. 성서에서 말하는 '신들의 아들들'은 지존자인 엘 엘뤼온(El Elyon)의 자식들이다. 이는 야훼가 그 이전의 다른 신들과의 투쟁을 이기고 살아남았다는 사실을 말해준다.

이스라엘 백성들이 야훼로부터 멀어진 여러 전거들이 남아있다. 이스라엘의 가장 위대한 왕으로 기억되고 있는 솔로몬은 자신의 궁궐 안에서 이방신들에 대한 신앙을 허용하였던 종교혼합주의자였다. 기원전 869년에 북이스라엘의 왕으로 등극한 아합의 아내 이세벨(Jezebel)은 바알과 아세라 신전을 세우고 백성들을 개종시키려고 하였다. 이 때 선지자 엘리야가 바알신의 사제들과 대결한 사건은 너무나 유명하다.

---

10) Bowker, John: *The Religious Imagination and the Sense of God.* Oxford 1978, p. 73.

심지어 야훼는 호세아 선지자를 통하여 이방신을 섬기는 이스라엘 백성들과의 단절을 시도하였다.

야훼가 선지자 호세아에게 창녀와 결혼하라고 명함으로써 바알 신을 섬기는 이스라엘 백성들에게 경종을 울리는 사실에서도 분명해진다. 모세와의 계약 이후에도 이스라엘 사람들은 바알을 섬겨왔던 것이다. 호세아의 아내 고멜은 실제로 길거리에서 매춘하는 여성이기보다는 다산신앙을 가진 바알의 추종자였을 가능성이 크다. 호세아와 고멜 사이에서 두 자식, 즉 이스르엘(Jezreel: 유명한 전쟁터의 이름), 로루하마(Lo-Ruhamah: '사랑받지 못한 자'), '로암미'(Lo-Ammi: '내 백성이 아닌 자')가 태어나자, 야훼는 이스라엘과의 언약을 파기하면서, "너희가 나의 백성이 아니며, 나도 너희의 하느님이 아니다"(「호세아서」 1:9)라고 하였다.

이런 사실에서 이스라엘의 유일신 사상은 오랜 기간을 거쳐서 형성된 것이며, 따라서 후대의 사람들이 모세 이전의 부족장들이 믿었던 신앙을 지금의 유일신 신앙과 같은 것이라고 소급하여 적용했다고 생각할 수 있다. 히브리인들은 메소포타미아 지역에서 이주한 사람들이다. 따라서 히브리의 문화와 종교가 메소포타미아적인 요소를 지니고 있는 것은 자연스러운 일이다. 우리는 아브라함과 야곱과 이삭의 하느님이 모세가 섬겼던 하느님과 같은 하느님이라고 생각하고 있지만, 사실상 그들 각각에게 나타났던 신의 모습은 너무나 달랐다. 이로부터 우리는 그들이 믿었던 신에 대한 표상들이 시대의 변천에 따라서 각각 달라졌다는 것을 알 수 있다. 다시 말하면 히브리인들이 섬겼던 신들조차도 진화하고 있었던 것이다.

기독교에서의 신의 유출과 진화는 낯선 개념임에 틀림이 없다. 그러나 기독교의 신학이 수립되고 체계화되는 과정에 대한 지식을 조금만 가지고 있어도 우리는 기독교적 신 개념조차도 인간 지식의 발달 정도에 따라서 변화되어 왔다는 사실을 인정하게 된다. 모세의 유일신 개념조차도 플라톤의 데미우르고스 사상과 플로티노스의 유출론 사상과 결합되면서 근본적인 변화를 겪게 된다.

4. 플로티노스: 유일신과 유출신의 결합

플로티노스(Plotinos 205~270)는 고대 철학의 마지막을 장식하는 이름으로서, 우리는 그와 그의 학파를 신플라톤주의라고 부르고 있다. 플라톤 철학은 그를 통하여 기독교의 철학 원리로 발전되었으나, 생전에 그가 기독교 신앙을 가진 것은 아니었다. 그의 철학에 드러난 도덕적 이상들은 아우구스티누스를 통하여 종교적 실천의 지평을 획득하게 된다. 유스티아누스가 529년에 아테네에 있는 플라톤의 아카데미를 폐쇄하고 642년에 아랍인이 알렉산드리아를 점령함으로써 고대 그리스인들의 철학적 사유 활동은 역사 속으로 사라진다. 그럼에도 불구하고 그들의 영향력은 라틴 교부들과 중세의 유대 및 아랍 철학에 의하여 계승되는 한편 기독교의 중심 철학으로 승화되었다.[11]

플로티노스는 그리스 문화권에 속하였던 이집트에서 태어났으며, 알렉산드로스 대왕이 세웠던 이집트의 도시 알렉산드리아에서 여러 학자들의 강의를 들었다. 특히 오리게네스의 스승이었던 암모니오스 사카스(Ammonios Sakkas)의 강의를 듣고서 크게 감명을 받았으며, 그에게서 약 11년 동안 철학을 공부하였다. 243년경에 플로티노스는 페르시아와 인도의 지혜를 배우기 위하여 고르디아누스 황제의 페르시

---

11) Porphyrios: *Über Plotins Leben und über die Ordnung seiner Schriften*, in: *Plotins Schriften*. Bd. Vc: Anhang, Hamburg 1958.

아 원정 대열에 참여하였으나 황제의 암살로 뜻을 이루지 못하였다. 인도 원정이 실패하면서 그는 안디옥으로 도망쳤고, 244년(40세)에 로마에서 철학 교실을 개설하였다. 이 모임에 갈리에누스(Gallienus) 황제 내외와 원로원 의원들이 참석할 정도였으며, 그는 국가철학자로서 예우를 받았다. 그는 고아들을 집에서 양육하고 검소한 생활을 즐기는 등 철학적 진리를 몸소 실천하려고 노력하였다. 그는 독신주의자, 채식주의자로 알려졌고, 네 번씩이나 신과 접촉하였던 신비사상가였다. 그는 죽음을 "내부에 있는 신적인 것이 스스로를 우주 속에 있는 신적인 것과 결합하는 것"이라고 이해하였다. 그가 60세에 만나게 되었던 그의 제자 포르피리오스는 스승의 원고를 각각 9편으로 된 6권의 저서로 출판하였으며, 이 때문에 그의 저서는 9(ennea)라는 수를 바탕으로 하여 『엔네아데스』로 불리고 있다.12)

모든 만물이 그로부터 나오는 원초적인 통일상태로서의 존재자체를 플로티노스는 일자(das Eine, the Oneness)라고 불렀다. 일자는 존재하는 어떤 사물도 아니면서 그것들이 흘러나올 수 있는 모든 것으로서 만물이자 동시에 무이다. 그의 생각은 이미 바빌론의 신화에서 제시된 유출 사상과 매우 흡사하며, 이것은 그 이후의 기독교 사상가들이나 철학적 신학의 영역에서 결정적인 영향을 주었다. 「에누마 엘리쉬」에서는 하나의 신에서 다른 신들이 유출되면서 이전보다 더 진화하고 완전해지지만 플로티노스의 경우에는 더 열등해지는 것이 특징적이다. 일자로부터 가장 먼저 유출되는 것은 누스(nous)이며, 이것은 플라톤의 이데아에 해당된다. 누스로부터 다시 영혼(psyche)이 흘러나오고, 그로부터 다시 물질세계가 유출된다. 일자는 비인격적이고

---

12) *Plotins Schriften*. Übersetzt von Richard Harder. Neubearbeitung mit griechischem Lesetext und Anmerkungen. Hamburg 1956.

중립적 존재인 반면에 누스는 남성적이고 영혼은 여성적이다. 플로티노스는 고대의 여러 신들이 성적 차이를 갖고 있는 사실을 감안하여 성적 균형과 조화를 고려한 것처럼 보인다.

플로티노스의 최고원리는 '선'(善)과 '일자'(一者)이다. 우선 '선'의 개념은 분명히 플라톤의 '선의 이데아'에서 영향받은 것이다. 플라톤의 경우 '선의 이데아'가 모든 이데아들의 존재론적 근거이기는 하지만 여전히 이데아였다. 그러나 플로티누스에서 '선'(das Gute)의 개념은 이데아를 초월하는 어떤 것이다(*Enneades*, 6,7.16-18). 플로티노스는 이 최고의 원리를 '일자'(das Eine)라고 규정한다. 그에 의하면 신은 세계나 존재로부터 완전하게 떨어져 있는 초월적인 존재자(Überseiende)이다. 이 세상의 어떤 술어도 신에게 적용될 수 없다. 왜냐하면 일자는 모든 사고와 모든 존재를 넘어서는 존재이기 때문에 감각적인 것, 정신적인 것을 막론하고 그 어떤 것이든지 신에 관하여 진술하지 못한다 (5,4.1).

플로티노스의 일자는 다른 모든 것에 선행하는 최초의 존재이다. 일자는 신이나 선 그 자체에 대한 상징적인 이름이다. "일자는 존재하는 어떤 사물일 수 없으며, 모든 존재자들에 앞서서 존재한다"(3,8.8). 그러므로 일자는 사물들의 존재를 구속하는 그 어떤 속성으로부터도 자유로운 존재인 것이다. 플로티노스는 세계로부터 신을 규정할 수 없는 반면에 신으로부터 세계를 인식할 수 있다고 주장한다. 모든 것은 하나의 근원적인 것에 참여하고 있으므로, 그는 아리스토텔레스의 능동인 대신에 '유출'(Emanation)이라는 개념으로 세계에 대한 새로운 설명을 시도한다. 일자는 언제나 충만한 것이므로 넘쳐흐를 것이다. 그러나 그것은 흘러넘치더라도 언제나 자기의 원래 모습을 유지하고 있다. 태양이 빛을 발하면서도 언제나 그 자체로서 머물러 있는 것처럼,

최초의 존재는 바로 그렇게 존재한다. 신은 제1의 기체이며 일자이다. 물론 신 역시 정신, 자유, 의지를 가지고 있지만 그것은 우리가 사용하는 것과는 전혀 다른 근원적인 맥락에서 이해되어야 한다(6,8.18).

이 세계는 초감각적인 것과 감각적인 것으로 구성되었으며, 초감각적인 것으로부터 감각적인 것으로 이행하고 있다. 일자로부터 신의 정신, 세계혼, 자연, 사물, 물질의 전 위계질서가 산출된다. 최초의 것으로부터 나온 것은 언제나 그것과는 다른 것이지만 동시에 그것을 근원으로 하고 있다(5,4.1). 이것은 곧 "일자는 만물이다"라는 사실이 "모든 것은 일자로부터 생긴다"는 것을 의미한다(5,2.1). 마치 샘에서 샘물이 넘쳐흐르지만 샘 그 자체는 마르지 않는 것과 같으며(3,8.10), '존재자의 나무'로부터 존재자가 부단히 발출하는 것과 같다(3,8.7).

일자와 다자의 관계를 범신론적으로 규명할 수 있다. 그것은 마치 속성이 실체에 속한 것처럼 존재자는 존재에 속하여 있다는 사실에서 착안되었다. 일자와 모든 사물들의 관계도 이와 같은 것이다. 그러나 플로티노스는 아리스토텔레스의 실체 개념보다 더 강하게 사물들의 자립성을 인정하였다. 아리스토텔레스의 경우에 다른 것에 의하여 움직여지는 것뿐만 아니라 자체 속에 운동 원인을 가진 실체들조차도 존재의 운동 원인을 탐색하다 보면 상대적이고 불완전하며 부대적인 존재로 전락하는 것을 볼 수 있다.

일자와 다자의 관계를 창조론적으로 해석하는 경향도 있다. 이들의 설명에 의하면 일자는 그 실체를 손상시키지 않고 무에서 사물들이 생겨나게 하고, 그것들과 형식적으로 다른 관계를 형성하게 된다. 이 경우에 일자가 사물의 원인이라는 것은 형식적으로는 사물 속에 내재하지만, 현실적으로는 그것들을 초월하는 것을 뜻하며, 이것이야말로 '창조'의 개념에 부합된다는 것이다. 이 경우에는 일자의 임재를 생각할 수도 있다(5,4.1).

일자의 자기인식은 '정신', 즉 '누스'(Nous)에 의하여 이루어진다. 이것은 최초이자 최고의 존재 원리인 일자의 자기 현현이며, '신의 정신' 그 자체이다. 그러나 누스는 일자 다음의 것으로서 관념, 규범, 법칙, 존재 구조의 총체 개념이며, 지혜의 세계인 동시에 플라톤적인 '데미우르고스' 개념이다. 누스는 근원적 일자의 모사이며, 일자가 스스로 바라보는 자기의 모습이자, 첫 번째 신에 의하여 태어난 신의 아들이다. 그러므로 누스는 '신적인 정신-존재'(das göttliche Geist-Sein)이며, 아리스토텔레스가 말한 '사유의 사유'이다. 그러나 아리스토텔레스의 그것은 자족적인 반면에 플로티노스는 가지적인 세계의 모든 이데아들을 자신 안에 포괄하는 것으로 기술하고 있다. 기독교의 삼위일체설에서 보는 것과 같은 제2의 신이 바로 누스인 것이다. 정신은 신이 아니다. 그러나 그것은 신을 닮은 것이라는 의미에서 신적인 것이다. 정신은 완전한 생산력을 구비하고 있으므로 생산하지 않을 수 없다(5,7.1). 플라톤의 『티마이오스』와 스토아학파의 씨앗의 로고스 사상에서 자극을 받은 초대 교부들은 플라톤의 이데아들을 정신 속에 옮겨놓았던 것이다.

신의 정신으로부터 영혼이 흘러나온다. 세계가 조성되는 경우에 가장 먼저 전제되는 것은 영혼의 존재이다. "정신이 생산해내는 것은 어떤 사상이다. 그리고 사상은 성찰을 하는 영혼의 부분 안에 실재한다. 사상은 정신을 에워싸고 이리저리 움직이는 것이며, 정신에서 방출되는 빛이다"(5,1.7). 그리하여 세계영혼이 생겨난다. 이와 함께 개별 영혼들도 탄생한다. 세계혼은 신의 정신으로부터 직접 발출하지만, 개체혼들은 세계혼으로부터 산출된다. 따라서 개체혼들은 세계혼과 같은 본질로 구성되었지만 개체 존재 안에서만 활동할 수 있다.

영혼은 그 자체가 항상 전체적인 것으로서 일자를 닮아 있으며, 동시에 여러 개체들 속에서 분리되어 있음으로 다자를 닮아 있기 때문에, 이 둘 사이를 매개하는 역할을 하고 있다. "영혼은 물체처럼 처음부터 나눌 수 있는 것이 아니다. 그러나 물체들 안에서는 나누어질 수 있다"(4,2.1). 그리하여 우리는 그리스 철학에서 영혼이 생성과 같은 것으로 이해되는 근본 이유에 접근하게 되었다. 영혼의 특징은 자기 운동이며, 그것은 천사, 정령, 인간, 동물, 식물로 내려올수록 그 단일성은 약화되고 수다적인 개체들로의 분리와 생성은 강화된다.

영혼 자체는 본질적으로 자유롭고 자발적으로 움직이는 존재이다. 영혼은 자발적으로 인과 계열을 만든다. "영혼은 가장 먼저 움직이는 원인이다"(3,1.8). 그러나 이 영혼은 스스로 존재하는 경우에는 자기 자신의 지배자가 되지만, 육체 속에 갇히게 되는 경우에는 독립적이지 못하고 내적인 세계의 인과 계열에 종속된다. 이는 피타고라스와 플라톤의 영혼론에서 배운 것과 같다. 칸트의 지성계에서는 자유의 법칙이 지배하지만 감성계에서는 인과성의 법칙이 지배하는 것과도 같다.

세계혼은 두 종류가 있다. 하나는 보다 고차적인 이성적 세계혼으로서 참된 존재자를 향하여 있다. 다른 하나는 현상과의 결합을 시도하는 세계혼으로서, 이것은 마치 인간의 영혼이 신체와 결합되어 있는 것처럼 현상 세계와 결합을 가능하게 하는 근본적인 동인을 가지고 있다. 플로티노스는 사물 세계에 내재하는 세계혼의 동인을 '자연'이라고 규정하였다(2,3.9). 이성 세계가 다수성 안에서의 통일성, 부분들의 조화로운 결합을 추구하는 반면에, 사물 세계는 그 반대를 추구하고 있다. 따라서 두 세계는 영원성과 시간성, 존재와 가상, 조화와 혼돈 등의 특징을 가지고 있다. 자연은 지성적인 세계의 모사이지만, 정신, 힘, 자유, 활동성이 떨어지고 수동성, 시간과 공간, 본능 등에 의하여 제약을 받게 되는 것이다.

유출의 마지막 단계는 물질이다. 플로티노스에서의 물질은 부정성의 원리이며 악의 원리이다. 그것은 근원적인 일자의 반대 극으로 설정된다. 따라서 그것은 모든 형상과 존재의 절대 결여인 동시에 절대 부재이며, 순수 결핍이다. 그러므로 물질은 사물 세계의 가장 낮은 단계에 속하는 근본악이자 어두움 그 자체이다(1.8). 이와 같은 물질 개념은 나중에 기독교적 악의 개념과 결합되어, 물질 개념을 근본적으로 곡해하는 원인이 된다. 그러나 일자와 물질은 반대의 극이기는 하지만, 일자로부터 나온 것은 모두 일자에게로 복귀하기 때문에, 근본악 역시 선과 일자에게로 되돌아간다는 역설에 빠지게 된다. 최종적인 악의 원리가 결국 절대 선의 원리를 지향하게 된다면, 그 악은 선에게 영향을 줄 수 있는가? 이 문제는 기독교에서의 만인구원설 문제로 비화되었다.

그렇다면 플로티노스의 사상에서 인간의 우주론적 위치는 어떻게 설명될 수 있는가? 인간은 이성적인 세계혼으로부터 각각의 개체혼을 부여받은 동시에 사물적인 세계의 유출 과정에서 육체를 부여받게 되었다. 따라서 플로티노스의 인간학은 이성 세계에 속한 영혼이 사물 세계에 속하는 육체로 하강하여 결합하는 것과 그 두 요소들의 다양한 층위 구조(의식, 초의식, 무의식 등), 그리고 영혼불멸성에 대한 교설과 영혼의 윤회를 내용으로 하고 있다. 개별적인 영혼 존재는 죄를 지은 육체로부터 벗어나서 스스로를 정화함으로써, 누스와 결합하는 동시에 그 속에 있는 이데아들과 하나가 되고, 마침내는 근원적인 일자를 관조하고 사랑하면서 합일을 이루게 된다.

서구적인 신의 기원은 지고신적인 동시에 유출신적인 두 가지 모습을 갖추고 있다. 바빌론적 전통에서는 유출론적 신관이 우세하였으나 히브리적 전통에서는 지고신적 신관이 지배적이었다. 그러나 이 두 가지 형태의 신의 모습은 기독교가 플라톤과 플로티노스의 철학과 결합되면서 통일되기에 이르렀다.

：제2장： 신은 존재하는가?

　신은 존재하는가? 그리고 우리는 신의 존재를 증명할 수 있는가? 이것이 가능하다면 우리는 하느님의 모습을 파악할 수 있고, 그 분의 성품을 짐작할 수 있으며, 그 분과의 대화를 시도할 수도 있을 것이다. 이런 노력들은 더 이상 신앙의 문제로만 머무르지 않고 이론적 학문의 연구 대상이 될 것이다.

　기원전 30년경 알렉산드리아의 유대인 철학자 필론(Philon)은 유대 사상과 그리스 철학의 조화를 꾀하면서 하느님의 본체(ousia)는 인간이 결코 인식할 수 없지만 하느님의 가능적인 힘(dynamies)과 현실 활동(energeia)은 신으로부터 유출된다고 주장하였다. 그러나 하느님의 본체를 인식할 수 없다면 하느님의 가능적인 힘이 그에게서 유출되었다는 것을 어떻게 확인할 수 있는가? 플라톤이나 아리스토텔레스가 최고 실재인 선의 이데아나 제일원인으로부터 우주가 유출된다고 본 것처럼 필론은 신의 능력은 우주의 질서를 통하여(the Kingly Power), 그리고 인간에 대한 축복을 통하여(the Creative Power) 드러난다고 보았다. 필론은 우리의 인지능력으로 접근할 수 없는 신의 본체적 측면과 신이 그 자신을 우리에게 보여주는 능력들을 구분하였던 것이다. 그러나 본체에 대한 확신이 없다면 우리가 그의 능력이라고 생각한 것은 착각일 수도 있다. 이처럼 유한하고 상대적인 인간이 무한하고 절대적인 신의 존재를 알 수 있는가에 대한 문제는 오랫동안 형이상학과 신학의 난제로 여겨져 왔다.

신의 존재에 대한 지식문제는 문화적 연원에 따라서 현저하게 다른 방식으로 전개된다. 고대 바빌론이나 고대 그리스 전통에서의 유출론적 신관이 지배적으로 나타난 곳에서는 신과 인간의 유사성 및 동일성이 강조됨으로써 신에 대한 적극적인 이해가 가능하다는 견해가 일반적이다. 그러나 J기자나 P기자의 경우처럼 신과 인간의 분리가 강조되는 곳에서는 오직 신에 대한 소극적인 이해, 즉 부정신학적인 차원의 접근만이 가능한 것으로 여겨지고 있다. 그럼에도 불구하고 신은 그 자신의 존재방식에 대한 정보를 계시라는 형태를 통하여 인간에게 알릴 수 있다고 생각하게 되었다. 그런데 이와 같은 사유의 원형은 또 다시 고대 바빌론의 유출론적 사고와 연관되어 있다는 사실을 확인하게 된다.

사도 바울이 「로마서」 1장 19절에서 신은 창조물을 통하여 그 자신에 관한 것을 분명하게 보여주었다고 말한 후부터 기독교 철학자 또는 교부들은 기독교 신앙을 옹호하는 동시에 신 존재를 증명하기 위하여 다각적으로 고심해왔다. 바울 자신 역시 기독교의 명제를 입증하기 위하여 그리스 철학자들을 인용하기도 하였다(「사도행전」 17장 28절). 이후부터 기독교 신학자들은 필요에 따라서 철학을 인용하기도 하고 저주하기도 하였다. 신의 존재 증명은 아직도 계속되고 있는 철학적 과제이다.

1. 교부철학자들: 기독교의 신 존재

순교자 유스티누스(Flavius Justinus 100~164)는 피타고라스주의자인 동시에 플라톤주의자였다. 그는 기독교인을 플라톤 추종자로 생각하였다. 플라톤 역시 유일신 신앙을 가졌기 때문이다. 그에 의하면 철학은 인간을 신에게 인도하려는 하느님의 선물이었다. 그는 특히 플라톤 철학의 목적은 하느님을 직관하는 데 있다고 생각하였다. 그는 『트리폰과의 대화』에서 참된 철학은 계시를 통해서만 가능하다고 주장하였다. 그는 존재를 신과 동일시하였으며, 플라톤적인 데미우르고스로 표현하기도 하였다. 이처럼 그는 철학과 신학을 구분하지 않았으며, 플라톤 철학을 기독교 신학의 예비단계로 보았다. 유스티노스에 의하면 예수는 신적인 이성, 즉 로고스의 화신이었다. 스토아철학자들은 그 로고스가 우주의 질서 속에 존재하고 있으며, 역사를 통하여 세계 속에서 활동한다고 보았다. 로고스 개념은 유대적인 것인 것이 아니며, 고대 그리스 사상에 그 연원을 두고 있다. 헤라클레이토스가 말한 로고스는 나중에 사도 요한에 의하여 예수 그리스도의 선재성을 나타내는 주요 개념으로 사용되었다.

신과 인간의 분리에서 오는 절대적인 불안감을 해소하려는 노력은 신에 대한 영적 지혜의 확대를 요구하였다. 이러한 요구에 부응하여 영지주의자들, 즉 그노시스학파(gnostikoi)가 출현하였다. 130년에서 160년까지 알렉산드리아에서 활동했던 바실리데스(Basilides)와 이집트를 떠나 로마에서 활동하였던 발렌티누스(Valentinus)는 수많은 추종자를 거느리게 되었다. 이들은 주로 신과 물질의 이원론 체계를 신봉하고, 그 두 세계 사이를 유출 사상으로 매개하였다. 신 그 자체인 '신의 본체'(Godhead)는 우리들이 흔히 신(God)이라고 부르는 낮은 존재의 진정한 원천이며, 유한한 인간지성으로는 파악 불가능하다.

발렌티누스에 의하면 "신의 본체는 완전하고 선재적이며, 보이지 않고 이름붙일 수 없는 높은 곳에 거하시며, 시작의 시초이고 근원이며 심연이다. 그분은 담을 수 없고 볼 수 없으며, 영원하고 생성되지 않은 것으로서 무한한 유출을 위한 적막이자 심연이다. 그분과 더불어 생각이 있었으니 곧 은혜와 침묵이다"(Irenius, *Heresies*, I.1.1). 태초에 존재한 것은 신이 아니라 신의 본체, 즉 무였던 것이다. 그것은 자신을 정립하는 순간에 유출 현상을 일으킨다. 신의 본체로부터 신이 나오고 다시 그로부터 남성신과 여성신이 나오는 30번의 유출 과정을 통하여 신적 세계, 곧 충만된 세계(Pleroma)가 완성된다. 그리하여 당시의 사람들은 이 우주 속에 영적인 존재와 마귀들, 그리고 사도 바울이 말한 것처럼 보좌(Thrones), 지배(Domination), 권위(Sovereignties), 힘(Powers) 등과 같이 신의 본체에서 유출되어 우주의 운행을 관장하는 보이지 않는 힘(aeon)이 작용하고 있다고 믿었다.

어떤 영지주의자는 유출 과정의 마지막 단계에서 지혜(Sophia)가 금지된 신의 본체에 대한 지식을 탐하였기 때문에 은총을 잃고 신적 세계인 플레로마에서 추방되었다고 말한다. 지혜의 비탄과 고뇌로부터 물질세계가 형성된 것이다. 추방당한 지혜는 우주를 떠돌면서 신적 세계로의 복귀를 갈망하고 있다. 그런데 여기에서 물질세계에 대한 새로운 이해가 나타난다. 어떤 영지주의자는 신이 물질세계를 만들지 않았다고 주장한다. 신을 시기한 데미우르고스(demiourgos)가 플레로마의 주인이 되기 위하여 물질세계를 만들었던 것이다. 그러나 신의 본체로부터 유출된 능력들 가운데서 로고스가 인간들에게 신에게 복귀할 수 있는 길을 보여주기 위하여 예수라는 인간으로 나타났다. 영혼의 지도를 나타내는 플레로마는 이제 더 이상 외적 실재가 아니며 우리의 내면에서 찾아야 한다. 소피아와 데미우르고스가 타락한 물질세상을 빚었을 때 신적인 섬광 역시 플레로마에서 이탈하여 물질 속에 갇혀버리고 말았다. 그리하여 영지주의자들은 이제 영혼 안에서 신적 섬광을 발견할 수 있고, 그것을 통하여 신적 세계로 돌아갈 수 있다고 믿었다.

영지주의자들은 이 세상은 선한 신에 의하여 만들어진 것이 아니라고 생각하였다. 기독교에 적대적인 교회를 로마에 세워 많은 추종자를 거느렸던 마르치온(Marcion 100~165)은 선신과 악신이라는 이원론적 신앙을 표방하였다. 그는 『구약성서』의 하느님인 데미우르고스를 『신약성서』의 하느님보다 하위에 속한다고 믿었다. 마르치온은 『구약성서』를 읽으면서 정의의 이름을 내세워 민족 전체를 살육하는 잔인하고 광포한 신의 존재에 경악하였다. 그러나 그는 『신약성서』의 하느님은 평온하고 온유하며 선하고 탁월한 존재라는 사실을 발견하였다. 따라서 그는 구약성서에 나오는 악한 하느님으로부터 벗어나서 신약성서의 선한 하느님만을 섬겨야 한다고 강조하였다. 이와 같은 마르치온의 주장은 우리 인간이 신의 본질과 본성에 대한 정확한 판단을 내릴 수 있다는 전제 하에서 이루어진 것이다.

터툴리아누스(Tertullianus 160~220)는 소크라테스나 플라톤의 철학으로 우주의 창조자인 하느님 아버지를 깨닫기는 어렵다고 말함으로써 기독교 신앙을 철학과 구분하고자 하였다. 그러나 그 자신은 분명히 스토아 철학의 영향을 받고 있었다. 그는 마르치온의 선한 하느님이 성서보다는 그리스철학의 신과 비슷하다고 생각하였다. 결함투성이의 세상과 아무 관계없이 평온한 모습을 취할 수 있는 신은 예수보다는 아리스토텔레스의 '제일의 부동의 원동자' 개념에 더 가깝다는 것이다. 실제로 고대 그리스인들은 성서의 신이 너무나 잔인하고 광포하여 경배하기에 적절하지 않다고 생각하였다.

터툴리아누스는 신을 포함한 모든 존재를 유형적 실체로 파악하였다. 그는 원죄설을 설명하기 위하여 유아의 영혼이 아버지의 정자로부터 파생된다는 영혼출생설(traducianism)을 수용하였다. 그는 하느님의 위격(persona)에 대하여 처음으로 언급하였으며, 그것들이 서로 다르지만 분리된 실체는 아니라는 입장을 분명히 하였다. 신앙의 문제들은 이성적으로 납득되지 않은 불합리한 요소들로 가득 차 있다. 그럼에도 불구하고 그는 "불합리하기 때문에 나는 믿는다"(Credo quia absurdum est)라는 너무나 유명한 말을 남겼다.

2세기 말에 철학적 지식을 갖춘 이방 지식인들이 기독교로 개종하기 시작함으로써 히브리적 신을 그리스 로마의 철학적 이상과 결합하는 일이 가능하게 되었다. 알렉산드리아의 클레멘스(Clemens 150~219)는 개종 전에 아테네에서 철학을 공부하였고 야훼와 그리스 철학자들의 신이 동일한 신이라고 확신하였다. 그는 플라톤을 아티카 지방의 모세라고 불렀다. 그는 철학자들의 교설을 기독교를 위한 준비 과정으로 이해하였으며, 유대인들이 모세와 예언자들의 지도를 받았던 것처럼, 그리스인들은 철학자들의 가르침을 받아왔던 것으로 간주하였다. 따라서 그들은 철학을 기독교를 이해하는 데 유용한 보조 수단으로 여겼으며, 일상적인 생각을 신에 적용할 수 없다는 사실에서 부정신학의 길을 예비하기도 하였다. 클레멘스는 플라톤이나 아리스토텔레스와 마찬가지로 신을 전적으로 초연하여 고통이나 변화를 느끼지 않는 '무감정'(apatheia)의 존재로 규정하였다. 그러나 그의 신 이해는 기독교보다는 스토아학파의 철학적 이상에 더 근접한 것이다. 클레멘스는 예수가 신이라는 사실을 인정하였다. 예수는 제자들의 발을 손수 씻어주시고 고통을 당하면서 살아계신 신이었으며, 자만심이 없는 우주의 주인인 동시에 사람들에게 어떻게 신이 되는가를 가르쳐주기 위하여 인간의 몸으로 오신 신적 로고스였다. 예수는 신이면서 성육신한 로고스, 즉 신적 이성이었으며, 예수를 본받아서 인간은 성화의 단계로 들어설 수 있는 것이다. 그는 예수가 신이 된 것처럼 인간 역시 그런 길을 따라나

설 수 있다는 것을 강조했던 것이다. 클레멘스는 "알기 위해서 믿는다"(Credo, ut intelligam)라는 말로 더 유명하다. 202년 그가 예루살렘의 주교를 보좌하는 사제로 알렉산드리아를 떠난 자리에는 스무 살 정도밖에 되지 않은 그의 탁월한 제자 오리게네스가 임명되었다. 클레멘스와 오리게네스로 이어지는 알렉산드리아 교리문답학파는 그노시스학파 및 그리스 철학에 대하여 기독교 신학을 정립한 것으로 교회사 속에서 찬연한 빛을 발하였다.

오리게네스(Origenes 185~254)는 플라톤 철학을 기독교와 조화시킴으로써 기독교적 플라톤주의를 발전시켰다. 그러나 몇 가지의 이단적인 견해를 갖기도 하였다. 그의 신 개념과 그 특성들은 근본적으로 신플라톤적이다. 그는 일자로서의 신 그 자체가 이 세계를 직접 창조하였다고 보지 않는다. 이 세계는 신의 본성적 특성인 '로고스', 즉 '이데아들의 이데아'에 의하여 창조된 것이다. 따라서 신과 세계 사이를 로고스가 매개하고 있다. 바로 이 사실에서 그는 영지주의자들의 유출론적 세계 이해를 수용하였다. 또한 그는 우리의 영혼이 신에 의하여 거의 비슷하게 창조되었으나, 전생에 영혼이 죄에 빠짐으로써 이 세상에 오게 되었으며, 모든 영혼은 오직 정화의 고통을 통하여 신과의 일치에 이르게 된다고 주장하였다. 영혼은 지적 관조(theoria)를 통하여 신에 대한 지식(gnosis)을 가지게 되는 것이다. 그리하여 이 세상의 모든 존재들은 근원으로 회귀하면서, 모든 것이 하느님 안에 있다는 만물복귀설을 주장하였다. 9세기에 오리게네스의 사상 일부가 교회에 의하여 정죄된다. 오리게네스와 클레멘스 모두 다 무로부터의 창조를 믿지 않고 유출설을 주장하였다. 오리게네스는 인간 예수의 신성을 하나의 과정적인 현상으로 이해하였고 우리가 신을 직접 대하게 될 경우에 예수에 대한 믿음은 초월될 것이라고 보았다. 그는 인간이 예수 그리스도의 죽음을 통하여 구원되는 것이 아니라 인간 자신의 노력으로 신에게 비상하는 것으로 이해하였다. 이처럼 오리게네스의 주요 사상, 특히 유출설, 영혼선재설, 지옥부정론 등은 오늘날의 기독교의 교의체계와는 거리가 있으나, 그의 시대에는 이런 문제들에 대한 공식적인 견해가 마련되지 않았다.

320년경에 이집트, 시리아, 소아시아의 교회에 격렬한 신학논쟁이 휩쓸었다. 알렉산드리아의 아리우스가 그의 교구 감독 알렉산드로스 주교에게 예수의 신성과 인성의 관계에 대하여 "어떻게 예수 그리스도가 성부인 신과 동격인 신적 존재가 될 수 있는가?"라고 문제를 제기하자, 주교를 보좌하던 아타나시우스가 아리우스를 반박하고 나섬으로써 신학적 논쟁이 가열되었다. 아리우스, 알렉산드로스, 아타나시우스 세 사람 모두 플라톤 철학에 영향을 받은 오리게네스의 유출론적 신 개념에 반대하여 무로부터의 창조론을 지지하였다.

그러나 아리우스가 인간 예수를 피조물의 세계에 두었던 반면에 아타나시우스는 신적 영역에 두고자 하였다. 아리우스는 로고스 예수는 신적 지위로 격상된 존재이기는 하지만 신 그 자신은 아니라고 주장하면서 예수와 신 사이의 질적 차이를 강조하였다. 그 반대로 아타나시우스는 예수가 인간이면서도 동시에 신 그 자신과 동일한 존재라고 주장하였다. 당시의 사람들은 아리우스와 아타나시우스 사이의 중간 입장을 취하고 있었다.

이 문제를 해결하기 위하여 325년 5월 20일 니케아 공의회가 열렸으며, 콘스탄티누스 황제는 예수의 신성을 주장하는 아타나시우스의 주장을 관철시켜 니케아신조를 작성하게 하였다. 이 신조에서는 예수 그리스도가 피조물이 아니고 영적 중재자인 아에온(aeon)도 아니며, 창조자와 구속자가 동일하다는 것, 그리고 이 세계는 최초의 혼돈으로부터 유출된 것이 아니고 무로부터 창조된 것이라는 사실을 교회의 공식 입장으로 선포하였다. 이러한 사실에서 기독교의 신은 인간이 만든 표상이라는 포이에르바흐와 프로이트의 주장이 설득력을 얻게 된다. 아타나시우스는 최초의 유대신학자 필론이 주장한 것처럼 신의 본질은 인간에게 파악될 수 없으나 그는 세 가지의 현현 양태(hypostases)를 가지고 있다고 주장하였다. 그 후에 그레고리우스는 신은 세 가지 현현 양태로 분리된 것이 아니라 세 가지 인격(prosopon, personae)을 가지고 있다고 정리하였다.

이러한 논의들을 바탕으로 기독교의 삼위일체설을 집대성한 사람이 바로 아우렐리우스 아우구스티누스(Aurelius Augustinus 354~430)였다. 아우구스티누스는 동방 기독교인들이 신의 유일무이한 신비적 본질에 대한 분석을 거부하고 세 가지 현현 양태를 통하여 접근하는 반면에 서방 기독교인들은 신이 하나의 본체와 세 가지 위격을 가지고 있다고 믿는 깃으로 징리하면서, 후자의 입장을 지지하는 방향으로 체계화하였다. 아우구스티누스는 신의 객관적 실재보다는 인간의 내면에서 느낄 수 있는 영적 존재로서의 인격적 측면을 강조하였다. 따라서 그는 인간 정신의 심연에서도 삼위일체적 요소가 내재하며, 그런 하느님의 존재를 직접 체험하도록 유도하였다. 이런 점에서 그의 삼위일체론은 주관적이고 심리학적이며 영적 측면에 치우쳐 있다. 아우구스티누스는 기도가 영혼을 육체로부터 해방시켜 준다고 생각하였다.

나중에 콘스탄티노플 출신의 고백자 막시무스(Maximus the Cofessor 580~662)는 자연적으로 영혼과 육체를 가진 인간인 동시에 은총에 의하여 영혼과 육체를 지닌 온전한 신이 되신 것처럼, 우리도 역시 인간이-되신-하느님의 은총에 의하여 온전한 신이 될 수 있다고 주장하였다.[1] 그는 불교신자들이 붓다를 통하여 견성을 얻는 것처럼 예수 그리스도를 통하여 신적 상태로 변화할 수 있다는 영감을 얻었다.

또한 아우구스티누스는 안셀무스와 라이프니츠에게서 발견되는 신 존재 증명을 선구적으로 시도한 바 있다. 아우구스티누스는『자유의지론』에서 진리가 존재하므로 하느님이 존재하시며, 진리 자체가 곧 하느님이라고 주장한다. 하느님은 존재하실 뿐만 아니라 최고의 존재로 존재하신다.[2]

아우구스티누스의 첫 번째 신 존재 증명은 영원한 진리와 사유로부터의 증명이다. 이것은 필연적이고 불변적인 진리가 있다는 전제로부터 출발한다. 만일 그런 영원불변의 진리가 실제로 존재한다면 정신은 그 진리를 받아들이지 않으면 안 된다. 그런데 정신은 이 진리가 정신을 초월하여 정신의 사고를 규제하고 있다는 사실을 알고 있다. 그리고 영원불변의 진리는 그 자신의 근원인 하느님의 필연성과 불변성을 나타내고 있다.

아우구스티누스의 두 번째 신 존재 증명은 피조물과 일반적 동의로부터의 증명이다.『신국론』에서 그는 세계와 모든 가시적인 것들의 질서, 배열, 아름다움, 변화, 운동은 형언할 수 없을 만큼 위대하고 아름다운 하느님에 의하여 만들어졌다는 사실을 보여준다고 하였다(2,4,2). 이것은 우주 현상과 질서 속에서 하느님의 존재를 확인할 수 있다는 우주론적 또는 자연신학적 논증의 선구이다. 또한 동시에 그는 일반적인 동의에 의하여 신의 존재를 증명하고자 하였다. 다시 말하면 참된 하느님의 능력은 이성적인 피조물이 그 이성을 사용할 경우에 전혀 드러나지 않을 수 없다는 사실을 우리는 부정할 수 없을 것이다. 이러한 사실로부터 전 인류는 하느님을 세계의 창조자라고 인정하고 있다. 어

---

1) Armstrong, Karen: *A History of God.* New York 1993. p. 222.
2) Augustinus: *De libero arbitrio.* XV 39.

떤 사람은 다수의 신들이 존재한다고 믿기도 하지만, 그 경우에도 아우구스티누스는 그 '신들의 신'을 상정할 수 있으며, 우리는 그분이야말로 "그 이상으로 뛰어나고 고귀한 것이 존재할 수 없는 어떤 것"이라고 생각할 수 있다고 강조하였다.[3] 아우구스티누스의 이러한 신 개념은 폴 틸리히의 '하느님 위에 있는 하느님'(God above God)이나 '존재의 근거' 개념과 비교될 수 있다.

2. 안셀무스: 신의 존재론적 논증

안셀무스(Anselmus 1033~1109)는 신의 개념으로부터 그 존재를 증명할 수 있다고 생각하였다.『프로슬로기온』의 서문에서 그는 기독교 신학이 고백하고 있는 하느님의 존재와 섭리, 그리고 최고선으로서의 하느님을 단적으로 입증할 수 있는 논의의 필요성에 대하여 언급하고 있다. 그의 신앙 이해는 근본적으로 아우구스티누스적이다. 그의 첫 번째 시도는『모놀로기온』(Monologion)에서, 두 번째 시도는『프로슬로기온』(Proslogion)에 정리되어 있다.[4] 이 저술 속에서 가장 처음으로 체계적인 존재론적 신 존재 증명이 논의되고 있는데, 이것은 아우구스티누스에게서 착안한 것이 분명하다.

안셀무스는『모놀로기온』에서 피조물 가운데서 발견되는 완전성의 여러 단계로부터 신의 존재 증명을 시도하고 있다. 이 책의 1장에서 안셀무스는 실제적으로 생각할 수 있는 선(善)의 여러 단계들을 경험적으로 고찰하고, 그와 같은 모든 선한 것들이 참여하게 되는 절대적

---

3) Augustinus: *De doct. Christ.*, 1,7.7.
4) 안셀무스,『모놀로기온 & 프로슬로기온』, 박승찬 역, 아카넷 2002. '모놀로기온', '프로슬로기온'으로 줄이고, 수자는 아카넷 판의 쪽수를 나타낸다.

인 선의 존재에 도달하게 되었다. 그는 "다른 모든 선한 것의 근원이 되는 하나의 선한 것이 존재한다고 믿어야 하는가, 아니면 각 사물마다 다른 선이 존재하는가?"라는 물음에 대하여(모놀로기온, 17-22), "모든 선함의 근원이 되는 바로 그것"을 상정하였으며, "오직 그 자체를 통해 선한 것만이 바로 최고선"이며, 그것은 "가장 큰 것이기도 하며, 존재하는 모든 것들의 최고"라고 하였다. 이는 경험적이고 후천적인 증명 방식이다. 이러한 생각은 이미 플라톤에 의하여 개진되었으며, 특히 아리스토텔레스는 보다 선한 것이 있으면 최고선이 존재하지 않을 수 없다고 하였다. 그리고 토마스 아퀴나스의 네 번째 증명에서 우리는 동일한 내용을 확인할 수 있다.

제3장에서 안셀무스는 동일한 논증을 선의 개념 대신에 존재 개념에 적용하고 있다. 안셀무스는 "그것을 통해 모든 존재하는 것이 존재하며, 자신은 스스로 존재하고, 모든 있는 것들 중에서 가장 높은 것인 어떤 본성이 존재한다"고 기술한다. 그는 계속하여 "존재하는 것은 어떤 것이나 또는 무에 의하여 존재하는데, 무에 의하여 존재하는 것은 불합리하기 때문에, 존재는 반드시 어떤 것에 의하여 존재하지 않으면 안 된다"고 보았다. 따라서 존재하는 모든 것은 다른 것에 의존하여 존재하거나, 스스로 존재하거나, 하나의 존재 원인에 의하여 존재하게 된다. 이 경우에 "다른 존재의 근원이 되고, 유일하게 자신을 통해 존재하는 것"을 상정할 수 있으며, 이것은 "모든 것 중에서 가장 위대한 것"이고, 따라서 "모든 것 중의 최고이며 선한 것, 큰 것, 특히 존재하고 있는 모든 것이 그것을 통해서야 존재할 수 있는 바로 그것은 필수적으로 최고선, 최고로 위대한 것, 존재하고 있는 모든 것 중의 최고의 것"이며, 그것은 필연적으로 존재할 수밖에 없다.

계속해서 안셀무스는 『프로슬로기온』에서 신에 대한 존재론적 논증을 시도하고 있다. 안셀무스의 신학적 태도는 제1장에 나오는 다음과 같은 명상문에 그대로 드러나 있다 : "주님, 저는 당신의 숭고함에 침투하려고 하지 않습니다. 왜냐하면 저는 그것에 제 지성을 비교하지 않기 때문입니다. 그러나 저는 제 마음이 믿고 사랑하는 당신의 진리를 어느 정도 이해하기를 원합니다. 그래서 저는 믿기 위하여 이해하려고 노력하는 것이 아니라, 이해하기 위해서 믿습니다. 왜냐하면 저는 만일 내가 믿지 않는다면, 이해할 수 없으리라는 것도 믿기 때문입니다"(프로슬로기온, 182).

제2장에서 안셀무스는 신의 존재론적 증명을 시도하고 있다. 이것은 신의 개념 또는 관념으로 신의 존재를 추론하는 방식이다. 그는 기독교의 신 개념을 "그것보다 더 큰 것이 아무것도 생각될 수 없는 어떤 것"이라고 정의한다. 안셀무스의 신 개념, 즉 "그것보다 더 큰 것이 생각될 수 없는 어떤 것"은 그 개념 자체의 규정에 부합되기 위해서 마땅히 지성 안에서 뿐만 아니라 지성의 밖에도 존재하지 않으면 안 된다. 필연적인 절대 존재자로서의 신은 그것보다 더 위대한 것을 생각할 수 없는 가장 위대한 존재이다. 이러한 존재가 만일 그저 관념만으로 존재한다면 그것은 결코 그것보다 더 위대한 것을 생각할 수 없는 존재가 아닐 것이다. 그러므로 그것보다 더 위대한 것을 생각할 수 없는 어떤 존재는 관념뿐만 아니라 실제로도 존재하지 않으면 안 된다. 안셀무스는 제2장에서 다음과 같이 논증한다: "만일 그것보다 더 큰 것이 생각될 수 없는 어떤 것이 단지 지성 속에만 존재한다면, 그것보다 더 큰 것이 생각될 수 없는 어떤 것이라는 것에 대해 '사실' 그것보다 더 큰 것이 생각될 수 없을 것입니다. 그러나 이것은 확실히 불가능합니다. 그러므로 아무 의심 없이 그것보다 더 큰 것이 생각될 수 없는 어떤 것은 지성 속에 뿐만 아니라 실제로도 존재합니다"(프로슬로

기온, 187). 이처럼 안셀무스는 그것보다 더 위대한 것을 생각할 수 없는 가장 위대한 존재에 대한 개념으로부터 그것의 존재를 도출한 것이다. 따라서 우리는 하느님의 관념을 가지고 있는 한, 하느님의 존재를 부정할 수 없다. 왜냐하면 하느님은 그것보다 더 위대한 것을 생각할 수 없는 가장 위대한 존재이기 때문에, 그것이 존재하지 않는다는 사실은 모순이기 때문이다.

이 논증 사실을 안셀무스는 제3장에서 조금 더 구체적으로 전개하고 있다. 어떤 것이 확실하게 존재할 경우에 우리는 그것이 존재하지 않는다고 생각할 수 없다. 우리가 존재하지 않는다고 생각할 수 없는 어떤 것의 존재를 생각할 경우에, 그것은 우리가 존재하지 않는다고 생각할 수 있는 것보다 더 위대할 것이다. 이러한 사실에서 안셀무스는 다음과 같이 추론한다: "그러므로 그것보다 더 큰 것이 생각될 수 없는 어떤 것이 존재하지 않는다고 생각할 수 있다면 그 실재는 그보다 더 큰 것을 생각할 수 없는 어떤 것이 아닙니다. 그러나 이것은 불가능합니다. 그러므로 그것보다 더 큰 것이 생각될 수 없는 어떤 것은 진실로 존재하기 때문에 존재하지 않는다고 생각할 수 없습니다. 그리고 이 실재가 바로 우리의 주님이요 우리의 하느님인 당신입니다"(프로슬로기온, 188).

여기에서 안셀무스가 제시한 명제는 '그것보다 더 큰 것이 생각될 수 없는 어떤 것'은 존재하지 않는다고 생각할 수 없다는 것이다. 그 근거는 다음과 같다. 만일 우리가 '그것보다 더 큰 것이 생각될 수 없는 어떤 것'이 존재하지 않는다고 생각할 수 있다면, 우리는 '존재하지 않는다고 생각될 수 있는 것'보다 더 큰 '존재하지 않는다고 생각할 수조차 없는 어떤 것'이 존재한다는 사실을 생각할 수 있기 때문이다. '그것보다 더 큰 것이 생각될 수 없는 어떤 것'이 존재하지 않는다고 생각할 수 있다면, 그것은 더 이상 '그것보다 더 큰 것이 생각될 수 없는 어떤 것'이 아니므로 모순에 직면하게 된다. 안셀무스는 이제 '마음속에서만 존재하는 어떤 것'(somthing, x, existing in the mind only)과 '마음속에서 뿐만 아니라 실제로도 존재하는 것'(something existing in reality as well)의 본질적 차이를 설명한다. 무엇보다도 먼저 이제 우리는 가장 완전하게 생각될 수 있는 하느님이 마음속에만 존재하는 경우를 생각해볼 수 있다. 이런 경우에 우리는 그보다 더 완전한 존재를 생각할 수 있을 것이다. 다시 말하면 마음속에서만 완전하다고 생각하는 존재보다 더 완전한 존재, 즉 마음속에서 완전하다고 생각될 수 있을 뿐만 아니라 실재적으로도 완전하다고 생각될 수 있는 그런 존재를 생각할 수 있기 때문이다. 그렇다면 이전에 마음속에서만 완전하다고 생각할 수 있는 존재는 사실상 완전하지 않으면서도 완전하다고 주장한 모순을 범하게 된다. 그러므로 안셀무스는 가장 완전하게 생각될 수 있는 존재는 마음속에서 뿐만 아니라 실재적으로도 존재해야 한다고 결론짓는다. 그러므로 '그것보다 더 큰 것이 생각될 수 없는 어떤 것'은 결코 존재하지 않는다고 생각될 수 없으며, 따라서 참으로 그리고 필연적으로 존재하는 것이다. 안셀무스는 신에 대한 개념으로부터 그 필연적 실존을 도출한 것이다.

그렇다면 왜 어떤 사람들, 즉 안셀무스가 '어리석은 사람들'이라고 지칭하였던 무신론자들은 신을 부정하는 것일까? 여기에서 그는 사물과 지성의 두 가지 관계성을 지적한다. 즉 우리는 어떤 것을 뜻하는 단어를 가지고 사물을 생각할 수 있고, 사물 자체를 이해함으로써 그 사물을 생각할 수 있다는 것이다. 그런데 전자의 경우에는 하느님이 존재하지 않는다고 말할 수 있지만, 후자의 경우에는 하느님의 존재를 부정할 수 없다고 보았다(프로슬로기온, 190).

그러나 개념에서 존재를 도출하는 것이 정당화될 수 있을까? 아마도 이것을 가장 강력하게 반박한 사람은 칸트일 것이다. 그러나 칸트의 비판은 다시 헤겔에 의하여 무디어지고 만다. 칸트는 초월적 존재의 유무에 관한 판정은 우리 자신의 인식 능력을 벗어난 문제이므로 불가능할 뿐만 아니라 무의미하다고 보았다. 또한 그는 가능적 크기가 현실적 크기와 같다고 하더라도 실재성을 결여하고 있는 점에서 분명한 차이가 있다고 보았다. 칸트의 경우에는 개념상의 것은 실질적인 것과 구별된다. 예수 그리스도는 어디까지나 우리에게 도덕적 스승으로서만 의미를 가질 수 있다. 그러나 헤겔의 생각은 다르다. 가능적 크기는 현실적 크기로 이행하는 계기일 뿐만 아니라 존재 역시 개념으로부터 도출될 수 있다. 신 개념 역시 인간의 인식 능력과 관계없이 가능하며, 예수 그리스도는 인간이지만 동시에 신이며, 이와 마찬가지로 인간은 그 자신의 유한성에도 불구하고 신과 같은 절대성을 가질 수 있다. 이 점에서 헤겔은 안셀무스의 전통에 충실하다고 볼 수 있다.

안셀무스의 신 존재 증명은 다음과 같이 정식화될 수 있다. 우리는 우리가 생각할 수 있는 한 다른 어떤 것보다도 더 위대한 존재자에 대한 관념을 가질 수 있다. 그런데 이 존재자가 마음속에만 있는 관념으로 존재한다고 가정할 경우에 그것은 가장 위대한 존재자가 아니다. 왜냐하면 실제로 존재하는 것은 마음속에서만 존재하는 것보다 더 위대하기 때문이다. 그러므로 우리가 생각할 수 있는 한 가장 위대한 존재자는 마음속에서 뿐만 아니라 실제로도 존재하는 그런 존재자이다. 그러므로 우리가 생각할 수 있는 한 다른 어느 것보다도 더 위대한 존재자는 실제로 존재해야 한다. 이 논증은 흠잡을 데가 없는 것처럼 보인다. 안셀무스와 같은 시대를 살았던 고넬료는 안셀무스의 첫 번째 전제가 잘못되었다고 지적한다. 즉 우리는 우리가 생각할 수 있는 한

다른 어느 것보다도 더 위대한 존재자를 생각할 수 없다는 것이다. 그러나 우리는 고넬료와 안셀무스의 주장 사이에서 어느 것이 옳은지에 대한 분명한 판단을 내릴 수가 없다. 고넬료가 제시한 반대 주장들은 안셀무스 자신의 논지와 차원이 다르며, 따라서 그가 안셀무스를 적절하게 반격했다고 보기 어려운 측면이 있다. 이는 마치 칸트의 안셀무스 비판이 헤겔의 관점에서는 별다른 문제가 되지 않는 사실이나 마찬가지인 것이다.

안셀무스의 존재론적 논증을 가장 충실하게 대변한 사람은 데카르트(Rene Descartes 1596~1650)였다. 그는 근대철학의 창시자이자 학문의 정초를 위하여 정확하고 명석한 방법론으로서 '방법적 회의'를 제안한 사상가로서 잘 알려져 있다. 그에 의하면 인간의 자기의식은 본유관념이며, 이것은 더 이상 부정할 수 없는 근본적 진리이다. 이와 같은 관념 중에서 가장 대표적인 것이 바로 하느님의 존재에 대한 관념이다. 그러나 어떻게 신의 개념이 우리에게 주어질 수 있었는가? 다시 말하면 유한한 존재인 우리가 무한실체인 신에 대한 정보를 어떻게 가질 수 있었는가? 데카르트에 의하면 우리가 신의 존재에 대한 관념을 가지고 있는 것은 무한실체인 신 그 자신이 유한실체인 우리에게 직접 부여했기 때문에 가능한 것이었다. 그리고 이 사실은 하느님의 존재가 완전하고 실재한다는 것을 의미한다. 이와 같은 내용은 이미 안셀무스의 존재론적 신 존재 증명에서 주장된 것이다.

데카르트는 신 개념을 신비주의적 방식을 벗어나서 합리주의적으로 이해하고자 하였다. 그는 우리가 가지고 있는 신의 관념 속에 필연적인 존재가 포함되어 있다는 사실로부터 신이 존재한다는 사실이 올바르게 귀결된다고 믿었다.[5] 데카르트에 의하면 우리는 "최고로 완전한

---

5) 데카르트, 『철학의 원리』, 원석영 역, 아카넷 2002, 17쪽 이하.

존재자의 관념 속에 필연적이며 영원한 존재가 포함되어 있다는 것을 지각하기 때문에 정신은 그것 하나 때문만으로도 최고로 완전한 신이 존재한다고 분명하게 결론지어야 한다"는 것이다(철학의 원리, 18).

우리가 신 또는 최고의 존재자의 관념을 가지고 있기 때문에, 우리는 어떻게 그 관념을 얻게 되었는가를 물을 수 있다. 데카르트에 의하면 신의 관념은 본유관념 또는 생득관념이다. 본유관념은 신이 인간에게 부여하는 한에서만 생겨날 수 있다. 관념은 의식 자체로부터, 외부로부터, 또는 그보다 더 높은 존재에 의하여 생겨날 수 있다. 의식은 그 자체적으로 신의 표상을 산출할 수 없다. 왜냐하면 우리는 유한한 실체이기 때문에 유한한 실체의 표상밖에 가질 수 없으며, 무한한 실체만이 무한한 표상을 산출할 수 있기 때문이다. 외부 세계는 우리에게 명료한 표상을 제공할 수 없기 때문에 신의 관념과 관계가 없다. 존재론적으로 더 낮은 것이 더 높은 신적인 실체의 관념, 즉 원인일 수는 없다. 완전한 존재자의 경우에 존재는 그 자신의 본질적 속성이며, 그것이 실제로 존재하지 않으면 가장 완전한 존재가 될 수 없기 때문에 그런 존재, 즉 신은 반드시 존재한다. 이처럼 신의 이념은 모든 이념 가운데서 특별하고 근본적인 위상을 갖는다. 신이 존재한다는 것은 바로 신의 특성에 관계되며, 신 자신에 대한 관념으로부터 우리는 신이 존재한다는 것을 확신할 수 있다. 데카르트는 신의 관념은 "모든 완전성들이 실제로 충만되어 있는 것", 즉 실재하는 신 그 자신에 의해서가 아니라면 우리 속에 놓여져 있을 수 없다고 확신한다(철학의 원리, 21).

그러나 우리가 신의 본성을 직접 파악할 수 있는 것은 아니다. 우리는 비록 신의 최고의 완전성들을 파악하지 못하지만, 신의 관념을 관조하고 신의 최고의 완전성들에 주목하는 사람들에게 신이 존재한다는 사실은 매우 확실하고 명석하다. 그러나 우리는 신의 관념이 언제 우리에게 주어졌는지 기억하지 못한다. 그러므로 신이라는 최고의 완전성들의 관념을 가지고 있는 우리가 무엇에 의하여 만들어졌는가를 묻게 된다. "자기 자신보다 더 완전한 것을 아는 존재는 자기 자신에 의해 만들어지지 않았다"는 것은 자연의 빛에 의하여 분명하며, 따라서 "자기 자신보다 더 완전한 것을 아는 존재는 그러한 완전성들을 지니고 있지 않은 어떤 것, 즉 신이 아닌 어떤 것으로부터 만들어질 수 없다는 사실 또한 자연의 빛에 의해 아주 분명하다"(철학의 원리, 22-23).

안셀무스에 대한 반박에도 불구하고 신의 존재론적 논증은 다시 데카르트에 의하여 수용, 발전되었다. 그리고 존재론적 증명은 아직도 완벽하게 반박되지 않고 있다. 존 힉이나 하트숀, 플란팅거, 모리스 등은 안셀무스의 논증을 보다 합리적으로 이해하기 위하여 고심한 사람들이다.6)

3. 토마스 아퀴나스: 신의 우주론적 논증

토마스 아퀴나스(Thomas Aquinas 1224~1274)는 그의 주저 『신학대전』(Summa Theologica)에서 신 존재 증명을 위한 다섯 가지 길을 제시

---

6) Hick, John: *A Critique of the 'Second Argument'*, in: Hick and McGill(ed.), *The Many Faced Argument*. Macmillan, New York 1967, pp. 345-346. Hartshorne, Charles: *"What did Anselm Discover?"*, in: Hick and McGill(ed.), *The Many Faced Argument*. Macmillan, New York 1967, pp. 321-333. Plantinga, Alvin: *God, Freedom and Evil*. Harper & Row, New York 1974, pp. 85-112. Morris, Thomas V.: *Anselmian Reflections: Essays in Philosophical Theology*. Notre Dame, University of Notre Dame Press 1987, p. 12.

한 바 있다.[7] 『대이교도대전』(*Summa Contra Gentiles*)은 두 개의 장을 할애하여 하느님의 존재는 자명하기 때문에 증명될 수 없다는 주장을 검토하고 있다.[8] 아퀴나스의 신 존재 논증은 우주론적 논증으로 불리어지고 있다. 그는 우리가 현재 발견하고 있는 우연적 존재자들이 존재할 수 있는 제1의 원인을 신이라고 부른다.

아퀴나스는 「출애굽기」 3장 14절에 나오는 말을 인용하여 하느님을 "나는 존재하는 자로서 존재한다"(Ich bin der Ich-bin)라고 규정한다. 다시 말하면 하느님은 스스로 존재하는 자라는 특수한 존재 방식을 가지는 존재인 것이다. 신 존재는 다섯 가지 방식으로 증명될 수 있다. 아퀴나스의 신 존재 증명의 방법적 특징은 우리에게 가까이 있으나 그 자체적으로는 나중의 것에 대한 경험적 관찰을 바탕으로 하여 우리에게 멀리 있으나 그 자체적으로는 먼저의 것 또는 가장 처음의 것에 도달하려고 한다. 그리하여 아퀴나스는 운동 사실을 바탕으로 제1의 운동자인 하느님의 존재를 증명하고, 인과법칙으로부터 제1원인인 하느님의 존재를 추론하며, 우연적 존재 사태로부터 필연적 존재를 증명하고, 가치의 상대적 계층으로부터 가장 완전한 가치인 하느님의 존재를 증명할 뿐만 아니라, 자연 속에 있는 모든 존재자들의 합목적성으로부터 그 목적들을 부여하신 하느님의 존재를 증명한다.

아퀴나스의 다섯 가지 신 존재 증명에서도 아리스토텔레스의 운동론이 수용되고 있음을 발견할 수 있다. 전반적으로 다섯 가지 논증은 경험 의존적이며 후천적(a posteriori)이다. 아퀴나스는 우리의 감각적 대상이 되는 경험적 사물에서 그것들이 의존하고 있는 존재에로 논증

7) Thomas Aquinas, *Summa Theologica*, I, Q2, Art. 3. Joseph Bernhart (Hrsg.): *Summe der Theologie. Bd. 1: Gott und Schöpfung.* Stuttgart 1985. S. 22-26.

8) Thomas Aquinas: *Summa Contra Gentiles* 1, 10-11.

해간다. 모든 논증에서 경험적인 사물 존재는 초월적 존재에 의존하고 있다는 기본적 입장이 드러나고 있음을 볼 수 있다.

첫 번째 증명은 운동 개념에 의한 신 존재 증명이다. 우리는 이 세상에 움직이는 것들, 즉 운동하는 것들이 있다는 사실을 감각적으로 확실하게 알고 있다. 그런데 운동 가운데 있는 모든 것들은 다른 것에 의하여 움직여진다. 그것이 운동에의 가능성을 가지지 않는 것은 결코 움직일 수 없다. 운동은 가능성에서 현실성으로의 변화이며, 모든 것은 현실성 가운데서만 움직인다. 가능성이 현실성으로 드러나는 것은 현실태에서만 가능하기 때문이다. 그리하여 운동하는 것은 다른 어떤 것에 의하여 움직여지며, 그것은 다시 어떤 다른 것에 의하여 움직여진다. 그러나 이 같은 사실은 무한하게 진행될 수는 없다. 그것을 무한하게 소급하는 것은 불가능하며, 따라서 우리는 어떤 다른 가능태로 더 이상 소급되지 않은 존재, 즉 그 스스로 다른 것에 의하여 움직이지 않으면서 최초로 다른 것을 움직이게 히는 '제1의 부동의 원동자'(primus moter immobilis)를 상정할 수 있으며, 이것을 하느님이라고 말한다.

제1논증에서 아퀴나스는 신올 '제1의 부동의 원동자'로 묘사한다.[9] 이것은 아리스토텔레스의『형이상학』제12권과『자연학』제8권에 나오는 운동의 문제를 적용한 것이다. 물론 이때의 운동은 장소 운동뿐만 아니라 가능태에서 현실태로의 이행을 포함하고 있다. 제1논증은 아퀴나스가 가장 정당하다고 주장하는 것으로써, 아리스토텔레스가 움직여진 사물들로부터 제1의 부동의 원동자인 최고실체를 신으로 규정하는 것과 일치하고 있다.

두 번째 증명은 인과성에 의하여 제1원인을 추론하는 것으로서 작

---

9) Thomas von Aquin: *Summa Theologica* I, 1,3.

용인(Wirkursache)의 본질에 관한 것이다. 우리는 감성적 세계에서 작용인의 계열을 볼 수 있다. 그런데 어떤 것이 그 자체의 작용인이 될 수는 없다. 그것이 그것에 앞서 존재한다는 것은 불가능하기 때문이다. 그리고 작용인의 계열에서 발견되는 무수한 중간 원인들과 최후 원인들은 반드시 최초 원인을 갖지 않으면 안 된다. 최초원인이 없으면 그 모든 원인 계열들은 불가능하기 때문이다. 그러므로 이 최초의 작용인은 곧 우리가 부르는 하느님이다.

제2논증은 '제1원인'(causa prima), '무원인의 원인'(causa incausata), '무원인의 제1작용인'(prima causa efficiens incausata)으로서의 신을 묘사한다.[10] 아퀴나스는 물질적 대상들 안에서 여러 작용인의 질서를 발견한다. 어떤 것도 그 자신의 원인일 수는 없다. 모든 원인은 위계가 있으며 종속적 원인(causae subordinatae)은 상위의 원인에 의존한다. 이러한 원인의 무한 소급을 회피하기 위해서는 무원인의 원인으로서의 신이 존재해야 된다는 것이다. 아퀴나스의 제2논증은 아리스토텔레스의 원인론과 대단히 유사한 구조를 가지고 있다. 아리스토텔레스도 역시 원인의 원인을 소급하면서 제1원인인 신에 도달하였기 때문이다.

세 번째 증명은 우연적 존재자로부터 필연적인 존재를 추론하는 것이다. 우리는 자연 속에서 존재할 수도 있고 존재하지 않을 수도 있는 가능적인 존재자들을 발견한다. 그것들은 생성되고 소멸하기 때문에 존재할 수도 있고 존재하지 않을 수도 있다. 그러므로 그것들은 언제나 존재할 수는 없다. 그런데 만일 자연의 모든 것이 이처럼 존재하지 않을 수도 있다면, 과거의 어떤 시점에서는 아무것도 존재하지 않았을 때도 있었을 것이다. 그리고 그것이 사실이라면 오늘날 아무것도 존재

---

10) Thomas von Aquin: *Summa Theologica* I, 2,3.

하지 않아야 할 것이다. 그러나 이것은 사실이 아니다. 그러므로 모든 존재가 가능적으로 있어서는 안 되고 필연적으로 존재하는 어떤 것이 반드시 있다는 결론을 얻게 된다. 그런데 필연적으로 존재하는 것은 반드시 다른 것에 의하여 필연성을 가지게 된다. 그리고 이 필연성의 계열은 무한 소급될 수 없으며 그 자체적으로 필연성을 가지면서 다른 모든 필연적 존재들의 필연적 원인이 되는 어떤 존재를 상정할 수밖에 없게 한다. 이것이 바로 하느님이다.

제3논증은 필연적 존재(ens necessarium)로서의 신을 묘사한다. 이것은 사물의 생성과 소멸이라는 사실에서 비롯되며, 이러한 우연적 존재(ens contingens)의 존재 원인은 본질적으로 자체존재(suum esse)이면서 동시에 자립적 존재(esse subsistens), 즉 자체적으로 필연적 존재(ens per se necessarium)라야 할 것이다.[11] 아리스토텔레스도 역시 우연적인 것에 대하여 언급하고 있으나, 그것들은 원인론의 범주에 이미 예속되어 있는 것이라고 설명하고 있다. 모든 부대적인 것 또는 우연적인 것은 항상 실체적인 것에 의존하고 있으며, 모든 존재자는 어떤 가능성도 포함하지 않은 순수 현실성(actus purus)을 지향하고 있다.

네 번째 증명은 사물이 갖고 있는 가치와 완전성의 계층에 관한 것이다. 모든 사물은 좋음과 참됨과 고상함에서 차이가 있다. 그리고 그것들은 각기 다른 방식으로 가장 완전한 어떤 것에 참여하고 있다. 그리하여 이 우주에는 가장 좋고 가장 참되고 가장 고상한 존재, 즉 가장 위대한 존재가 있다. 아리스토텔레스가 말하는 것처럼 진리에서 가장 위대한 실재는 존재에서 가장 위대하기 때문이다.[12] 어떤 유에서의 최고 존재자는 그 유에 속하는 모든 것의 원인이 된다. 그러므로 모든

---

11) Thomas von Aquin: *Summa Theologica* I, 2,3.
12) Aristoteles, *Metaphysik*. II, 1, 993b30.

실재의 존재, 좋음, 완전성의 원인이 되는 어떤 것은 존재해야 하는데, 이것이 곧 하느님이다.

제4논증은 경험적으로 관찰 가능한 완전성, 선성, 진리의 상대적인 단계로부터 절대적 완전성을 지닌 최고 완전자(maxime perfectionum)로서의 신을 추론한다. 우리는 진선미의 개념에서 완전성의 단계가 있음을 알고 있다. 현실적인 사물들이 가지고 있는 상대적인 완전성은 최고 완전자인 최고선(maxime bonum), 최고진리(maxime veritas)에서 불완전한 완전성(perfectio minorata)을 분여받은 것이다. 이 논증은 플라톤의 이데아론이나 아리스토텔레스의 유비론과 비슷한 구조를 보이고 있다.

다섯 번째 증명은 이 세상에 있는 모든 것들의 존재 목적과 그것들의 통치에 대한 것과 관계된다. 자연 속에 존재하는 합목적성으로부터 신적 존재를 유추할 수 있다는 것이다. 우리는 자연적 사물들이 지적 인식이 결여되어 있음에도 불구하고 어떤 목적을 가지고 행동하는 사실을 발견하게 된다. 그것들은 최선의 결과를 달성하기 위하여 언제나 같은 방향으로 작용하고 있다. 이런 사실에서 우리는 그것들이 결코 우연적이 아닌 어떤 계획에 의하여 목적을 수행하고 있다고 생각할 수 있게 된다. 그리하여 모든 자연 존재자들에게 그 특정한 목적을 부여하고 지시하는 지성적 존재자가 실재하는데, 이것이 곧 하느님이다.

제5논증은 목적론적 계열을 좇아서 세계 운동에 질서를 부여하는 '최고지성'으로서의 신을 추론하고 있다. 우리들은 비지성적인 자연물체가 어떤 목적을 향하여 운동하는 것을 본다. 그런데 이러한 물체들은 인식 능력이 없으며, 또한 우주적 질서를 단순한 우연으로 돌려버릴 수도 없다. 그러므로 다양한 물질적 대상들의 조직적인 운동은 외적인 지성 존재가 일정한 목적을 향하여 활동하고 있음을 보여준다.[13]

이 논증은 세계 운동이 일정한 목적을 지향하고 있음을 밝히고 있는데, 이와 같은 사실은 전형적으로 아리스토텔레스적인 사고 유형에 속한다.

이상에서 살핀 것처럼 아퀴나스의 신 존재 증명은 세계 현상의 궁극적 원인과 목적을 입증하기 위한 존재론적 서술이다. 여기에서도 모든 존재자의 운동은 가능적 존재가 현실화되는 것이라는 아리스토텔레스의 정식이 준용되고 있으며, 모든 존재자의 운동은 순수 현실성인 신을 향하고 있다. 현상적 존재자들은 순수 현실성, 순수 형상, 사유의 사유, 신을 지향하고 있다. 아퀴나스는 아리스토텔레스의 존재 이해를 기독교적 신 개념과 통일적으로 매개하였던 것이다.

아퀴나스의 우주론적 논증구조는 다음과 같이 정식화 될 수 있다. 우연적인 존재자가 존재한다. 이 존재자는 그 존재 원인을 갖는다. 그런데 그 존재 원인은 그 자신 이외의 어떤 존재자이다. 이 우연적인 존재자를 존재하게 하는 것은 우연적인 존재자들만으로 구성되거나 적어도 하나의 필연적인 존재자를 포함하고 있는 집합일 것이다. 우연적인 존재자들만으로 된 집합은 이 우연적인 존재자를 존재하게 할 수 없다. 그러므로 이 우연적인 존재자를 존재하게 하는 것은 적어도 하나의 필연적인 존재자를 담고 있는 집합이어야 한다. 그러므로 필연적인 존재자는 존재한다.

우리는 아퀴나스의 신 존재 증명에 대해서 다음과 같이 반론할 수 있는 여지가 있다. 이 논증은 근본적으로 아리스토텔레스의 운동 개념과 그의 형이상학적 체계에 기초하고 있다. 아리스토텔레스나 아퀴나스가 운동의 계열을 상정하면서도 그 무한한 소급을 불가능한 것으로 간주하고 최초의 운동자 개념을 확보하기 위하여 중단하는 것은 한스

---

13) Thomas von Aquin: *Summa Theologica* I, 2,3.

알버트(Hans Albert)가 제시한 뮌히하우젠 트릴렘마 가운데서 절차 단절에 해당된다. 철학자에 따라서 운동 계열은 사실상 무한 소급될 수 있거나 순환 논리의 구조를 가지고 있다고 생각할 수도 있기 때문이다. 그러므로 아퀴나스가 제시한 다섯 가지 신 존재의 증명은 모두 이같은 방법론적 한계를 벗어나지 못하고 있다. 그리고 그 때문에 그것은 증명이 아니라 독단적 주장이라고 해석될 수도 있는 것이다.

특히 두 번째 논증에서는 감성적 세계에서 발견되는 작용인의 계열 속에 들어서는 어떤 것은 그 자체의 작용인이 될 수 없다고 단정되고 있다. 어떤 것이 그 자체의 원인이 된다는 것은 바로 그것이 그것에 앞서 존재한다는 것을 뜻하는, 이른바 모순을 낳기 때문이다. 그럼에도 불구하고 아퀴나스는 절차 단절을 통하여 얻어낸 제1의 원인은 자기원인(causa sui)이라고 규정함으로써 작용인의 계열 속에서 그가 지정한 규칙을 스스로 무시하고 있다. 여기에서 우리는 최소한 두 가지 문제를 거론할 수 있을 것이다. 첫째로 작용인의 계열 속에서 타당한 논리 구조는 제1원인에도 적용되어야 한다는 것이다. 그러므로 가상적으로 추론된 제1원인이 자기원인이라고 할 경우에 그것은 그것에 앞서 존재해야 할 것이다. 그런데 이 같은 현상은 앞에서 모순이라고 지적된 바 있다. 그리고 비록 그것에 앞서 존재하는 어떤 것이 가정되는 경우에도 그것은 제1원인이 아니거나 혹은 안셀무스가 말한 것처럼 그것보다 더 위대한 것이 생각될 수 없는 존재가 아니라는 결론이 난다. 그리고 절차 단절을 통하여 제1원인을 자기원인이라고 상정할 수 있다면 그와 같은 단절은 원인 계열의 어떤 순간에라도 가능해야 할 것이다. 실제로 어떤 사람들은 우리가 살고 있는 세계는 인과성의 원칙에 의하여 진행하는 논리적 체계라는 사실을 거부한다. 다시 말하면 이 세계는 철저하게 우연적이고 맹목적일 수도 있는 것이다. 아퀴나스는 이러한 가능성을 완전하게 논박하였다고 보기 어렵다.

그리고 아퀴나스의 신 존재 증명에서 가장 결정적인 결함은 경험적인 방식을 통하여 소급한 최후정초의 내용이 기독교적인 의미에서의 하느님이라고 보장할 방법이 없다는 것이다. 운동 계열에서 제1의 부동의 원동자나 최초의 운동자를 신, 그것도 기독교의 하느님이라고 단정하는 것은 학문적 논증이 아니라 독단주의적 규정에 지나지 않기 때문이다. 그 최초의 운동인의 존재 사실이 기독교의 신과 일치하는가의 문제는 전적으로 별개의 문제인 것이다.

4. 파스칼과 칸트: 도박과 요청으로서의 신

안셀무스와 토마스 아퀴나스와는 달리 파스칼(Blaise Pascal 1623~1662)은 신 존재 증명이 원천적으로 불가능하다고 보았다. 수학자였던 그의 내면에는 기독교 신앙과의 불화가 도사리고 있었다. 그는 예수회와 대립적인 관계에 있었던 얀센주의(Jansenism)에 동조하였다. 1669년에 출간된 『팡세』(Pensées)는 인간 존재에 대한 뿌리 깊은 염세적 회의와 불안 의식을 드러내고 있다. 이 책은 로마 교황청의 검사성성(檢邪聖省 Sanctum Officium Sanctissimae Inquisitionis)에 의하여 금서로 지정되었다. 파스칼은 자신이 출발점으로 삼으려는 원리조차도 실험할 정도로 주의를 기울였으며, 아리스토텔레스와 데카르트에 이르기까지 기피되었던 진공의 존재 가능성을 주장하였다.

파스칼은 인간의 실존적 위상을 정확하게 간파하고 있었다. 그에 의하면 이 세계는 신이 떠나버린 황량하고 공허한 곳이다. 무한하고도 침투할 수 없는 우주 속에서 인간은 고독하게 홀로 남겨져 있으며, 어디에서도 신의 음성을 찾을 수 없다. 파스칼에서의 신은 합리적 증명에 의해서는 발견될 수 없는 '숨은 신'(a hidden God)이다. 인간의 비참은 예수조차도 일소시킬 수 없는 본원적 악으로부터 비롯된 것이다. 아무런 도피구도 없는 외딴섬에 홀로 남겨진 것과 같은 공포의 전율이 압박한다. 우리 인간은 공간과 시간상의 두 무한에 위협받고 있으며, 우리의 이성 역시 불안정한 외관에 의하여 끊임없이 기만당하고 있다. 물 한 방울로도 죽일 수 있는 가장 불안정한 존재가 바로 인간이다. 그러나 인간은 자기 자신이 비참하다는 사실을 알고 있는 존재이며, 바로 그 점에서 인간은 위대하다. 인간은 생각하는 갈대로서의 위대성을 가지고 있는 것이다.

파스칼에 의하면 신의 인식은 확실성을 추구하려는 이성적 활동에 의해서 그 존재가 증명됨으로써 가능한 것이 아니라, 이성 자체의 순박한 복종에 의해서만 가능하다. 실제로 파스칼 자신은 하느님의 존재에 대한 확신을 얻게 되는 사건을 직접 체험하였다. 그것은 신에 대한 이념이나 자기의식이나 철학자들과 신학자들의 신이 아니라, 실재하고 살아계신 성서의 하느님이었다. 그것은 오직 확신에 의하여 가능한 길이었다. 신의 존재를 부정하는 사람과 대화하여 그를 신앙인으로 인도할 수 있는 논증은 없다. 신은 이성에 의하여 파악되는 것이 아니라 마음에 의하여 느껴지는 것이다.

신앙은 합리적인 논증의 문제가 아니라 선택과 결단의 문제이다. 그것은 일종의 도박이다. 우리가 믿었을 때보다 믿지 않았을 경우에 잃을 수 있는 손실이 크기 때문에 믿는 것이 유리하다는 계산이 깔려 있는 것이다. "우리는 신이 어떤 존재인지 그리고 존재하는지 아닌지조차 알 수 없다. 이성은 이러한 문제를 결코 해결할 수 없다. 인간에게는 오직 끝없는 혼돈만이 펼쳐져 있을 뿐이다. 인간이 할 수 있는 일이란 오직 무한한 혼돈의 극단에서 동전을 던져 앞면이 나올지 뒷면이

나올지를 초조하게 기다리는 것뿐이다. 그대는 어느 쪽에 내기를 걸 것인가?"[14] 두 가지 가능성 모두 불확실하기 때문에 이성으로서는 아무런 결정도 내리지 못한다. 그러나 인간은 선택을 하지 않으면 안 된다. 그런데 어느 것도 불확실하기 때문에 신의 존재를 인정하는 것은 밑져야 본전이라는 효과를 가진다. 신 존재의 인정을 선택해서 틀릴 경우에 받는 손실은 유한하지만, 틀렸을 경우에 받는 대가는 무한하기 때문이다. 신 존재에 승부를 걸고 신을 갈구하는 자에게 숨은 신이 나타난다. 인간의 신앙은 합리적 논증이나 교회의 가르침에 의해서가 아니라 스스로 신 앞에서 결단하고 변화되는 자신을 깨닫고, 정직과 겸손과 감사와 선행으로 가득 찬 참된 예수의 동행자로 거듭나는 데서 가능하다.

　신에 대한 이론적인 논증은 불가능하지만 우리의 실천적인 필요성에 의하여 하느님에 대한 신앙을 인정하는 점에서 칸트는 파스칼과 비슷한 입장을 취하고 있다. 그러나 칸트의 신 개념은 도덕적 실천을 가능하게 하는 조건적인 요구명제(요청)라는 점에서 파스칼의 도박 신앙과는 반대적이다. 파스칼은 신에 대한 신앙을 가짐으로써 내세에 대한 보장 또는 안도감을 얻을 수 있다고 말한다. 그러나 칸트의 주장에 의하면 그와 같은 신앙은 천박한 행복주의에 지나지 않으며, 결코 참된 종교라고 말할 수 없다. 칸트는 신에 대한 존재론적 증명이나 우주론적 증명 모두가 불가능하다고 본다. 신에 대한 논증 자체가 이론적으로 불가능하다고 본 것은 인간의 인식능력이 한계를 가지고 있다고 생각했기 때문이다. 칸트의 선험철학은 인간 이성이 이론적으로 다룰 수 있는 범위를 엄격하게 규정하고 있다. 이것은 후일에 포퍼가 구획 지정(demarcation)의 문제로 발전시켰던 문제로서 이성의 규제적 사용원

---

14) Pascal, B.: *Pensee*. London 1966, p. 418.

리와 관련하여 이론적 지식의 가능성 조건을 제한하였다. 칸트는 감성의 한계 안에 포착될 수 없는 개념들, 즉 초월적 이념들에 대해서는 이론적 지식의 산출이 불가능하다고 단정하였다. 따라서 신의 존재 여부는 이론적 지식의 대상이 되지 못한다.

그러나 칸트는 도덕적 실천의 영역에서는 신의 존재가 요구되지 않으면 안 된다고 주장한다. 인간의 양심에 주어진 도덕법의 요구, 즉 최고선의 완전한 실현을 가능하게 하기 위해서는 초월적인 신의 존재가 요청되지 않으면 안 되는 것이다. 그러나 이 경우에 칸트의 신은 파스칼의 신과 그 성격이 전혀 다르다. 그것은 도박이 아니라 도덕을 가능하게 하는 조건 명제인 것이다. 사실상 칸트의 도덕 세계에서는 신과 같은 초월적 존재가 아무런 기능도 하지 못한다. 그것은 파스칼에서처럼 잘못될 수 있는 가능성을 회피하기 위한 투기가 아니라 인간의 도덕적 행위를 가능하도록 지지해주는 조건으로서만 기능할 뿐이다. 칸트에서의 신 개념에서도 축복을 약속하는 은총의 성격이 있기는 하지만 그것은 어디까지나 내기나 도박과 같은 성격이 아니고 도덕적 수행을 가능하게 하는 조건으로서만 기능할 뿐이다.

이처럼 파스칼과 칸트는 신에 대한 논증이 불가능하다고 본 점에서 공통적이다. 그리고 신 존재가 우리에게 어떤 무엇인가를 보상해줄 수 있는 존재로 설정된 점에서도 공통적이다. 그러나 칸트의 신 개념은 도덕적 실천의 완성을 지향할 수 있게 하는 조건적 명제라는 점에서 도박적 성격을 가진 파스칼의 신 개념과는 근본적으로 다르다.

：제3장： 신은 죽었는가?

19세기부터 무신론은 서구인들에게 중요한 주제로 등장하였다. 포이에르바흐, 마르크스, 다윈, 니체, 프로이트 등에 의하여 신은 인간의 이성에 의하여 산출된 존재라는 사실이 일반화되었던 것이다. 낭만주의자들은 합리적 이성보다는 인간 정신의 창조적 상상력과 지적 직관을 중시하였으며, 따라서 신 개념 역시 종교적 틀 속에서 이해하는 것을 거부하였다. 워즈워드와 블레이크와 같은 시인들은 이미 신의 죽음에 대하여 노래하였다.

1799년에 슐라이어마허(Schleiermacher 1768~1834)는 『종교에 관하여』에서 종교적 신앙이 교리적 명제 속에 갇혀있을 수 없으며 신적 존재에 대한 감정적 이해와 내적 헌신을 수반한다고 보았다. 그는 종교의 본질을 '절대 의존의 감정'(das schlechthinige Abhängigkeitgefühl)이라고 정의하였다. 이것은 인간이 삶의 신비들을 관조할 때 마음속에서 우러나오는 절대적이며 거룩한 실체에 대한 일종의 경외감을 뜻한다. 이러한 느낌을 그의 제자 루돌프 오토(Rudolf Otto 1869~1937)는 누멘적 감정이라고 불렀다.

키에르케고르(Kierkegaard 1813~1855)는 절대주권을 가진 신 개념은 기독교가 신비적 신앙의 실재를 화석화한 것에 지나지 않는다고 비판하였다. 참된 신앙은 불가해한 신의 존재에게 자신의 몸을 던져서 비약하는 것이다. 그러나 신의 죽음을 결정적으로 예고한 것은 바로 포이에르바흐였다.

1. 루트비히 포이에르바흐: "신은 인간이 만들었다!"

포이에르바흐(Ludwig Feuerbach 1804~1872)는 인간학적 무신론을 정립한 사상가다. 그는 모든 종교와 철학적 신학을 무신론으로 대체하려고 하였다. 그의 시대는 기독교가 몰락되는 시작한 종교적 혁명의 시기였다. 그 동안 세계역사를 지배해왔던 기독교는 근본적으로 부정되기 시작하였다. "신앙의 자리에는 비신앙이, 성서의 위치에 이성이, 종교와 교회의 자리에 정치가, 하늘의 자리에 땅이, 기도의 자리에 노동이, 지옥의 자리에 물질적 궁핍이, 기독교인의 자리에 인간이 들어섰다."[1] 결점으로 가득 차 있는 기독교 철학은 이제 새로운 철학에 의하여 대체되지 않으면 안 된다. 인간은 기독교를 포기해야만 비로소 인간이 될 수 있다(1,161). 그리하여 포이에르바흐는 인간은 생득적인 의미에서 무신론자들이며, 무신론이야말로 우리가 추구해야 할 '살과 피'라고 하였다(13,387).

바로 여기에서 그의 결론적 주장이 도출된다. "어떤 신도 존재하지 않는다는 것, 즉 세계와 인류의 운명을 자신의 만족에 따라 결정하는 추상적이고 초감각적이며 자연과 인간으로부터 구분되는 존재는 존재하지 않는다는 것이 나의 이론의 결론이다"(8,29). 그는 이제 피안에

---

1) Feuerbach, Ludwig: *Sämtliche Werke*. Hrsg. W. Bolin und F. Jodl, 10 Bände, 2., um 3 Ergänzungsbände(Hrsg. von H.-M. Saß) erweiterte Aufl., Stuttgart-Bad Cannstatt 1959-1964. Bd. 2, S. 218f. 포이에르바흐의 인용(2,218f)에서 앞의 수는 전집의 권수, 뒤의 수는 쪽수를 나타낸다.

대한 철학을 전적으로 '차안'의 철학으로 수정한다(10,254).

그러나 그가 말하는 무신론은 엄밀한 의미에서 인간신론이었다(13,393). 포이에르바흐는 신이 인간의 투영에 지나지 않는다고 생각하였다. 그는 자신이 제기한 새로운 종교 이해를 바탕으로 철학적 신학을 주축으로 한 기존의 전통 형이상학을 파괴하고자 하였다. 나중에 니체에 의하여 선고된 '신의 죽음'은 포이에르바흐에 의하여 이미 준비되고 있었던 것이다. 그에게 주어진 새로운 과제는 신학을 인간학으로 변화시키고 해체하는 것이었다(2,245). "새로운 철학은 신학이 인간학으로 완전하고, 절대적이며 무모순적으로 해체되는 것"을 의미한다(2,315).

포이에르바흐는 새로운 철학에 대한 단서를 헤겔에게서 발견하였다. 헤겔은 칸트의 이성비판을 넘어서서 정신의 초월 작용을 다시 정당화하였던 독일관념론의 대표 철학자였다. 그의 정신철학은 인간적인 것이 신적인 것으로, 개념에서 존재로 자유롭게 이행하는 과정을 잘 보여주고 있으나, 그것은 동시에 신적 개념이 세계와 동일하다는 이른바 범신론 사상에 기초하고 있다. 헤겔 신학은 세계가 신과 동일하다는 기본 선제 위에 구축된 것이다. "신적이고 절대적인 본질은 세계로부터 구분되고 피안적인 천상적 본질이 아니라 현실적이고 세계와 동일시되는 본질이다"(2,379). 그리하여 헤겔 체계에서 신적인 본질은 이성의 본질로 인식되고 실현되며 현재화하기 때문에, 포이에르바흐는 헤겔이야말로 신적 이성과 인간적 이성을 일치시킨 사상가라고 평가한다. 인간의 이성은 무제한적인 본질로 신을 생각하는 이성이며, 그것은 신 안에서 자신의 고유한 무제한성을 사유하는 것이다(2,247). 그러므로 포이에르바흐는 헤겔의 논리학을 인간적인 이성과 현재로 구체화된 신학이라고 규정한다(2,225). 따라서 그는 "헤겔 철학은 신학의 부정이고, 이것은 다시 그 자체 신학이다"(2,275f)라고 이해한다.

그러나 헤겔철학이 신학의 부정이면서 동시에 신학이라고 말한 포이에르바흐의 속내는 과연 어디에 있는가? 헤겔이 신의 부정에 대해서 말했다면, 그것은 일종의 무신론으로 이해되어야 한다. 그러나 포이에르바흐는 헤겔에서 신의 부정을 부정적인 의미에서의 부정으로 이해하지 않고, 신 그 자체에 대한 객관적인 규정성을 긍정적으로 사유하려는 시도로 해석한다. 헤겔은 신적인 과정을 "자신의 부정으로부터 다시 자신을 산출하는 신"으로 묘사하고 있다는 것이다. 그렇다면 신은 자신의 부정 안에서 자기 존재를 머물게 하는 것이 되며, 따라서 그것은 '무신론적 신'으로 규정될 수 있다(2,277). 바로 이 사실에서 포이에르바흐의 신의 죽음의 신학이 시작된다. 포이에르바흐가 이해한 헤겔 신학의 본질과 핵심은 바로 신은 죽었다는 사실, 그리고 신은 바로 그 자신의 죽음이라는 방식으로 존재한다는 사실에 있는 것이다.

포이에르바흐의 무신론은 헤겔의 범신론에서 비롯되었다. 그러나 포이에르바흐는 헤겔에게서 한 걸음 더 나아간다. 헤겔은 인간인 예수가 신이 될 수 있다는 사실을 인정하였으며, 신에 대한 인간의 의식을 신의 자기의식이라고 주장하였다. 신적인 것이 인간적인 것으로 부정되지만 그것은 다시 신적인 것과 동일시되고 있다. 그러나 포이에르바흐는 "신의 의식은 인간의 자기의식이며, 신의 인식은 인간의 자기인식"이라고 주장한다(4,15). 바로 여기에서 "신학의 비밀은 인간학이다"(2,222)라는 포이에르바흐의 근본 명제가 등장하게 된다. 그에 의하면 "신의 본질은 인간 자신에 대한, 인간 자신의 고유한 본질에 대한 인간의 지식이다"(4,278). 포이에르바흐가 신은 그의 첫 번째 사상이었고, 이성은 그의 두 번째 사상이었으며, 인간은 그의 세 번째 사상이었다고 강조한 것(2,388)은 바로 인간이야말로 인간이 탐구해야 할 첫 번째 대상이기 때문이다(4,100).

그리하여 포이에르바흐의 새로운 철학은 신과 초월적인 것 대신에 인간과 현실적인 것을 대상으로 한다. 그리고 그가 말하는 현실적인 것, 현실적 존재, 현실성은 바로 인간의 감각과 직결되어 있다. 포이에르바흐가 감각성을 현실성이라고 말한 것은 이와 같은 맥락에서 이해되어야 한다. 현실적 존재 역시 '감각적이고 구체적인 존재', '감각적 실재성'을 의미한다(2,179f). 인간은 감각적 현실성 이외에 어떤 다른 현실성에 대한 예감도 가지고 있지 않으며, 직접적으로 확실한 것은 감각적인 것뿐이다. 포이에르바흐는 인간이 근본적으로 자신의 현존재가 감각적으로 느낄 수 있는 작용과 기호를 통하여 증명하는 실존만을 믿기 때문에(8,109), 감각성이 바로 인간의 본질이라고 생각하였다(2,350). 감각성을 통하여 세계를 바라보는 인간은 모든 사물들과 모든 현실성의 척도(4,27)이며, 따라서 인간의 본질은 "우주적 본질이고 세계의 본질이며 본질의 본질이다"(7, 473). 그러므로 새로운 철학의 최고 과제는 인간적 본질을 밝히는 데 있는 것이다. 새로운 철학, 즉 인간신론으로서의 무신론은 긍정적이고 찬양할 만하다. 그것은 자연과 인간에게 유신론이 빼앗아갔던 중요성과 고귀함을 다시 부여한다(8,357). 포이에르바흐는 "신의 사랑의 자리에 유일하게 올바른 종교로서 인간의 사랑을, 신에의 믿음의 자리에 인간 자체에 대한 믿음을 정립시키고자 하였다"(8,359).

신학은 곧 인간학이다. 신성은 인간성이며, 신의 비밀은 곧 인간 그 자신의 비밀이다. 그러므로 신에 대한 모든 규정들은 인간 그 자신의 직접성으로부터 나온 것이다. 인간학적 영역에서는 사랑과 느낌이 감각적인 계기로서 우월성을 갖는다(2,298). 인간의 감정은 신적인 것과 동등하다. 포이에르바흐가 "감정은 그 자체로 신이다"(4,12f), "신은 인간적 정서의 절대적 본질이다"(4,154)라고 말한 것은 이 때문이다. 인간의 의존적 감정은 신을 만들어 낸다. 인간은 그가 어떤 것에 의존하고 있는 사실을 알거나 믿을 때 그것을 신으로 경배한다(8,62). 포이에르바흐는 이 의존적 감정의 대상을 다시 자연과 연결시킨다. 자연은 인간을 포괄하고 있으며, 인간을 존속하게 하며, 죽음과 삶을 넘어서는 힘으로 기능하고 있다(8,98).

그런데 인간으로 하여금 자연의 한계를 넘어설 수 있게 하는 것은 상상력과 희망이다. 포이에르바흐에 의하면 상상력은 '종교의 본질적인 기관'(8,244)이다. 현실성을 위하여 현실성의 가상을 제시하는 종교는 상상력의 소산물이다. 인간은 상상력을 통하여 무의식 가운데서 그 자신의 내적 본질을 드러낸다. 상상력을 통하여 드러난 인간적인 자연 본성이 바로 신인 것이다(6,252). 그러므로 신은 단지 상상력 안에서 실존한다(7,226). 물론 신의 본질은 사실적이고 현실적인 본질이어야 하지만, 그것은 원천적으로 상상력에 의하며 산출된 비현실적인 환상적 본질인 것이다(8,231).

상상력에 못지않게 종교를 만들어내는 것은 인간의 희망이다. 희망은 인간이 현실적으로 그렇지는 않지만 그렇게 존재하도록 갈구하는 것이며, 바로 그런 희망의 원리에 의하여 인간은 자신의 신을 만들고, 그 신은 다시 그렇게 희망하는 인간의 신으로 존재하게 되는 것이다(8,293). 따라서 "희망은 신들의 근원이고, 종교의 근원이며 근거이자 원리인 것이다"(9,72). 인간은 신적인 전지성을 통하여 모든 것을 알고 싶어 하는 자신의 희망을 성취하며, 신적인 무소부재성을 통하여 어떤 장소적 한계에도 구속되지 않고 싶어 하는 자신의 희망을 실현시키고, 신적인 영원성을 통하여 어떤 시간적 한계에도 구속되지 않으려는 자신의 희망을 실현시키며, 신적인 전능함을 통하여 모든 것을 할 수 있다는 그 자신의 희망을 실현시키고자 한 것이다(8,345f). 이처럼 인간의 희망은 자신의 행복을 추구하려는 욕망에서 비롯된 것이며, 행복에 대한 우주적인 추구는 종교의 발생을 필연적인 것으로 만든다. 신은 자신의 행복을 환상 속에서 만족시키려는 인간적 충동이다(8,250). 그러므로 신은 그 자체로서 존재하는 초월적 이상이 아니라 인간이 허구적으로 만든 목적과 이상에 불과하다(8,134). 그러므로 인간의 이상과 목적으로서의 신은 근원적으로 인간적이라고 할 수 있다.

신의 이념과 종교가 인간의 행복을 환상 속에서 추구하려는 목적과 이상이라면, 그것은 필연적으로 인간의 '자기 보존 충동'(8,63)으로부터 자유로울 수 없으며, 따라서 인간적 자기긍정의 영역을 대표하는 이기주의와 긴밀한 관계를 갖게 된다. 그리하여 포이에르바흐는 '삶은 이기주의'(7,392)이며, 인간적인 이기주의야말로 '종교의 궁극적인 주체적 근거'라고 말한다(8,69). 그러나 인간의 희망이 이기주의에만 한정되는 것은 아니다. 인간이 인간으로서 완성되기 위해서 이기주의는 공동체 정신으로 이행해야 하는 것이다. 포이에르바흐는 "인간은 인간을 통해서 비로소 인간이 된다"(12,305)는 정식을 확인하고 있다. "인간의 본질은 단지 공동체 안에서, 나른 인간과의 통일성 안에서 보존된다"(2,318). 바로 이 점에서 포이에르바흐는 새로운 철학의 최고원리 내지는 궁극적인 원리를 인간과 인간의 통일성으로 규정한다(2,319).

그러므로 포이에르바흐의 신학은 다음과 같은 가장 결정적인 테제를 정식화하게 된다: "인간은 종교의 시초이며, 인간은 종교의 중심점이고, 인간은 종교의 마지막이다"(6,222). 그 동안 유신론자는 신을 자기 이성의 밖에서 찾았으며, 인간 자체의 밖에 실존하는 인격적인 본질로 표상해 왔다(2,250). 그러나 그것은 인간 그 자신의 내적 본질에 다름 아니다. 인간은 자신의 본질을 그 자신의 밖에서 본 것이다. 포이에르바흐에 의하면 신은 가장 철저하게 외화된 인간의 모습에 지나지 않는다. 그리하여 그는 "신은 인간의 인격화된 류적 개념이다"(8,345)라고 말한다. 모든 실재성의 총체 개념으로서 신은 인간들 아래서 세분화되고, 세계사의 흐름 안에서 스스로 실재화한 유적 존재의 속성에 지나지 않는다. 신의 인격성은 자연적 규정과 한계를 넘어선 인간 자신의 인격성이다. "삼위일체의 비밀은 사회적이고 공동체적인 삶의 비밀"(6,352)이다. 또한 "육화의 비밀은 인간에 대한 신의 사랑의 비밀이지만, 그것은 인간에 대한 그 자신의 사랑의 비밀이다"(6,349).

포이에르바흐에 이어서 마르크스와 프로이트는 각각 사회비판과 의식비판을 단초로 하여 인간신론으로서의 무신론 사상을 계승, 발전시켜 나갔다. 칼 마르크스(Karl Marx 1818~1885)는 종교를 "억압받는 자의 한숨이자 억압을 견디도록 만드는 민중의 아편"이라고 비판하였으며, 프로이트(Sigmund Freud 1856~1939)는 신에 대한 인간의 믿음은 강력하고 보호적인 가부장, 또는 정의나 공평함이나 영생에 대한 인간의 유아적 열망에서 나오며, 기독교의 인격적 신 역시 강력한 가부장적 존재를 반영하고 있다고 주장함으로써 신의 죽음의 시대를 예비하고 있었다.

2. 프리드리히 니체: "신은 죽었다!"

니체는 1882년에 그의 저서 『즐거운 학문』(§125)에서 '신의 죽음'을 선언하였다. 그리고 이 선언은 필연적으로 유럽문명의 세계에 허무주의의 도래를 불러 왔다. 『권력에의 의지』(*Wille zur Macht*)라는 그의 유고(遺稿) 첫머리에서 니체는 허무주의의 도래를 이렇게 묘사하고 있다. "내가 말하려는 것은 다가오는 두 세기의 역사이다. 다가오게 되는, 그러나 결코 다른 모습으로는 오지 않을 그런 사실들, 즉 허무주의의 도래를 기술하고자 한다."[2]

그렇다면 허무주의란 무엇인가? 그것은 지금까지의 최고가치가 박탈당하는 데서 비롯된다. 니체의 유고 단편에는 이렇게 적혀 있다: "허무주의: 목표가 결여되어 있으며; '왜?'라는 물음에 대한 대답이 결여되어 있다. 허무주의는 무엇을 의미하는가? □ 최고가치들이 탈가치화하는 것."[3]

허무주의는 신의 죽음이 불러온 필연적인 파장이다. 유럽적 최고가치는 말할 것도 없이 기독교적 신의 존재이다. 신의 죽음은 기독교의 몰락을 의미한다. 그리고 그로부터 결코 분리해서 생각할 수 없는 서구 도덕의 몰락과 도덕적인 세계 해석의 몰락이 계속된다. 신의 죽음은 결국 유럽적 가치관의 몰락을 가져왔으며, 이 세계를 허무주의에 빠뜨렸던 것이다. 형이상학과 도덕은 시구 사회에서 결정적인 것이었다. 그러나 이제 "신은 진리이다"로부터 "모든 것은 거짓이다"로의 반전이 가장 확실한 현상으로 드러나게 되었다. 모든 것은 아무 의미도 갖지 않게 되었으며, 모든 세계 해석은 거짓이 아닌가 하는 불신에 사로잡히게 된 것이다.[4] 니체는 유럽의 허무주의를 "신(神)은 죽었다"라는 한마디로 압축하고 있다: "신 또한 자신의 지옥을 갖고 있다. 사람에 대한 사랑이 그의 지옥이다. [...] 신은 죽었다. 사람들에 대한 연민

---

2) Nietzsche, Friedrich: *Der Wille zur Macht. Versuch einer Umwertung aller Werte.* Ausgewählt und geordnet von Peter Gast unter Mitwirkung von Elisabeth Förster-Nietzsche. Stuttgart 1964, 55, S. 3.

3) Nietzsche, F.: *Der Wille zur Macht. Versuch einer Umwertung aller Werte,* in: *Sämtliche Werke. Kritische Studienausgabe* in 15 Bänden. Hrsg. v. G. Colli und M. Montinari. München, Berlin, New York 1980, Bd. 12, 9[35], S. 350. 이하 니체의 전집은 *KSA*로 줄이며 병기한 수는 권수를 나타낸다.

4) Nietzsche, F.: *Wille zur Macht.* 1.2, S. 7.

때문에 신은 죽고 말았다."5)

니체의 해체주의적 사유는 서구의 전통 형이상학의 전면 부정을 통하여 극적으로 전개된다. 그는 서양 형이상학의 역사를 '오류의 역사'로 보고, 참된 세계가 우화가 되는 과정을 보여주면서 결국 참된 세계와 함께 가상의 세계도 폐지됨으로써 허무로 귀결되는 사실을 서술하고 있다.6) 허무주의는 형이상학의 필연적 귀결이며 소크라테스적, 기독교적 서구 도덕의 몰락에서 기인한다는 것이다.

『우상의 황혼』에서 니체는 이성의 타락에서 기인하는 인류의 관습적 오류를 비판하고 있다. 니체에 의하면 종교와 도덕이 정식화하는 모든 명제들은 인류의 잘못된 관습적 오류이다.7) 모든 종교와 도덕에서의 가장 일반적인 정식인 조건부적 금지 명령을 니체는 '이성의 중대한 원죄'라고 일축한다.8) 칸트가 원했던 것처럼 '덕' 개념에 대한 존경심에서만 나온 덕은 해롭다. 니체의 칸트 비판은 가히 파괴적이다. 그는 칸트의 정언명령이야말로 삶에 위협적인 것이라고 보았다. 그래서 "칸트는 백치가 되어버렸다"고 말한다.9) 니체는 칸트의 '도덕적 세계질서' 개념을 거짓말이라고 매도하면서, 그러나 이것이 최근 철학의 전체 전개 과정에 스며들어 있다고 지적한다.10)

첫째로 니체는 우리가 진리로 알고 있는 인과성의 법칙 역시 잘못된 것이라고 주장한다. 사람들은 어떤 시대에서나 어떤 것의 원인이 무엇인지를 알고 있는 것처럼 생각하였다. 그러나 우리의 지식이 어디에서 얻어졌으며, 우리가 안다고 믿는 그 믿음이 어디에서 비롯되었는가는

5) Nietzsche, F.: *Also sprach Zarathustra*, KSA 4, S. 115.
6) Nietzsche, F.: *Götzen-Dämmerung*, KSA 6, S. 81.
7) *Götzen-Dämmerung*, KSA 6, S. 89.
8) *Götzen-Dämmerung*, KSA 6, S. 89.
9) Nietzsche, F.: *Der Antichrist*, KSA 6, 11, S. 177.
10) *Der Antichrist*, KSA 6, 26, S. 195.

모르고 있다. 또한 동시에 우리는 의지작용에서 우리 자신이 원인이라고 믿었다.11) 그러나 원인으로서의 의지의 인과관계, 원인으로서의 의식(정신), 나(주체), 그리고 동기는 모두 오류에 지나지 않는다. 정신적 원인이란 전혀 없다. 정신적 원인이라는 것을 증언해줄 만한 경험 영역 전체가 망해버렸기 때문이다.12) 우리는 경험영역을 오용하여 세계를 원인의 세계로, 의지의 세계로, 정신의 세계로 만들어 냈다. 사물 자체, 사물이라는 개념은 원인이라는 믿음의 단순한 반영이며, 원인으로서의 정신을 실재와 혼동하고 실재의 척도로 만들어서 그것을 신이라고 부르게 되었으며, 그 개념 아래 도덕과 종교 전체를 포섭하였다.13) 사람들이 희망을 가질 수 있는 상태에 있는 이유는 생리적인 근본 느낌이 다시 강력하고도 풍부하기 때문이다. 사람들이 신을 믿는 이유는 충만과 힘의 느낌이 그를 안정시키기 때문이다. 도덕과 종교는 전적으로 오류의 심리학에 속한다.14)

둘째로 그에 의하면 "도덕판단은 종교적 판단처럼 실재라는 개념도 갖고 있지 않고, 실재와 가상을 구별조차 하지 않는 무지의 단계에 속한다."15) 그리스도교적인 도덕은 순수함이 죽어버린 우연, 불행을 '죄' 개념으로 더럽히는 것, 위험과 유혹으로서 살 살고 있음, 양심이라는 벌레의 독에 중독된 생리적 불편에 다름 아니다.16) 니체에 의하면 "사실상 그리스도교인은 단 한 사람도 없었다. 그리스도교인이라고, 2천년 동안 그리스도교인이라고 불리어 온 것은 한갓 심리적인 자기 오해에 불과하다."17) "오로지 그리스도교적 실천만이, 즉 십자가에서 죽었

11) *Götzen-Dämmerung*, *KSA* 6, S. 89.
12) *Götzen-Dämmerung*, *KSA* 6, S. 84.
13) *Götzen-Dämmerung*, *KSA* 6, S. 91, 94.
14) *Götzen-Dämmerung*, *KSA* 6, S. 95.
15) *Götzen-Dämmerung*, *KSA* 6, S. 98.
16) *Der Antichrist*, *KSA* 6, 25, S. 194.

던 그가 살았던 것처럼 사는 것만이 그리스도교적이다."[18] 기독교가 신의 가르침이라고 제시한 것은 모두가 사제들에 의하여 의도적으로 날조되었다: "삶의 건강한 도야 전체를 희생시키는 기생충 같은 인간, 즉 사제가 신의 이름을 오용하고 있다: 그는 자기가 가치를 결정할 수 있는 만사의 상태를 '신의 나라'라고 부른다; 그런 상태에 도달시키고 그 상태를 유지시킬 수 있는 수단을 그는 '신의 뜻'이라고 부른다."[19]

셋째로 자유의지도 인류가 관습적으로 갖고 있는 오류에 속한다. 니체에 의하면 자유의지는 신학자들의 가장 악명 높은 작품으로서, 인류를 그들에게 의존적으로 만드는데 그 목적이 있다.[20] 의지에 대한 학설은 근본적으로 벌을 목적으로 고안되었다. 즉 죄가 있다고 여기도록 하기 위하여 고안되었다. 의지의 심리학은 그 공동사회의 우두머리격인 성직자들이 스스로 벌을 규정하는 권한을 갖기 위하여 창안되었으며, 죄를 지을 수 있기 위하여 인간은 '자유롭다'고 생각하도록 만들었던 것이다. 개개의 행위는 원해진 것이어야만 했고, 개개의 행위의 기원은 의식 안에 있다고 생각되어야만 했다.[21] 따라서 니체는 도덕적인 세계질서라는 개념을 가지고 생성의 무죄를 벌과 죄로서 계속 감염시키는 일을 경계한다. 최고로 자유로운 인간 유형은 최고의 저항이 끊임없이 극복되는 곳에서 발견될 수 있다.[22] "인간이 죄에서 구원받았다고 믿는 데에 그 자신의 행복이 있다면, 이 때 필요한 전제는 인간이 죄지은 자라는 것이 아니라, 오히려 인간 스스로 죄를 지었다고 느끼는 것이다."[23] 결국 이러한 사태들로부터 니체가 추구하는 궁극적인

---

17) *Der Antichrist*, KSA 6, 39, S. 212.
18) *Der Antichrist*, KSA 6, 39, S. 212.
19) *Der Antichrist*, KSA 6, 26, S. 195.
20) *Götzen-Dämmerung*, KSA 6, S. 95.
21) *Götzen-Dämmerung*, KSA 6, S. 95.
22) *Götzen-Dämmerung*, KSA 6, S. 140.

목표는 분명하다. 그것은 바로 우리가 신을 부정하고, 신을 부정하면서 우리의 책임도 부정하는 것이다. 이를 통하여 우리는 세계를 구원한다.[24]

서양철학의 역사가 허무주의에로 귀결되는 역사라면, 서양에 내재하고 있는 허무주의의 논리를 극단으로까지 몰고 감으로써 비로소 허무주의를 극복할 수 있는 단초를 발견할 수 있을 것이다. 이런 관점에서 니체는 '서양 허무주의의 역사'를 주시한다.[25] 니체는 허무주의를 능동적 허무주의와 수동적 허무주의로 구분한다. 능동적 허무주의는 상승된 정신력의 징후로서의 허무주의이다. 이는 강함의 징후가 확연하게 드러나서 기존의 가치들이 무기력하게 되는 현상을 말한다. 일반적으로 생존조건들의 강제를 표현하는 믿음, 확신, 신조들은 어떤 하나의 존재자가 스스로의 존립을 위하여 권위에 복종하는 데서 생겨난다. 그러나 이런 것들은 존재자의 힘이 극대화되면 더 이상 불필요한 상태로 된다. 수동적 허무주의는 정신력의 하강과 퇴행으로서의 허무주의이다. 이는 약함의 징후가 드러나서 정신력이 지칠 대로 지치고 고갈되어, 기존의 목표나 가치들이 더 이상 적합하지 않고 무의미한 상태에 빠지는 것을 말한다. 지금까지 모든 강한 문화가 신봉해 왔던 가치와 목표들이 모두 사라져버린 상태에서 개별적인 가치들이 서로 싸우는 현상을 말한다. 니체는 불교를 수동적 허무주의의 대표적인 유형으로 이해하였다.

수동적인 니힐리즘은 더 이상 공격할 수 없을 정도로 피로한 니힐리즘이며, 니체는 그 가장 유명한 형식을 불교라고 규정하였다. 즉 수동

23) Nietzsche, F.: *Der Antichrist*, *KSA* 6, 23, S. 190.
24) Nietzsche, F.: *Götzen-Dämmerung*, *KSA* 6, S. 116.
25) Nietzsche, Friedrich: *Zur Genealogie der Moral*, III 27, *KSA* 5, S. 408; *KSA* 13, 11[150], S. 71. "유럽 허무주의의 역사에 대하여."

의 니힐리즘으로서, 약세의 징후로서. 정신의 힘은 피로하고 새침해져서 그래서 지금까지의 목표와 가치가 적합해지지 아니하며, 어떠한 신앙도 발견할 수 없게 된다. 그리하여 가치와 목표의 결합이 와해되어 개개의 가치가 서로 투쟁하게 되고, 활기를 북돋고 치유하고 안정시키고 마비시키는 모든 것은 종교적, 도덕적, 정치적, 미적인 여러 가지로 모습을 숨기고 전면에 나타난다.26) 그리하여 허무주의는 진리, 사물의 절대적 성질, 사물 자체가 없다는 것을 뜻하며, 그 사실들 자체가 가장 극단적인 허무주의인 것이다.27)

3. 마르틴 하이데거: "신은 죽었다"라는 명제에 대하여

하이데거(Martin Heidegger 1899~1976)는 1936년에서 1940년까지 프라이부르크대학에서 5학기 동안 니체 강의를 하였다. 하이데거의 니체 강의는 1961년에 두 권으로 발행되었으며,28) 이것은 다시 하이데거 전집의 43, 44, 47, 48권으로 분리 출판되었다.29) 그런데 하이데거

---

26) Nietzsche, *Wille zur Macht. Nihilismus* 1.23, S. 20f.

27) Nietzsche, F.: *Wille zur Macht*. 1.22, S. 20; *KSA* 5, S. 408; *KSA* 12, 9[35], S. 350.

28) Heidegger, Martin: Nietzsche. 2 Bde. Pfullingen 1961.

29) Heidegger, Martin: Nietzsche. *Der Wille zur Macht als Kunst*. Freiburger Vorlesung WS 1936/37. Gesamtausgabe, Bd. 43. Frankfurt 1985. *Nietzsches metaphysische Grundstellung im abendländischen Denken. Die ewige Wiederkehr des Gleichen*. Freiburger Vorlesung SS 1937. Gesamtausgabe, Bd. 44. Frankfurt 1986. *Nietzsches Lehre vom Willen zur Macht als Erkenntnis*. Freiburger Vorlesung WS 1939. Gesamtausgabe, Bd. 47. Frankfurt 1989. *Nietzsche. Der Europäische Nihilismus*. Freiburger Vorlesung II. Trimester 1940. Gesamtausgabe, Bd. 48, Frankfurt 1986. 니체의 마지막 강의는 우리말로 번역 소개된 바 있다. 하이데거, 『니체와 니힐리즘』, 박찬국 역, 지성의 샘 1996.

는 다시 1943년에 "신은 죽었다"라는 명제에 대하여 소규모 집회에서 여러 번 강연한 바 있으며, 그 원고는 1950년에 출판된 그의 논문 모음집인 『숲길』에 수록되었다.30) 이 논문은 짧기는 하지만 그가 프라이부르크 대학에서 강의한 주요 내용들을 모두 담고 있기 때문에 우리는 주로 이 글을 중심으로 하이데거의 생각을 정리하고자 한다.

하이데거는 니체의 철학을 서양 형이상학의 완성이라고 해석한다. 다시 말하면 니체는 서양 형이상학의 마지막 단계에 서 있으며, 형이상학의 운명 역시 "신은 죽었다"라는 한 마디에 일목요연하게 드러나 있다는 것이다. 그것은 플라톤 이후의 서양 형이상학의 종언을 의미하는 동시에 기독교적 문명에서의 최고가치의 몰락을 뜻하는 말이다.

니체는 "신은 죽었다"라는 말을 1882년에 간행된 『즐거운 학문』(*Die fröhliche Wissenschaft*)의 제3부 125항에서 처음으로 표명하였다. 신을 찾아 헤매던 한 미친 사람은 결국 신을 믿지 않는 사람들이 몰려드는 가운데 우리들이 신의 살해자이고 신은 지금 썩어가고 있다고 부르짖는다. 니체는 그 미친 사람의 입을 통해서 "신들도 썩는다. 신은 죽었다! 신은 죽어 있다! 사실 우리가 그를 죽였다!"라고 선언했던 것이다. 그리고 "모든 살해자 중의 살해자인 우리는 어떻게 위안을 받을 것인가?"를 반문하고 있다.

4년 뒤인 1886년에 니체는 『즐거운 학문』의 제4부 343항에서 "신은 죽었다"라는 명제를 "그리스도교적 신에 대한 신앙은 믿을만한 가치가 없어졌다는 것"으로 해석한다. 기독교의 신은 플라톤 이후의 초감성적 세계를 지칭하는 이념과 이상을 의미하며, 유럽 문명의 세계관

---

30) Heidegger, Martin: *Nietzsches Wort »Gott ist tot«*, in: *Holzwege*. Frankfurt 1950. 이 주제에 대한 간략한 연구서로는 지그문트 게오르크의 것을 참고할 수 있다: Georg, Siegmund: *Nietzsches Kunde vom »Tode Gottes«*. Berlin 1964.

적 사유를 결정적으로 지배하고 있었다. 그런데 "신은 죽었다"라는 명제는 서구문화권에서의 최고가치들이 이제 더 이상 가치를 가질 수 없게 되었다는 사실을 의미한다.[31] 니체는 최고가치가 몰락하는 그런 역사적 과정과 결과를 니힐리즘이라고 규정하였다. 이렇게 볼 때 니힐리즘의 본질과 사실이 드러나는 영역은 바로 형이상학 그 자체이다.

근대 형이상학은 절대로 의심할 수 없는 확실성의 탐구에 그 본질이 있었다. 아리스토텔레스가 작업하였던 기체(基體, hypokeimenon)는 데카르트에 의하여 "나는 생각한다"(ego cogito)라는 기체(subiectum), 즉 자기의식 또는 주체의 주체성으로 변모하게 된다. 그러나 이러한 사실은 니체나 하이데거에게 언제나 눈앞에 있는 고정적인 기체, 즉 지배적인 존재자의 본질 그 이상의 것이 아니다. 확실성의 문제는 가치의 문제에 비할 경우에 아무것도 아니다. "신은 죽었다"라는 의식과 함께 기존의 최고가치들이 근본적으로 전도되었다는 의식이 시작된다. 이와 함께 인간의 의식은 보다 가치설정의 원리를 찾으려고 애쓰며, 근세적인 자아의식을 넘어서서 인간 자신을 '힘에의 의지'를 의욕하는 자로서 새롭게 규정한다. 니체는 이처럼 새로운 인간상을 초인 또는 위버멘쉬(Übermensch)라고 부르고 있다. 존재자의 존재로부터 의욕되는 인간의 본질은 '힘에의 의지'에 순응하며, 지상의 지배권을 행사하도록 존재자의 존재로부터 내세워져 있다는 사실에서 발견된다.

하이데거는 니체의 형이상학에서는 '힘에의 의지'와 초인의 본질 사이에 본질적인 관련성의 근거가 가리어 있다고 보면서도, 존재자의 본질에 속한 '힘에의 의지'를 가진 현존이 바로 동일한 것의 영원한 회귀에서 나타난다고 해석하였다. 니체는 이와 같은 자신의 사상을 '모

---

31) Nietzsche, Friedrich: *Der Wille zur Macht*. Leipzig 1911, S. 2, §2. *Nietzsche: Der europäische Nihilismus*, Gesamtausgabe Bd. 48, S. 38.

든 가치의 전도의 시도'라는 부제를 가진 『힘에의 의지』로 펼쳐 보이
려고 하였으나 끝내 완성하지는 못하였다.

　그렇다면 하이데거는 니체 독해에서 어떤 차별화된 주장을 하는 것
일까? 니체나 하이데거 모두 서구문명을 역사를 니힐리즘의 운동으로
해석하는 것은 공통적이다. 그러나 하이데거에 의하면 니체가 니힐리
즘을 가치의 문제로 해석하고 있다. 하이데거는 니체가 니힐리즘을 극
단으로 내몰아 완성시킨 사람으로 평가한다.[32] "신은 죽었다"라는 명
제에서 허무주의가 시작되고, 이로써 최고가치의 몰락이라는 사태로
이어졌다는 것이다. 그러나 하이데거는 니힐리즘을 가치의 문제가 아
닌 존재의 문제로 보았다. 니힐리즘은 가치와는 아무 관계도 없는 존
재 부정, 즉 무의 문제이며, 그것은 '존재망각의 역사'를 야기한 것에
지나지 않는다. 하이데거는 존재망각에 의하여 인간을 비롯한 모든 존
재자가 황폐화되어가는 사건, 운동, 과정이 바로 니힐리즘이며, 그것은
존재진리의 회상을 통해서만 극복될 수 있다고 보았다.

　형이상학은 초감성적 세계, 이념, 신, 도덕률, 이성의 권위와 진보,
최대다수자의 행복, 문화, 문명이 각각 그 건설 능력을 잃고 무기력해
진다는 운명을 내포하고 있는 역사공간이다. 그것은 일상적 개별 존재
자가 아니며 인간의 사유범주를 초월하는 것이다. 프라이부르크대학의
교수취임 강연 『형이상학이란 무엇인가?』에서 그는 '존재' 개념이 일
상적 존재와는 전적으로 다른 존재이며, 어떤 대상이나 사물이 아닌
무와 같은 것으로 다른 모든 존재를 가능하게 하는 근거라고 주장하였
다. 그러므로 "무에서 나오는 것은 아무것도 없다"는 고대인의 생각은
이제 "모든 것은 무로부터 나온다"라고 거꾸로 표현되어야 한다.

---

　32) Heidegger, Martin: *Grenzfragen der Philosophie*. Gesamtausgabe Bd. 45,
Frankfurt 1984, S. 133.

1953년의 저서 『형이상학 입문』에서도 신학자들이 모든 것의 근원을 신에게 귀속시킴으로써 존재 물음에 대한 답을 찾으려 한 사실에 대하여 하이데거는 신 그 자체 역시 하나의 일상적 존재에 지나지 않는다고 비판하였다. 그는 기독교적 신의 절대성을 인정하지 않았던 것이다. 그는 존재 자체를 신비주의적으로 묘사하기도 했다. 그러나 인간이 존재 그 자체를 드러낼 수 있는 방법은 없다. 초기저서에서 그는 존재에 대한 물음을 유일하게 묻고 있는 인간 존재에 대한 현존재 분석을 통하여 해결하고자 하였으나, 후기저서들에서는 다시 존재 그 자체로부터의 청종이나 존재 그 자체로부터의 파송 또는 밝힘 등에 의해서 접근할 수 있다고 보았다. 존재 그 자체에 대한 사유를 통하여 니힐리즘은 극복될 수 있는 것이다.

4. 토마스 알타이저: 신의 죽음의 신학

니체의 발언은 급기야 신의 죽음의 신학, 즉 사신신학으로 급진전하게 되었다. 가브리엘 바하니안(Gabriel Vahanian)은 『신의 죽음』(The Death of God)이라는 책에서 후기 기독교 시대의 문화를 분석하였다. 세계대전 이전에 신의 죽음은 반기독교적인 것을 상징하였지만 전쟁 후에 그것은 후기 기독교 문화를 상징한다는 것이다.[33] "신은 죽었다"라는 사실이 만들어낸 새로운 풍속도가 현대 기독교인들의 영성을 지배하게 되었다. 그것은 신에 대한 타율적 신앙 개념 대신에 실존적, 내면적, 자율적 신앙의 측면이 강조되는 새로운 영성 운동으로 연결된다. 신의 죽음을 통하여 우리 앞에 나타난 실존주의 운동은 후기 기독교

---

33) Vahanian, Gabriel: *The Death of God. The Culture of Our Post-Christian Era*. New York 1957, p. xiii.

시대를 특징짓는 현상이다.

존 로빈슨(John Robinson)은 1963년에 『신에게 솔직히』(*Honest to God*)라는 책에서 현실세계와 동떨어져 저 밖 어디엔가 존재하는 인격적 신의 존재를 믿을 수 없다고 하였다.[34) 그는 1959년부터 케임브리지 신학대학장으로 임명된 1969년까지 영국 울위치(Woolwich) 교구의 감독직을 수행하였던 인물이다. 그는 전통적인 초월적 신 개념이 폴 틸리히에 의하여 '깊이의 하느님'으로 변화되고 있는 사실을 중시하였다. 영국 국교회 감독 데이비드 젠킨스(David Jenkins)는 로빈슨에 동조하였으며, 케임브리지의 엠마누엘 칼리지의 학장 돈 큐피트(Don Cupitt) 역시 '무신론의 사제'로 불리어졌다.

저 하늘 위에 있는 하늘 노인에 대한 환상으로부터 벗어나서 인간적이고 자연적인 새로운 하느님을 발견해야 한다는 로빈슨의 주장은 신의 죽음의 신학을 정립하는데 중요한 단서가 되었다. 폴 반 뷰렌(Paul Van Buren)은 세계 속에서 활동하는 신에 관하여 말하는 것은 이제 너 이상 불가능하게 되었다고 주장한다. 과학기술의 발달이 종교적 신화의 허구성을 벗겨냈으며, 하늘에 있는 '노인'에 대한 단순한 신앙은 무의미하게 되었다는 것이다. 인간은 신에 대한 의존을 버리고 오직 예수에게만 매달려야 한다. 복음은 다른 사람을 자유롭게 한 자유스러운 인간에 대한 기쁜 소식이었다. 나사렛 예수는 해방자였고, 해방된 인간의 모습을 보여주었다.[35) 신에 대한 표상은 이제 인간적인 것으로 환원된 것이다.

윌리엄 해밀턴(William Hamilton)은 『급진신학과 신의 죽음』(1966)

---

34) Robinson, A.T. John: *Honest to God*. London 1963. 독일어판: *Gott ist Anders*. Chr. Kaiser Verlag, München 1965. 한국어판:『神에게 率直이』, 현영학 역, 대한기독교서회 1968.

35) Van Buren, Paul: *The Secular Meaning of the Gospel*. London 1963, p. 138.

에서 사신신학이 미국의 문화적 상황을 반영한다고 지적하였다. 이상
적 성향을 가지고 있으나 전통신학의 뿌리를 갖지 못한 미국의 문화상
황은 바로 기술문명 시대의 문화적 혼돈을 대변하고 있다. 현대의 기
독교 신학자들은 루터가 수도원을 박차고 나온 것처럼 신과 예수가 지
배하는 종교적 울타리를 부수고 권력과 성과 돈이 지배하는 기술문명
의 세속도시로 진출했다고 말하였다. 세속적 인간은 더 이상 신을 필
요로 하지 않으며, 그는 자신의 문제를 세상에서 해결해야 한다.36)

토마스 알타이저(Thomas J. Altizer)는『기독교 무신론에 관한 복음』
(*The Gospel of Christian Atheism* 1966)에서 신의 죽음의 신학(死神神
學)을 주창하였다. 신의 죽음이라는 '기쁜 소식'이 전제 군주적이며 초
월적인 신의 노예상태로부터 우리를 해방시켰다는 것이다. 그는 "우리
가 신의 죽음을 기꺼이 인정할 때만이 그리스도 안의 자기소외를 통해
어둡고 공허해진 외계의 초월자로부터 해방될 수 있다"고 선언하였
다.37) 새로운 신의 문화가 탄생하기 위해서는 과거의 신은 죽어야 하
는 것이다.

알타이저는 니체와 마찬가지로 신의 죽음을 선언한다. 그러나 그가
말하는 신은 초월적인 인격신을 의미하며, 지금까지 서구 기독교적 세
계를 지배해 왔던 초월적 신 개념은 더 이상 현대인들이 신뢰할만한
신화가 아니라는 사실을 강조한 것이다. 오늘날의 기독교인들이 추구
하는 신 관념은 내재적인 실재로서의 신이다. 니체가 기독교적 신 개
념을 물리친 것과는 반대로 알타이저는 초월적 신 개념만을 거부한 것

---

36) Hamilton, William: *Radical Theology and the Death of God.* New York,
London 1966.
37) Altizer, Thomas: The Gospel of Christian Atheism. London 1966. 개략적인
소개는 서남동의 글「신의 죽음의 신학: 알타이저를 중심으로」(『전환시대의 신학』, 한
국신학연구소 1976)을 참조하라.

이다.

알타이저는 예수 그리스도를 디오니소스와 같은 존재로 받아들인다. 그는 니체와 같이 원초적인 인간상을 찬미한다. 원시적인 인간이 역사적 인간으로 타락하면서 신 개념이 발생한 것처럼, 그 원시인이 문명인으로 타락하면서 도덕이 생겨났다. 그 결과 인간은 자연과 육체를 혐오하고 정신과 이념만을 중시하게 되었다. 니체는 신의 죽음을 통하여 도덕을 부정하고 자연과 육체에 대한 긍정을 강조하였으며, 그것을 상징적으로 드러내는 인간상이 바로 디오니소스였다. 알타이저는 기독교의 신이 소외된 의식구조를 반영하는 것처럼 기독교의 예수는 제2의 입법자로서 새로운 모세라고 규정하였다. 예수는 기독교 밖에 그리고 기독교 이전에 존재하고 있었던 긍정적 인간상이었다.

알타이저는 니체의 영겁회귀설을 기독교 신학에 적용한다. 신과 초월을 부정하고 도덕과 죄책감을 물리치면 철저한 내재와 '지금 여기'만이 남게 되는 것이다. 그리하여 모든 것은 은총이라는 긍정적인 삶이 드러나게 된다. 니체가 영원한 반복을 전적인 긍정으로 받아들이듯이 이제 알타이저는 초월적인 영원을 내재적인 순간으로, 그리고 전적인 긍정으로서의 모든 것을 은총으로 규정하게 되었다. 그리하여 그는 새로운 형태의 말씀과 믿음에 대하여 설명한다. 이제 신학은 더 이상 신화적 상징과 초월적 언어로 기술할 수 없으며, 역사적 예수 역시 신학의 근거가 될 수 없다고 본다. 지금 상태에서 역사적 예수를 찾을 수 없기 때문이다. 그 대신에 알타이저는 역사와 부단하게 교섭하고 있는 말씀을 통하여 말씀과 세계가 전적인 통일을 이룸으로써 우주적 종말적 그리스도가 출현한다고 확신하였다.

알타이저는 신의 죽음이라는 명제를 통하여 전통적인 기독교에서의 초월적 신 개념의 부정을 뜻하고자 하였다. 초월적 신 개념 대신에 그는 지금 여기에서의 신의 임재, 즉 하느님 나라의 실현을 강조했던 것이다. 그에 의하면 기독교의 신은 성서적 신앙이 퇴조한 다음에 그리스철학의 영향으로 생겨진 관념이다. 예언자들의 여호와 신앙과 예수의 종말론적 메시지는 누메논의 실재이자 신의 임재를 나타낸 것이지 초월적 신의 모습이 아니었다는 것이다. 구약성서는 여호와 신앙이 퇴조할 때, 그리고 신약성서는 종말신앙이 식어질 때 작성되면서 현실성을 부정하거나 도피하려는 타계적인 종말론으로 변질되었다. 알타이저는 오직 신의 죽음을 통해서만 본래적인 기원적 신앙을 회복할 수 있다고 생각한다. 이러한 노력은 불교에서의 니르바나 경험과 같은 것으로 나타난다. 신의 죽음을 통하여 도달한 원형적인 것의 개념은 영원한 반복으로서 지금 여기의 현실 위에 나타나신 하느님의 임재에 다름 아닌 것이다.

:제4장: 하느님은 많은 이름을 가지고 있다

"하느님은 많은 이름을 가지고 있다." 이것은 존 힉(John Hick)의 종교철학을 가장 대표적으로 드러내는 말이다. 그는 이 말로서 현대사회의 종교다원주의를 단적으로 드러내고자 하였다. 그러나 이 경구는 오래 전부터 유럽인들의 가슴 속에 새겨져 왔으나, 그 사실을 현실적으로 인정하지 않으려는 그들의 배타적인 종교관 때문에 타종교와의 갈등과 분쟁을 초래하게 되었다.

서구의 종교들은 성서에 그 기원을 두고 있으며, 유대교와 기독교, 이슬람교로 분열, 발전되어 왔다. 이 종교들은 유일신 사상에 기초하고 있으며, 문명사적으로도 공통된 요소를 갖고 있다. 서구인들은 사실상 하나의 동일한 신을 섬기고 있으면서도, 그것을 현실적으로 인정하지 않으려고 한다. 유대교와 그리스도교, 그리고 이슬람교는 한 분이신 하느님을 숭배하는 유일신교이다. 이와 같은 유일신 관념의 출현(아브라함의 선택) 역시 역사적으로 고대 근동지역에서의 다양한 신앙체계의 통합주의적 산물에 지나지 않는다(제1장 "신의 출생에 대하여" 참조). 그 후 알렉산드리아의 철학자 필론(Philon BC 20~AD 50)는 그리스 철학의 로고스 개념과 유대교의 신 개념을 결합시키는데 성공하였다. 고대 그리스의 철학은 대부분의 서구 종교들, 즉 유대교와 기독교, 그리고 이슬람교에 이르기까지 사상적 통합에 성공함으로써 타종교와의 일치적 근거를 마련하고 있다. 그러나 역사적으로 이들 종교는 일치점을 추구하지 못하였으며, 따라서 동서교회의 분열이나 십자군전쟁, 그리고 현재의 중동전쟁과 같은 정치적 위기를 불러일으킨 결정적인 요인이 되었다.

다른 한편 서구의 종교 전통은 단편적으로나마 칸트와 틸리히가 거론하기 전까지는 불교와 같이 초월적 신 존재를 신앙하지 않는 종교에 대해서는 여전히 이질적인 사상으로 남아 있었으며, 아주 최근에 이르러서야 그리스도교와 불교 사이의 대화가 이루어지고 있다.

1. 니콜라우스 쿠자누스: 신앙의 평화

기독교 사상사에서 교회 또는 종교일치 운동을 가장 분명하게 주장했던 사람은 니콜라우스 쿠자누스(Nicolaus Cusanus, Nikolaus von Kues 1401~1464)였다.[1] 에큐메니즘 운동의 선구자로서 그는 가깝게는 토마스 아퀴나스와 보나벤투라와 마이스터 에크하르트, 그리고 더 멀리는 라이프니츠와 칸트와 헤겔, 그리고 20세기의 유명한 신학자 폴 틸리히에게까지 강한 영향을 주었다.

1453년에 저술하였던 『신앙의 평화』[2]에서 그는 여러 민족들이 동

---

1) Ramon Llull은 『5인의 현자에 대한 책』(Liber de quintique sapientibus)에서 쿠자누스보다 200년 전에 거의 같은 내용의 사상을 갖고 있었다. Panikkar, Raimundo: The Intrareligious Dialogue. Revised Edition. Paulist Press, New York 1999, p. ix, pp. 111-117: Intrareligious Dialogue according to Roman Llull.

2) Nikolaus von Kues, De pace fidei. VIII, ed. R. Klibansky et H. Bascour OSB, Hamburg 1970. Über den Frieden im Glauben, hg. v. L. Mohler, PhB 223, Leibzig 1943; De pace fidei. Der Friede im Glauben, übers. v. R. Haubst, T 1, Trier 1982; Nicholas of Cusa's De Pace Fidei and Cribratio Alkorani. Translation and Analysis by Jasper Hopkins, Minneapolis 1994. pp. 33-71: De Pace Fidei, On Peaceful Unity

시에 인정할 수 있는 일반적인 하나의 종교(religio una in rituum varietate)를 채택하기 위하여 서로 다른 위대한 여러 종교지도자들이 하늘에서 어떻게 대화하고 있는가를 그려내고 있다. 여기에서 그는 기독교와 이슬람교, 그리고 다른 여러 민족이 다르게 생각하고 있는 신앙들 가운데서 공통적인 근거를 찾으려고 노력함으로써 종교일치 운동가로서의 선구자적인 위상을 확보하게 되었다. 물론 그는 다른 종교들이 어떻게 기독교의 본질적인 교의적 진리와 구별될 수 있는가에 천착하였기 때문에 순수한 의미에서의 종교일치를 모색하였다고 보기는 어렵지만, 유한한 것들의 배척과 대립이 결국 무한자 속에서 하나로 통합된다는 이른바 '대립의 일치'(coincidentia oppositorum), 그리고 모든 피조물의 속성은 우리에게 확연하게 알려져 있지 않으며, 신에 대한 모든 담론 역시 비유적일 뿐이라는 독특한 부정신학적 구상을 통하여 정립된 '기지(旣知)의 무지(無知)'(docta ignorantia, Learned Ignorance)라는 개념 쌍을 바탕으로 피조물 가운데 서로 다른 모습으로 계시될 수 있는 신적 표상을 성공적으로 제시하게 된 것이다.3) 쿠자누스에 의하면 신은 모든 유한자와 대립하면서도 동시에 그것들과 상호관계를 지니고 있는 무한성이다. 무한자로서의 신은 대립하고 있는 유한자들의 통일인 동시에 일치이다. 따라서 신은 만물을 통하여 만물 속에 존재하고, 만물은 만물을 통하여 신 가운데 존재한다. 그러나 쿠자누스는 스피노자의 '신 즉 자연'(Deus sive natura)의 경지에는 아직 도달하지 못하였다.

쿠자누스는 여러 민족과 신자들이 그들의 종교에 상관없이 받아들

---

of Faith.

3) Kandler, Karl-Hermann: *Nikolaus von Kues. Denker zwischen Mittelalter und Neuzeit*, Göttingen 1995.

여야 할 전 세계적인 포괄성을 함축하고 있는 평화사상을 모색하였다. 신의 진리는 여러 종교를 통하여 동시에, 그리고 지역과 문화적 차이에 따라서 서로 다르게 드러나기 때문에, 어떤 종교도 그 자신만이 참된 신앙이라고 고집해서는 안 된다.[4] 따라서 그는 그 자신만이 유일하고 확실한 신앙이라고 주장하면서 대립하고 있는 종교들로 하여금 '참된 종교란 무엇인가?'를 반성할 수 있는 전기를 마련하게 해 준 것이다. "서로 다른 종교들에서 발견되는 경험적 지식의 차이를 잘 알고 있는 오직 소수의 현명한 사람들만이 곧바로 적용할 수 있는 하나의 조화를 발견할 수 있으며, 이를 통해서만 종교 영역에서 이른바 안정되고 참된 의미에서의 영구적인 평화를 정착시킬 수 있다."[5]

쿠자누스는 위대한 종교들의 통일에 대하여 다음과 같이 말하고 있다: "이성(로고스-이성)의 원리에 의하여 사는 모든 사람에게는 다만 하나의 종교, 하나의 예배만이 있을 뿐이다. 그 이성은 서로 다른 모든 종교의식의 기초가 되고 있는 것이다. [...] 신들에 대한 예배의식은 어디에서든지 신성(神性)에 대한 증거이다. [...] 그렇기 때문에 이성(로

---

4) *Nicholas of Cusa's De Pace Fidei and Cribratio Alkorani*. Translation and Analysis by Jasper Hopkins, Minneapolis 1994. De Pace Fidei(On Peaceful Unity of Faith), p. 35: "You, then, who are the giver of life and of existence, are the one who is seen to be sought in different ways in different rites, and You are named in different names; for as You are | in Yourself | You remain unknown and ineffable to all."

5) *Nicholas of Cusa's De Pace Fidei and Cribratio Alkorani*. Translation and Analysis by Jasper Hopkins, Minneapolis 1994. De Pace Fidei(On Peaceful Unity of Faith), p. 33: "Therefrom he educed the following: the few wise men who are rich in the experiential knowledge of all such differences as are observed throughout the world in the |different| religious can find a single, readily-available harmony; and through this harmony there can be constituted, by a suitable and true means, perpetual peace within | the domain of | religion."

고스)의 천국에서는 모든 종교의 일치가 이루어졌던 것이다."[6] 이처럼
쿠자누스는 현대의 종교다원화 사회에서 제기되는 문제들을 일시에
해소할 수 있는 이론적 근거를 선구적으로 간파하고 있었다.

2. 폴 틸리히: 하느님 위의 하느님

19세기의 마지막 조직신학자로 불리는 폴 틸리히는 신 존재의 문제
를 하이데거의 철학적 사유지평에서 다루었다. 그에게 중요한 것은 신
의 존재에 대한 물음이 아니었다. 그보다는 우리가 생각하고 믿고 있
는 하느님의 존재는 도대체 어떻게 이해되어야 하는가에 있었다. 이
물음은 기독교인들의 신 존재 물음에 대한 철학적 입장표명을 요구하
고 있다. 전통적으로 기독교의 하느님은 유일신으로 알려져 있다. 그
러나 우리는 비기독교인들 역시 신의 존재를 믿고 있다는 사실을 알고
있으며, 그 경우에 기독교의 하느님을 믿지 않았던 사람들에게는 구원
이 불가능하다고 말하기가 매우 곤란하다는 사실에 직면하게 된다.

기독교가 유래되지 않은 시대에 살다간 사람들이 기독교의 신을 알
지 못했다면 그들에게 구원은 없고 오직 악마적인 저주만이 가능한 것
인가? 우리들이 이 세상에 존재하고 있는 수많은 종교들 가운데서 어
떤 하나를 선택했을 경우에 그것은 어떻게 이해되어야 하는 것일까?
도교에서 말하는 하느님(道)과 유교의 하느님(天), 그리고 불교의 하느
님(佛陀)은 서로 배타적이고 적대적인 존재인가? 그렇지 않으면 동일

---

6) Tillich, Paul: *Das Christentum und die Begegnung der Weltreligion, in: Die
Frage nach dem Unbedingten. Schriften zur Religionsphilosophie*, Gesammelte Werke
Band V. *Christianity and the Encounter of the World Religions*. Columbia University
Press, New York and London 1963. pp. 40-41에서 재인용.

한 하나의 존재근거를 갖고 있는 것일까? 만일 어떤 사람이 참된 구원에서 확실성을 얻기 위하여 불교와 기독교, 무속신앙과 도교를 모두 숭배하고 있다면, 우리는 과연 그와 같은 신앙행위를 넌센스라고 말할 수 있을 것일까? 우리는 이상과 같이 신의 존재나 신앙에 관한 수많은 물음을 던지며 살아가고 있다. 그리고 이와 같은 물음들을 철학적으로 해명하려는 사람들 가운데서 폴 틸리히는 대단히 중요한 비중을 차지하고 있다.

틸리히는 종교를 '궁극적인 관심에 의하여 사로잡힌 존재의 상태'로 파악한다.7) 궁극적 관심이란 다른 일차적인 관심들과는 달리 우리의 삶의 의미에 관한 물음들에 대해서 답을 가지고 있는 그런 관심으로써 무제약적으로 진지하고 그것들과 갈등을 일으키는 어떤 유한한 관심도 희생시키려는 의지를 보여준다. 이와 같은 궁극적 관심은 종교 영역에서 신(하나의 신 또는 신들), 브라만(the Brahma), 일자(the One) 등으로, 그리고 유사종교의 영역에서는 국가, 과학, 사회의 특수한 형식 또는 단계, 인간성의 최고이상 등으로 나타난다.

틸리히는 이와 같은 그의 종교 개념을 신앙의 대상에도 그대로 적용하여 존재론과 성서적 종교의 상호관계를 새롭게 수립하고 있다: "존

---

7) Tillich, Paul: *Christianity and the Encounter of the World Religions*. pp. 4-5: "Religion is the state of being grasped by an ultimate concern, a concern which qualifies all other concerns as preliminary and which itself contains the answer to the question of the meaning of our life. Therefore this concern is unconditionally serious and shows a willingness to sacrifice any finite concern which is in conflict with it." 또한 틸리히의 저서 『새로운 존재』(Paul Tillich, *The New Being*. New York 1955)의 제3장 "Our Ultimate Concern"(pp. 152-160)도 참조할 수 있다. 그리고 틸리히 사상에 대한 개설적인 이해를 위해서는 로빈슨(John A.T. Robinson) 주교의 저서 『신에게 솔직이』(*Honest to God*. London 1963, dt.-Ausgabe: *Gott ist anders*. München 1963)를 참조할 수 있다.

재론과 성서적 종교의 상호관계는 무한한 과제이다. 플라톤과 아리스
토텔레스의 존재론, 쿠자누스와 스피노자의 그것, 칸트와 헤겔의 그것,
노자와 화이트헤드의 그것과 같이, 성서적 메시지의 이름으로 받아들
일 수 없는 그 어떤 특별한 존재론도 없다. 구원론적 존재론도 없으나,
존재론적 물음은 구원의 물음 속에 포함되어 있다. 존재론적 물음을 제
기하는 것은 필연적인 과제이다. 파스칼에 반대하여 나는 아브라함과 이
삭과 야곱의 하느님과 철학자의 하느님은 동일한 하느님이라고 말한다.
그분은 인격이시며, 동시에 하나의 인격으로서 그 자신의 부정인 것이
다."8)

이상에서 보는 것처럼 틸리히는 포괄적인 신 관념을 지향하고 있는
동방정교회의 신앙과 매우 유사한 신관을 제시하고 있다.9) 그는 기독

---

8) Tillich, Paul: *Biblical Religion and the Search for Ultimate Reality*. The
University of Chicago Press, Chicago 1955, p. 85. "The correlation of ontology and
biblical religion is an infinite task. There is no special ontology which we have to
accept in the name of the biblical message, neither that of Plato nor that of Aristotle,
neither that of Plato nor that of Aristotle, neither that of Cusanus nor that of Spinoza,
neither that of Kant nor that of Hegel, neither that of Laotze nor that of Whitehead.
There is no saving ontology, but the ontological question is implied in the question
of salvation. To ask the ontological question is a necessary task. Against Pascal I say:
The God of Abraham, Isaac, and Jacob and the God of the philosophers is the same
God. He is a person and the negation of himself as a person."

9) 이는 카워드(Harold Coward)의 지적이다(Coward, Harold: *Pluralism. Challenge
to World Religions*. New York 1985, pp. 26-27). 그에 의하면 동방 정교회의 신학에
서는 로고스가 육화되기 전이나 이후를 막론하고 예수 그리스도 안에서 모든 민족에
게 하느님이 계속해서 진리를 계시하고 있다고 주장한다. 이를 가능하게 하는 근거는
바로 성령의 편재(偏在) 신앙이었다. 이렇게 보면 "그리스도는 단순히 인간 또는 하느
님이 아니라, 인간들을 하느님에게 끌어올리는 신인(神人, theanthropos)이다. 다른 종
교들도 인간을 신성한 삶으로 끌어올리려는 같은 목적을 가지고 있는 한, 정교회에게
그것은 하느님의 세계 안에 있는 하느님의 도구로 인지된다"(John Meyendorff, "The
Christian Gospel and Social Responsibility," in *Continuity and Discontinuity in*

교와 타종교의 대화 가능성을 모색하기 위하여 그리스도 중심적 신앙을 탈피하여 신 중심적 사고를 펼쳐나간다. 그는 각각의 종교에서 추구하는 초월적 신들이 어떤 공통된 근거를 가지고 있다는 점에 착안하여 유대인의 신과 기독교의 신, 그리고 노자의 도가 결국 똑같은 하느님이고, 따라서 이런 모든 신들보다 위에 있는 신, 즉 '하느님 위에 있는 하느님'(God above God)이야말로 모든 종교의 진정한 근거인 동시에 실존적 깊이라는 사실을 강조하였다. 그는 신국(Reich Gottes)이나 열반(Nirvana) 역시 하나의 상징으로 해석한다. 신국은 사회적, 정치적, 인격적인 상징이고, 열반은 존재론적 상징이다.[10] 틸리히에 이르게 되면서 서구의 기독교는 비로소 불교와 대화할 수 있는 가능적인 지평을 확보하게 되었다.[11]

3. 칼 라너: 익명의 그리스도인

기독교인들만이 구원을 받을 수 있는가? 이 물음은 타 종교에 대한 기독교 신앙의 배타적 특징을 여실히 드러내고 있다. 전통적인 기독교 신앙은 오직 기독교 안에서만 구원이 있다고 가르쳤다. 이는 예수 그리스도를 통해서만 구속이 가능하다는 원시교회의 신앙을 바탕으로 한다. 그러나 인간은 누구나 하느님의 자녀이고 신과의 고유한 관계를 가진 존재라고 볼 경우에 기독교를 알지 못하면서도 얼마든지 하느님과 접촉할 수 있다고 생각할 수 있다. 바로 이런 사실에서 칼 라너는

Church History, ed. E.F. Church and T. George, Leiden: E.J. Brill, 1979, p. 189).

10) Tillich, Paul: *Christianity and the Encounter of the World Religions*. pp. 64-65.

11) Tillich, Paul: *Christianity and the Encounter of the World Religions*. pp. 53-75: "A Christian-Buddhist Conversation."

모든 사람이 구원을 받고 진리를 깨닫기 원하시는 하느님의 보편적인 구원 의지를 중시하여 '익명의 그리스도인'(anonyme Christen)이라는 개념에 착안하게 된다.[12]

라너는 하느님의 일반적이고 보편적인 구원 의지가 제약되어서는 안 된다고 생각하였다. 명시적으로 기독교인이 아니라는 이유에서 그가 하느님의 자녀가 아니라거나 하느님의 은총으로부터 제외되었다고 단정하는 것은 잘못이라는 것이다. 하느님은 어떤 사람이 세례를 받았는가의 여부에 의하여 구원을 결정하시지 않는다.

모든 인간은 존재론적으로 하느님과 원천적인 관계를 맺고 있으며, 하느님의 은총과 성화에 참여할 수 있는 가능적인 존재들이다. 그리스도인이나 비그리스도인 모두가 하느님으로부터 지음을 받았으며, 하느님의 은총 가운데 있고, 그리스도교적인 요소들을 가지고 있다. 명시적으로 그리스도인이 아닌 사람들 역시 언제든지 그리스도인이 될 수 있다. 실제로 대부분의 그리스도인들은 그들이 신을 알지 못한 상태에서 전교 받았던 경험을 가진 존재들이다. 그러므로 어떤 사람이 현재 그리스도인이 아니라는 이유에서 그에게 구원이 없다고 말하는 것은 잘못이다. 이러한 사실들은 어떤 사람이 비록 교회에서 세례를 받지 않았고 신앙고백을 하지 않았더라도 익명적으로 그리스도인일 수 있다는 적극적인 해석을 가능하게 한다.

물론 라너가 모든 인간이 익명의 그리스도인이라고 주장하는 것은 아니다. 기독교 밖의 다른 문화권에 살면서도 그리스도적 가치에 준하는 삶을 살아가는 사람들을 생각할 수 있다. 그리스도적인 율법은 모르더라도 도덕적인 양심에 부합되는 삶을 살기 위하여 노력하고 진리

---

12) Rahner, Karl: *Die anonymen Christen*, in: *Schriften zur Theologie* VI, Einsiedeln 1968, S. 545-554.

를 사랑하는 사람이 바로 익명의 그리스도인들이다. 이런 사람들은 기독교적인 기준에서 보면 분명히 그리스도인이 아니지만 하느님의 시각에서 보면 하느님의 존재를 믿고 따르는 사람들로서 영생에 이를 수 있는 하느님의 자녀들인 것이다.

칼 라너의 익명의 그리스도인은 전통적인 가톨릭 교회로 하여금 다른 종교 신앙을 가진 사람들에게 포용할 수 있는 이론적 근거를 제시하였다. 그럼에도 불구하고 그의 이론은 그리스도를 기준으로 하고 있다는 점에서 여전히 기독교 중심적이라고 할 수 있다. 라너는 그리스도야말로 하느님의 은총이 명시적으로 드러나는 동시에 하느님을 향하는 인간의 초월적 지향이 드러나는 곳이라고 생각하였다. 인간에게 받아들여진 하느님의 은총은 곧 그리스도의 은총이며, 이를 통하여 모든 인간은 구원에 이르게 된다. 그리하여 라너는 그리스도를 하느님과 인간이 만나는 공통 지점으로 상정하였다. 그리스도의 은총은 기독교의 역사뿐만 아니라 기독교 밖의 종교사에도 역사하시는 것이다.

그렇다면 라너는 '익명의 그리스도인' 개념을 어디에서 가져왔을까? 그것은 초월인간학적 신학(Transzendental-anthropologische Theologie)에 기반을 두고 있다. 이는 신학의 인간학적 전환을 또 다시 신학의 틀 안으로 끌어들이려는 시도로 이해된다. 포이에르바흐의 인간학적 무신론 사상이 정립된 이후부터 '인간'은 신학의 핵심 개념으로 등장하였다. 그러나 라너는 하이데거의 실존분석을 통하여 세련된 '인간' 개념을 수용하여, 하느님에로 향하는 절대 초월(absolute Transzendenz auf Gott)의 현상과 하느님의 자기전달(Selbstmiteilung des Gottes)로서 은총이 서로 만나는 특별한 공간으로서의 인간상을 수립하였다. 인간은 이제 '말씀을 듣는 자'(Hörer des Wortes)로서 초월적 계시가 드러나는 장소인 동시에 초월적 존재를 지향하는 신앙행위의 주체로 규정되는

것이다. 바로 여기에서 신학의 인간학적 전환(anthropologische Wende)
이 요구된다. 이러한 '익명의 그리스도인' 사상은 칸트의 선험철학을
형이상학적으로 이해하고자 했던 마르샬(Maréchal 1878~1944)의 초월
신학에 기초하고 있다.

마르샬은 칸트의 선험철학적 방법을 가지고 토마스 아퀴나스를 이
해하려고 시도했던 벨기에 출신의 종교철학자이다. 그는 칸트가 선험
철학에서 인식 과정의 가능성을 위한 모든 조건들을 규명하지 않았다
고 지적하면서, 형식 대상에서의 선험적인 것이 개별적 대상행위의 가
능성의 초월적 조건이라고 규정한다.13) 마르샬에게서 착안한 라너의
초월신학은 자기 자신을 계시하는 하느님과 그 계시를 수용하는 인간
사이의 내적 연관성을 규명함으로써 개별적인 신앙의 진술들이 믿음
의 주체들로부터 보다 더 적절하게 파악될 수 있도록 하였다. 초월신
학은 초월적 존재 이해에 바탕을 두고 있다. 본시 초월철학은 인식의
선험적 조건에 대한 비판적 사유를 통하여 인식 주체와 대상 간의 관
계를 규명한다. 라너는 초월적 방법에 의하여 '세계 안의 정신'(Geist
in der Welt)과 '말씀을 듣는 자'(Hörer des Wortes)라는 두 개념을 도출
하였다. 전자가 토마스 아퀴나스를 향하는 반면에 후자는 하이데거를
향하고 있다. 그리고 이 두 사상에서 다루어지고 있는 내용은 바로 인
간이다. 라너는 인간에 의하여 물어지는 것을 통하여 비로소 존재론이
성립된다는 사실을 중시했던 것이다.14)

존재 물음은 필연적으로 인간의 현존재에 속한다. 존재 물음은 인간

---

13) 마르샬의 존재론적 선험주의 사상은 무크(O. Muck)의 저서에서 잘 다루어
져 있다. Muck, O.: *Die transzendentale Methode in der scholastischen Philosophie
der Gegenwart.* Innsbruck 1964.

14) Rahner, Karl: *Hörer des Wortes. Zur Grundlegung einer Religionsphiloso-
phie.* 2. Auflage. Freiburg 1963, S. 42-50.

이 생각하고 말하는 모든 명제에 포함되어 있다. 인간은 생각하고 말함으로써 인간으로서 존재한다. 모든 명제는 특정한 존재자에 관한 진술이고, 이것은 존재 일반에 관한 선험적 요건들에 의하여 가능하게 된다. 그러므로 존재 물음은 인간 자신에 관한 물음이라고 할 수 있으며, 형이상학은 필연적으로 인간 자신에 대한 분석이 된다. 존재에 대한 물음과 존재하는 인간에 대한 물음은 근원적으로 그리고 전적으로 하나의 동일한 물음이다(HW, 53).

존재의 본질은 우리가 존재의 곁에 있음(Beisichsein) 또는 '밝혀짐'(Gelichtetheit)이라는 형태로서 인식하는 것과 인식되는 것이 하나를 이루는 데 있다. 존재와 인식 대상은 동일한 것이며, 존재자의 존재는 바로 그 존재자의 인식 가능성이다(HW, 56). 존재와 인식 대상의 관계는 인간 실존과 그가 초월적으로 지향하는 신 존재에 그대로 적용된다. 기독교적 상황에서 인간의 실존은 원죄의 상태에서 하느님의 은총을 바라는 사실에서 특징적이다. 초자연적 실존은 모든 인간이 실재-존재론적으로 은총을 입고 있다는 사실에서 결정적이며, 이것은 구원에 필요한 초월적 신에 대한 신앙의 존재론적 전제가 된다. 그러나 하느님의 은총을 입고 있으나 그리스도교의 전통으로부터 멀리 떨어져 있는 사람들의 경우는 어떻게 이해되어야 하는가? 여기에서 익명의 그리스도교에 대한 근거 정립의 문제가 제기된다.

라너는 「무신론과 함축적 그리스도교」(Atheismus und impliziertes Christentum)라는 논문에서 익명의 그리스도교는 "한편으로는 의화와 은총의 상태 속에서 생활하지만 다른 한편으로는 아직 복음의 명시적 설교와 접촉하지 않아 스스로 그리스도인이라고 부를 수 있는 상태에 있지 않은 사람의 처지"를 반영하고 있다고 강조하였다.[15]

---

15) Rahner, Karl: *Schriften zur Theologie*, VIII, S. 187-212.

세례 받지 않은 사람의 칭의(稱義)는 본시 하느님에 대한 자기 자신의 실존적인 입장표명을 통하여 이루어진다. 이를 위한 전제는 하느님의 '일반적 구원의지', '객관적 구속', '초자연적 실존', '은총의 지속적인 제공' 등이다. 라너는 인간이 실존적으로 입장을 표명하기 전에 하느님으로부터 부여된 상황을 '실존적인 그리스도교적 상황'(existential christliche Situation)이라고 불렀다(VIII, 188).

결국 라너에게 있어서 그리스도나 그리스도교적 상황은 기독교 신자와 비신자를 구분하기 위한 장치라기보다는 그 두 가지 부류의 인간 모두에게 적용할 수 있는 공통적인 기준을 마련하기 위한 장치에 지나지 않는다. 다시 말하면 그리스도와 그리스도교적 상황은 비기독교인에게도 그대로 적용될 수 있는 방법론적 틀에 지나지 않는다. 그러므로 하느님의 은총은 기독교적 전통의 밖에서 도덕적으로 살아가는 사람들에게도 동일하게 나타난다고 볼 수 있는 정당성을 확보하게 된다. 그리고 이러한 사실의 확인을 통하여 교회는 다른 종교적 신앙을 가진 사람들을 익명의 그리스도인으로 대할 수 있는 것이다.

하느님의 은총은 교회 안에서나 밖에서 동일하게 나타나고 있으며, 가시적인 교회의 밖에서도 세계를 구원하시려는 하느님의 의지가 작용하고 있다고 보아야 한다. 그러므로 우리는 라너에 의하여 새롭게 제안된 '익명의 그리스도교'와 '익명의 그리스도인' 개념을 통하여 그리스도의 은총을 전 세계로 확산시킬 수 있는 것이다.

4. 윌프레드 캔트웰 스미스: 종교의 의미와 목적

캐나다 출신의 종교학자 캔트웰 스미스(Wilfred Cantwell Smith)는 유대인이나 기독교인이나 불교인 모두에게 수용될 수 있는 종교이론을 구축하기 위하여 고심하였다. 기존의 종교 개념에 대한 비판적인 접근을 시도한 것이다. 그는 유대교, 기독교, 이슬람교, 힌두교, 불교, 조로아스터교 등과 같이 자신들의 신앙을 통하여 다른 공동체들과는 구별되는 배타적인 구원을 선포하려는 종교 개념은 원초적인 것이 아니라 근대 이후에야 비로소 생겨난 것이라는 사실을 중시하였다. 이와 같은 종교 관념은 필연적으로 어떤 종교가 가장 참된 종교인가라는 잘못된 물음으로 귀착되기 때문이다.16) 따라서 그는 전통적인 '종교' 개념 대신에 '축적적 전통'(cumulative traditions)과 '신앙'(faith)이라는 개념을 제안하였다.17) 축적적 전통은 사원, 경전, 신학체계, 무용 양식, 법률 또는 그 이외의 사회제도, 관습, 도덕적 규범, 신화 등과 같은 문화적 틀이며, 이는 종교적 공동체의 과거 역사적 삶의 축적물로서 역사적인 접근이 가능한 영역이다. 그러나 신앙은 구체적인 실존의 삶과 연관되는 것으로서, 종교적 체험, 누멘적인 것에 대한 느낌, 사랑, 경외, 희망, 숭배, 헌신과 봉사 등에 대한 생동적이고 내면적인 특성으로 인하여 객관적인 접근이 사실상 불가능한 영역이다.

축적적 전통으로 보면 특정한 종교적 공동체의 공통적인 요소를 파악할 수 있으나, 신앙의 차원에서 보면 심지어 같은 종교적 전통에서조차 동일한 신앙은 찾을 수 없게 된다. 예를 들면 사도 바울과 나가르주나의 신앙만이 다른 것이 아니라, 터툴리아누스, 아베라르두스, 토마스 아퀴나스의 신앙 역시 각각 다르며, 또한 그것들은 폴 틸리히의 신앙과도 다르다. 기독교인으로서의 스미스는 그리스도를 통하여 계시된

---

16) 이에 대해서는 스미스의 『종교의 의미와 목적』에 실린 존 힉의 서문(1978)을 참고할 수 있다. John Hick, Foreword, in Wilfred Cantwell Smith, *The Meaning and End of Religion*. New York 1991(1962), pp. v-xii.

17) Smith, Wilfred Cantwell: *The Meaning and End of Religion*. New York 1991(1962), pp. 156-157.

신의 존재를 신앙하고 있다. 그러나 그는 오직 그리스도만이 구원할 수 있다는 배타주의적 기독론은 기독교의 자비와 모순관계에 있다고 보았다. 물론 기독교인들에게 기독교만이 참된 종교라는 사실은 자명하다. 대부분의 기독교인들은 교회 안에만 구원이 있다고 믿고 있다. 그러나 아직 이해할 수 없는 사실이 있다. 하느님이 온 인류의 하느님이라면 그 분은 왜 이러한 진리를 처음부터 모든 민족에게 제시하지 않고 오직 특정한 민족을 통해서만 드러내었는가라는 의문이 바로 그것이다. 이것은 보편적인 구원의 개념을 무의미하게 만드는 결과를 초래한다.

그와 반대로 스미스는 만일 우리에게 계시된 그리스도가 온 인류를 구원하기 위한 하느님이라는 사실을 정당화하기 위해서는 이슬람이나 불교와 다른 종교들도 생동하며 변화하는 신과 인간의 만남을 추구한다는 것을 받아들여야 한다고 주장하였다. 이를 위해서 기독교 선교는 다른 종교를 가진 사람을 개종시키려고 하기보다는 다른 종교의 신과 인간의 만남에 참여하는 방식으로 변화되어야 할 것이다.

캔트웰 스미스는 '인간의 종교적 다양성' 물음에는 지적, 도덕적, 신학적 문제를 내포되어 있다고 보았다. 지적 또는 학문적으로 과거의 종교집단은 자신이 속한 전통만을 신앙으로 보고, 다른 사람의 종교행위는 미신으로 봄으로써 이 두 영역을 전혀 연관성이 없는 것으로 간주하였다. 따라서 학문적 접근에서도 이 둘은 전혀 다른 원리에 입각하여 이해되는 이분법에 시달려 왔다. 지적 도전이란 합리적이며 통합적인 방식으로 서로 뚜렷이 비교될 수 있고 눈에 띌 만큼 다양한 종교현상 전체를 일관성 있게 이해하려는 것을 뜻한다. 도덕적 문제는 종교간의 대립과 분쟁이 공동체의 분열을 조장하는 데서 제기된다. 과거에는 서로 다른 문명끼리 서로를 무시하거나 싸워왔으며, 아주 드물게 서로 만날 뿐이었다. 그러나 오늘날에는 이들이 서로 만나는데 그치지 않고 상호침투하고 있다. 인간은 이제 종교 및 문화적인 다원성의 세계에서 동반자로서 함께 살아나가야 할 새로운 과제를 배워야 한다.

신학적 차원에서 그리스도의 배타주의는 모든 종교들 사이에서 분란을 조장하는 가장 중심적인 명제이다. 그러나 배타주의는 기독교의 교리 안에서 보더라도 이론적으로 잘못된 것이다. 전통적인 기독교 이론에 의하면 삼위 가운데 하나의 인격, 즉 그리스도가 있을 뿐만 아니라 세 분의 인격, 즉 성부와 성자와 성령이 있기 때문이다. 하느님은 역사 속에서 활동하고 계신다. 우리는 우리의 지식에 의하여 구원받는 것이 아니다. 우리는 교회의 구성원이라는 자격 때문에 구원받는 것이 아니다. 우리는 우리의 어떤 행위에 의하여 구원받는 것이 아니다. 우리는 오히려 우리를 구원할 수 있는 유일한 것, 하느님의 고뇌와 사랑에 의해서 구원을 받는다. 하느님이 어떻게 다른 사람들의 삶을 다루고, 삶 속에서 행동하시는지 우리는 궁극적으로 자신 있게 알 방도가 없기 때문에 최종적인 결론을 내릴 수 없으며, 적어도 그러한 고뇌와 사랑에 한계를 설정하는데 있어서는 신중해야 한다. 우리가 하느님의 행위를 감지할 수 있는 한, 우리가 알고 있는 하느님은 세상 모든 곳에 있는 사람들에게 사랑의 손을 뻗치시며, 그분의 음성을 들으려는 모든 사람에게 말씀하신다. 인간은 교회 안에서나 밖에서나 그분의 음성을 너무나 도 희미하게 경청하고 있다. 그러나 우리가 아는 한 하느님은 어떤 방법으로든 인간의 마음속에 들어가 거주하신다.[18)]

캔트웰 스미스의 테제는 다음과 같이 한마디로 정리할 수 있다: "전통들은 진화하고, 신앙은 다르게 나타나지만, 하느님은 지속적으로 존재

---

18) Smith, Wilfred Cantwell: *Patterns of Faith around the World.* Oxford 1962, pp. 121-145.

한다"(The traditions evolve. Man's faith varies. God endures).[19]

5. 존 힉: 영원한 일자

존 힉(John Hick 1922~)은 캔트웰 스미스와 매우 유사한 입장을 가지고 있다. 그는 우리가 알고 있는 수많은 종교들에서 저마다 궁극적인 최고 실재를 믿고 있다는 사실을 인정한다. 그리고 그 각각의 최고 실재들은 제각기 하느님의 다른 이름이라는 사실을 강조한다. 하느님은 많은 이름을 가지고 있다는 것이다. 그러므로 저마다의 종교에서 추앙되고 있는 신들은 우리가 생각하는 최고 존재자의 서로 다른 이름이라고 할 수 있다. 다만 그는 어느 특정한 종교의 신 개념에서 탈피하기 위하여 모든 종교들에게 공통적으로 적용할 수 있는 새로운 개념, 즉 '영원한 일자'라는 신 개념을 제안하였다. 그러나 이 개념 역시 불교와 같이 신적 표상을 부정하는 종교들에게는 여전히 적절하지 않다는 반응을 극복해야 하는 과제를 안고 있다.

힉은 칸트주의로부터 그의 논의를 시작하고 있다. 칸트가 이론적 지식의 영역에서 인식될 수 없다고 못 박았던 초월적 이념(영혼, 세계, 신)을 도덕적 실천의 가능성 조건을 위한 명제로 요청한 사실을 중시하였던 힉은 신의 개념은 다양한 인간의 문화적 상황에 의하여 특별한 하느님의 형상으로 드러나게 되며, 그 때문에 이스라엘의 하느님이나 알라신, 주 예수 그리스도의 아버지나 비쉬누에 대한 체험이 가능하게 된다고 보았다.[20] 어떤 사람이 어떤 특정한 신앙을 갖게 되는 것은 그

---

19) Smith, Wilfred Cantwell: *The Meaning and End of Religion*, New York 1991(1962), p. 192.

20) Hick, John: *God has many names*. The Westminster Press, Philadelphia, Pennsylvania 1980, pp. 103-107.

사람의 출생지에 의하여 결정되는 경향성이 있으며, 따라서 하느님의 보편적인 사랑과 구원은 어느 특정한 시간과 공간과 민족에만 한정되지 않는다고 주장하였다.[21)]

힉의 종교철학적 관심은 우선 "교회 외부에는 구원이 없다"(Extra ecclesiam nulla salus)[22)]라는 전통적인 기독교의 구원관을 극복하는 데 있었다. 힉의 관심은 유대교의 아도나이(the Adonai of Judaism), 예수 그리스도의 아버지(the Father of Jesus Christ), 이슬람의 알라(the Allah of Islam), 유신론적 힌두이즘의 크리쉬나와 쉬바(the Krishna and the Shiva of theistic Hinduism), 아드바이타 힌두이즘의 브라흐만(the Brahman of advaitic Hinduism), 대승불교의 법신 혹은 공(the Dharmakaya or the Sunyata of Mahayana Buddhism), 그리고 소승불교의 열반(the Nirvana of Theravada Buddhism)을 한꺼번에 지칭할 수 있는 새로운 용어를 찾는 데 있었다.[23)]

힉은 유신론적 종교형태에 속하는 하느님(God) 또는 '인격적 존재로서의 영원한 일자'(the Eternal One as personal)와, 무신론적 종교형태에 속하는 절대자(the Absolute) 또는 '비인격적 존재로서의 영원한 일자'(the Eternal One as nonpersonal)의 개념을 동시에 함축할 수 있는 '영원한 일자'(the Eternal One)라는 새로운 절대자 개념을 제안하였다.[24)] 이 개념은 플로티노스의 '일자'(the One), 우파니샤드의 '불이일자'(不二一者, the One without a second)나 신비주의 전통에서의 '표현할 수 없는 일자'(ineffable One)뿐만 아니라 이스라엘이나 고대 인도에서의 '거룩한

---

21) Hick, John: *God and the Universe of Faiths.* New York 1973, p. 104.
22) 이것은 "나를 통하지 않고서는 아무도 아버지께로 갈 수 없다"(「요한복음」14: 6), "다른 누구에도 구원은 없다. 천하 인간에 주어진 이름 가운데 우리를 구원할 수 있는 다른 이름은 없다"(「사도행전」 4: 12)는 등, 그리스도 중심적인 구원관으로부터 비롯되었다.
23) Hick: *God has many names*, p. 24.
24) Hick: *God has many names*, p. 42.

일자'(the Holy One)를 모두 담아낼 수 있다.

"인간이 어떤 길을 택하든 그것은 나에게로 이르는 길이다"(바가바드기타). 이 말은 힉의 종교적 입장을 가장 잘 대변해주고 있다. 그에 의하면 신앙의 우주는 신을 중심으로 있는 것이지, 기독교나 다른 어떤 종교를 중심으로 있는 것이 아니다. 신은 상이한 문명들 속에서 성찰되었기 때문에 상이한 계시와 종교를 통하여 현현하는 것이다. 상이한 문화와 역사 속에서 서로 다른 계시들이 나타날지라도 어디까지나 하나의 신이 인간의 정신 속에 자신의 존재를 각인시키면서 역사하고 있는 것이다.[25] 이렇게 보면 신은 많은 이름을 가지고 있지만 결국 하나의 존재에 지나지 않는다. 바로 이 점에서 힉의 종교철학은 폴 틸리히의 존재신학을 발전시킨 것이라고 볼 수 있다. 물론 그는 틸리히의 기독교 중심주의적 입장에서는 크게 벗어나고 있다. 존 힉은 신의 개념을 어떤 특정한 인격적 신성의 규정이 아니라 다양한 형태의 종교적 경험을 통하여 다양하게 인식되는 무한한 실재로 파악하고 있다.

6. 라이문도 파니카: 힌두교에서 미지의 그리스도

인도출신의 가톨릭 종교신학자인 파니카(Raimundo Panikkar 1918~)는 하나 이상의 종교에 신성한 종교적 진리가 존재한다는 사실을 보여주고자 하였다. 힌두교인 기독교에서 진리를 발견하였을 때 그것은 힌두교적으로 채색된 힌두교의 진리이며, 그 반대로 기독교인이 힌두교에서

---

25) Hick: *God and the Universe of Faiths*, p. 105: "하느님의 사랑이 범위에서 보편적이라면 그분은 인류에 대한 구원의 만남을 제한하지 않을 것이다. 그리고 하느님이 전 세계의 하느님이라면 우리는 인류의 모든 종교생활이 그 분에 대한 인간의 지속적이고 보편적인 관계의 일부분임을 깨달아야 한다."

진리를 발견하였을 때 그것은 기독교적으로 채색된 진리라는 것이다. 그는 이 두 종교간의 대화를 통하여 동화(assimilation)나 대체(substitution)가 아닌 상호교접(mutual fecundation)의 관계가 형성될 수 있다고 보았다. 모든 종교가 추구하는 신성한 신비는 기독교의 그리스도, 힌두교의 베다, 불교의 다르마 등으로 현현하지만, 사람들은 서로 다른 문화 역사적 스펙트럼을 가지고 그들만의 신비체를 바라보게 된다는 것이다.

파니카는 "그리스도가 세계의 구속주이며 그리스도를 통하지 않고는 구원이 없다"는 절대성에 대한 배타적 주장과 "하느님은 구원에 대한 보편적 의지를 갖고 계시다"는 포괄적인 구원 가능성에 대한 주장이 모순되지 않는다고 보았다. 예를 들면 힌두교는 그리스도를 통하여 하느님의 구원 계획을 일반화하는 계기, 즉 '가능적인 기독교'로써 기능하는 것이다.[26] 따라서 기독교인들만이 그리스도에 대한 신앙을 독점할 수 없다. 다른 종교들 가운데서도 그리스도가 현현하기 때문이다. 그리스도는 단순히 기독교의 세계에서 나타나는 특수한 사건이 아니라 진정한 의미에서 종교적 경험의 상징이고 인격적 범주인 동시에 보편적인 구속을 가능하게 하는 우주신인론적 원리의 주체인 것이다. 이로써 모든 종교 안에 나타나는 그리스도는 실재의 신적, 인간적, 우주적 지평이 합일되는 신비의 상징으로 된다. 이것이 바로 '그리스도 현현론'의 골자이다.[27]

힌두교 안에서도 역시 '미지의 그리스도'(unbekannte Christus)가 살

---

26) Panikkar, Raimundo: *Der unbekannte Christus im Hinduismus.* Mainz 1990 (1986).

27) 파니카의 종교신학에 대하여는 필자와 동명이인인 김진(목사)의 논문 「라이문도 파니카 종교신학의 기독론」, 『한국 종교문화와 문화신학』(한들, 서울 1998) 214-244쪽과, 『피할 수 없는 만남, 종교간의 대화: 파니카의 종교신학』(한들, 서울 1999)을 참조할 수 있다.

아 움직이고 있다. 세계는 그리스도로부터 비롯되어 다시 그에게로 되돌아가고, 그것을 통하여 세계는 유지되는 것이다. 그것은 일차적으로 침묵하는 신성이거나, 일종의 접근할 수 없는 브라만이거나 아버지이신 하느님이나 또는 모든 신성의 원천이 아니라, 참된 이스바라, 아들 하느님, 로고스, 그리스도인 것이다. 우주신인론(Kosmotheandrismus)은 신적인 것(das Göttliche), 인간적인 것(das Menschliche), 우주적인 것(das Kosmische)이라는 세 가지 지평의 역동적인 관계성에서 파악된 것이다. 그리하여 그리스도는 한 종교를 세우기 위하여 오신 것도 아니고, 새로운 종교를 세우기 위하여 오신 것도 아니며, 모든 의를 완성하고(「마태복음」 3:15) 세상의 모든 종교를 완성하시기 위하여 오신 것이다.[28]

쿠자누스에서 파니카에 이르는 동안에 우리는 각각의 종교들이 추구하는 절대자의 이름들이 매우 다양하다는 사실과, 그리고 그것들의 공통적인 토대근거를 마련하려는 부단한 노력을 통하여 서로 다른 종교들 사이의 대화를 추진하려고 했던 사실을 알게 되었다. 틸리히가 규정한 것처럼 존재의 근기(the ground of being)가 되는 신, 즉 '하느님 위의 하느님' 또는 '깊이의 하느님', 그리고 존 힉이 살핀 것처럼 모든 종교에서 공통적으로 승인할 수 있는 새로운 보편자 개념으로서 '영원한 일자' 등처럼, 최고 존재자들의 다양한 표상들에 대한 공통 근거를 제안함으로써 해결하는 시도가 있었다. 그러나 다른 한편으로는 칼 라너나 캔트웰 스미스, 그리고 파니카가 시도한 것처럼 신앙의 공통 근

---

28) J. Neuer ed., 『그리스도교 계시와 세계종교』, 1967, 168쪽 이하; 변선환, 「레이몬드 파니카와 힌두교인-기독교인 사이의 대화」, 『종교간 대화와 아시아신학』, 한국신학연구소, 천안 1996, 137쪽에서 재인용.

거를 확보함으로써 종교간의 대화를 가능하게 하려는 노력이 있었다. 특히 파니카의 경우에 모든 존재신학의 원초적 토대가 되는 우주적 신인으로서의 그리스도에 의하여 존재론적 차이를 극복하려는 시도가 특징적이다.

✿ 제5장 ✿ 칸트: 초월적 이상과 요청

1. 초월적 이념으로서의 신

칸트가 순수 이성 비판이라는 거대한 기획을 통하여 새롭게 제시한 신 개념은 순수이성의 초월적인 대상 개념들 중의 하나로서 초월적 이념(transzendentale Idee)이다. 이는 적어도 그의 이론이성 비판에서 제시한 신 개념의 한 축을 이룬다. 다시 말하면 우리가 신 존재를 이론적 방식으로 다루고자 할 경우에 우리에게 주어진 인식 능력으로는 지식적으로 접근하거나 파악할 수 없는 개념이라는 것이다. 칸트에 의하면 최고 존재자가 존재한다는 주장에 대하여 인간의 이성은 무능력할 수밖에 없으며, 그것은 또한 필연적으로 모든 반대 주장의 부당성을 증명하기에 충분하다고 본다.[1] 따라서 칸트에 의하면 신의 존재를 주장하는 유신론자들이나 신의 존재를 부정하는 무신론자들 모두 인간의 인식 능력이 신 개념에 미치지 못한다는 사실을 감안하지 못한 잘못을 범하였다.

물론 칸트 역시 신 개념을 이성의 사변적 사용에 있어서의 최고 존재자, 즉 모든 인간적 인식의 마지막과 절정을 이루는 개념으로서 어떤 결함도 없는 '이상'(das Ideal)으로 규정하고 있다. 그러나 안셀무스

---

1) Kant, Immanuel: *Kritik der reinen Vernunft*, Riga 1781(A), 1787(B), S. B669.

와 데카르트처럼 존재론적 논증을 통하여 신의 존재를 입증할 수 있다고 보지 않는 사실에서 차별화 된다. 칸트는 신 개념의 객관적 실재성은 결코 이론적으로는 증명될 수도 없고 동시에 반박될 수도 없다는 것을 분명히 하고 있다(*KdrV*, B669).

그렇다면 왜 칸트는 우리의 이성이 신의 존재를 인식하는데 전혀 도움을 줄 수 없다고 생각했던 것일까? 그 결정적인 이유는 칸트 자신의 이성 이해와 연관되어 있다. 칸트에 의하면 "이성은 결코 대상에 직접적으로 관계를 갖는 것이 아니라 오로지 오성에만 관계를 갖는 것이며, 그리고 오성을 통해서 이성 그 자체의 경험적 사용에 관계를 갖는 것이다. 그러므로 이성은 (객관에 대한) 하등의 개념을 만들어주는 것이 아니라, 다만 개념을 정돈하고 개념에 통일성을 부여한다"(*KdrV*, B671). 이성이 하는 주요 업무는 오성의 작업에 대하여 개념적 통일성을 부여하는 일인 것이다.

그러나 이성은 작업 활동 중에 마치 자신이 다루어야 할 대상이 존재하는 것처럼 착각하는 일을 당하게 된다. "오성이 어떤 목표를 지향하는 한에서 오성의 모든 규칙의 방향선은 어느 한 점으로 모아지게 된다. 이 점은 물론 하나의 이념으로서 상상의 초점(focus imaginarius)에 불과하며, 오성 개념이 가능한 경험의 한계 밖에 있기 때문에 실제로 오성이 그 점에서 출발하는 것은 아니지만, 그럼에도 불구하고 그것은 오성 개념에 최대의 통일성과 최대의 외연을 마련하여 준다. 그런데 여기서 이 방향선이 가능한 경험적 가능한 경험적 인식의 영역 밖에 있는 대상 그 자체로부터 발산되는 것과 같은 (마치 객체가 거울의 저편에 있는 것처럼 보이듯이) 착각이 발생한다(*KdrV*, B672). 그러나 이성에게 나타나는 대상 개념들에 대하여 이성 그 자체는 어떤 인식도 산출하지 못하지만, 그것들은 오성 활동에 통일성을 부여하는 역할을 한다.

칸트는 이러한 이념적 대상을 전제하는 경우에만 인식의 체계적 통일을 생각할 수 있다고 보았으며, 그의 생각을 "사변적 이성에서의 모든 이념의 초월적 연역"으로 정당화 하였다(*KdrV*, B699). 물론 칸트가 여기에서 얻은 이성의 대상 개념, 즉 이념은 구성적인 차원의 것이 아니고 철저하게 이성 사용의 규제적 원리에 의하여 통제된다. 이러한 이념에는 세 가지 형태가 있다. 영혼, 세계, 신이 바로 그것이다.

첫 번째의 이념은 사고하는 자연(마음)으로서의 나 자신이다. 만일 사고하는 존재자 그 자체가 가지고 있는 실존적 특성을 탐구하고자 할 경우에 우리는 경험에 의존할 수밖에 없을 것이다. 이 경우에 심리학(영혼론)에서는 내적 경험을 출발점으로 하여 심성의 모든 현상들, 즉 그 활동과 감수성이 마치 인격적 동일성을 가지고 지속적으로 실존하는 단순실체에 속하는 것으로 파악하고, 그 실체의 연속적인 변화를 나타내고 있는 것처럼 생각하게 된다. 따라서 우리는 마음의 모든 현상들이 이 실체에 속한 것이라는 통일적인 표상을 갖게 되는 것이다. 그러나 이처럼 마음의 특성을 드러내는 현실적인 근거가 되는 실체 존재는 경험적으로 접근하고 파악할 수 있는 대상이 아니라 마음의 현상에 관한 체계적인 이성 사용이라는 측면에서 규제적 원리의 한계 안에서만 상정될 수 있는 것이다(*KdrV*, B710-712). 그러므로 이성은 영혼의 발생과 소멸, 그리고 재생 등의 문제에 대하여는 어떤 인식 주장도 할 수 없다.

두 번째의 이념은 세계 개념 일반이다. 우리에게 본래부터 주어진 객체로서의 자연에 대해서도 역시 이성은 규제적 원리에 따라야 한다. 자연에는 사고적 자연과 물체적 자연이 있으며, 전자의 경우는 첫 번째 이념과 관련된다. 그러나 후자의 경우는 감성적 직관에 의하여 우리가 접할 수 있는 특성을 가지고 있다. 그러나 순수이성은 물체적 자연에서 각각의 사물 대상들에 대하여 경험적인 표상을 가질 수 있으나, 그 각각의 경험사실들을 자연 일반과 자연의 보편원리에 입각하여 통일적으로 정돈할 수 있는 조건들의 완전성에 대해서는 어떤 정보도 가지고 있지 않다. 우주론에서 우리는 내적, 외적 자연 현상의 조건들이 마치 그 자체에 있어서 무한한 계열이나 또는 현상의 계열을 넘어선 가상적인 원인에까지 연결되어 있는 것으로 상정하게 되는 사태에 직면하게 되지만, 이성은 그 확실한 근거를 알지 못하기 때문에 그것은 단지 이성의 이념으로 생각될 수 있을 뿐이다. 이를테면 우리가 그속에서 자연사물에 대한 경험활동을 하고 있는 세계 그 자체가 유한한가 무한한가, 시작과 종말이 있는가 그렇지 않은가 등에 대해서 우리는 구성적인 지식을 가질 수 없으며, 오직 이성의 규제적 원리의 통제 하에서만 세계(자유)의 이념을 생각할 수 있다(*KdrV*, B712-713).

세 번째의 이념은 신의 존재에 대한 이성개념이다. 우리는 우주론적 계열에서 유일하고 보편적인 최고원인으로서 신의 존재를 생각할 수 있다. 신의 이념은 우리로 하여금 이 세계의 모든 결합을 체계적 통일의 원리에 의하여 고찰할 수 있게 하고 각각의 사태들이 최고의 보편적인 원인에서 비롯되었다는 사실을 보증할 수 있게 한다. 우리는 신학에 있어서 언제나 가능한 경험의 연관 중에 속할 수 있는 모든 것이 마치 절대적이고, 자기 충족적이며, 독립적이고, 근원적이고, 창조적인 최고의 지성적 근거에 의존함으로써 감성계 내부에서 규정된 통일체를 이루고 있다고 전제한다(*KdrV*, B700f). 그러나 이러한 이성적 존재자(ens rationis ratiocinatae)는 오성의 개념에 의해서는 결코 도달할 수 없으므로 하나의 이념에 지나지 않으며, 절대적으로 그리고 그 자체에 있어서 현실적인 그 무엇이라고 인정될 수 있는 것이 아니다. 그것은 감성계에 속하는 모든 사물들의 총체적 연결 근거가 마치 이런 이성 존재자에게 있는 것처럼 생각하기 위해서 필요한 것이다.

그러므로 칸트에서의 신 개념은 영혼과 세계와 더불어 이성이 통일적이고 체계적으로 사유할 수 있기 위해서 필연적으로 전제할 수밖에 없는 초월적 이념인 것이다.

2. 순수이성의 이상 : 비판철학적 신 개념

그 세 가지 초월적 이념들 가운데서 신 개념을 칸트는 특별히 '초월적 이상'(das transzendentale Ideal)이라고 불렀다. 우리는 이제 이 개념이 칸트의 비판철학에서 어떤 위상을 가지고 있는가를 살펴보게 될 것이다.

칸트는 『순수이성비판』의 「선험적 원리론」 제3장에서 "인간 이성의 자연적 변증성의 궁극적 의도"를 다루고 있는데, 여기에서 그는 신의 이념을 목적론적으로 접근하려고 시도하였다(*KdrV*, B713f). 앞에서 다룬 것처럼 순수이성의 세 번째 이념, 즉 모든 우주론적 계열의 유일하면서도 보편적인 원인으로서의 한 존재자를 다만 관계적으로 예상하는 이념은 바로 신에 관한 이성 개념이다(*KdrV*, B713). 그것은 바로 '최고의 예지자'에 관한 개념이다. 이성은 이 세계의 모든 결합을 최고의 보편적인 원인, 즉 최고 예지자로부터 발현한 것처럼 보이는 체계적 통일의 원리에 의하여 고찰하려는 성향이 있다.

사물들 또는 자연의 합목적적 통일성은 이성 개념으로부터만 기인하는 최고의 형식적 통일이다. 자연에 합목적적인 의지가 있는가의 문제는 경험적으로 논증될 수 있는 성격의 것이 아니다. 이성의 사변적 관심은 세계내의 모든 질서가 마치 최고 이성의 의도로부터 필연적으로 나온 것처럼 보이게 한다. 이런 원리는 경험의 영역에만 적용되고 있는 우리의 이성에게 목적론적 법칙에 따라 세계의 사물을 연결시킴으로써 최대의 체계적 통일에 도달할 수 있도록 한다. 그리하여 세계 전체의 유일한 근본원인으로서의 최고예지자의 가정은 이성이 그것을 이념으로만 가정하고 또한 규제적 원리로서만 사용한다면 체계적 지식을 구축하는데 유용할 수 있다.

우리는 자연에서 '기계론적 물리적 연관성'(nexus effectivus)을 발견할 수는 있었으나, '목적론적 연관성'(nexus finalis)을 증명하지는 못하였다. 그러나 우리는 자연 조직이 어떤 특정한 목적을 갖고 있지 않다고 증명하는 것도 불가능하다는 사실을 잘 알고 있다. 그러므로 최고의 세계 원인, 최고 예지자를 합목적적 인과성이라는 이념에 의하여 이 세계에서 가장 현명한 의도를 가진 존재자로 생각함으로써 자연에서의 최대의 체계적 통일성을 구축하려는 이런 시도 자체는 철저하게 이성의 규제적 원리에 의하여 제약되어야 한다(*KdrV*, B716f). 그러나 만일 이러한 최고 존재자를 규제적 원리가 아닌 구성적 원리로 받아들이게 되면 '이성의 태만'(ignava ratio, *KdrV*, B717)이나 '이성의 전도'(perversa ratio, *KdrV*, B720)라는 사태에 부딪히게 된다. 모든 독단주의적 태도는 이성으로 하여금 자신의 과제를 완수한 것처럼 여기게 함으로써 태만에 빠지게 하거나 또는 이성 자신의 한계를 넘어서게 함으로써 이성의 고유성을 부정하게 된다.

최고 예지자의 근거를 자연신학적 체계 속에서 찾으려는 것도 이와 비슷한 결과를 초래하게 된다. 다시 말하면 원인이 물질에 관한 기계론의 일반법칙 중에서 탐구되지 않고 최고 지혜의 불가사의한 결의에서 기인된다고 생각하게 되면 이성의 노력은 이미 끝난 것이나 다름없을 것이다. 그리하여 칸트는 목적론적 연결의 체계적 통일을 규제적 원리로 설정함으로써, 경험에 관한 이성 사용에서는 반드시 물리적 기계론적 연결을 탐구할 수 있게 하였다. 또한 동시에 보편적 법칙에 의하여 자연의 통일을 보완해야 할 목적론이 최고 존재자를 구성적으로 주장하게 될 경우에, 그것은 오히려 자연의 통일을 파기하는 방향으로 기울어지게 한다. 자연의 통일은 사물의 본성과는 전혀 관계가 없고 우연적이기 때문에 자연의 보편적인 법칙에 의하여 인식될 수 없다. 그러므로 자연 통일의 전제 근거로서 최고 존재자를 구성적으로 주장하게 되면, 우리는 먼저 증명되어야 할 것을 전제하게 되는 잘못된 순환논증에 빠지게 된다.

이성의 대상 개념으로서 초월적 이념은 어떤 구체적인 대상 개념을 제공하는 것이 아니기 때문에 구성적으로 사용되는 것이 아니며 규제적으로만 사용되어야 한다. 이를 다시 정리하면 다음과 같다. 칸트는 우선 세계질서와 보편적 법칙에 따르도록 규정하는 어떤 근거가 있는가에 대하여 '현상의 총체'로서 세계를 전제하고 있다. 그것은 오직 선험적인 순수 오성에 의해서만 사고될 수 있는 근거이다. 그것이 실재성을 가지고 있으며, 필연적이고, 어떤 성질을 가진 실체인가라고 물음에 대하여 칸트는 그 물음 자체가 무의미하다고 내답하였다. 왜냐하면 그러한 대상의 개념은 감성계에 적용되지 않으며, 따라서 오성의 범주 사용에 의하여 전혀 포착될 수 없기 때문이다. 경험의 범주 밖에서 그것들은 모두 개념의 명칭에 불과하며, 그것만으로는 아무것도 이해되지 않는다. 그러나 칸트는 우리가 적어도 세계와 구별되는 이 존재자를 경험의 대상과의 유추에 의하여 사고할 수 있는가에 대해서는 긍정적으로 답변하였다. 다만 그것은 이념의 대상으로만 사고할 수 있다는 것을 뜻하며, 실재의 대상으로 사고할 수 있다는 것은 아니다. 그것은 세계 조직의 체계적 통일, 질서 그리고 미지의 합목적성의 기체인 한에서만 사고될 수 있으며, 이성은 그것을 자연 연구의 규제적 원리로 삼을 수 있을 뿐이다(*KdrV*, B724f). 이처럼 자연의 합목적성을 단초로 하여 접근할 수 있었던 '초월적 이상'으로서의 신 개념은 칸트의 다음 물음 속에서 그 취지가 분명하게 드러나고 있다: "우리는 유일하고 전지전능한 세계창조자를 받아들일 수 있는가?(라고 묻는 사람이 있을 것이다). 전혀 의심할 여지가 없다. 그리고 뿐만 아니라 도리어 우리는 그러한 세계창조자를 전제하지 않으면 안 된다"(*KdrV*, B725f). 칸트에서의 신은 존재의 문제가 아니라 전제, 가정, 요구의 문제였던 것이다. 따라서 칸트의 신 개념은 이론적 지식을 체계적으로 가능하게 하는 요구적 전제라는 측면을 가지고 있다.

3. 최고선의 이상과 신비적 단체

칸트는『순수이성비판』의「선험적 방법론」제2장 "순수이성의 규준"에서 순수이성의 궁극목적을 규정 하는 근거가 되는 '최고선의 이상'을 다루고 있다(*KdrV*, B832f).『순수이성비판』에서 칸트는 신 개념 자체를 도덕적 실천과의 연관성 속에서 '최고선의 이상'으로 설정하고 있다. 그러나 최고선의 개념은『실천이성비판』에서 개념적으로 상당한 변화를 겪게 된다.

그렇다면 칸트는 최고선의 문제를 어떻게 이해하고 있는가? 이 물음은 칸트의 희망 개념과 긴밀한 연관성이 있다. 칸트는 "나는 무엇을 희망해도 좋은가?"(Was darf ich hoffen?)라는 물음에서 종교철학과 희망의 문제를 주제화 하고 있다. 칸트는 희망과 실천적인 것 또는 도덕법과의 관계를 물에 대한 이론적 인식에 대한 지식과 자연법칙의 관계와 동일하게 파악한다. 희망은 궁극적으로 인간의 행복과 관련된 것이다. 칸트는 도덕적 행위와 관련하여 행복(Glückseligkeit)을 행복할 가치가 있음(Glückwürdigkeit)과 구분한다. 행복은 우리가 추구하는 모든 성향의 만족을 말한다. 그리고 이와 직접적으로 관련된 실천적 법칙은 실용적인 '영리의 규칙'이며, 우리가 경험적으로 행복하기를 원하는 경우에 무엇을 할 것인가를 지시해준다. 왜냐하면 경험을 매개하지 않으면 자신이 어떤 성향이 만족되기를 바라는지, 그리고 어떤 자연 원인이 만족을 줄 수 있는가를 알지 못하기 때문이다.

칸트에 의하면 행복에의 유가치성, 즉 행복할만한 가치가 있는 것을 동기로 취하는 것은 오직 도덕법뿐이다. 도덕법은 우리가 행복할 가치를 누리기 위해서 마땅히 어떻게 행동할 것인가를 명령한다. 그러나 이 경우에 도덕법의 요구가 행복할 가치와 결합되기 위해서는 도덕법 스스로 어떤 특정한 성향이나 혹은 이를 만족시킬 수 있는 자연수단을 추상하고, 오직 이성적 존재자 일반의 자유가 행복의 분배와 원리적으로 합치할 수 있는 필연적 조건을 고려하지 않으면 안 될 것이다(Vgl. *KdrV*, B834). 다시 말하면 도덕법 스스로 절대적으로 명령하고 있기 때문에 '도덕적 사용에서 경험의 가능성 원리', 즉 '인류의 역사상에서 발견될 수 있는 도덕적 규칙에 적합한 행동의 원리'를 포함하지 않으면 안 된다. 그것은 이성이 도덕적 행위에 대하여 마땅히 일어나야 한다고 명령하기 때문에 그렇게 되지 않을 수 없다는 논리 구조를 갖추게 된다. 그러나 이러한 일이 가능하기 위해서는 자연에서의 인과적 통일성 이외에 또 하나의 특수한 체계적 통일, 즉 도덕적 통일이 가능하지 않으면 안 된다. 그러나 이성의 사변적 원리에 의하여 체계적 자연 통일이 증명될 수 없다는 문제가 제기된다. 이성은 자유 일반에 대해서는 인과성을 가지지만 전 자연에 대해서는 인과성을 갖지 않으며, 도덕적인 이성 원리는 자유행동을 산출하지만 자연법칙을 산출할 수는 없기 때문이다(*KdrV*, B835). 한마디로 순수이성의 사변적 사용과 도덕적 사용 사이에서는 구조상이성(Strukturdifferenz)이 자리하고 있으며, 그 때문에 행복할 가치가 있는 것을 요구하는 도덕법과 경험적으로 충족되어야 하는 행복의 관계에서도 동일한 문제가 발생한다.

이러한 문제를 해소하기 위하여 칸트가 『순수이성비판』에서 상정하고 있는 세계가 바로 '도덕적 세계'(moralische Welt) 개념이다. 칸트는 이러한 도덕적 세계를 자유의 체계인 가상계라고 규정하고 자연으로서의 감성계와 대비시키고 있다. 그리고 예지적 세계에서의 목적의 체계적 통일은 전체 만물의 합목적적 통일을 이루게 된다. 그리하여 목적의 체계적 통일은 보편적 필연적 도덕법에 의거하고 만물의 합목적적 통일은 보편적 자연법칙에 의거함으로써, 목적의 체계적 통일은 실천이성을 사변이성과 결합시킨다(*KdrV*, B843f). 그러나 이러한 원리들은 언제나 내재적 또는 규제적으로만 사용되어야 한다.

그러나 칸트가 말하는 도덕법과 합치된 세계는 하나의 가상적 세계 이념 또는 실천적 이념으로서 세계를 가능한 한 이 이념에 합치하도록 하기 위하여 감성계에 그 영향을 줄 수도 있고, 또 마땅히 주어야 하는 것이다. 물론 칸트는 지성적 직관과 대응한다는 의미에서가 아니고 그 실천적 사용에 있어서 도덕적 세계 이념의 객관적 실재성을 요구한다 (*KdrV*, B836). 이러한 요구는 그의 종교철학에서는 대단히 구체적이고도 발전적으로 논의되고 있다. 이성적 존재자의 자유의지가 도덕법 아래에서 자기 자신의 자유와 다른 모든 사람들의 자유와 전반적 체계적 통일을 이루게 될 경우에 도덕적 세계는 감성계에서의 이성적 존재자의 '신비적 단체'(corpus misticum)가 된다(*KdrV*, B836). 이러한 개념 구상은 역시 그의 종교철학에서 지상에 하느님의 나라를 무한하게 실현하기 위하여 노력하는 '불가시적 교회' 개념으로 구체화된다.

이와 같은 도덕적 세계는 필연적으로 '도덕성과 비례적으로 결합된 행복의 체계'로서 설계되지 않으면 안 될 것이다(*KdrV*, B837). 다시 말하면 행복을 누리려는 희망과 행복을 누릴 가치를 이루기 위한 부단한 정진과의 필연적 연결은 자연을 근거로 하는 동시에, 도덕법을 의무로서 이행할 것을 명령하는 최고이성이 동시에 원인으로서 자연의 근저에 놓이는 경우에만 희망할 수 있다(*KdrV*, B838). 이처럼 칸트는 "도덕적으로 가장 완전한 의지가 세상의 모든 행복의 원인인 최고의 정복과 결부한 그런 지성의 이념이 도덕법(행복할 가치)과 긴밀한 관계를 가졌을 경우에 그것을 최고선의 이상"(das Ideal des höchsten Guts)이라고 부른다(*KdrV*, B838).

칸트에 의하면 도덕성은 그 자체가 하나의 체계를 구성한다(*KdrV*, B839). 그러나 행복은 그것이 도덕성에 부합하게 주어지지 않는 한에서 그 자체적으로 체계를 구성하지 못한다. 이성은 가상적 세계에서의 전지한 창조자와 지배자나 그런 세계에서의 생존을 상정하거나, 그렇지 않으면 도덕법을 공허한 망상이라고 볼 수밖에 없을 것이다(*KdrV*, B839). 그러므로 신과 내세적 희망의 세계가 없으면 도덕의 이념은 찬사와 탄복의 대상은 될 수 있을지 몰라도 기도와 실행의 대상은 되지 못한다(*KdrV*, B841). 감성계 안에서 사물들을 지배하는 원리는 내세적 세계에서 우리가 희망하는 목적들의 체계적 통일을 약속하지 않는다. 그와 같은 희망 내용들은 근원적 최고선의 전제 이외에 어떤 다른 것에도 근거를 두고 있지 않으므로 가상적 세계에 지나지 않으며 실재성을 담보하고 있지 않다.

칸트의 도덕신학은 사변적 신학이 우리에게 보여주지 못하는 근본적 존재자, 즉 유일하고 가장 완전한 이성적인 근본적 존재자의 문제를 다시 유효한 것으로 요구하려고 한다. 선험적 신학이나 자연신학에서는 이성이 유일한 존재자를 상정할 어떤 근거나 이유도 가질 수 없었다. 그러나 칸트는 도덕적 통일의 관점에서 이 법칙에 적당한 효력과 구속력을 부여함으로써 모든 자연원인들을 종속시킬 수 있는 최상의 유일존재자를 상정할 필요에 직면하게 된 것이다. 그는 이러한 최상의 의지를 전제하지 않고서는 여러 의지들 가운데서 목적을 완전하게 통일하는 것이 불가능하다고 판단하였다. 칸트에 의하면 "이러한 의지는 모든 자연과 세계에 있어서의 도덕에 대한 모든 자연의 관계와 이 의지에 복종하기 때문에 전능이 아닐 수 없으며, 이 의지는 가장 내면적인 심정과 그 도덕적 가치를 인식하기 때문에 전지가 아닐 수 없으며, 이 의지는 세계의 최고와 최선을 요구하는 모든 욕망에 직접적으로 접근하기 때문에 편재하지 않을 수 없으며, 자연과 자유와의 이와 같은 합치가 어느 시대에나 없는 것이 아니기 때문에 이 의지는 영원한 것이 아닐 수 없다"(*KdrV*, B843). 그리하여 도덕신학적 요구에 의하여 최상의 존재자의 객관적 실재성이 요구되고 있으며, 그 구체적인 현실적 작용들도 기술된 것이다. 마침내 요청이론이 성립된 것이다.

4. 순수이성의 '이상'에서 실천이성의 '요청'으로

칸트는 『순수이성비판』의 「선험적 원리론」 제3장에서 이성의 사변적 원리에 기초하여 성립된 모든 신학 비판을 시도하였다. 그는 '신'의 개념을 자연의 근원으로 보지 않고, 오성과 자유에 의하여 만물의 창조자가 되어야 할 최고 존재자로 규정하고 있다. 물론 이와 같은 개념 규정은 이론적 인식의 한계를 넘어서서 실천적 인식, 이성의 실천적 사용과 긴밀한 관계가 있다. 칸트는 이성의 이론적 사용에서는 그 존재를 증명할 수도 반박할 수도 없었던 초월적 대상 개념이었던 신의 존재를 도덕적 실천을 가능하게 하는 필연적인 조건 명제로서 요구하였던 것이다. 그것은 바로 도덕법의 요구를 실현 가능하게 하기 위한 비책이었다. 칸트는 이렇게 말한다. "절대 필연적인 실천법칙(도덕법칙)이 있다. 그렇기 때문에 이 법칙의 구속력의 가능한 제약으로서 그 어떤 것의 현존재를 필연적으로 전제하는 경우에는 이 현존재가 요청된다"(*KdrV*, B662). 칸트는 여기에서 절대적인 최고 존재자의 현존이 도덕법의 구속성을 확보하는데 필수적으로 요구되는 조건이라는 사실을 밝히고 있다. 신은 실천적으로 요청된 것이다.

칸트는 요청의 문제를 『실천이성비판』에서 상세하게 다루고 있다.[2] 여기에서 '하느님의 존재'는 더 이상 초월적 이념이나 이상에 지나지 않는 것이 아니라, 도덕법에 적합한 행복을 가능하게 하기 위하여 필연적으로 요구되는 명제이다. 행복이란 현세에 살고 있는 이성존재자가 자기의 뜻대로 할 수 있는 상태를 말한다. 행복이 가능하기 위해서는 자연이 이성 존재지의 전 목적에 일치하지 않으면 안 된다. 그러나 현세의 이성 존재자는 자신의 의지를 가지고 자연의 원인이 될 수는 없다. 그러므로 인간의 실천적 도덕적 의지사용이 그 행위에 필요한 결과로서의 행복을 사연의 법칙에 따라서 보증할 수는 없는 것이다. 자신의 힘에 의하여 자연을 그 자신의 실천원칙들과 조화시킬 수가 없기 때문이다. 그럼에도 불구하고 최고선의 추구에 있어서는 이와 같은 연관이 필연적인 것으로서 요구된다. 우리는 최고선의 촉진을 추구해야 한다. 그렇기 위해서는 도덕성과 행복이 조화될 수 있는 가능한 근

---

2) Kant, Immanuel: *Kritik der praktischen Vernunft*. Riga 1788. 특히 제1부 「순수한 실천이성의 원리론」의 제2권 "순수 실천이성의 변증론", 제5절 "순수한 실천이성의 요청인 신의 존재"(Das Dasein Gottes, als ein Postulat der reinen praktischen Vernunft)을 참조하라(*KdpV*, A223ff).

거를 함축하는 원인 또는 자연과는 구별되는 '전체 자연의 원인', 즉 하느님의 존재가 요청되지 않으면 안 되는 것이다(*KdpV*, A224f).

이와 같은 최상의 원인은 자연이 이성 존재자의 의지와 일치하는 근거를 함축하고 있다. 이것은 자연의 최상 원인이면서 또한 동시에 도덕적 심정의 원인성이 되는 존재자여야 한다. 자연의 원인이면서 동시에 도덕성의 원인이 될 수 있는 이러한 존재자는 신이다. 그리하여 "최고의 파생적 선(최선의 세계)의 가능성 요청은 동시에 최고의 근원적 선의 현실성, 즉 신의 존재 요청이다."[3] 최고선의 실현을 촉진하는 요구는 우리에게 의무인 동시에 권리이기 때문에, 그 실현 가능성을 위하여 불가피하게 요구되는 신의 존재를 요청하는 것은 도덕적 필연성이다.

칸트에 의하면 이것은 이론적 측면에서 보면 '가설'(Hypothese)이기도 하지만, 실천적 관점에서 보면 순수한 '이성신앙'(Vernunft-Glaube)이기도 하다(*KdpV*, A227). 특히 하느님의 존재 요청을 기독교 신앙의 연관성 위에서 살필 경우에는 도덕성과 행복의 관계가 보다 명확하게 드러나게 된다. 칸트가 주장하는 도덕법의 요구는 기독교에서 신성성의 형태로 제시되고 있으며, 이것은 피조물에게 무한한 진보의 대상으로 주어져 있다. 그러나 도덕법 그 자체는 우리에게 아무것도 약속하지 않는다. 자연질서 안에서 도덕법은 행복과 아무 연관도 없기 때문이다. 그런데 기독교에서는 도덕법과 행복이 조화될 수 있는 가능한 세계를 '하느님의 나라'(Reich Gottes)로 표현하고 있다(*KdpV*, A230). 다시 말하면 도덕적 신성성은 우리가 이미 현세에서 성취할 것을 노력

---

3) "Folglich ist das Postulat der Möglichkeit des höchsten abgeleiteten Guts (der besten Welt) zugleich das Postulat der Wirklichkeit eines höchsten ursprünglichen Guts, nämlich der Existenz Gottes." *KdpV*, A226.

해야 하지만, 그에 비례하는 행복은 반드시 내세에서만 가능한 희망의 대상으로 상정하고 있다. 칸트는 기독교에서의 '하느님 나라' 개념에 기대어, 그리고 순수한 실천이성의 대상이면서 절대 목적인 최고선 개념에 의하여 종교에 이르게 된다. 칸트에서의 종교는 "모든 의무를 하느님의 명령으로서 인식하는 것이다"(*KdpV*, A233). 그리하여 도덕법은 이제 최고선의 실현 가능성을 위하여 필연적으로 요구되는 이론명제에 대한 신앙으로 고양되기에 이른다.

칸트의 이성신앙에서 세계를 창조한 하느님의 최후 목적은 최고선이며, 그것은 바로 현세에서의 이성존재자가 도덕적으로 행한 경우에 그에 부합된 행복을 희망할 수 있게 한다.

5. 하나의 참된 종교

칸트는 종교에 대한 인간의 이해를 혁명석으로 전도시킨 사람이다. 그럼에도 불구하고 그의 종교이론은 포이에르바흐나 마르크스의 그것에 비해서 잘 알려지지 않았다. 칸트는 이미 그들의 사상을 예견하고 있었다. 칸트는 『순수이성비판』, 『실천이성비판』, 『판단력비판』에 이어서, 유명한 종교철학 저서로서 『순수한 이성의 한계 안에서의 종교』(1793)를 남기고 있다. 이 책은 칸트의 사상을 이해하는데 매우 중요한 자료이지만, 3대 비판서에 비하여 소홀하게 다루어진 측면이 있다. 칸트의 요청이론이 단지 『실천이성비판』에서만 우연적으로 제시되었다는 알버트 슈바이처의 주장은 바로 이 종교 저서에 대한 해석상의 문제를 불러일으켜 왔다. 그러나 칸트의 『순수이성비판』에서 그 골격이 제시되고 『실천이성비판』에서 그 구체적인 모습을 드러낸 요청이론은 『판단력비판』과 『순수한 이성의 한계 안에서의 종교』에서 새로운 형

태로 변형되어 확장 적용되고 있는 사실을 확인할 수 있다.[4]

다른 한편, 칸트의 종교 저서는 쿠자누스 이후의 종교대화 사상을 가장 확실하게 재현하고 있다는 점을 적극적으로 평가해야 할 것이다. 그의 종교 저서는 기독교 신앙에서 출발하고 있기는 하지만, 전통적인 기독교 신학의 범위를 넘어선 하나의 독자적인 철학서로서 평가받고 있다. 여기에서 제시된 도덕신학과 이성신앙은 기독교를 넘어선 하나의 새로운 신앙유형으로 제시되고 있는 것이다. 그리고 그 출발점은 종교와 신앙을 철저하게 구분하는 데 있었다. 칸트는 각각의 신앙은 다를 수 있지만, 오직 하나의 참된 종교만이 있을 수 있다고 주장하였다. 칸트의 말을 들어보자. "하나의 (참된) 종교만이 있다. 그러나 신앙의 다양한 유형들이 존재할 수 있다. 또한 우리는 그 신앙유형의 차이로 인하여 서로 분리되어 있는 여러 교회들 가운데서도 이 하나의 참된 종교와 만날 수 있다고 말할 수 있다. 그러므로 이 사람은 이 혹은 저 종교에 속한다기보다는 이러한 혹은 저러한(유대교, 회교, 기독교, 카톨릭, 루터교의) 신앙에 속한다고 말하는 것이 더 적절한 표현일 것이다."[5]

여기에서 칸트가 말한 '하나의 참된 종교'(eine wahre Religion)는 분명히 지금까지의 모든 종교유형들을 가능하게 하였던 초월론적 정초근거, 즉 이 세계의 모든 신앙유형들을 가능하게 하는 가장 근본적인 종교임이 분명하다. 교회신앙이 맹위를 떨치고 있었던 시대에 칸트의 이와 같은 발언은 가히 급진적, 혁명적이라고 할 수 있다. 그러나 지금까지 칸트 학자들은 칸트의 이와 같은 발언이 구체적으로 무엇을 의미

---

4) 이는 필자가 *Kants Postulatenlehre*(Frankfurt 1988)에서 제기한 근본 주장이기도 하다.

5) Kant, Immanuel: *Die Religion innerhalb der Grenzen der blossen Vernunft.* Riga 1793, S. 146.

하는지에 대해서는 적극적으로 연구하지 않았다. 칸트는 이 발언을 통하여 진정한 종교의 존립근거가 도덕주의에 있으며, 이를 통하여 특정한 신앙유형의 세계신학화가 가능하다는 강력한 주장을 전하고 있다.

하나의 참된 종교와 영원한 일자에 대한 구상은 칸트 이후에도 에른스트 트뢸치(Ernst Troeltsch), 폴 틸리히(Paul Tillich), 캔트웰 스미스(Wilfred Cantwell Smith), 존 힉(John Hick), 그리고 라이문도 파니카(Raumundo Panikkar)와 한스 큉(Hans Küng) 등의 신학자 및 종교철학자들에 의하여 계속되었으며, 이들은 각각 종교에 대한 새로운 개념규정을 시도하면서 종교대화를 지속적으로 추진하기 위한 다양한 이론들을 제시하고자 노력하였다.

6. 칸트신학의 계승자들: 리츨과 트뢸취

앞에서 언급한 것처럼 칸트는 1793년에 저술한『순수한 이성의 한계 안에서의 종교』에서 '다양한 유형들의 신앙'에도 불구하고 단지 '하나의 (참된) 종교'만이 존재한다는 사실을 강조하였다. 이와 같은 칸트의 생각은 분명히 니콜라우스 쿠자누스가 서로 다른 신앙을 가진 사람들이 평화 공존할 수 있는 가능성 조건으로 구상하였던 것과 동일한 것이다. 칸트는 '하나의 종교'가 유대교, 회교, 기독교, 가톨릭, 루터교의 신앙에 공통적으로 해당된다고 말하였으나, 그것이 불교와 같이 아시아적 신앙에도 적용되는가는 분명하게 언급하지 않았다.[6] 그

---

6) 칸트의 종교철학적 주장들이 동양종교에 적용될 수 있는가의 문제는 Helmuth von Glasenapp: *Kant und die Religionen des Ostens* (Königsberg 1944)와 *Das Indienbild deutscher Denker* (Stuttgart 1960)을 참조할 수 있다. 특히 이 문제와 관련하여 필자는 칸트의 종교 개념이 불교나 한국의 민간신앙에도 적용될 수 있으며 적용되어야 한다는 입장을 가지고 있다. 우리는 칸트가 언급한 종교의 요건, 특히 이성신앙 또는

러나 분명한 것은 칸트는 종교의 개념을 절대화함으로써 신앙의 개념을 상대화하였다는 사실이다.[7]

칸트의 종교철학, 특히 이성신앙은 알프레히트 리츨(Albrecht Ritschl 1822~1889)과 그의 마지막 제자들 중의 하나였던 에른스트 트뢸치(Ernst Troeltsch 1865~1923)에게 절대적인 영향을 끼쳤다. 트뢸치는 폴 틸리히의 스승이었다. 트뢸치는 『기독교의 절대성과 종교사』[8]에서 허버트 스펜서의 진화론적 진보 개념이나 헤겔과 랑케와 같은 독일 낭만주의의 영향을 수용하여 종교상대주의를 주장하였다. 그는 종교사를 완전성을 지향하는 인류의 보편적 운동으로 이해하면서, 기독교를 포함한 역사상의 모든 종교들은 총체적인 계시역사의 한 단계에 불과하며, 그것들은 각기 진화론적인 발전의 공통된 목표로서의 잠정적인 절대자

도덕신학적 요소들이 불교나 한국의 민간신앙에서도 찾을 수 있다는 사실을 보여줌으로써 이러한 주장을 정당화 할 수 있을 것이다.

7) 칸트의 종교철학, 특히 요청적 사유방법론을 통하여 이성신앙을 정립하려는 시도에 대해서는 아래의 자료를 참고할 수 있다. *Kants Postulatenlehre, ihre Rezeption durch Ernst Bloch und ihre mögliche Anwendung zur Interpretation des Buddhismus. Zur Unterscheidung zwischen postulatorischer Struktur und Postulats-Inhalten bei der Auflösung der Dialektik des praktischen Vernunftgebrauchs.* Frankfurt 1988; 『칸트·순수한 이성의 한계 안에서의 종교』, 울산대학교출판부 1999; 『선험철학과 요청주의』, 울산대학교출판부 1999; 『칸트와 불교』, 철학과현실사 2004; 『살고있는 순간의 어두움』, 세종출판사 2001.

8) Troeltsch, Ernst: *Die Absolutheit des Christentums und die Religionsgeschichte.* Siebenstern Taschenbuch Verlag, München und Hamburg 1929. 트뢸취는 1923년에 옥스퍼드 대학의 클레멘트 웹(Clement C.J. Webb) 교수로부터 초청을 받아 「세계종교에서 기독교의 위치」(*Die Stellung des Christentums unter den Weltreligionen, The place of christianity among the world-religions*)라는 강연을 하였는데, 이 강연은 바로 「기독교의 절대성과 종교사」(1902)를 압축한 것이었다. 이 원고는 트뢸취의 저서 *Christian Thought. Its History and Application* (Trans. by Baron F. von Hügel, University of London Press 1923; Wipf and Stock Publishers, West Broadway 1999)에 수록되어 있다.

를 지향하는 상대적인 종교문화적 현상으로 파악되었다. 따라서 각각의 종교들은 그 시대와 그 문화에 제약된 기능만을 수행하게 된다. 그는 기독교의 진리 역시 이와 같은 맥락에서 보았으며, 예수 그리스도는 하느님 그 자신이 아니라 다른 종교의 창시자와 같은 지위를 가진 자에 불과한 것으로 평가하였다.

그러나 트뢸취 역시 기독교가 종교 개념 속에 있는 잠재력을 가장 적절하게 실현하였다고 보는 점에서는 당시 대부분의 기독교 신학자들과 일치한다. 그는 모든 종교가 추구해 가는 어떤 미지의 최상의 존재, 즉 유일한 궁극적 합일과 최종적인 객관적 타당성을 담보하고 있는 '신성한 이성'(Divine Reason) 또는 '신성한 생명'(Divine Life)의 존재를 설정하는 점에서 헤겔과 같은 생각을 하였다. 그러나 종교 자체의 완성된 표현을 기독교라고 보았던 헤겔과는 달리 그는 '신성한 생명'은 하나만 존재하는 것이 아니라 여러 개가 있다고 보았다. 그리고 이 여럿 가운데서 하나를 보는 것이야말로 사랑의 득성을 이루고 있다는 것이다.[9] 여러 민족들이 가지고 있는 종교들 가운데서 기독교가 가장 종교적 이념을 적절하게 구현하고 있다는 트뢸취의 입장은 기독교주의를 완전하게 극복하지 못한 사실을 단적으로 드러내고 있다. 한편 틸리히는 트뢸취의 기독교 중심주의를 유럽주의(Europeanism) 또는 서구주의(The West)라고 규정하였다.[10]

---

9) Ernst Troeltsch, *Die Stellung des Christentums unter den Weltreligionen*(*The place of christianity among the world-religions*), in *Christian Thought. Its History and Application*. Trans. by Baron F. von Hügel, University of London Press 1923; Wipf and Stock Publishers, West Broadway 1999, pp. 10, 35: "In our earthly experience the Divine Life is not One, but Many. But to apprehend the One in the Many constitutes the special character of love."

10) Tillich, Paul: *Christianity and the Encounter of the World Religions*. Columbia University Press, New York and London 1963. p. 43.

그러나 종교의 진화론적 전개 과정 속에서 가장 완성된 형태의 신적
정신이 출현한다는 트뢸치 신학은 기존의 모든 세계종교들을 선천시
대의 지역문화적 종교로 단정하면서 이러한 신단들이 통합될 수 있는
근거를 제시하고 있는 점에서 증산도사상의 메타종교이론과 놀라운
유사성을 드러내고 있고 있다.

∶ 제6장 ∶ 폴 틸리히: 문화신학과 존재신학

1. 철학적 신학과 상호연관의 방법

폴 틸리히(Paul Tillich 1886~1965)는 칼 바르트(Karl Barth)나 루돌프 불트만(Rudolf Bultmann)과 더불어 현대 실존주의 신학의 대표적인 인물로 잘 알려져 있다. 그는 '철학적 신학'(philosophische Theologie)이라는 개념에 착안하여 기독교의 조직신학을 실존주의적 존재신학으로 정초하려는 작업을 수행하였다. 또한 그는 문화신학(Kultur-Theologie)을 주창하여 세속사회와 종교간의 불일치를 극복하려고 시도하였다.

틸리히는 그의 전 생애를 거쳐서 19세기와 20세기의 접경선에 위치하고, 또한 47세(1933년)의 미국 망명을 계기로 하여 유럽문명과 미국문명의 접경선을 이루었으며, 신학적으로 자유주의와 신정통주의의 접경선에 위치하며, 상호연관의 방법으로 철학과 신학의 접경선을 이루었다. 그가 1919년부터 1924년까지 베를린 대학의 강사로 재직할 당시에 저술한 『문화의 신학』1)은 정치, 예술, 철학, 심층심리학, 사회학 등의 학문이 종교와 만나게 되는 자리를 작업한 것이다. 그리하여 틸리히는 신학자이면서 철학자이기를 원하였으며, 동시에 철학자이면서도 신학자이기를 바라고 있었다. 그는 접경선의 신학을 통하여 이것이

---

1) Tillich, Paul: *Theology of Culture*. Oxford University Press 1959.

나 저것을 모두 배격하지 않고 두 개의 서로 다른 것을 한 자리에서 만나게 하려고 노력하였다. 여기에서 거룩한 것과 속된 것이 만나고, 기독교와 타종교가 만나게 되며, 또한 존재론과 신학이 만나고 문화와 종교가 마주하게 되는 것이다. 그러므로 접경선의 신학은 변증법적인 종합을 추구한다.

그는 먼저 전통철학이나 신학에서 논의되고 있는 존재자와 신의 문제가 학자들마다 서로 상이한 방식으로 다루어지고 있는 사실에 착안하게 된다. 다시 말하면 노자의 하느님과 스피노자의 하느님은 서로 다른 하느님이며, 불교의 하느님과 기독교의 하느님 역시 그렇다는 것이다. 그리하여 틸리히는 철학자들마다 신을 서로 다르게 서술하고 있으며, 여러 문화권에서도 제각기 다른 방식으로 전승되고 있는 사실을 감안하여, 존재와 하느님의 개념들에 공통적인 존재근거 또는 존재지반을 마련하려는 철학적 작업이 필요하다고 생각하게 된다.

다른 한편 틸리히는 종교와 문화의 통일적인 만남을 시도하면서 지금까지의 전통신학에서 거룩한 것과 세속적인 것을 분명하게 가름하려는 이원적인 태도를 극복하려고 하였다. 그리하여 정신사에 그 찬란한 이름을 남기고 갔던 선행 철학자들의 존재철학과 신관의 한계점을 지적하면서, 틸리히는 이제 자기의 철학적 신학을 수립하려고 한다. 그리하여 철학자들에 의하여 물어져 왔던 하느님과 성서 속의 하느님의 관계문제가 철학적 신학의 핵심적인 주제로 부각되기에 이른다. 결론적으로 본다면 틸리히는 철학사 속에서 지금까지 찾아왔던 최고의 존재자는 바로 성서에서의 하느님과 동일하다고 주장한다. 이제 우리는 철학자마다 그리고 사람들마다 그토록 다르게 주장해 왔던 존재의 개념이 과연 하나로 통일될 수 있는지, 그리고 그것들을 통합할 수 있는 존재근거 및 타당성이 과연 제시될 수 있는가를 집중적으로 탐색하려고 할 것이다.

틸리히의 철학적 신학 또는 변증법적 신학은 칼 바르트가 주창한 선교신학에 상반되는 개념으로서, 실존적 상황에서 제기된 인간의 철학적 물음에 대하여 신학적으로 해답하려는 '상호연관의 방법'(Methode der Korrelation)에 의한 새로운 신학체계이다. 틸리히의 철학적 신학에서 우리가 주로 살펴보게 될 부분은 상호연관의 방법과 접경선의 신학이다.

틸리히는 과거의 전통신학이 사용하였던 초자연적 방법, 자연적 방법, 이원론적 방법을 대신할 수 있는 가장 확정적인 방법은 바로 상호연관의 방법이라고 하였다.[2] 상호연관의 방법은 자연신학을 실존분석으로, 초자연신학을 실존에서 암시된 문제에 대한 해답으로 대체함으로써, 전통신학에 내재된 난제들을 해결해 준다. 다시 말해서 이 방법은 실존적인 차원에서 제기되는 모든 문제들을 신학적으로 답변하려는 시도 속에서 기독교 신앙의 내용이 무엇인가를 설명해 줄 수 있다는 것이다. 그리하여 모두 5부로 구성된 그의 『조직신학』에서는 이성과 계시, 존재와 신, 실존과 그리스도, 삶과 성령, 역사와 신국에 관련된 모든 문제들이 각각 상호연관의 방법에 의하여 서술되고 있다.[3]

틸리히의 신학적 체계를 구성하고 있는 두 측면은 전통과 현재상황이다. 전통이란 일반적으로 승인되고 있는 성서주의적 세계관으로서 현재의 상황에 처한 인간의 철학적 질문에 대답하는 근거가 된다. 현재의 상황은 실존적 인간이 처해 있는 구체적인 상황이다. 틸리히에 의하면 인간은 존재에 속하여 있으면서 또한 동시에 그 존재로부터 분

---

2) Tillich, Paul: *Systematic Theology*. The University of Chicago Press. Vol. 1, 1951, pp. 64-66.

3) Tillich: *Systematic Theology*. Vol. 1, 1951; Vol. 2, 1957; Vol. 3, 1963.

리된다. 여기에서 틸리히가 말하는 존재란 존재근거 또는 하느님과 같은 개념으로 이해될 수 있다. 그리하여 틸리히는 인간을 '존재와 비존재의 혼합물'이라고 파악한다. 인간은 존재와 잇대어 있으면서 또한 동시에 항상 비존재로부터 위협받고 있는 존재자이다.

그리하여 실존적 상황에 처해 있는 인간은 항상 존재에 대한 질문을 제기한다. 그리고 이 질문은 바로 비존재의 위협으로 기인되는 '존재론적 충격'에서 생겨나며, 바로 여기에서 실존의 형태와 내용을 규정하는 유한성이 드러나게 된다. 자신이 유한하다는 사실을 깨닫지 못한 존재자는 그 존재자의 본질과 한계를 짐작할 수 없으므로 존재에 대한 어떤 물음도 던질 수 없다. 그러므로 만일 인간이 완전한 존재능력을 가진 절대적인 무한성의 존재자라면, 그는 더 이상 존재에의 물음을 묻지 않을 것이다. 그러나 인간은 자기 자신이 존재에 속해 있다는 사실과 또한 동시에 존재로부터 분리된 상태에서 아무것도 아닌 것, 다시 말하면 비존재와 무로부터의 위협 앞에 직면해 있다는 사실을 알고 있기 때문에, 존재에 관하여 물을 수 있을 뿐만 아니라 또한 묻지 않으면 안 된다.

그런데 철학의 근원이 되는 물음, 즉 존재론적 물음의 내용은 현상적인 모든 것을 넘어서 있는 궁극적인 실재로서의 존재자체와 우리에게 있는 그대로 발견되는 모든 사물들 속에 깃들어 있는 '존재의 힘'에 대한 탐구이다. 그리고 존재의 본질과 근원에 대한 철학적 물음은 바로 그 존재자체로부터 분리되어 있는 유한한 존재자에 의하여 물어지게 된다. 그리고 우리에게 물음을 던지도록 하는 유한성은 바로 인간 존재의 실존상황을 의미한다. 다시 말하면 그것은 존재로부터의 분리, 즉 소외를 의미한다. 그리고 존재이탈에서 비롯되는 소외의식은 인간이 본질로부터 실존으로 이행하게 되는 직접적인 계기가 된다. 존재로부터의 이탈을 의미하는 실존 소외는 자아로부터의 분리와 이웃으로부터의 분리를 의미하며, 이와 같은 인간의 실존상황은 기독교 이외의 다른 종교나 철학에 일반적으로 숙지되어 있다는 것이다.

그리하여 틸리히는 우리들 인간이 철학하는 것은 바로 우리가 존재와 비존재의 사이에 서 있으며 또한 우리들 자신뿐만 아니라 어떤 다른 근원적 존재를 항상 갈망하고 있기 때문이라고 말한다. 현재의 상황은 항상 인간의 실존상황을 의미하며, 여기에서 바로 인간의 철학적 물음이 제기된다는 것이다. 기독교 신학이 그 참된 의미를 가지려면 현재의 실존적 상황에서 제기된 인간의 구체적인 철학적 물음을 성서적인 전통에 비추어 답변하려는 상호연관의 방법이 채택되어야 한다. 틸리히가 말하는 상호연관의 방법은 인간과 하느님, 실존과 본질, 상황과 성서를 통일적으로 매개하려는 사실에서, 그의 사상에서 일반적으로 발견되는 '접경선'의 개념과 밀접한 관계를 가진다.

접경선의 신학이 가장 특징적으로 드러나는 것은 철학과 신학의 관계설정, 즉 철학적 신학의 정초에서일 것이다. 틸리히는 우리가 종교를 거부할 수 없고 하느님을 피할 수 없는 것과 마찬가지로 철학도 회피할 수 없다고 말한다. 그에 의하면 우리가 철학을 회피하려고 취한 그 길은 바로 철학에 의하여 개척되고 포장된 길이다. 그리고 인간은 항상 존재에의 물음을 묻는 존재자이기 때문에 철학은 바로 한 인간으로서의 인간의 문제와 직결된 것이다. 철학이란 존재에의 물음이 물어진 상황 속에서 진리를 바르게 인식하려는 노력이다. 그러므로 "왜 이것은 이렇습니까?" 그리고 "왜 저것은 그렇지 않습니까?"라는 어린아이들의 물음과 칸트의 우주론 논증의 비판에서 "왜 나는 존재하는가?"라는 물음은 근본적으로 동일한 물음들이며, 바로 그 때문에 모든 인간은 선천적으로 철학자라고 할 수 있다는 것이다. 그리하여 철학은 인간의 실존적 상황에서의 막힌 길(아포리아)과 존재론적 충격의 여파가 지배하는 당혹성에 관계되는 것이다. 이와 같은 관점에서 틸리히는 지금까지의 철학사 가운데서 존재론적 방법과 우주론적 방법으로 신에 접근하면서 제기되었던 두 개의 절대성에 관한 문제, 곧 종교적인 절대자와 철학적인 절대자, 또는 '하느님'(Deus)과 '존재'(esse)는 결코 따로 분리될 수 없다고 주장한다. 에티엔느 질송도 틸리히의 입장과 같이 한다. 어떤 궁극적 원인에 몰두한 사람은 형이상학과 종교가 결국 만나게 되는 사실을 알게 된다는 것이다. 결국 이들은 철학자의 신과 성서의 신이 같은 하느님이라는 논리를 전개하고 있다. 틸리히는 '아브라함의 하느님, 이삭의 하느님, 야곱의 하느님과 철학자들의 신은 동일한 하느님'이라고 주장한다. 그 말은 바로 플라톤과 아리스토텔레스의 존재론, 쿠자누스와 스피노자의 존재론, 칸트와 헤겔의 존재론, 그리고 노자와 화이트헤드의 존재론이 결국 성서의 하느님을 존재문제로 다루고 있다는 것을 가리키고 있다. 이와 같이 틸리히는 철학도 피할 수 없고 하느님의 존재도 피할 수 없는 상태에서 철학자와 신학자로서의 길을 동시에 추구하였던 것이다.

예를 들면 틸리히가 말하는 존재근거로서의 신은 셸링의 동일철학에 근거한 것이라고 해석하는 경향도 있다. 셸링은 자유와 운명의 대극적인 일치, 이데아와 실재, 사유와 존재, 자연과 정신, 주관과 객관, 형상과 물질이 동일한 근원에 이르러서 합치되며, 창조적인 힘이 감각과 본능적인 직관, 유기체의 성장, 화학적 과정과 결정과정, 전기 및 중력현상 등 모든 면에서 나타난다고 주장한 바 있다. 실제로 틸리히의 박사 학위 논문은 셸링철학에 관한 것이다.[4]

---

4) Tillich, Paul: *Mystik und Schuldbewußtsein in Schellings philosophischer Entwicklung*. Gütersloh 1912.

그리하여 철학적인 문제의식을 신학적인 학문범주에서 해결하려는 이른바 틸리히의 철학적 신학은 궁극적 관심의 대상이 되며, 또한 여기에서 모든 존재의 힘이 참여하고 있는 존재자체인 '존재지반', '유신론적인 하느님을 초월한 하느님', '깊이'의 문제가 주제화 된다. 이와 같은 신 존재에 대한 관심으로부터 '존재에의 용기'(신앙)도 다루어질 수 있게 된다.

바이셰델(Wilhelm Weischedel)은 틸리히가 철학적인 존재 개념을 신학적으로 끌어올려서 철학을 신학에 다시 종속시켰다고 비난하기도 했지만, 틸리히에서 신학적인 해답은 이미 철학적인 물음에 의하여 범주적으로 결정되고 있는 것을 알 수 있다. 그의 철학적 신학은 가끔 아우구스티누스의 신학체계와 유사하여 비교되기도 하지만, 아우구스티누스가 신의 영광을 위한 신학과 '신의 삶의 신학'을 주도하였다면, 틸리히는 인간실존의 해방을 위한 신학, 즉 '신의 죽음의 신학'을 초래하는 계기를 마련하였다는 사실에서 서로 다른 극을 향하고 있는 것이다.

틸리히의 철학적 신학은 상호연관의 방법과 접경선의 신학을 중심으로 철학적 물음들을 성서적으로 대답하면서, 참된 존재의 근원에 대한 궁극적 관심을 작업하고 있다. 그러므로 그의 신학사상은 대단히 포괄적이다. 그는 전통적인 기독교에 머무르기를 원하면서도 자신의 철학적 욕구를 포기할 수 없었던 것이다.

2. 존재신학과 존재의 근거

우리는 대체로 모든 형이상학에서 신이나 존재의 물음이 제기되고 있는 사실을 알고 있다. 그러나 지금도 이 문제들은 해결되지 않은 상태로 남아 있다. 이미 오래 전에 아리스토텔레스는 여기에 대하여 "실체란 무엇인가, 존재란 무엇인가라는 물음은 옛날이나 지금이나 언제든지 제기되면서도 영원히 풀리지 않는 물음"5)이라고 말하고 있다. 존재에 대한 물음은 아직도 그대로 우리에게 남아 있으며, 오늘날 야스퍼스나 하이데거에 의하여 다시 새롭게 물어지고 있다. 틸리히 역시 전통철학에서 물어지고 있는 존재에의 물음을 다시 신학적으로 접근하고자 시도한다.

인간은 존재론적 충격에의 물음을 경험하게 된다. 예를 들면 하이데거처럼 "도대체 왜 존재가 있고 무는 없는가?"6)라는 물음을 진지하게 묻고 있는 사람은 이미 비존재의 충격을 경험한 것이다. 실존철학자 야스퍼스 역시 '우리는 세계 사물들뿐만 아니라 자기 자신과 전체에 대하여 묻는 존재'라고 말한다.7) 우리는 이처럼 존재자와 존재 그 자체에 관하여 묻고 있는 철학을 존재론(Ontologie)이라고 말한다. 존재자들이란 이 세계 속에 구체적인 모습을 띠고 있는 모든 것들을 지칭한다. 그리고 존재자체란 세계 속에 존재하고 있는 모든 존재자들을 존재하게 하는 존재의 근거를 의미한다. 그러므로 존재자체는 모든 우연적 존재자의 초월적 근거가 되는 필연적 존재인 것이다. 이것은 존재와 본질이 같은 존재로서 다른 것에 더 이상 의존하지 않는 자존적인 존재(ens a se)이고 스스로 완전성을 유지하고 있는 존재이며, 또한 동시에 다른 존재자들에게 유비적으로 존재를 분여하는 존재이다. 그것은 바로 원인계열에서는 제1원인(causa purus)이며, 존재의 현실적 운동계열에서는 순수 현실성(actus purus)으로 요청되고 있는 것이다.

---

5) Aristoteles, *Metaphysica*. 1028b.
6) Heidegger, Martin: *Was ist die Metaphysik?* Frankfurt 1949, S. 42.
7) Jaspers, Karl: *Reason and Existence*. London 1956, p. 10.

이상과 같은 희랍적인 존재 이해가 실제로 중세 기독교 사상에서는 하느님의 존재와 일치되고 있었던 것도 사실이다. 그러나 존재에의 물음에 접근하는 철학자와 신학자의 학문태도는 다음과 같은 사실에서 서로 구별될 수 있다.

첫째로 철학자는 존재의 문제를 객관적이고 초연한 입장에서 다루지만 신학자들은 존재를 실존적으로 다룬다. 둘째로 철학자는 전체적인 실존구조에 관심을 가지며 보편적인 로고스를 다루지만, 신학자는 그와 반대로 말씀이 육신이 된 특수한 로고스를 다루고 있다. 셋째로 철학자는 존재의 구조, 즉 시간과 공간 등을 다루지만 신학자는 존재의 인격적 측면을 다루고 있다.

이와 같은 문제접근의 방식 차이에도 불구하고 존재를 다루는 철학자의 작업장과 신학자의 작업장은 결국 동일한 장소이다. 틸리히에 의하면 철학은 오래 전부터 로고스를 추구하고 있으며, 신학(Theologie) 역시 하느님과 신늘(theos)에 대한 학문(logos)이라는 사실에서 로고스에 관계되고 있다. 그러므로 기독교란 바로 철학에서 추구하고 있는 보편적 로고스가 예수 그리스도를 통해서 계시된 종교인 것이다. 그리하여 틸리히는 존재론에서 다루어지고 있는 철학자의 하느님(보편적 로고스)과 '아브라함과 이삭과 야곱의 하느님'(특수한 로고스)이 동일한 하느님이라고 주장하게 된다. 그러므로 만일 우리가 하느님은 존재 자체라고 말하게 된다면 우리는 철학과 신학이 만나는 점에 도달한 것이다.

단지 철학자들은 그 존재자체를 신학자들과 다르게 표현해 왔을 뿐이라는 것이다. 플라톤 철학에서 전제되고 있는 이데아들과 선의 이데아, 신플라톤학파에서 주장하는 '일자'(一者, das Eine)는 중세 철학의 신관에 결정적인 영향을 끼치고 있다. 그러나 에리우게나는 범신론적인 성향을 나타내는 존재론을 제시하게 되었는데, 그는 "신은 곧 자연이다"(Deus sive natura)라는 명제를 사용하여 신은 스스로를 '산출하는 자연'(natura naturans)이며, 창조적인 본성을 지니고 있는 자연전체라고 주장하였다. 그러므로 틸리히는 이와 같은 범신론적 신관이 가지고 있는 이론적인 장점을 애써 배격하지 않으면서 존재자체는 존재하는 모든 것 속에 현존해 왔으며, 또한 존재하고 있는 모든 것은 존재자체에 참여하고 있다고 말한다. 이렇기 때문에 존재자체는 이미 고대 철학에서는 이데아들의 이데아나 또는 순수 현실성으로 표현되어 왔으며, 헤겔 철학에서는 "이성적인 것은 현실적인 것이고, 현실적인 것은 이성적이다"와 같은 범신론적 종교철학으로 표출되었던 것이다. 그리하여 틸리히는 바로 이런 사실들에 주목하면서 철학자들의 하느님과 신학자들의 하느님이 만나게 되는 존재론적 근거를 작업하려고 시도한다.

이와 같은 철학사적 정황을 고려하면서 틸리히는 하느님을 어떤 하나의 최고적인 존재자로 보지 않고 존재자체로 보려고 하였다. 우리가 말하고 생각하고 있는 하느님의 속성은 우리들 자신의 경험으로부터 추론한 것에 지나지 않으며, 따라서 이것들을 문자 그대로 하느님에게 적용될 수 있는 것들이 못된다. 그러므로 하느님에 대하여 우리가 말할 경우, 추상화된 문자에 담긴 그대로의 의미를 부여한다면 우리는 하느님에 대하여 거짓된 것을 말하는 것이 되며, 신을 창조물의 수준으로 끌어내리는 결과를 초래하게 된다. 그리하여 틸리히는 우리들이 '하느님'이라는 말마디를 잊어버리는 것이 좋다고 말한다. 왜냐하면 하느님의 존재에 대해 확신을 가지고 단언하는 것은 하느님의 존재를 부정하는 무신론과 다름이 없기 때문이다. 그러므로 하느님은 진리자체이기에 앞서 존재 그 자체이며 모든 존재자들을 존재하게 하는 존재의 근거 또는 존재지반(Seinsgrund)이며, 존재의 힘으로 이해되어야 한다는 것이다. 그리하여 틸리히는 성서의 하느님을 자신의 고유한 철학 용어로 번역하여 존재지반, 존재자체, 깊이, 하느님을 초월한 하느님, 궁극적 관심, 존재의 힘으로 불렀다.

3. 궁극적 관심과 깊이의 신학

틸리히의 종교 개념은 철학적 신학의 핵을 이루는 것이며, 그것은 대단히 포괄적인 의미를 가진다. 틸리히가 말하는 종교란 신에 대한 예배행위로부터 샤머니즘까지를 포괄하는 전신화적 단계와 선불교와 같은 후신화적 단계를 포함하며, 또한 모든 종교들의 고유한 특성들이 변형된 세속화 운동까지를 포함하는 개념이다. 그러므로 사람이면 어느 누구든지 그 궁극적인 진지함의 측면에서 종교를 거부할 수 없다. 왜냐하면 궁극적인 진지함이라든지 궁극적으로 관계되어진 존재의 상태가 종교 그 자체이기 때문에 종교는 본질 바로 그것이고, 또한 터전이며 인간의 정신생활을 드러내는 깊이이다. 인간이 가지고 있는 정신생활의 깊이가 바로 우리의 궁극적 관심이며 종교인 것이다.[8]

궁극적 관심인 종교는 문화에 의미를 주는 실체이며, 문화는 종교의 근본적인 관심이 자기 자신을 표현하는 전체적인 형식이다. 종교는 문화의 실체이며 문화는 종교의 형식이다.[9]

종교와 계시에 대한 관계도 이와 비슷하다. 틸리히에 의하면 순수한

---

8) Tillich: *Theology of Culture.* p. 7.
9) Tillich: *Theology of Culture.* p. 42.

계시는 그 자체만으로 존립하지 못한다. 계시는 자신이 드러날 장소를 필요로 하기 때문이다. 그러므로 계시는 현현이고 종교는 계시를 수용하는 자리이다. 그리고 인간은 그들이 가지고 있는 종교개념을 통하여 계시를 증거하고 있다. 다시 말하면 "어떤 종교에서나 거룩한 것은 인격 가운데서 만나게 된다."[10] 예를 들면 성서는 신이 스스로를 나타내신 문서(계시)일 뿐만 아니라 동시에 인간이 신의 자기실현을 어떻게 받아들였는가를 서술한 문서(종교)이기도 하다. 거룩한 분의 나타나심은 인격적 상징을 통하여 구체적이고 물질적이며 역사적인 현실 속에서만 가능하다. 결국 종교와 계시는 상호 연관되어 있으며 틸리히의 접경선 신학을 이루고 있는 중요한 측면 중의 하나이다.

틸리히 신학을 이해하는데 있어서 결정적으로 중요한 책은 존 로빈슨(John A. T. Robinson)의 『신에게 솔직이』[11]이다. 로빈슨은 지금까지 묘사되어 왔던 성서의 하느님을 전지전능하고 무소부재하며 밤낮을 가리지 않고 감시하고 있는 거인과 같은 섭리의 하느님이었다고 말한다. 성서의 신은 바로 인간적인 상황에 도저히 접근할 수 없는 최고 존재를 의미한다는 것이다. 로빈슨은 이와 같은 '높이'로서의 하느님은 이제 별다른 의미를 갖지 못한다고 말한다. 틸리히가 말하는 하느님 역시 그렇다. 성서의 하느님은 이제 더 이상 어떤 최고 존재자일 수 없으며, 그것은 가장 높은 곳에 있는 존재자가 아니라 모든 존재자들을 존재하게 하는 존재자체로서 이해되어야 한다고 말한다. 만일 하느님이 한갓 하나의 존재자라면 그는 곧 유한한 세계의 범주인 시간과 공간, 그리고 물질에 종속되지 않으면 안 되는 위험에 직면하게 된다. 제약된 존재자이건 또는 무제약적인 어떤 것이든 지간에, 만일 그것이

---

10) Tillich, Paul: *Theology of Culture*. Oxford University Press 1959, p. 111.
11) Robinson, John A.: *Honest to God*. London 1963.

최고의 존재자라면 그것은 하나의 존재자에 지나지 않을 뿐 존재자체가 되지는 못할 것이다. 이와 같은 어려움을 피하기 위하여 선행 신학자들은 신의 존재에 대하여 여러 가지 다른 이름을 부여하기도 하였다. 아우구스티누스는 무제약적인 하느님을 진리자체(verum ipsum), 선자체(bonum ipsum)라고 보았으며 토마스 아퀴나스는 하느님을 본질이 현실화되는 가운데 드러나는 실존(existentia)으로 보지 않고 자존적인 존재자체(ipsum esse subsistens)로 설명하였다. 최고 존재자가 아니라 존재 자체 또는 존재의 근거를 중시하는 틸리히의 신 개념은 실존적 깊이를 가진 하느님이다.

틸리히는 전통적인 종교적 상징이 '높이'의 표현임에 반대하여 '깊이'의 하느님으로 대체하고 변형한다. 이것은 초월적 존재로서의 하느님을 실존철학적인 깊이의 하느님으로 변형한 것이다. 그리하여 하느님이란 모든 존재의 무궁무진한 깊이와 기반에 대한 이름이다. 깊이의 개념은 원래 무의식의 영역을 새로 발견해 냈던 심층심리학과 현대의 실존주의 철학에서 주로 사용되고 있다. 틸리히는 바로 이런 깊이의 개념으로 하느님을 포착하려고 한다.

틸리히는 깊이란 어떤 존재자를 의미하는 것이 아니고 영적인 특징을 위한 하나의 상징이라고 이해한다. 그리하여 그는 "심연(깊이)에 대하여 아는 사람은 하느님에 관하여 아는 사람"이라고 말한다.12) 혹자는 가장 깊이 감추어진 하느님이 가장 명백한 하느님이라고 말하기도 한다. 심지어 실존주의 철학자인 키에르케고르는 고독한 사람들은 실존에 더 깊이 침잠함으로써 하느님을 단독적으로 만날 수 있다고 강조하기도 한다. 그리하여 이제 깊이, 즉 심연은 하느님을 상징하는 표현이 된다. 상징은 교차로에 켜진 빨간 신호등과 같이 그 자신을 초월해

---

12) 폴 틸리히, 『흔들리는 터전』, 김천배 역, 대한기독교서회, 1959, 76쪽.

서 다른 하나의 실재를 지시하는 기능을 가진다. 즉 깊이의 상징은 진리와 종교, 그리고 하느님을 지시한다. '깊다'는 말마디는 영적으로 '얕다'나 '높다'의 반대 개념이다. 그것은 천박한 믿음과 천박한 진리를 배격하는 동시에 우리의 실존과 관계가 없는 초월적 존재자를 무의미하게 한다. 그리고 진리는 얕은 것이 아닌 깊은 것이며, 고난은 높이가 아닌 깊이의 문제이다.

> 모든 존재의 이 무궁무진한 깊이와 기반에 대한 이름이 곧 하느님입니다. 하느님이란 말은 바로 그 깊이를 의미하는 것입니다. [...] 깊이를 아는 사람은 하느님을 아는 것입니다.13)

진리의 빛과 고난의 암흑은 둘 다 깊은 것이며, 하느님과 또한 바로 그 하느님을 향하여 고난으로부터 한(恨)의 소리를 외쳤던 시편기자에게는 실존적 깊이가 있었던 것이다. 또한 무제약적인 하느님의 계시가 현현하고 수용되는 종교 역시 깊이의 차원이다. 종교란 인간정신 전체를 상징하는 깊이이며, 그것은 바로 궁극적 관심에 의하여 사로잡혀 있는 상황을 뜻한다. 신학이란 바로 이 궁극적 관심의 대상에 관한 학문이다. 이 대상이 바로 존재자체라는 사실은 말할 나위도 없거니와, 키에르케고르가 말하는 무한한 열정이나 칸트가 그의 『실천이성비판』에서 말하는 정언명법보다 더 적절한 표현이라고 틸리히는 생각한다. 그러나 종교는 궁극적 관심의 상실로 하여 세속화를 초래할 수도 있으며, 유한한 것을 궁극적인 관심의 대상으로 추앙하는 우상숭배 행위에 의하여 악마화를 초래할 수도 있다. 종교나 영적 생활, 그리고 궁극적 관심에는 항상 존재자체를 열망하는 실존적 깊이가 함께 해야 한다.

---

13) Robinson, John: *Honest to God*, p. 47.

4. 존재의 힘과 존재에의 용기

하느님에 대하여 실존적 존재가 가지는 상징은 '깊이'이지만, 하느님을 범신론적으로 접근할 경우에는 '존재의 힘'으로 표현할 수 있다. 틸리히에 의하면 인간의 유한성에 대한 대답으로서의 하느님은 존재의 무한한 힘이다. 그런데 유한한 존재인 인간은 비존재를 포함하고 있는 존재이며, 이처럼 비존재와 혼합된 유한한 존재가 비존재를 극복하게 되는 자아긍정의 기능이 바로 존재의 힘이다. 인간은 무한한 비존재를 극복할 수 있는 가능적인 힘을 가지고 있다. 비존재의 위협을 계기로 얻어진 존재론적 자각을 통하여 인간은 존재의 힘을 갖게 된다. 이와 같은 존재의 힘은 하나의 우주나 또는 어떤 개인이나 사물에 관계없이 그 모든 것들 속에서 작용하고 있는 총체적인 힘이다. 따라서 모든 개별적인 존재자들, 곧 자기 속에서 존재이유를 갖지 못하는 우연적인 존재자들은 존재자체 안에서 존재의 힘을 나누어 가지게 된다. 이러한 방식으로 모든 존재자들은 존재자체인 존재의 힘에 참여하게 된다. 반대로 존재자체는 모든 존재자들이 충분하게 존재할 수 있도록 존재의 힘을 나누어 준다.

틸리히는 자신이 말한 존재의 힘을 변증하기 위하여 다시 철학사를 뒤져내고 있다. 그는 먼저 헤라클레이토스가 말한 존재의 로고스는 세계를 변화시키고 도시를 보호하는 힘이었으며, 크세노파네스의 정신은 존재의 바퀴를 돌리는 힘이었다고 말한다. 그리고 엠페도클레스가 말한 존재의 뿌리(rhizomata)는 사랑과 미움이 일으키는 분리와 결합의 힘에 의하여 그때마다 우주를 새롭게 형성하고 해체한다. 플라톤은 이러한 존재의 힘을 이데아에 대한 에로스로 설명하였다. 그리고 아리스토텔레스는 가능적인 존재 상태에서 현실적인 존재자로 이행하는 운동이라고 보았다. 여기에서 운동의 최종적인 목표가 되는 순수형상은 모든 운동 존재자들이 희구하는 사랑의 목적이며, 세계를 움직이는 보편적인 에로스의 원리이다. 이 힘은 스토아학파의 지혜에 대한 욕망, 아우구스티누스의 진리자체에 대한 갈망, 스피노자의 실체에 대한 지적인 사랑, 헤겔의 절대자에 대한 정열, 흄의 편견으로부터의 자유, 그리고 니체가 말하는 권력에의 의지(Wille zur Macht)로 각각 다양하게 표출되고 있다.

그러나 틸리히가 자주 사용하고 있는 존재자체의 개념은 아우구스티누스의 진리자체의 하느님과 토마스 아퀴나스의 존재자체에서 영향 받은 것이 분명하다. 그리고 이것은 그가 1923년부터 1929년까지 마르부르크대학에서 철학교수로 재직하고 있었던 하이데거로부터 실존철학을 접하게 되면서 확고하게 다져졌을 것으로 추측된다. 틸리히는 1924년부터 1925년까지 이 대학에 근무하고 있었다.

하이데거는 모든 존재자를 존재하게 하는 존재근거로서 존재를 문제 삼았으며, 이것은 틸리히가 철학자들의 하느님과 성서의 하느님을 같은 하느님으로 상정할 수 있는 존재근거를 작업한 것과 같은 의미를 갖는다. 하이데거는 지금까지는 전통 형이상학이 존재자만을 다루어 왔음을 비판하면서, 존재자에 대한 물음을 존재에 대한 물음으로 대체하려고 하였다. 그리하여 그는 지금까지의 철학사 속에서 망각되어 온 존재의 개념을 다시 복원해서 새로운 형이상학을 정초하려고 시도한다. 결국 그는 존재란 이 세상에서 구체적으로 존재하고 있는 그 어떤 것도 아닌, 그야말로 아무것도 아닌 것(無)이면서, 또한 동시에 모든 존재자들을 그렇게 존재하게 하는 존재근거가 되는 것이라고 생각하였다. 이와 같은 하이데거의 생각은 틸리히의 철학적 신학과 존재신학에 결정적인 영향을 주었다. 그리하여 틸리히는 '높이'에서 '깊이'의 하느님으로, 존재자인 하느님을 초월하여 존재지반을 근거로 하고 있는 '존재의 힘'을 말함으로써, 결국 모든 존재자들을 넘어서서 존재의 빛을 찾아가는 하이데거의 존재론과 그 맥락을 같이하게 된다.

지금까지 우리는 틸리히의 존재신학을 통하여 그가 기독교의 하느님 개념 대신에 우리들의 궁극적 관심의 대상이 되고 있는 '존재자체'가 무엇인지를 살펴보았다. 틸리히가 말하는 존재지반은 어떤 특정한 최고 존재자일 수 없으며 무제약적인 것이다. 무제약적인 것은 인격적인 것과 신비적인 종교를 모두 초월한 것이다. 존재의 근거로서 존재의 힘은 비존재에 직면하여 자기계시를 실현하며, 그리고 이와 같은 존재자체에서 발산되는 계시의 빛에 힘입어, 결국 모든 존재자는 비존재자의 위협에도 불구하고 자기를 긍정하는 행위, 즉 존재에의 용기를 통하여 존재자체에 참여하게 된다. 그리고 이와 같은 논리는 존재자체가 하느님의 자아긍정을 위하여 비존재를 자신 속에 포섭하고 있다는 은유적인 표현으로 가능하게 된다. 비존재는 하느님으로 하여금 살아 있는 하느님이 되게 한다. 그리고 하느님의 자아긍정은 유한존재의 자아긍정인 존재에의 용기를 가능하게 한다.

틸리히는 그의 저서 『존재에의 용기』[14)에서 '용기'를 '믿음'으로 해석한다. 그는 존재에의 '용기'를 플라톤의 대화편 『국가』에 나타난 영혼 속에 깃들어 있는 생기 있고 용감한 '티모스'(thymos)라는 말에서 인용하였다. 플라톤 철학에서의 티모스는 인간의 지성적 요소와 감각적 요소의 중간위치에 놓여 있으며, 고상한 것을 위하여 투쟁하는 불굴의 정신을 의미한다. 그러므로 용기는 플라톤의 영혼이론에서 중간적인 위치를 차지하고 있으며 이성과 욕망의 분열과 갈등을 중재하는 교량의 역할을 수행한다. 그것은 비존재의 위협에도 불구하고 존재 자체에로 다가설

---

14) Tillich, Paul: *The Courage To Be*. London and Glasgow 1952.

수 있는 힘인 것이다. 그러므로 존재자체의 참된 본질을 드러나게 하는 것은 바로 존재에의 용기이다. 존재에의 용기는 존재자체의 용기이다. 존재에의 용기는 존재자체에 이르게 되는 유일한 길이며, 그것은 항상 비존재의 위협 앞에 노출된 실존에게만 허락되는 절대신앙이다.15)

존재에의 용기는 하느님의 자아긍정과 대립되는 실존적인 사건들이 있음에도 불구하고 우리들이 자기 자신의 존재를 긍정하려는 윤리적인 행위이다. 실존적인 사건의 원인이 되는 비존재를 전제하지 않은 자아긍정은 한갓 자아동일성에 지나지 않는다. 그리고 그것은 사물적 존재자의 단계로 전락한다. 하이데거가 말하는 비존재와 무도 인간의 현존재에서 존재자체가 드러날 수 있는 가능성으로 상정된 것이며, 특히 그의 실존분석에서는 인간의 비존재인 죽음 앞에서 본래적인 참된 자기실존을 찾게 되는 윤리적 의미를 가지고 있다. 따라서 하이데거가 말하는 무는 존재자의 반대개념으로 주어진 것이며, 그것은 근원적으로 존재자체의 본질에 속한 것이다. 그리하여 무는 인간의 현존재에게 존재자체가 드러나는 것을 가능하게 한다. 마찬가지로 틸리히가 말하는 비존재가 하느님의 자아은둔을 드러내며 힘과 사랑으로서의 하느님을 나타내고 하느님으로 하여금 살아있는 하느님이 되게 한다.

존재의 힘에 상반되는 개념은 비존재, 즉 아무것도 아닌 것이다. 비유적으로 표현한다면 비존재는 존재자체 속에 있으면서 존재가 부정된 상태를 의미한다. 틸리히는 비존재의 존재에 대한 위협의 필요성을 하느님 자신의 계시 때문이라고 생각한다. 그는 존재자체의 힘이 비존재와 대조되는 존재임을 스스로 긍정하지 않은 한, 하느님은 살아있는 하느님이 될 수 없다고 보았다. 존재자체의 하느님이 자기 자신을 드러내

---

15) Tillich: *The Courage To Be.* pp. 174-175.

기 위해서는 절대적으로 비존재가 요청된다는 것이다.

그런데 이와 같은 비존재는 현존재에게 유한성과 불안이라는 실존 범주로서 접근해 오고 있다. 비존재로부터 기인되는 존재론적 충격은 인간으로 하여금 유한성과 불안을 인식하게 한다. 이러한 유한성과 불안은 존재가 존재지반으로부터 분리되어 인간의 실존적 상태를 드러낸다. 이제 새로운 존재론은 존재지반이 비존재를 포함한다는 공간적인 은유와 비존재의 존재방식인 유한성과 불안까지를 다루어야 한다. 유한성과 불안은 서로를 드러나게 한다. 불안은 유한성을 드러내고 유한성 앞에서 인간은 불안하게 된다.

그것은 바로 하이데거가 말한 것처럼 현존재에게 일회적이고 무교섭적이며, 또한 결코 추월할 수 없는 확실성처럼 다가오는 무규정적인 가능성인 죽음을 통하여 명시화된다. 그러므로 비존재 또는 죽음은 우리에게 두 가지 양태의 불안을 가져다준다. 첫째로 우리는 비존재의 위협 앞에서 도저히 빠져나갈 수 없는 함정에 떨어져 버렸다는 공포심을 가지게 되면서 말살적인 협착성의 불안을 느끼게 된다. 그것은 바로 우리들이 죽음이라는 좁은 함정에 빠져 허덕이는 데서 오는 불안의식을 의미한다. 둘째로 우리는 비존재의 위협 앞에서 무한한, 그리고 아무런 형체도 없는 공간 속으로 끝없이 추락하면서도 떨어질 곳이 아무 곳도 없다는 사실에서 생기게 되는 말살적인 공허성의 불안을 가지게 된다. 그것은 바로 실존적 심연의 나락 위에서 피어나는 불안의 꽃을 말하고 있다. 이처럼 비존재의 위협으로부터 기인되는 현존재의 불안은 파기할 수 없는 근본정서로 실존자체에 뿌리를 내리고 있는 실존범주인 것이다.

틸리히는 이와 같은 실존적 불안을 운명과 죽음의 불안, 허무성과 무의미성의 불안, 죄책과 정죄의 불안으로 분류한다. 운명과 죽음의 불안은 인간 실존에게 가장 근본적으로 나타나는 정서로서 틸리히는 그것을 존재적 불안이라고 부른다. 이와 같은 불안은 역사적으로 고대 말기에 성행한 위기의식이다. 죄책과 정죄의 불안은 인간의 실천적 관심과 긴밀한 관계를 가지며, 특히 도덕적 또는 종교적인 생활 속에서 비롯된다. 따라서 틸리히는 그것을 도덕적 불안이라고 부르며, 이는 중세 말기에 팽배하였던 위기의식이었다고 한다. 마지막으로 허무성과 무의미성의 불안은 삶의 가치에 대한 문제와 관련된 것으로서 정신적 불안을 의미하며, 그것은 특히 근대 말기에 성립된 위기의식을 표현하고 있다. 이와 같은 세 가지 형태의 불안 가운데서 어떤 특정한 위협의 불안이 한 시대를 풍미하게 될지라도, 그것은 항상 다른 형태의 불안과 긴밀한 상호 연관성을 가지게 된다. 그리하여 비존재는 상대적으로는 운명의 형태로, 그리고 절대적으로는 죽음의 형태로 인간의 존재적 자아긍정을 위협하게 된다. 또한 비존재는 허무성과 무의미성의 형태로 인간의 정신적 자아긍정을 위협하고 죄책과 정죄의 형태로 인간의 도덕적 자아긍정을 위협한다. 존재적 불안은 가장 근본적이고 보편적인, 그리고 회피할 수 없는 불안이라는 사실을 우리는 하이데거의 철학에서 단적으로 살펴볼 수 있었다. 운명과 숙명이라는 불안은 죽음에 대한 절대적인 불안의 지평 위에서 그 모습을 드러낸다. 운명은 시간적 인과율적 존재의 우연성을 의미하며, 인간의 개인적, 사회적 생활의 불안정성과 무정착성의 배후에 도사리고 있다. 도덕적 불안은 인간이 그의 자유의지로 최선의 행위를 실현하였다 할지라도 유한한 존재자이기 때문에 항상 죄책을 느끼게 되며, 선과 악의 개념이 모호해져서 도덕적 상대주의에 빠지게 되는 인간의 실존적 상황이다. 정신적 불안은 기존가치의 상실과 의미부여의 결여로 인한 정신생활의 황폐를 의미한다. 우리는 니체가 유럽에 퍼뜨린 허무주의에 관한 무서운 소식을 접한 많은 사람들이 얼마나 큰 불안을 경험하였던가를 잘 알고 있다. 모든 가치의 상실과 가치전도는 삶의 지반을 흔들리게 한다. 그리하여 세 가지 형태의 실존적 불안은 절망을 형상화하기에 이른다. 절망은 궁극적 상태, 즉 한계선에 도달한 상황이며, 사르트르가 말하는 탈출구가 없는 상황이고 야스퍼스의 한계상황에 대한 정서상태이다. 절망의 고통은 한 존재자가 비존재의 충격 앞에서 자기 자신을 가늠할 수 없고 긍정할 수 없는 자신의 체념을 의식하는 것이다. 그러므로 절망은 존재론적 충격 앞에서 실존이 자신을 포기해 버린 상황을 단적으로 드러내고 있다.

비존재로부터 기인되는 실존적인 불안과 절망의 위협에도 불구하고 자아긍정을 통하여 존재의 힘, 즉 존재자체에 참여하려는 것이 바로 존재에의 용기이며 신앙이다. 신앙이란 존재에의 용기를 성서적 또는 신학적으로 표현한 개념일 뿐이다. 신앙이란 궁극적 관심에 의하여 사로잡혀 있는 상태, 즉 비존재의 위협에도 불구하고 존재자체로부터 발산되는 존재의 힘에 의지하여 자신을 긍정하려는 존재에의 용기를 의미한다. 그러므로 진정한 의미에서의 신앙은 궁극적 관심이며 존재에의 용기이고 존재의 힘에 참여하는 것이다. 이것은 바로 선인격의 중심적 행위이다. 그러므로 신앙은 우리를 존재지반으로의 참여를 유도하여 자기의 참된 본질과 자기의 내적 목표인 생명을 긍정하게 한다. 다시 말하면 존재에의 용기도 생명력의 기능을 가지고 있는 것이다. 모든 유한한 존재자가 존재에의 용기, 즉 절대 신앙을 통하여 존재지반에 근거를 가지려는 노력은 참여에 의하여 가능하게 된다.

참여는 플라톤의 이데아론에서 사용된 개념으로 '참가한다', '몫을 나누어 가진다'(methexein)는 뜻을 가지고 있다. 또한 존재지반인 '존재의 힘'이 유한자들에게 힘을 공급하는 것은 플라톤이 말하는 '분여'(kathexein)와 비슷하다. 그런데 틸리히는 참여를 두 가지로 나누어 설명한다. 그리하여 참여란 전체적인 존재지평과 잇대어 있으면서 그것의 '한 부분으로서 존재하려는 용기'로서 이해될 수 있다. 이와 같이 참여의 의미를 존재자체에 두게 될 때 그것은 신비적 성격을 띠게 되며, 이와 같은 현상은 중세의 종교행사나 신집단주의 등에서 드러나고 있다. 이 경우에서의 사회구성원은 그 집단의 한 부분에 속함으로써 자기 자신을 긍정하게 된다. 이와 반대로 유한한 존재자는 신적인 자존성과 유사한 개체화, 즉, '자기 자신으로서 존재하려는 용기'를 가질 수 있다. 개체화는 낭만주의와 계몽주의, 심층심리학과 실존주의의 영역에서 두드러지게 나타나는 특성이다. 이와 같은 개체화가 참여의 지배적인 현상으로 나타나게 되면 그것은 인격적 모습을 띠게 된다. '인격'(prosopon)이란 희랍어는 보편적인 인격성, 다시 말하면 이성과 자유와 책임을 가진 개체적 존재를 의미한다. 그러므로 존재에의 용기를 이루고 있는 두 얼굴이 되는 참여와 개체화는 항상 긴장된 관계 속에서 상호 의존해야 한다. 왜냐하면 참여가 지배적일 때 집단주의 안에서 실존적 자아가 상실되고 종교의 신비화 현상이 일어나게 되며, 개체화가 지배적일 때 실존주의 안에서 세계를 상실하게 되고 종교의 인격화가 초래되기 때문이다. 그러므로 존재지반에의 참여가 없는 인격적 개체화는 비존재의 위협 앞에서 무기력하게 되고, 인격적 개체화를 경시한 참여는 존재에의 용기를 악마화 한다.

절대적 신앙은 신비적인 초자연주의적 신앙과 인격적인 신앙을 초월하여 '하느님 위에 있는 하느님'(God above God)을 향한다. 그리고 이와 같은 절대 신앙의 차원에서 기도하는 것은 바로 '존재지반 앞에서 자기 자신을 여는 것'을 뜻한다. 절대 신앙은 철저한 회의와 부정(No)의 불안에도 불구하고 '예'(Yes)라고 대답할 수 있는 용기이다. 그러므로 절대 신앙 속에는 회의와 믿음을 드러내는 존재론적 사건이 이미 발생하고 있다. 철학적 물음과 신학적 대답이 절대 신앙 안에 이미 전제되고 있는 것이다. 절대 신앙이란 성서적 인격주의와 초자연주의, 그리고 무신론까지를 극복한 새로운 하느님으로서의 존재지반에 대한 용기이다. 존재에의 용기는 바로 우리들의 궁극적 관심이며 절대적 신앙인 것이다.

틸리히가 말하는 존재에의 용기와 궁극적 관심은 야스퍼스의 '철학적 신앙'(philosophischer Glaube)과 유사하다. 야스퍼스는 과학의 순수성을 보유하면서도 다시 그것을 극복하고 일어선, 그리하여 내가 그것에 의하여 살고 생명까지도 바칠 수 있는 무제약적인 진리에의 확신을 철학적 신앙이라고 부르고 있다. 내가 그것을 위하여 죽을 수도 있는 참된 진리는 바로 철학적 신앙이며 궁극적 관심인 것이다.

또한 유한한 존재자가 비존재의 위협에도 불구하고 자아긍정을 통하여 존재의 힘에 의존하는 이른바 틸리히의 존재에의 용기는, 키에르케고르의 실존철학에서 '죽음에 이르는 병'(Krankheit zum Tode)을 치유할 수 있는 유일한 방법으로 제시된 '반복'(Wiederholung)이라는 개념과도 유사하다. 반복은 '원상태로의 복귀'를 의미하며, 신 앞에 단독자로서 홀로 서 있게 되는 것을 말한다. 그리하여 일반적으로 실존철학자들이 말하는 실존의 의미는 본래적인 자기 발견이나 또는 하느님 앞에 바로 서는 데서 찾을 수 있다. 틸리히가 말하는 존재에의 용기도 역시 이와 같은 맥락에서 이해될 수 있으며, 인간 실존은 비존재의 위협으로부터 오는 불안과 절망의식, 그리고 소외현상을 하느님의 위에 있는 하느님에 대한 존재에의 용기에 의하여 극복할 수 있다는 사실을 우리에게 가르쳐 주고 있다. 그리고 바로 이런 사실에서 철학적 신학의 종교적인 기능이 달성되고 있다.

5. 사신신학과 비존재의 문제

틸리히는 그의 제자였던 알타이저(Thomas J. J. Alteizer)의 사신신학 (死神神學)에 관한 강의를 듣고 놀라기도 하였으며, 그가 죽기 전날 밤에 알타이저와의 논쟁에서 자신이 급진신학의 지도자임을 부인하였다. 그럼에도 불구하고 1967년 10월 13일자 『오늘의 기독교인』(*Christian Today*)라는 잡지의 표지 그림에서는 틸리히의 신학이 현대의 급진신학과 무관하지 않다고 풍자되고 있었다. 바하니안(Gabriel Vahanian), 해밀톤(William Hamilton), 알타이저, 반 루벤(Van Leeuwen)의 저서들 밑에는 세 권으로 된 틸리히의 『조직신학』이 놓여 있었던 것이다. 『신에게 솔직이』(*Honest to God*)라는 책을 쓴 로빈슨 역시 학생들에게 강의하는 도중 틸리히의 저서 『흔들리는 터전』을 자주 읽어 주었다고 술회하고 있다. 알타이저도 역시 틸리히의 영향이 절대적이었음을 강조한 바 있다. 이러한 사실에서 케네드 해밀톤(Kenneth Hamilton)은 틸리히가 기독교 신학에서의 무신론을 주장하지는 않았으나, 그럼에도 불구하고 그는 초자연주의의 애굽에서 사신(死神)의 요단강으로 인도한 모세와 같은 인물에 비유될 수 있으며, 사신신학의 복지로 들어가는 길은 여호수아 (알타이저)에게 맡긴 것이라고 논평한다. 더 이상 언급하지 않더라도 니체를 극복해 낸 틸리히의 신학이 또 다시 사신신학의 이론적 근거가 되었던 것은 틀림없는 사실이다.

그러나 틸리히의 사상이 비록 기독교를 발판으로 하고 있다 하더라도 하나의 철학인 것은 사실이다. 존재지반을 말하는 그의 사상은 어떤 다른 철학자 못지않게 사색적이다. 다시 말하면 틸리히는 존재자를 넘어서서 존재의 근거문제를 묻고 있으며, 기독교의 신학을 존재론으로 해석하려고 한다. 하느님은 바로 존재의 힘이나 또는 존재지반이었고 신앙은 존재에의 용기였던 것이다. 그러나 하느님이 존재자체이고, 이러한 존재자체가 자기 계시의 수단으로 비존재를 함유하고 있다고 주장하는 순간 우리에게는 새로운 어려움이 출현하게 된다. 이와 같은 어려움은 틸리히가 말하는 비존재가 과연 무엇인가라는 새로운 물음을 낳게 된다.

틸리히는 유한한 인간의 상황은 비존재의 위협으로부터 시작된다고 전제한다. 유한한 존재자는 존재와 비존재의 혼합물이며, 비존재를 포함하고 있는 존재자이다. 자체 속에 존재와 비존재를 포섭하고 있는 존재자체는 자기 긍정을 할 수 있는 존재이다. 물론 이것은 은유적인 것이다. 그러나 틸리히의 논리에 비추어 보더라도 만일 존재지반이 자기 속에 비존재를 함축하고 있다면, 그 때문에 그것은 유한한 존재자로 전락할 위험이 있다. 이러한 위기가 실제로 용납될 경우에 유한한 존재자가 존재자체에 걸고 있는 존재에의 용기 역시 무의미해지고 무력하게 될 수 있을 것이다. 그러므로 우리는 틸리히가 말하는 비존재라는 언어의 애매성에 당혹하게 된다. 만일 그가 말하는 '존재'(Being)가 하느님이고 새로운 존재(New Being)가 예수 그리스도라면 비존재(Non-Being)는 과연 무엇일까? 만일 그가 말하는 비존재가 사탄과 같은 악마적인 것이라면 문제는 더욱 복잡하게 된다. 그러나 그가 말하는 비존재가 하이데거적인 의미를 가진 '아무것도 아닌 것' 또는 '무'라 할지라도 여전히 문제는 남게 된다. 왜냐하면 비존재가 만일 악마적인 것이라고 한다면, 존재자체가 비존재를 내포하고 있다는 틸리히의 전제는 바로 악에 대한 모든 책임을 하느님에게 전가하는 것이 된다. 그와 반대로 비존재가 만일 하이데거의 무와 같은 것이라면 존재자체는 결국 무와 동일한 것이므로 동어반복에 지나지 않게 된다. 그러므로 틸리히가 말하는 비존재와 무는 무엇인가라는 물음이 여전히 남아 있게 된다. 비존재와 무에 대한 물음은 전통적인 존재론과 형이상학에서 항상 배제되어 왔다. 무의 존재를 말할 때 우리는 파르메니데스의 역설에 빠지게 되기 때문이다.

틸리히의 전제에 따라서 비존재의 문제를 다시 정리해 보더라도 우리는 똑같은 역리에 빠져들게 된다. 첫째로, 비존재는 존재자를 드러내 주기 위해서 상대적으로 존재자체 속에 포함되어 있다. 둘째로, 그러나 비존재가 존재자체 속에서 존재한다고 말한다면, 그것은 이미 비존재나 무가 아니고 무의 존재로서 존재자를 지시하게 된다. 셋째로, 그러므로 존재한다고 결코 말할 수 없는 비존재 자체에 관하여 우리는 말할 수 없고 사유할 수 없다. 만일 틸리히가 말하는 존재자체 속에 포함된 비존재 또는 무는 이미 어떤 존재자를 의미하게 된다. 이와 같은 비존재의 존재는 악마적인 것을 상징할 수는 있어도 무 자체는 상징할 수 없다.

하이데거는 무에 관한 물음을 파르메니데스와는 전혀 다른 방식으로 풀어 나간다. 그는 『형이상학이란 무엇인가?』라는 저서에서 "도대체 왜 존재자이고 무가 아닌가?"라고 물으면서, 지금까지의 철학에서는 존재와 무 자체에 대한 물음은 물어지지 않았다고 지적한다. 그러나 하이데거가 말하는 무란 도대체 무엇인가?

하이데거에 의하면 첫째로 기독교의 교리는 절대로 "무로부터 무가 생긴다"(ex nihilio fit)는 명제의 진리성을 인정하지 않는다. 둘째로 무로부터 생기는 것은 피조물이다(ex nihilio fit － ens creatum). 이때의 무는 피조물(ens creatum)이 아닌 존재자이며 최고 존재자(summum ens)인 신에 대립되는 개념이다. 다시 말하면 무로부터 무가 생긴다는 말은 바로 존재가 무로부터 생기지 않는다는 것을 함축하고 있는데, 전통적인 기독교는 이 사실을 부정하면서 무로부터 존재가 생성될 수 있으며, 그 생성된 산물은 바로 피조물이라고 주장한다. 그러나 만일 신이 무로부터 존재물을 만들어 내는 것이 사실이라면 신이 어떻게 무와 관계하고 있는지를 기독교 신학은 밝혔어야 하였다. 만일 신이 신이고 그밖에 무가 있다면 신은 결코 무에 관하여 영향력을 행사할 수 없게 되기 때문이다. 이와 같은 의문 속에서 하이데거는 비로소 존재와 무에 대한 물음을 획득할 수 있다고 생각한다. 그리하여 셋째로 무는 존재자에 대하여 한갓 대립적인 것이 아니고 존재자의 존재로서 자신을 드러낸다는 것이다.

이상과 같은 하이데거의 논의 속에서도 우리는 틸리히의 비존재 이해에서 살펴보았던 똑같은 어려움을 발견하게 된다. 도대체 존재자의 존재 속에서 자기 모습을 드러내는 무란 무엇일까? 하이데거는 이와 같은 어려움을 동어반복으로 해소하려고 한다. 그리하여 "순수한 무는 순수한 존재와 같다"는 헤겔의 명제를 하이데거는 정당화시킨다. 그러나 우리는 틸리히에게서 존재와 비존재가 동일한 것이라는 논리를 발견하지 못한다. 그리하여 틸리히의 존재자체는 비존재와 동일한 것이 아니며, 또한 자신 속에 비존재를 포함하고 있으면서 존재자가 비존재의 위협을 당할 수 있는 유한한 존재자와 논리적으로 구별되지 않는다. 다만 틸리히는 막연하게 비존재가 존재에 대하여 논리적인 하위개념이라는 사실을 전제하고 있을 뿐이다. 그러나 하이데거는 존재를 무와 같은 것으로 보면서, "무로부터 모든 존재자로서의 존재자가 생긴다"(ex nihilo omme ens qua ens fit)라고 말한다. 존재자를 드러나게 하는 존재의 힘은 바로 무라는 것이다.

존재론에서 결코 해결되지 않는 비존재의 문제는 신학에서는 악에 관한 문제를 유발한다. 그리하여 우리들은 악행에 대한 최종적인 책임이 누구에게 있는가를 묻게 된다. 만일 하느님이 전지전능하고 선한 존재라면 그는 도대체 왜 악한 것들을 이 세상에 허락하였는가가 신학적인 아포리아로 부각된다. 어떤 사람들은 자유의지를 말하기도 한다. 그리하여 악행은 인간의 자유로운 선택에 의한 결과라고 말한다. 그러나 신은 인간이 악한 것을 선택하고 그의 말씀까지를 거역할 수 있다는 사실을 충분히 예측할 수 있으며, 그런 사실들을 알고 있는 이상, 인간을 다른 방식으로 창조했어야 한다. 그러므로 기독교가 신의 완전성과 창조이론을 주장하는 한, 악에 대한 실질적인 책임의 문제는 항상 신학적인 논쟁대상이 되는 것이다.

기독교가 이론적인 체계작업을 시도하면서 영향력을 행사하게 된 플라톤 철학 및 신플라톤학파에서는 유출설에 의하여 악의 문제를 설명하려고 하였다. 다시 말하면 모든 존재영역은 하느님으로부터 흘러나온 것인데, 하느님과 가까운 곳에 자리하는 것은 보다 선하고 하느님과 멀리 있는 것은 악하다는 것이다. 그러나 이러한 설명은 현명한 것이 아니다. 하느님과 멀리 있는 사실만으로 악이 성립된다면, 그것은 바로 하느님의 완전성을 부정하는 것이 된다. 아무리 멀리 있다 할지라도 하느님으로부터 흘러나온 것은 선한 것이라야 한다.

마르치온(Marcion)과 같은 그노시스학파에서는 하느님과 물질의 이원론을 채택하여 구약성서의 하느님을 신약성서의 하느님보다 하위로 간주하였으며, 마니교에서는 악의 원리이자 어두움의 신인 창조신과 선의 원리이자 빛의 신인 구원의 하느님을 구분하여 선과 악을 설명하려고 시도하였다. 위 디오니시우스와 같은 사람은 존재하고 있는 모든 피조물들이 악한 것일 수 없다고 주장하면서, 심지어는 악마들까지도 그들이 존재하는 한 선이라고 말한다. 실제로 우리들은 같은 맥락에서 가롯 유다의 배신이 과연 악한 행위였던가를 되묻게 된다. 만일 그가 예수를 배신하지 않았더라면 구속사는 성립될 수 없을 것이다. 그렇다면 그의 배신은 악행이라고 볼 수 없게 된다.

그리하여 우리는 틸리히가 말하는 비존재와 그로부터 야기되는 존재론적 충격이 어떤 의미인가를 다시 묻지 않을 수 없게 된다. 우리는 그것이 죽음과 질병의 위협인가, 그렇지 않으면 악마적인 것으로부터의 위협인가를 헤아려야 한다. 틸리히는 그의 비존재 개념을 통하여 존재자의 존재 속에서 자기를 현시하는 하이데거의 무를 연상하고 있었는지도 모른다. 왜냐하면 하이데거에서의 무는 존재자의 본래성을 드러나게 하는 계기가 되고 있기 때문이다. 다시 말하면 일상생활 속에서 자신의 참된 모습을 망각한 채로 살고 있는 사람들에게 죽음에의 자각은 본래적 실존을 회복하게 할 수 있는 계기를 마련하기 때문이다. 틸리히는 바로 그것을 비존재의 위협에도 불구하고 존재의 힘을 찾아 나서는 궁극적 관심으로 말한다. 그럼에도 불구하고 우리는 여전히 존재지반으로서의 하느님, 깊이의 신학, 궁극적 관심이 무엇인지를 다시 되묻게 된다. 궁극적 관심은 바로 실존신학의 결론인 동시에 존재신학의 단초를 이루고 있는 것이다.

ː제7장ː 에른스트 블로흐 : 기독교 안에서의 무신론

1. 에른스트 블로흐의 희망철학

에른스트 블로흐(Ernst Bloch 1885~1977)의 희망의 철학은 인간의
절대적인 굶주림과 억압상황 및 결핍상태로부터 벗어날 수 있는 지혜
와 서광을 던져주었다. 정서적으로나 물질적으로 풍족하지 못하였던
그의 유년시절과 장년기의 어려웠던 미국 망명시절은 내면으로부터
분출되는 그의 철학적인 갈망에 의하여 '희망'(Hoffnung)이라는 개념
으로 체계화되었다. 그의 핵심적인 저서라고 할 수 있는 『희망의 원리』
(*Das Prinzip Hoffnung*)는 제1권과 제2권이 1954년, 1959년에 각각 동
베를린에서 출판되었으며, 마지막 제3권은 1959년에 완성되어 수어캄
프(Suhrkamp)출판사에서 그 완권이 다시 간행되었다. 물론 이 저서는
그가 미국에서 망명생활을 보냈던 1938~1947년에 저술되었으며, 처음
에는 "보다 나은 삶에의 꿈"(*The Dreams of a Better Life*)이라는 제목으로
구상되었으나 『희망의 원리』로 결정하였다고 한다.[1]

---

1) 『희망의 원리』가 성립하게 된 과정과 그 철학적 영향에 관해서는 블로흐와 함
께 오랫동안 공동 연구활동을 하였던 브룩하르트 슈미트의 보고를 참조할 수 있다.
Schmidt, Brughart: *Ein Bericht: Zu Entstehung und Wirkungsgeschichte des "Prinzips
Hoffnung"*, in *Materialien zu Ernst Blochs "Prinzip Hoffnung"*, Frankfurt 1978, S.
15-40.

이 저서로 말미암아 그는 일약 희망의 철학자로 부각되었으며, 여기에서 중심적으로 논의되는 탈출(Exodus), 황폐함(Wüste), 미완성의 세계(unfertige Welt)라는 개념의 심각성과 함께, 아직-아닌-존재의 존재론(Ontologie des Noch-Nicht-Seins), 구체적인 유토피아(konkrete Utopie) 및 기독교를 무신론적인 시각에서 재정립한 메타종교(Meta-Religion) 이론 등은 몰트만(Jürgen Moltmann)의 『희망의 신학』(Theologie der Hoffnung)에 결정적인 영향을 끼쳤다.

1963년도에 간행된 몰트만의 『희망의 신학』2)은 "기독교 종말론의 성립과 결과에 관한 연구"라는 부제에서 볼 수 있듯이, 기독교적인 종말론의 지평에서 희망의 문제를 다루고 있으나 블로흐적인 시각과는 반대로 하느님의 섭리와 예정 안에서 달성되는 인간 희망이 주제화되고 있다. 블로흐와 몰트만의 신학적 논쟁은 이미 그들의 핵심적인 저서라고 할 수 있는 『희망의 원리』와 『희망의 신학』에서 시작된 셈이고, 1965년에 아놀드스하인(Arnoldshain)의 기독교 학술모임에서 마르쉬(Wolf-Dieter Marsch)의 중재 아래 「범주 '새것'에 관한 대화」를 통하여 두 사람의 논쟁이 계속되었다.3) 그 후 1968년에 블로흐는 그의 신학적인 견해를 종합하여 『기독교에서의 무신론』4)이라는 탁월한 저서를 출판하였으며, 「탈출과 왕국의 종교에 관하여」라는 그 부제에서 알 수 있듯이 무신론적인 입장에서 기독교를 재해석하였다. 몰트만은 다시 블로흐의 핵심적인 신학적 논술들을 발췌하여 『상속의 종교』5)를 편찬

2) Moltmann, J.: *Theologie der Hoffnung; Untersuchungen zur Begründung und zu den Konseguenzen einer christlichen Eschatologie*, München 1964.

3) *Gespräch über die Kategorie Novum*, in *Tagträume vom aufrechten Gang*, Sechs Interviews mit Ernst Bloch. Arno Münster (Hrsg.): Frankfurt 1977, S. 154-161.

4) Bloch, Ernst: *Atheismus im Christentum; Zur Religion des Exodus und des Reichs*, Frankfurt 1968. 이하 *AC*로 줄인다.

5) Bloch, Ernst: *Religion im Erbe*, Hrsg. von J. Moltmann, München, Hamburg

하였고, 그 자신의 블로흐에 관련된 논문들을 모아『에른스트 블로흐와의 대화』6)라는 책으로 출판하여 당시 90세였던 블로흐에게 헌정하였다. 몰트만과 블로흐의 신학적인 논쟁에서는 물론 블로흐의 무신론적인 체제의 정당성이 근본적으로 문제되고 있으며, 블로흐의 신학적인 논의와 주장은 기존의 신학적인 보수성과 체제유지를 전면 거부하고 인간과 함께 다시 태어나는 것이었다.

2. 신비주의적 마르크스주의와 유토피아적 전체

몰트만은 에른스트 블로흐의 마르크스 이해를 '신비주의적 마르크스주의'(esoterischer Marxismus)라고 규정한 바 있다.7) 이것은 제1차 대전 이후 블로흐의『유토피아의 정신』(Geist der Utopie 1918), 루카치(Georg Lukács)의『역사와 계급의식』(Geschichte und Klassenbewußtsein 1923) 등의 저서에서 레닌-스탈린주의의 한계를 벗어나 마르크스의 초기 형이상학이나, 또는 그 이전의 인간주의적 유토피아 사상에 입각하여 보다 따뜻하고 밝게 해석하려는 경향 때문에 붙여진 것이다. 실제로 이와 같은 해석은 1932년에 마르크스의 초기 저작들이 파리에서 처음 발견됨으로써 학술적으로 뒷받침되었다. 특히 블로흐는 이와 같은 인간주의적 마르크스 이해를 자신의 희망철학에 철저하게 반영하고 발전시켰다. 그의 저서인『희망의 원리』에서는 "특정한 가능적 존재자 및 가능적 존재자"(Das 'nach-Möglichkeit-Seinde' und das 'in-Möglichkeit-Seiende'), "마르크스주의에서

<hr>

1970.

6) Moltmann, J.: *Im Gespräch mit Ernst Bloch. Eine theologische Wegbegleitung*, München 1976.

7) Moltmann, J.: *Ernst Bloch und die Hoffnung ohne Glauben*, in : *Das Experiment Hoffnung*, München 1974, S. 48f.

의 한류와 난류"(Kälte- und Wärmestrom im Marxismus)라는 항목으로 다루고 있다.[8] 블로흐는 먼저 아리스토텔레스의 질료 개념인 '뒤나미스'(가능태 또는 잠재태)를 '객관적-실재적인 가능성'(objektiv-reale Möglichkeit)이라고 번역하면서, 이를 다시 두 가지 의미로 분석하고 있다. 아리스토텔레스의 가능성 개념은 일정하게 주어진 조건들에 의하여 한정된 것이라는 의미에서 이미 어떤 것으로의 가능성이 지정된, 이른바 제약적 가능성 개념으로서의 '특정한 가능적 존재자'(das Nach-Möglichkeit-Seiende)이다. 그러나 아리스토텔레스의 가능성 개념은 물질의 열린 무한성이라는 의미를 담지하고 있는 '가능적 존재자'(das In-Möglichkeit-Seiende)라는 의미를 동시에 함축하고 있다. 블로흐는 세계의 모든 형상들이 출산의 맹아로부터 무진장하게 터져 나오는 물질 개념, 즉 '가능적 존재자' 개념 속에서 '유토피아적인 전체'(das utopische Totum)를 구축하고자 하였다 (*PH*, 238). 이와 같은 블로흐의 아리스토텔레스 이해는, 형상이 질료를 규정하는 것을 주된 내용으로 전승 발전하는 토마스 아퀴나스의 해석 (아리스토텔레스 우파)에 반대된다. 블로흐는 주로 물질 그 스스로가 자신의 고유한 형상을 규정한다는 아비체나와 아베로에즈 및 브루노의 전통을 받아들이고 있는데, 이러한 전통을 그는 '아리스토텔레스 좌파'라고 부른다.[9] 이렇게 볼 때 아리스토텔레스의 물질, 질료 개념은 '그때마다 이루어진 것에 대하여 비판적인 관점에서 볼 때 특정한 가능적 존재자로서의 물질', 다시 말해서 아리스토텔레스를 일반적으로 해석하게 될 경우에는 오히려 어떤 특정한 존재자이도록 제약된 가

---

8) Bloch, Ernst: *Das Prinzip Hoffnung*, Frankfurt 1959, S. 235-242. 이하 *PH*로 줄인다.

9) 아리스토텔레스의 질료 개념에 대한 '좌파적인' 분석은 주로 그의 저서 『아비체나와 아리스토텔레스 좌파』(*Avicenna und die Aristotelische Linke*; Frankfurt 1952)에서 집중적으로 논의되고 있다.

능성 존재 개념이라고 표현해야 더 적합한 존재 상태와 '도달 가능성을 정초하는 기다림이라는 측면에서의 가능적 존재자'라는 이중적인 의미를 가지고 있다.

아리스토텔레스의 물질 개념의 두 측면에 대한 분석을 바탕으로 블로흐는 마르크스주의를 한류(Kältestrom des Marxismus)와 난류(Wärmestrom des Marxismus)로 구분한다(*PH*, 239f). 물론 블로흐는 물질 개념이 아리스토텔레스 좌파를 거쳐서 헤겔의 세계이념으로 발전되며, 마르크스와 레닌에게까지 전승된다고 본다. 그런데 여기에서 아리스토텔레스의 제약된 '특정한 가능적 존재자'는 항상 '뒤집을 수 없을 정도로 냉엄한 결정성', 다시 말하면 '차가운 분석'과 '정확한 전략'으로 상속되어 '차가운 붉은 빛'(das Kälte Rot)을 띠게 되고, 상황 분석적 및 조건 분석적인 정태적인 상태에 머무르게 된다. 그러나 아리스토텔레스적인 물질 개념의 다른 성격, 즉 '도달 가능성을 정초하는 기다림'이라는 측면은 '고갈되지 않은 기다림으로 가득참'(unerschöpfte Erwartungsfülle)이고, '열광상태로서의 혁명적 이론과 실천'이며, 마르크스주의에서 '따뜻한 붉은 빛'(das warme Rot)을 띠게 하고, '전 역사적-유토피아적 전체'를 지향하고 있다는 것이다. 이와 같은 난류 마르크스주의는 해방에로의 지향성과 물질-인간적, 인간-물질적 실재 경향성을 띠고 있어서 마르크스의 초기 형이상학적 유토피아인 '인간의 자연화 및 자연의 인간화'를 지향하며, '가능적 존재자' 안에서 '유토피아적인 전체'가 실현된다고 본다. 물론 이와 같은 '유토피아적 전체'는 그 안에서 인간과 세계가 상호 낯선 존재로 소외되고 있지 않은 '자유의 왕국'(Reich der Freiheit)과 '동일성의 고향'(Heimat der Identität)과 같은 것이다. 열려 있는 물질의 참된 가능성은 '물질의 전초'(Front der Materie)를 형성하고, 그 존재 방식은 '앞을 향하고'(nach vorwärts) 있다. 이러한 그의 존재론적 입장은 다음의 두 문장에서 극명하게 드러나고 있다.

본질이란 이미 이루어진 본성이 아니다. 그와 반대로 세계의 본질
은 전초에 놓여 있다.[10)

실재적인 창조는 태초에 있는 것이 아니고 마지막에 있다.[11)

이와 같은 블로흐의 물질론은 유토피아적 존재론 또는 아직-아닌-존
재론으로서, 그 역사적인 전개과정 속에서 현재와 종말론적인 세계의
끝, 종극상태를 매개하고 있으며, 물질 안에서 구현된 유토피아와 유토
피아 안에 구현된 물질이라는 구체적인 유토피아론을 가능하게 한다.

3. 기독교에서의 무신론과 탈출의 신학

블로흐의 『기독교에서의 무신론』(*Atheismus im Christentum*)에 나타난
가장 중요한 신학적 방법론은 '초월 없이 초월하는 것'(Transzendieren
ohne Transzendenz)이다. 그의 종교이해는 철저히 유대 신비주의적인
메시아론의 전통에 입각해 있으면서도 기존 종교의 세계이해와 신관
을 철저하게 부정해 버리는, 이른바 종교에서의 전승적인 '상속'과 '단
절'을 동시에 추구한다. 따라서 기독교의 핵심부분인 하느님의 존재는 부
정하면서도, 그 하느님에 의하여 계획되었던 인간을 위한 '왕국'(Reich)의
개념은 인정한다. 블로흐에서의 신학은 포이에르바흐에서와 마찬가지로
하느님으로부터 인간으로 끌어내려지게 되고, 성서는 '위로부터' 해석되

---

10) Wesen ist nicht Ge-wesenheit: konträr: das Wesen der Welt liegt selver an
der Front. *PH*, 18; Vgl. *TE*, 275.

11) Die wirkliche Genesis ist nicht am Anfang, sondern am Ende. *PH*, 1628.

는 것이 아니라 '아래로부터' 해석되어진다. 물론 이와 같은 신학적 방법론은 전통적으로 헤겔, 포이에르바흐, 마르크스의 종교철학적 이해 속에서 설정된 것이지만, 블로흐의 독창성은 그의 메타종교 이론에서 돋보인다. 메타종교 이론에 의하여 '초월 없이 초월되는' 신학적인 내용들에서 우리는 그의 성서해석에 무신론적인 요소들이 어떻게 수용되고 있는가를 파악할 수 있다. 여기서는 '하계적인 성서해석', '구약에서의 하느님에 대항한 인간상', '신약에서의 인간 예수가 신이 되는 것', 그리고 '하느님 없는 하느님의 왕국' 등의 개념들이 중요한 위치를 차지한다.

블로흐의 신학은 하느님으로부터의 탈출의 신학이다. 따라서 그의 성서해석은 기존의 것과 방법론적으로 대립하고 있다. 교회사적으로 인정되고 있으며 성직자들에 의하여 해석되고 있는 전통교의적인 성서해석학을 블로흐는 공식적인 성서(offizielle Bibel)의 해석방법론이라고 본다. 이 방법론은 편찬사적으로 볼 때 성직자들에 의하여 왜곡, 날조된 것이고 '반동의 방식에 의한 교정작업'이었다고 블로흐는 주장한다.12) 유대교적인 신앙은 원래 낡은 세계와 낡은 창조의 근원인 하느님을 내던져 버리고 새것에 대한 희망, 메시아에 대한 갈방으로 가늑차 있다는 것이다. 전형적인 예로서 블로흐는 '새 하늘과 새 땅'에 관한 이사야의 예언(「이사야서」 65장 17절)과 요한의 계시내용(「요한계시록」 21장 1절)을 들고 있다. 이와 같은 새로운 '고향'(Heimat) 속에서는 이전 것들은 잊혀진다는 것이다. 그러나 공식적인 편찬사적인 성서해석에 의하면 잘못된 세계의 시작과 새롭게 창조된 세계의 끝이 하느님에 의하여 매개되고 화해되는 것처럼 설명하고 있다는 것이다. 여기에

---

12) Bloch, Ernst: *Atheismus im Christentum; Zur Religion des Exodus und des Reichs*, Frankfurt 1968. S. 102. *AC*로 줄임.

서 블로흐는 성서에서 전혀 상반된 이원론적인 모순원리를 지적한다. 그것은 바로 창조(Schöpfung)와 묵시(Apokalypse), 창조론과 종말론의 대립적인 원리이다(AC, 59f).

태초에 세계를 만들었던 하느님은 이 세상을 보고 참으로 "보기에 아름답다"(「창세기」 1장 31절)고 말하였다. 그런데 그가 만든 이 세상은 악으로 편만하고 완성되지 않은 결핍의 세계였다. 살인과 간음, 음모와 위선, 비리와 날조, 죽임과 전쟁으로 전염된 미완성의 세계였다. 따라서 이런 악한 세상을 만들어 놓고 보시기에 좋았다고 하였던 그 하느님은 분명히 '악한 하느님'이라는 것이다. 유대교적인 전통은 이 악한 세상과 악한 하느님으로부터 탈출하려는 몸부림의 역사 속에서 그 참된 전복적 혁명적 의미를 보존할 수 있었는데, 공식적인 편찬사적인 방법론에 의하여 본래적인 종교의미가 왜곡 날조되면서 악한 신에 대한 미신적인 숭배사상으로 변조되었다는 것이다. 따라서 블로흐는 새로운 세계에 대한 창조적인 원리는 결코 악한 세계를 만들었던 악한 하느님으로부터 나올 수 없다고 주장한다(AC, 61, 209). 따라서 미래적인 희망은 과거적인 창조신과의 모든 관련성을 거부해 버린다.

이러한 과거 부정적인 사고는 출애굽 사건에 대한 그의 하계적인 성서(unterirdische Bibel) 해석에서 전면적으로 드러나게 된다. 공식적인 성서해석은 출애굽 사건을 통하여 억압받는 하느님의 백성이 애굽에서 벗어나 새로운 땅, 곧 '젖과 꿀이 흐르는 땅'으로 옮기게 된다는 억압으로부터의 해방을 말한다. 그들은 억압적인 정치, 경제, 종교, 문화적 상황으로부터의 탈출을 상징적으로 드러내는 '애굽으로부터의 탈출'(Exodus aus Ägypten)을 강조한다. 그러나 블로흐는 새것에 대한 희망은 '애굽으로부터의 탈출'에 만족하지 않고 '지금까지의 모든 하느님 표상으로부터의 탈출'(Exodus aus jeder bisherigen Jachwevorstellung selber)까지를 주장한다(AC, 129).

그리하여 블로흐는 기독교 신학에서의 하느님 개념을 지양하고 메시아적 전통 속에서 왕국의 개념으로 대체시켜 버린다. 이제 블로흐는 "하느님의 이상적인 진리는 유일하게 왕국의 유토피아이고, 여기에서 이미 하느님은 높은 곳에 계시지 않을 뿐만 아니라, 원래 그런 것이란 전혀 없거나 한 번도 있지 않았던 것"(AC, 218; PH, 1514)이라고 말하면서, '위에서' 군림하는 하느님에 대한 표상을 말살하고, 인간들 속에 그리고 인간 역사의 전방에서 유토피아적인 전체상을 찾으려고 하였다. 따라서 그는 철저하게 과거적인 전통들을 모두 부정하고, 전복적인'(subversive) 의미에서만 수용한다. 애굽으로부터의 탈출은 이제 '하느님 자신으로부터의 탈출'로 해석되고, 하느님 개념은 하느님 없는 하느님의 왕국으로 대체되면서 왕국(Reich)이 종교적인 핵심 개념으로 남게 된다. 바로 여기에서 무신론과 메시아론이 만나게 되며, 따라서 블로흐의 메타종교이론의 중요한 테제는 "무신론이 없는 메시아론은 있을 수 없다"(Ohne Atheismus hat Messianismus keinen Platz, PH, 1413)라고 집약될 수 있다. 여기에서 괄목할 만한 사실은 서구 역사의 원축을 이루고 있는 유대-기독교적 메시아사상과 포이에르바흐-마르크스적인 무신론적 종교이론과 혁명 및 유토피아 사상이 블로흐의 원숙한 사상적 경지 속에서 매개되고 통일되고 있다는 점이다.

4. 전복적인 성서해석: 혁명-선과 인간-신의 문제

블로흐는 자신의 성서 해석학적인 원리인 '초월 없이 초월하는 것'과 '메타종교' 이론을 기초하여 구약성서 속에 나타나는 중심적인 사건과 기사를 '하느님에 대한 인간의 반항 라인'(Revolte-Linie gegen

Gott)에서 해석한다(AC, 60, 118). 신의 존재 앞에서 정면으로 도전하고 있는 혁명적 인간상은 물론, 성직자들의 수정작업을 통하여 반혁명적인 언어로 은폐되어 소수의 전문가들만이 그 사상적 잔해를 발견할 수 있는 바다에 가라앉은 섬과 같은 것이라고 블로흐는 말하고 있다(AC, 108). 그 대부분의 이야기 형체가 바다 속에 가라앉아 있는 엄청난 산의 존재는, 그 높은 봉우리의 흔적 때문에 본래적인 성서의미의 발굴을 가능하게 한다는 것이다.

먼저 창세기의 첫 부분에서 인용되고 있는 에덴동산과 뱀의 유혹에 관한 기사가 새롭게 조명된다. 여기에서 아담이 하느님에게 선고받은 죄목은 살인, 강도, 수탈, 원한, 강간과 같은 도덕적 사회적 차원의 것이 아니고, 하느님과 같은 존재가 되려고 하였다는 데 있다. 하느님의 형상대로 지음을 받았던 인간이 하느님과 같은 존재로 되고자 하였던 것, 그것이 바로 죽음에 이르는 병이었다는 사실은 기독교 윤리학적인 모순명제 가운데서도 그 대표적인 것으로 평가된다. 블로흐는 여기에서 인간이 하느님과 같이 되려고 하였던 사실, 곧 하느님에 대한 인간의 반항이라는 사실이 하느님과 인간 사이의 인격적인 약속보다 더 중요하다고 본다(AC, 116). 공식적인 성서해석에서는 에덴동산 기사에 나오는 뱀의 의미기능을 프로메테우스의 신화적 기능과 동일하게 보고,「요한복음」3장 14절에서 기술되고 있는 것처럼 모세가 사막에서 구원의 상징으로 쳐들었던 청동 뱀과 같이 인자도 들리어져야 한다는 내용을 인용하면서 이 뱀의 존재는 사탄이 아니라 예수라고 주장한다(AC, 232). 그러므로 에덴동산에서 인간을 하느님과 같은 존재로 만들려고 하였던 뱀의 존재는 악마가 아닌 예수의 모형이라는 것이다. 신에 대한 저항은 평화적인 카인의 농산물 제의보다도 아벨이 바치는 피의 제단만을 인정하였던 점에서도 창조신이 평화의 하느님이라기보다는 피를 좋아하는 악한 하느님이라는 사실로서 합리화될 수 있다는 것이다. 이러한 혁명적인 전복의 흔적은 실제로 바벨탑의 건축설화(「창세기」 11, 1-9) 속에서 찾아볼 수 있고, 이유 없이 버림받고 저주 당하는 욥의 모습 속에서도 찾아볼 수 있다. 물론 악한 신으로부터 탈출하고 신정정치를 전복하려는 인간의 고유한 혁명적 의지는 신약에 나타난 예수의 모습 속에서 전형적으로 묘사되고 있다고 볼 수 있겠다.

신약성서에 나타난 예수의 모습을 블로흐는 혁명가의 전형적인 모형으로 생각한다. 그가 혁명선의 이론에 근거하여 시도하였던 신약성서 해석은 인자(Menschensohn)인 예수가 성부인 하느님의 보좌를 폐위하고, 그 권좌를 찬탈함으로써 '인간이 하느님 되는 것'(Gottwerdung des Menschen)을 강조하는 데서 메타종교적인 혁명성을 발견할 수 있다. 그는 『기독교에서의 무신론』 제5장에서 "시저냐 그리스도냐"(Aut Caesar aut Christus, AC, 169-243)라는 주제로 예수의 혁명적 찬탈을 다루고 있다. 여기에서 물론 시저는 인간의 위에 군림하는 제왕적 기능을 의미한다. 그러나 블로흐는 높은 곳에 존재하는 하느님을 철저하게 부정해 버린다. 이제 새것에의 희망은 높은 곳을 향하지 않고 앞을 향하여 나간다. '하느님의 존재는 이제 예수에 의하여 대체'(Einsatz Jesu in Jachwe, AC, 173)되어 버리면서, 하느님은 죽을지라도 기독교의 맥박은 살아남게 된다(AC, 231). 악한 세상을 만든 악한 하느님은 이제 사라지고, 그 대신 인간 예수가 들어선다는 것이다. 그리하여 유토피아적 전체는 하느님이 지배하는 왕국이 아니고, 인간 자신이 주인이 되는 '하느님 없는 하느님의 메시아적인 왕국'(ein messianisches Reich Gottes — ohne Gott, PH, 1413)으로 된다. 블로흐에 의하면 하느님의 현존재를 믿는 것은 오히려 이교도적인 미신이고, 참된 신앙은 오히려 천년왕국적인 희망 안에서 하느님이 없는 자유의 왕국, 유토피아만을 믿는다는 것이다. 따라서 "무신론자만이 참된 기독교인일 수 있고, 참된 기독교인만이 무신론자일 수 있다"(AC, 24)라는 그의 기독교 안에서의 무신론적인 테제가 성립된다. 도대체 이 테제의 의미가 무엇이냐고 마르샹(Joes Marchand)이 물었을 때,[13] 블로흐는 예수와 그 이전의 선지자들이 성부의 직권을 찬탈하여 자신이 곧 하느님이고, 자신을 본 자는 곧 하느님을 본 것이 된다는 내용을 많이 선포하였으며, 특히 선지자 예레미야는 하느님이 바로 나의 원수라고 한탄할 정도로까지 창조와 종말, 예정과 묵시, 섭리와 구원이라는 이원론적인 모순관계 속에서 설정된 신정정치를 혁명적으로 전복하려는 인간의 자유에 대한 유토피아적 희망이 참된 기독교의 정신으로 세계사 속에서 맥맥히 전승되고 있음을 강조하였다.

5. 자유의 왕국과 구체적인 유토피아론

블로흐는 이제 성서의 인간주의적 하계적인 해석 방법론에 의거한 천년왕국적, 종말론적 지평에서 메시아적인 희망의 왕국, 하느님 없는 하느님의 왕국, 자유의 왕국을 새로운 유토피아상으로 제시하게 된다. 블로흐가 말하는 유토피아는 세계역사의 종극상태에 설정되고 있는 점에서 유대교적 전통을 수용하고 있다. 그러나 그가 설정한 유토피아의 왕국은 하느님의 왕국이 아니고, 하느님이 없는 인간의 왕국이라는 점에서 포이에르바흐-마르크스의 전통에 서 있다. 그 유토피아의 내용 역시 마르크스의 초기 형이상학적인 표현을 그대로 수용하고 있지만,

---

13) 블로흐와 마르샹과의 인터뷰는 1974년에 프랑스 TV에서 마련하였던 것이다. *Die Welt bis zur Kenntlichkeit verändern*, in: *Tagträume vom aufrechten Gang*, Hrsg. von Arno Münster, Frankfurt 1977, S. 86f.

마르크스는 프롤레타리아트 계급만을 위한 유토피아를 말하는 데 반하여 블로흐는 인류 전체를 위한 유토피아를 설계하였다.

그런데 여기에서 중요한 문제는 이와 같은 유토피아 사상을 어떻게 현실 문제와 매개할 것인가라는 점이다. 물론 그의 철학적 서술은 이 문제를 소홀히 다루고 있지 않으며, 이것은 특히 그의 존재론과 세계관을 포괄하고 있는 아직-아닌-존재의 존재론 속에서 충분히 개진되고 있다. 아직-아님(Noch-Nicht)을 철학적으로 승화하고 체계화한 것은 물론 그의 공로라고 할 수 있겠지만, 이 개념은 이미 아리스토텔레스의 물질 개념에서 찾을 수 있었다. 아리스토텔레스의 형이상학 체계 속에 나타나는 물질과 형상의 관계, 가능태와 현실태 및 완전태의 관계 속에서 특기할 만한 사실은 어떤 특정한 운동 국면에 나타난 현실 활동(energeia)이란 개념이 그 정지된 국면의 관점에서는 운동의 최종적인 목적에 아직 도달하지 못한, 그리고 그 목적을 다 이루지 못한 불완전한 현실 활동(energeia ateles)의 존재론적 특질을 갖게 된다. '아직 다 이루지 못한 현실 활동' 속에 나타나는 아직-아님의 성격은 세계과정의 총체성을 매개한다. 그리고 이 세계과정은 변증법적인 물질의 이행 단계를 거치면서 역사의 종극점을 지향한다.

블로흐는 역시 역사의 종극점에 두 개의 가능성을 설정하고 있다. 즉 그것은 아무것도 아닌 것 또는 절멸이거나 모든 것(Nichts oder Alles)이라는 극단적인 상태의 양자택일이다. 블로흐의 종말론 사상의 특징은 이 두 개념의 중간적 존재상태나, 제3의 매개개념이 전혀 없다는 데 있다. 따라서 인간이 자연과 화해하여 유토피아 상태를 이루든지, 아니면 전멸하는 것뿐이다. 그는 절멸상태의 극단적 형태를 펠로폰네소스 전쟁이나 30년 전쟁, 그리고 네로나 히틀러의 대량학살 속에서 읽으면서 이와 같은 무의 '결정적 상태'(Definitivum)를 '역사과정의 헛됨'이라고 하였다(PH, 364). 그러나 다른 한편 그가 설정한 '모든 것'은 그의 희망의 철학에서 자주 쓰이고 있는 전체(Totum), 유토피아(Utopie), 왕국(Reich), 고향(Heimat), 동일성(Identität) 등의 개념과 맥락을 같이 하고 있는 점에서 무의 결정적 상태보다도 낙관적이라고 볼 수 있겠다. 따라서 그는 이 '모든 것'의 사태를 우리 앞에 무규정적으로 열려 있는 '빈 공간'(Hohlraum)으로 파악하면서, 여기서는 천국이나 지옥, 왕국과 음부, 선한 것과 악한 것들의 무한한 가능성들이 인간의 자유 앞에 완전히 드러나 있는 '열린 활동 공간'(offene Wirkungssphäre)이라고 보았다. 그러므로 만일 이 역시 종국에 세계가 결정적 상태의 헛됨으로 몰락되지 않는다면 하느님 없는 메시아적인 유토피아와 자유의 왕국이 가능하다는 것이다. 블로흐의 희망내용은 자유의 왕국을 지향하고 있으며, 현실과 이 왕국의 개념을 아직-아님[14]의 원리에 의하여 구체적으로 매개하고 있는 점에서 희망내용의 현실적인 실현 가능성이 제시되고 있다.

 '오늘'은 지금 여기의 살아있는 현실을 의미한다. 우리들의 오늘은 우리가 지금 여기에서 살고 사랑하고 죽어가는 현장을 의미한다. 오늘은 우리들이 지금 살아가는 구체적인 삶의 자리이다. 그러기에 오늘은 바로 영원과 접해 있고, 영원한 지금으로 역사 속에서 항상 현재화되어 오는 삶의 지평이다. 블로흐는 그의 구체적인 유토피아론에서 오늘의 유토피아(Carpe diem, 또는 유토피아의 근접목표)와 역사상의 종국 상태에서 설정되고 있는 자유의 왕국(유토피아의 원격목표)을 역사의 진행과정 속에서 구체적으로 매개하려고 시도하였다. 오늘의 삶이 무

---

14) 블로흐의 아직-아님의 존재론과 세계과정 및 종극상태에 대한 설명은 『튀빙겐 철학 서설』(Tübinger Einleitung in die Philosophie)에 나오는 「허무주의와 동일성에 대한 고찰」 243-285쪽을 참조할 것

시된 내일의 희망은 반인간적이고 악마적이기 때문이다. 따라서 그의 사상 속에서는 지금까지 생각되고 실현되어 왔던 모든 유토피아 사상과 정치적인 이데올로기들이 희망이라는 철학적 원리 아래에서 다시 분석 평가되고 있다. 결론적으로 말한다면 지금 여기에서 우리가 살아가고 있는 오늘이 유토피아의 결정적인 핵이 된다는 것이다. 따라서 오늘은 항상 다가오고 있는 아직-아님(Noch-Nicht)이지만, 그것은 구체적인 실천 속에서 더 이상-아님(Nicht-Mehr)으로 지나쳐 버리는 것이다. 유토피아적 전체는 이와 같은 순간들이 역사의 종국상태인 자유의 왕국과 결합되어 있는 상태를 의미한다. 그러기에 오늘의 이 순간은 유토피아를 형성하는 가장 중요한 매개체가 된다.

: 제8장 : 캔트웰 스미스: 축적적 전통과 신앙

1. 종교다원주의의 문제

오늘날의 한국사회에서 표출되고 있는 다양한 욕구주장들은 정체성 위기를 불러올 정도로 심각한 지경에 이르고 있다. 정치영역에서 이데올로기 대립과 지역갈등, 문화영역에서 전통가치의 몰락과 새로운 감각세대의 등장, 종교영역에서 종교다원주의의 새로운 요구와 근본주의의 저항, 교육영역에서 개혁과세의 시행을 둘러싼 갈등, 경제영역에서 기업의 구조조정 요구를 둘러싼 분쟁 등과 같은 다양한 욕구주장들은 쉽게 해결할 수 없는 문제라는 사실에서 공통점을 갖는다. 세계관이나 가치관적 전제들로부터 제기되는 이와 같은 문제들은 전통적인 규범윤리학으로 해결되지 않기 때문에 새로운 접근방식을 요구하고 있다.

이러한 가치다원성의 문제는 현상적으로 정치경제 분야에서 가장 심각하게 제기되는 것처럼 보이지만 근본적으로는 종교 간의 갈등에서 비롯되었다. 우리나라의 경우 전통적으로 다양한 세계종교들, 특히 불교와 유교, 그리고 오늘날에는 기독교가 국가 이데올로기로 기능해 왔으며, 현재는 세계에서 유래를 찾기 힘든 종교다원주의를 특징으로 하고 있다. 따라서 종교다원주의 사회에서의 종교 갈등을 합리적으로 해소하기 위한 가능성 조건들에 대한 철학적 성찰은 위에서 열거한 모든 유형의 분쟁을 조정하는 데 모범적인 전형이 될 수 있다.

과거와 마찬가지로 오늘날에도 역시 수많은 종교유형들이 경쟁적인 관계를 유지하고 있다. 이 세계에는 수많은 종교들이 있으며, 제각기 가장 완전하고 절대적인 진리라고 주장하고 있다. 그 주장들은 서로 유사한 부분들도 있으나, 근본적인 부분에서 일치하지 않거나 심지어 반대적이고 상충되는 내용들로 가득 차 있다. 그리하여 서로 다른 종교 사이에는 필연적으로 갈등이 야기될 수밖에 없으며, 이러한 현상은 인류의 평화와 공존을 저해하는 가장 심각한 원인으로 인식되어 왔다. 아우구스티누스가 '참된 종교'를 오직 하나의 신을 모든 존재의 근원으로 인식하고 경외하는 신앙체계(기독교)로 규정한 이후 첨예화되기 시작한 종교 갈등 또는 교리논쟁의 문제는 임마누엘 칸트에 이르게 되면서 새로운 전기를 맞게 된다. 칸트는 역사적인 계시신앙으로부터 도덕성을 지향하는 이성신앙으로의 전환을 요구하면서, 오직 하나의 참된 종교와 그 다양한 신앙 유형이 있다는 사실을 강조하였다.[1] 칸트는 "모든 의무를 신의 계명으로 인식하는 것"[2]이 종교라고 규정하였으며, 세계 속에서의 다양한 신앙유형들이 실제로 하나의 참된 종교를 구현하기 위한 수단이라고 인식함으로써, 오늘날의 다원주의 사회에서 새로운 철학적 주제로 부각되고 있는 종교 간의 대화 문제를 선구적으로 제기하였다.

---

1) Kant, Immanuel: *Die Religion innerhalb der Grenzen der blossen Vernunft*. Riga 1793, S. 146.

2) Kant, Immanuel: *Kritik der praktischen Vernunft*. Riga 1788, S. 233: "Auf solche Weise führt das moralische Gesetz durch den Begriff des höchsten Guts, als das Objekt und den Endzweck der reinen praktischen Vernunft, zur Religion, d.i. zur Erkenntnis aller Pflichten als göttlicher Gebote, nicht als Sanktionen, d.i. willkürliche für sich selbst zufällige Verordnungen, eines fremden Willens, sondern als wesentlicher Gesetze eines jeden freien Willens für sich selbst, […]."

1988년에 칸트의 이성신앙 및 요청적 사유방법론을 주요 내용으로 다룬 후부터[3] 필자는 칸트의 종교 개념에 대한 인식이 종교다원주의 사회에서 종교대화를 모색하게 하는 단초가 되고 있다는 사실에 주목하여 왔다.[4] 이보다 훨씬 전에 칸트의 후계자들 가운데서도 특히 알버트 슈바이처는 칸트의 종교철학을 철학박사 학위논문의 주제로 채택하여 다루면서 칸트의 도덕주의를 종교대화에 적용하기도 하였다.[5] 종교대화의 문제는 폴 틸리히가 기독교와 다른 종교와의 만남을 종교철학과 기독교신학의 주요 주제로 다루면서 새로운 국면에 들어서게 된다. 틸리히는 칸트에서 하이데거에 이르는 선험존재론적 지평과 성서적 지평을 융합하는 과정에서 다른 종교와의 대화를 가능하게 하는 개방적인 원리를 정초하려고 시도하였다. 그는 '하느님 위의 하느님'이라는 메타신학적 신 개념을 기반으로 기독교와 타종교의 신이 공통적인 존재지반에 근거한다는 통합주의적 주장을 통하여 종교 간의 대화를 모색하였다.[6] 다른 한편 가톨릭 신학의 영역에서는 칼 라너가 '익명의 그리스도인'을 주제화하면서 다른 종교에서의 구원의 가능성을 적극적으로 인정하는 단계에 이르렀다.[7] 라너의 관점은 그 시기의 기독교신학자들에게 분명 파격적인 것이었으나, 곧바로 그리스도 중심

---

3) Kim, Jin: *Kants Postulatenlehre, ihre Rezeption durch Ernst Bloch und ihre mögliche Anwendung zur Interpretation des Buddhismus.* Frankfurt 1988.

4) 김진, 『칸트와 불교』, 철학과현실사 2004.

5) Schweitzer, Albert: *Die Religionsphilosophie Kants von der Kritik der reinen Vernunft bis zur Religion innerhalb der Grenzen der blossen Vernunft.* Leipzig und Tübingen 1899.

6) Tillich, Paul: *Christianity and the Encounter of the World Religions.* Columbia University Press, New York and London 1963; *Systematic Theology*, University of Chicago Press, Chicago 1967.

7) Rahner, Karl: *Die anonymen Christen, Schriften zur Theologie* VI, Einsiedeln 1968, S. 545-554.

적인 상대주의의 한계를 탈피하지 못하였다는 비판에 직면하게 되었다. 그 후에 한스 큉은 기독교뿐만 아니라 타종교의 독자성을 인정하는 차원에서의 전면적인 대화를 추진하려고 시도하였으며, 상이한 여러 종교들이 공통적으로 인정하지 않으면 안 되는 최소한의 조건을 정초하려고 고심하였다. 그것은 바로 전 지구적으로 타당성을 가질 수 있는 보편적인 세계도덕의 구상으로 나타났다.[8] 그러나 한스 큉의 구상 역시 그리스도 중심적인 발상으로부터 자유롭지 못하였다. 월프레드 캔트웰 스미스와 존 힉은 그리스도 중심축으로부터 벗어나서 신 중심적인 종교통합 모델을 새롭게 발전시키고 정형화함으로써 종교대화의 가능조건을 제시하고자 하였다.[9]

여기에서는 다음과 같은 몇 가지 물음들을 통하여 논의의 내용과 범위를 확정하려고 한다. 첫째로 서로 다른 세계관을 가진 종교들 사이의 대화가 도대체 어떻게 가능할 수 있는가를 다룰 것이다. 이것은 종교대화의 선험적 조건에 대한 물음이다. 종교대화를 가능하게 하는 논증적 상황은 나의 종교 신앙과 타자의 종교 신앙을 동시에 인정하는 것이다. 종교다양성의 현상을 인정하는 것은 바로 대화의 출발점이다. 유일신 신앙 역시 다른 신의 존재를 부정하지 않고 있다. 둘째로 서로 다른 진리주장에도 불구하고 종교대화의 모색을 가능하게 하는 방법론이 찾아질 수 있는가를 다룰 것이다. 이것은 종교대화의 수행적 조건에 대한 물음이다. 캔트웰 스미스의 경우에는 전통적인 종교의 한계를 보완하기 위하여 축적적 전통과 신앙이라는 두 가지 차원으로 분리하여 접근한다. 셋째로 종교 간의 대화를 통하여 서로 다른 종교들이

---

8) Küng, Hans: *Projekt Weltethos*. München 1990. 안명옥 역, 『세계윤리구상』, 분도출판사 1992.

9) Coward, Harold: *Pluralism. Challenge to World Religions*. Orbis Books, New York 1985, pp. 29-34.

일치할 수 있는 근거 및 지평이 무엇인가를 다룰 것이다. 이것은 종교대화의 지향적 이념에 대한 물음으로서 신 중심적 종교구상과 세계적인 종교공동체의 설립 요구를 그 내용으로 하고 있다.

이러한 물음들을 중심으로 필자는 칸트의 이성신앙으로부터 현대의 종교다원주의에 이르기까지의 종교대화와 관련된 주요 논의들 속에서 제기되어 온 문제들이 캔트웰 스미스의 구상에서 어떻게 답변되고 있는가를 중점적으로 드러내고자 한다. 이는 바로 칸트의 이성신앙으로부터 슈바이처와 틸리히를 거쳐서 한스 큉의 세계도덕에 이르기까지 일관되고 있는 도덕과 종교의 관계설정이라는 문제의식 속에서 캔트웰 스미스의 종교대화 구상이 현대 사회에서 얼마만큼 설득력을 가질 수 있는지를 비판적으로 접근하려는 시도이다. 이와 같은 시도는 필자가 지속적으로 확장시켜온 철학적 관심문제인 동시에, 도덕주의에 기초한 이성신앙의 지평에서 종교대화의 가능성을 모색하려는 현대 종교철학자들의 주된 관심사이기도 하다.

캐나다 출신의 종교학자 캔트웰 스미스(Wilfred Cantwell Smith)는 유대인이나 기독교인이나 불교인 모두에게 수용될 수 있는 종교이론을 구축하기 위하여 고심하였다.10) 그는 기존의 종교 개념에 대하여

---

10) Wilfred Cantwell Smith: *The Faith of Other Men*. New York 1962; 김승혜 외 역, 『지구촌의 신앙: 타인의 신앙을 어떻게 이해할 것인가』, 분도출판사, 왜관 1989. 스미스는 나중에 이 책의 제목을 『세계의 신앙유형』(*Patterns of Faith Around the World*. Oneworld Publications, Oxford 1998)으로 고쳤다. 본 논문에서의 인용은 1998년 판(*PF*로 약칭)에 따른다; *The Meaning and End of Religion*, Macmillan, New York 1962, Minneapolis 1991; Willard G. Oxtoby(ed.): *Religious Diversity. Essays by Wilfred Cantwell Smith*. New York 1976; *Believing: An Historical Perspective*. The University Press of Virginia 1977, Oxford 1998; *Faith and Belief - The Difference between Them*. Princeton University Press, Princeton 1979, Oxford 1998; John W. Burbidge (ed.): *Modern Culture from a Comparative Perspective*. State of New York

비판적인 접근을 시도하면서, 유대교, 기독교, 이슬람교, 힌두교, 불교, 조로아스터교 등과 같은 세계의 주요종교들이 그들만의 고유한 신앙을 통하여 다른 공동체들과는 구별되는 배타적인 구원을 선포하려고 하였던 종교 개념은 원초적인 것이 아니라 근대 이후부터 비로소 생겨났다는 사실을 중시하고, 종교체계보다는 인격주의적 신앙의 문제를 보다 일차적인 관심사로 생각하였다. 왜냐하면 종교체계를 중시하게 되면 필연적으로 어떤 종교가 가장 참된 종교인가라는 잘못된 물음으로 귀착되기 때문이다.[11] 그리하여 필자는 캔트웰 스미스가 다양한 종교전통들이 형성된 축적적 과정을 중시하면서 그 각각의 전통들에서 상호 공유할 수 있는 본질적인 근거들을 찾으려고 고심하였던 자취를 추적하려고 한다.

우리는 앞에서 제기한 세 가지 문제의식을 가지고 캔트웰 스미스의 논의들 중에서 다양한 종교현상의 사실인정 요구, 고유한 종교현상의 의미진술 요구, 세계적인 종교공동체의 실현 요구라는 세 가지 명제들에 적용시키려고 한다.

2. 종교다양성의 사실인정 요구

종교대화는 어떻게 가능한가? 우리는 여기에서 대화의 가능성 조건과 최후정초 요구와 관련된 현대철학에서의 한 논쟁을 상기할 필요가 있다. 칼 오토 아펠과 한스 알버트 사이의 논쟁이 바로 그것이다.[12] 아

Press, 1997.

　11) 이에 대해서는 스미스의 『종교의 의미와 목적』에 실린 존 힉의 서문(1978)을 참고할 수 있다. John Hick, Foreword, in Wilfred Cantwell Smith, *The Meaning and End of Religion*, New York 1991(1962), pp. v-xii.

　12) 이에 대해서는 김진, 『아펠과 철학의 변형』(철학과현실사 1998)의 제4장 '철

펠이 의미 있는 논의의 가능성 조건으로 제시한 것은 논의의 윤리학 또는 논의상황이었다. 아리스토텔레스마저도 증명할 수 없었던 논증상황일지라도 토론의 참가자가 의미 있는 발언을 시작할 때 언제나 이미 전제하지 않을 경우에 수행적 자체모순에 빠지는 그런 현실을 뜻한다.

캔트웰 스미스의 출발점은 이 세계에는 다양한 종교현상들이 존재한다는 사실에 있다. 그는 하나로 통합되고 있는 인류공동체 안에 다양한 종교체계가 공존하고 있다는 사실은 인류의 평화적 일치에 장애가 되는 것이 아니라 인류문화의 풍요로움을 드러내는 긍정적인 요소로 평가되어야 한다고 강조한다. 이와 같은 종교적 다양성에서 우리는 문화의 형식적 다양성뿐만 아니라 각각의 문화가 추구하는 초월적 진리를 향한 인간의 개방성을 이해할 수 있어야 한다. 그런데 캔트웰 스미스는 이러한 초월적 진리는 종교적 체계 안에 갇혀 있는 것이 아니고 살아있는 인간의 마음속에 깃들어 있다고 주장한다. 하나의 종교를 이해하기 위하여 그가 중요하게 생각하는 것은 종교직 체계 또는 교의가 아니라 그 종교를 믿고 있는 사람들의 인격적 태도이다. 그는 한 종교의 역사 사실이나 교의, 또는 다양한 제도적 실천보다는 그러한 것을 실천하는 사람들에게 그것이 어떤 의미를 갖는가가 중요하다고 보았다.[13] 바로 이러한 사실에서 그의 종교이론을 '인격주의적'이라고 부르고 있다. 이것은 타종교를 고찰의 대상으로 보는 것이 아니라, 그 종교의 참여자들을 우리와 같은 인격을 가진 동료로서 인정하고 이해하는 것이다. 그들은 우리와 다른 생활양식을 가지고 있으나 그들이 추구하는 본질적인 삶의 목표는 동일하다. 따라서 불교가 무엇이냐고

학에서의 최후정초와 선험화용론'을 참고하라.

13) Smith, Wilfred Cantwell: *The Faith of Other Men* (New York 1962), 김승혜 외 역, 『지구촌의 신앙: 타인의 신앙을 어떻게 이해할 것인가』, 분도출판사, 왜관 1989, 한국어판 저자 서문 11쪽 참조.

묻기보다는 불교인의 눈에 비친 우주의 모습이 어떤가를 살펴야 한다.

그렇다면 종교들 사이의 대화를 가능하게 하는 선험적 조건은 무엇인가? 대화를 가능하게 하는 원초적인 조건은 나의 존재 및 대화 상대자의 존재를 인정하는 것이다. 이 두 사람은 지배-종속적인 관계가 아닌 서로 대등한 인격적 관계를 가지고 있어야 한다. 종교 간의 대화가 가능하기 위해서도 종교들 사이의 대등한 인격적 관계가 전제되어야 한다. 그러나 현실적으로 이와 같은 대등한 관계의 승인이 가능한 것일까? 종교사적인 맥락에서 우리는 아주 최근까지도 각각의 종교들은 다른 종교의 신앙 및 가치체계를 인정하려고 하지 않았던 사실을 확인할 수 있다. 이는 가장 지배적인 종교 중의 하나였던 기독교가 다른 종교에 대하여 어떤 태도를 가져왔는가를 보면 분명하게 인식할 수 있다. 캔트웰 스미스는 비교종교학의 분야에서 서구학자들이 다른 종교에 대하여 보여 왔던 태도를 적시하면서 서로를 인정하는 것이 종교대화의 전제조건이라는 사실을 확인시켜 주고 있다. 서구의 종교학자들은 처음에는 다른 종교들을 사물화된 대상으로 파악하여 '그것'(It)이라고 부르다가, 아무 관계도 없이 저 멀리에 서 있는 존재로서 '그들'(They)이라고 부르다가, 아주 최근부터 이제는 조심스럽게 말을 걸어볼 수 있는 존재로서 인식하여 '당신들'(You)이라고 부르게 되었고, 현재는, 물론 방식은 다르지만 초월적인 것에 대한 신앙을 가진 동료로서 인정하기 시작하여 '우리'(We)라는 말을 사용하기 시작하였다는 것이다.14)

---

14) Smith, W. Cantwell: *Comparative Religion. Whither and Why?*, M. Eliade & J. Kitagawa ed.: *The History of Religions.* Chicago 1959. pp. 31-38; 이 글은 나중에 Willard G. Oxtoby가 편집한 *Religious Diversity. Essays by Wilfred Cantwell Smith.* Harper & Row Publishers, New York 1976, 138-157쪽에 재수록되어 있다. 본 논문에서는 뒤의 책(*RD*)을 인용한다. p. 142.

대화의 선험적 조건은 논의상황의 요청, 즉 '나'와 '너'의 존재승인, 그리고 논의의 규칙들이다. 캔트웰 스미스는 종교대화가 가능하기 위해서는 무엇보다도 먼저 서로 다른 전통을 가진 사람들과 선의를 가지고 신뢰하면서 평화롭게 공존하는 법을 배워야 한다고 강조한다(PF, 24). 우리가 다른 사람을 이해하고 존중하며 존경할 수 있다는 것은 반대로 그들도 우리를 신뢰할 수 있다는 사실을 뜻한다. 이렇게 되려면 우리는 우리 자신의 가치관에 대한 신뢰를 유지하면서 다른 사람들의 가치관을 존중할 수 있어야 한다. 그러나 현실적으로 우리는 그렇게 하지 못하고 있으며, 그렇게 하는 것을 매우 힘들어하거나 불가능하다고 생각하기도 한다.

캔트웰 스미스는 서파키스탄의 수도 라홀(Lahore)의 한 기독교 계통의 대학에서 힌두교, 무슬림, 시크교 신앙을 가진 교수들과 함께 연구하면서 종교적 다양성을 직접 체험하였다. 그는 현대사회에서 특정한 종교문화만을 고집하는 것은 비현실적이고 편협하며, 나른 종교와의 공존을 인정해야 한다고 강조한다(PF, 22). 또한 그에 의하면 지금까지는 특정 종교의 선교정책이 우세하였으나, 앞으로는 한 종교전통에서 다른 종교전통으로의 개종이 현실적으로 불가능할 뿐만 아니라 다양한 종교들 사이의 접촉이 보다 활발하게 전개될 것이라고 전망하였다 (PF, 23). 종교대화를 통하여 세계사회(world society)는 이제 새로운 세계공동체(world community)로의 변화를 모색하게 되며, 이는 지적, 도덕적, 사회적 문제가 서로 얽혀 있는 복합적 성격을 띠고 있다.

다른 사람들의 종교 신앙을 인정하는 것은 흔히 진리 상대주의를 옹호하라는 것으로 오해될 수 있다. 하지만 그와 같은 요구는 확실히 종교 상대주의와는 다르다. 캔트웰 스미스 역시 상대주의를 지지하고 있지 않다. 상대주의자들은 어떤 종교적 헌신도 궁극적으로는 타당성이 없고, 그 자체로서 가치를 가지고 있지 않다고 말한다(*PF*, 25). 이처럼 상대주의자들이 말하는 것처럼 이 세계에 존재하는 다양한 신앙들이 근본적으로 무의미한 것이라면, 그들은 인류가 믿고 있는 다양한 신앙의 진정한 의미를 이해하지 못할 것이다. 캔트웰 스미스는 이 세계에 존재하는 여러 가지 형태의 종교 신앙은 인류가 각각 다른 방식으로 신을 믿어 왔던 사실에서 비롯된 현상이며, 따라서 다른 사람의 신앙을 인정하는 것은, 나의 신앙이 나에게 궁극적인 의미를 갖는 것처럼 다른 사람들에게도 그들 각자의 신앙이 궁극적일 수 있다는 사실을 승인하는 것이다. 이것은 바로 내가 신 또는 초월적 존재(또는 사태)를 믿는 것처럼, 다른 사람들도 방식은 다를 수 있지만 내가 추구하는 것과 동일한 초월적 존재를 섬기고 있다는 원초적인 사실을 인정하는 행위인 것이다.

예를 들면 힌두교, 불교, 무슬림, 중국인들과 유대-기독교인들의 신앙내용들 가운데서 가장 중요한 요소를 선택하여 그 종교의 기본적 성향을 소개하고자 하였다. 여기에서 그는 체계적인 종교이론이나 교의가 아닌 신앙을 중심으로 접근하고 있다.

3. 종교적 신앙유형의 다양성

1) 힌두인들의 신앙

캔트웰 스미스는 세계의 다양한 종교공동체들은 그 내용과 형식에서 서로 다를 뿐만 아니라 그 물음과 답변에서도 같지 않다는 사실을 인도인들의 신앙유형에서 단적으로 드러내 보인다. 왜냐하면 인도의 경우에 그 종교적 다양성은 당혹스러울 정도이며(*PF*, 36), 그 어떤 종교적 특징도 대표적으로 힌두적인 것이라고 말할 수 없기 때문이다. 힌두교에서는 중심적이라고 할 수 있는 그 어떤 체계도 없으며, 이런 사실을 깨닫기 시작할 때 우리는 비로소 인도의 종교생활을 이해하는 것이다(PF, 35). 수많은 관습과 믿음, 신들과 사원처럼 힌두교를 이루고 있는 모든 것들은 사실상 신 안에서의 통일성을 추구하는 인간의 궁극적 수행의 한 단계에 지나지 않다.

그럼에도 불구하고 힌두인들(Hindus)의 가장 대표적인 상징(emblem)을 들어보라고 할 경우에는 'tat tvam asi (that thou art)'라는 명제를 제시할 수 있을 것이다(PF, 37). "그것은 그대이다"(That thou art). 이는 궁극적인 실재(the Ultimate Reality)로서의 신(세계영혼), 바로 그것이 개체적 자아인 그대라는 뜻으로서, 범아일여(梵我一如) 사상을 말한다. 궁극적이고 우주적인 의미에서 모든 현상을 넘어서서 존재를 포괄하고 있는 무한하고 절대적인 실재이자 전체적이고 초월적인 진리가 바로 브라만(Brahman)이며, 이러한 외적이고 비인격적인 실재를 인격적으로 깨닫는 것, 즉 우주적인 특성을 개인의 영적인 것과 일치시키려는 삶이 인도인들의 심오한 종교체험을 드러내고 있는 것이다.

캔트웰 스미스는 이와 같은 인도인의 사상을 유대-기독교적인 전통 속에서도 찾아볼 수 있다고 말한다. 예를 들면 '하느님의 형상'(imago Dei) 이론이 바로 그것이다. 인간이 하느님의 형상에 의거하여 창조되었고, 또한 하느님 스스로도 인간의 모습으로 태어나서 진정한 인간성을 보여주었다는 성육신의 이론은 힌두인들의 종교적 신앙을 다른 방식으로 표현한 것이라고 주장한다(PF, 46). 힌두인들 역시 그것은 숨겨져 있는 궁극적 진리이며, 눈앞에 분명하게 드러나 있지 않은 인간의 진정한 자아가 바로 신성이라고 믿고 있다. 그와 반대로 인간의 경험적인 자아, 즉 실제적이고 세속적인 자아는 환상의 한 부분이며, 인간의 눈을 가리어 초월적인 진리를 보지 못하게 하는 미혹적이고 환상적인 현상계라고 말한다. 인간은 경험적인 자아를 넘어서 그 위에 있는 우주적 세계를 깨달아야 한다. 사도 바울 역시 "내가 아니라 그리스도께서 내 안에 살고 계신다"라고 말하였다(*PF*, 47). 여기에서 강조되고 있는 것은 실존적인 인간성(existential humanity)과 대조되는 인류의 본질적인 신성(essential divinity)이다. 이처럼 기독교인들은 하느님을 인격적인 존재라고 믿지만, 힌두인들은 브라흐만을 비인격적인 존재라고 믿고 있는 점이 다를 뿐이다. 이 점에서 캔트웰 스미스는 하느님이 인격적이라고 고백하는 기독교인들의 신앙과 "그것이 곧 그대이다"라는 범아일여의 사상이 서로 평행적이라고 주장한다(*PF*, 47).

2) 불교인들의 신앙

캔트웰 스미스가 불교인들의 주요한 종교적 특징으로 제시한 것은 버어마에서 성년식(confirmation rite for boys)으로 치룬 출가의식(Shin Byu)이다(*PF*, 50). 이와 유사한 제의로서는 유대인들의 바 미즈바(Bar Mizvah)가 있다. 신뷰의식은 석가의 출가사건을 재현한 것으로서, 석가가 궁전과 가정과 처자식을 모두 버리고 세속적인 부와 만족을 포기한 후 정신적인 구도행각을 떠났던 사건을 기념한 것이다. 마을에서 축제가 행해지면, 마을의 어린 소년들이 주도적인 역할을 하는데, 그는 화려한 옷을 벗어던지고 황갈색의 승복으로 갈아입고 마을을 떠나 승가에 기거하면서 수행생활을 시작한다(*PF*, 52). 이와 같은 의례행위는 종교적 제의로서의 상징을 나타내고 있다. 그러나 종교적 진리는 상징에 있는 것이 아니라 상징된 것 가운데 있다. 따라서 상징의 특정한 형식을 갖춘 상징, 즉 한정된 틀을 넘어서서 그 깊고 오묘한 내적 의미를 탐구하는 것이 바로 비교종교학의 과제이다. 그러므로 캔트웰 스미스는 이 의식을 완전하게 이해할 수 없을 것이라는 사실에 전적으로 동의한다. 특히 이 전통의 밖에 있는 사람들에게는 더욱 더 이해하기가 어려울 것이다. 종교적 상징은 무한한 것 또는 인간보다 위대한 것을 상징하고 있기 때문에 더욱 그렇다. 따라서 그는 이 전통을 통하여 인간과 그 전통 자체보다 더 위대한 것을 보는 것이 중요하다고 생각한다.

동시에 이 의식은 각각의 참여자들에게 서로 다른 의미를 가질 수 있다. 우리의 전통에는 어느 한 사람이 이해할 수 있는 것, 그 이상의 무엇이 있다. 같은 출가의식에서도 참여자들은 서로 다른 의미를 생각할 수 있다. 각자는 자신의 특별한 체험이나 능력, 감수성, 상상력, 집중력, 직관 등에 의하여 서로 다른 것들을 인지하게 된다(PF, 53). 종교 상징은 단정적이지 않고 암시적이다. 따라서 그는 우리가 서로 다른 종교신앙을 가지고 있다 하더라도 이 의식이 드러내는 인간적 의미를 공통적으로 이해하는 것이 중요하다고 본다. 이는 스스로를 책임지는 삶의 새로운 차원으로의 진입을 상징하는 동시에, 자신들이 전수받았던 바로 그 전통에 의하여 반복적으로 이루어지는 것이다(PF, 54).

이 의례행위는 그 자체로서 옳다거나 그릇되었다라고 말할 수 없다 (PF, 56). 그것의 종교적 진위를 가리는 것은 불가능할 뿐만 아니라 무의미하다는 것이다. 그러나 우리는 이 의식이 기독교의 성탄절 행사와 비슷하다고 말할 수는 있다(PF, 57). 양치기들과 별의 출현이 실제로 기원전 4년의 역사적 사실인가에 관계없이 그것은 오늘날 참된 진리로 받아들여질 수 있는 것처럼, 석가의 출가 신화 역시 동일한 의미구조를 가지고 있는 것이다. 이러한 불교도들의 신앙 속에는 그러한 신앙의 역사적 진리에 의존하고 있는 형이상학적 진리뿐만 아니라 도덕적이고 정신적인 진리까지도 들어 있다. 지혜와 정신적인 깨달음을 얻기 위하여 세속적인 가치를 포기하는 일은 거의 모든 도덕적이고 종교적인 삶의 형태에서 공통적으로 발견되고 있다. 이러한 사실에서 캔트웰 스미스는 출가의식을 불교의 특징적인 신앙행위로 본 것이다.

3) 무슬림의 신앙

무슬림 신앙에서의 가장 결정적인 내용은 신의 유일성과 절대성이다. 무슬림은 하느님께 복종하는 사람들이다. 그들은 자신들의 믿음을 "하느님(Allah) 외에 다른 신은 없고 무함마드(Muhammad)는 하느님의 사도이다"라는 간단하고 정연한 신조로 나타내고 있다(PF, 64). 뿐만 아니라 무슬림의 모스크(Mosque) 역시 직선과 단순한 곡선을 사용한 단조로운 건축양식을 특징으로 하고 있다. 무슬림은 하느님이 한 분뿐이라는 사실을 강조하여, 우주의 궁극적인 진리와 힘이 하나라는 사실을 깨닫지 못하는 다신론의 죄는 용서받을 수 없다고 믿는다. 그들은 어렸을 때부터 이와 같은 신앙고백을 들으면서 자랐으며, 그런 종교적 확신을 사실로써 단정할 뿐만 아니라 생활 속에서 몸소 실천하는 삶을 살아간다. 그것은 진실인 동시에 가장 심오하고 가장 궁극적인 우주적 진리이기 때문이다. 무슬림이 그들의 신조를 사실로써 받아들이는 일은 모든 종교적 삶에 적용된다고 볼 수 있다. 캔트웰 스미스에 의하면 기독교인들이 예수 그리스도를 신성을 지닌 하느님의 아들이라고 믿는다고 단순히 말한다면, 그것은 기독교 신앙을 왜곡하는 것이다(PF, 68). 기독교인들에게 그것은 단순한 신앙의 문제이기를 넘어서서 사실 진리의 문제로 인식되고 있기 때문이다. 이와 마찬가지로 무슬림은 다신숭배와 우상숭배는 철저하게 거부한다. 무함마드가 메카를 점령하였던 630년 당시에도 기독교인들에 대해서는 은사를 내렸지만 360여 개에 달하는 신상들은 모두 파괴하였던 것을 보더라도 유일신론의 교리는 타협의 여지가 없다. 하느님은 유일하신 하느님이시다. 이 점에서 이슬람은 절대적이고, 단호하며, 분명하다(*PF*, 70).

"하느님 이외의 다른 신은 없다"는 신앙의 단계는 "신은 없다"는 불신앙의 상태 이후에 참된 의미를 갖게 된다. 마찬가지로 "무함마드는 하느님의 사도이다"라는 것도 하느님이 인류에게 무엇인가를 전하기 위하여 다양한 공동체 안에서 특정인을 선택한다는 일반적인 사실을 뜻하며, 따라서 그것 역시 근본적으로 '하느님에 대한 진술'이라고 볼 수 있다(*PF*, 74). 이슬람 신앙에서의 도덕적 실천 문제 역시 유일신에 대한 신앙으로부터만 정당화 될 수 있다. 하느님은 도덕률을 별도로 창조하지 않았다. 왜냐하면 그것은 그 자신의 속성이기 때문이다. 그러나 신은 이러한 도덕률을 인류에게 전해주고자 하였다. 유대교, 기독교와 마찬가지로 이슬람에서는 이 점에서 하느님의 주도권을 인정하고 있으며, 따라서 "종교적 삶에서 인간이 할 일은 질문이 아니라 대답이다"(*ibid*). 특히 이슬람은 하느님의 메시지에는 '진실된 것'(what is true)보다는 '올바른 것'(what is right)이 발견된다고 믿고 있다. 그들은 하느님의 계시라기보다는 '하느님으로부터의 계시'로 이해한다. 사도나 예언자는 하느님께서 인간이 어떻게 살아야 할 것인가를 전하는 사람이다. 그리하여 캔트웰 스미스에 의하면, "무함마드는 하느님의 사도이다"라는 명제는 그의 지위에 관한 진술이 아니라 그의 역할에 대한 진술이다. 이는 기독교에서 그리스도를 신앙의 중심으로 삼아서 궁극적인 신적 존재로 보는 것과는 대조적이다. 무슬림은 오히려 코란, 즉 하느님이 책을 통하여 말하는 것이 더 근본적이며, 무함마드는 베드로나 바울과 같은 역할을 하고 있을 뿐이다(*PF*, 75).

4) 중국인의 신앙

캔트웰 스미스는 중국인들의 신앙적 특징을 음양도(yin-yang circle)에서 찾는다. 이것은 종교적 의식이 아니라 시각적인 상, 도안이라는 점에서 특징적이다(PF, 77). 그것은 정과 동, 대조와 조화, 차안성과 궁극성이 완전한 조화와 균형을 이룬 상징이다. 이 상징은 중국의 대표적인 종교들이라고 할 수 있는 유가, 도가, 불가의 역사보다 더 오래되었으며, 이 모든 종교들의 차이점을 두루 포괄하는 원만한 전체를 형상화하고 있다. 양(陽)은 덥고, 마르고, 활동적이고, 밝고, 남성적이고, 음(陰)은 차갑고, 축축하고, 수동적이며, 어둡고, 여성적이다. 불은 거의 순수한 양이고, 물은 거의 순수한 음이다. 하늘은 양에 가깝고 땅은 음에 가까우며, 남성은 양에 가깝고 여성은 음에 가깝다. 이처럼 반대적인 것들이 서로를 보완해주는 사유체계를 캔트웰 스미스는 '보완적 이원론'(complement dualism)이라고 규정한다(PF, 81). 그것은 서구에서 주도적이었던 '투쟁적 이원론'(conflict dualism)과는 다르다. 서구의 이원론에서는 선과 악, 옳은 것과 그른 것, 흑과 백, 진실과 허위가 서로 투쟁하고 반대되는 원리로 작동되고 있다. 이는 기원전 6세기 경, 페르시아의 차라투스트라가 제안한 이원론 체계에 기원을 두고 있다. 아후라 마즈다(Ahura Mazda)와 앙그라 매뉴(Angra Mainyu), 즉 선신과 악신 또는 하느님(God)과 악마(Devil)라는 이분법적인 형이상학 체계로 전개된 이 사상은 유대교, 기독교. 이슬람교에 수용되었으며, 마르크스주의에 의하여 강력한 지도원리로 채택되었다(PF, 82).

인도인들은 기본적으로 실재는 둘이 아니라 하나이며, 종교적 주장 역시 진리인가 비진리인가를 따지기보다는 그것이 얼마만큼 진리에 가까운가를 중시하는 일원론적 성향을 갖고 있다. 따라서 인도에서는 이원론적 구조가 낯설기만 하다. 이와는 달리 중국인들은 이원론이라는 점에서 인도인들의 생각과는 다르고, 보완적이라는 점에서 페르시아인들의 생각과 차별화된다. 중국인의 음양도는 이원적이기는 하지만, 그 반대적인 대비는 대립적인 것이 아니고, 보완적인 통일성을 지향하고 있다. 이것은 신관에서도 비슷하게 나타난다. 중국에서는 신의 개념이 특별하게 중시되지 않은 반면에, 기독교인들의 신 개념은 인간과는 '전혀 다른 낯선 타자'(the Wholly Other)로 표현되고 있다(PF, 84). 캔트웰 스미스에 의하면 중국인들이 우리들에게 강조하고 있는 사실은 다음과 같다: "현대 세계에서 어떤 사람들은 종교적 영역에서의 차이와 반대까지를 전 세계 인간공동체의 조화로운 원 안에서 일부분을 구성하는 것으로 인정하여, 지구촌을 감싸는 일치와 우정을 심을 수 있도록 모든 인류가 상호보완적으로 종교적 다양성을 볼 수 있어야 한다고 말하고 있다"(PF, 88-89). 이 사실을 바탕으로 그는 기독교인들이 정통신앙을 대체하는 모호한 절충주의에 의해서가 아니라, 그 자신들의 정통신앙을 유지하면서도 다른 정통신앙을 가진 사람들을 그들의 형제자매로 받아들임으로써 종교대화가 가능하다고 보았다(PF, 89).

5) 그리스도인들과 유대인들의 신앙

다른 종교유형들과는 달리 캔트웰 스미스는 기독교를 다루는 곳에서 특히 종교대화의 문제를 중점적으로 제기한다. 그에 의하면 종교대화에서 가장 중요한 것은 다른 사람들의 신앙을 인식하고 인정하게 될 경우에 자기 자신의 신앙에 어떤 영향을 끼치는가의 문제이다(PF, 91). 다른 사람의 종교에 대하여 묻는다는 것은 본질적으로 자기자신의 종교에 대해서도 문제를 제기하는 것을 뜻한다. 어떤 사람이 그리스도인이라는 사실과, 그가 현재 어떤 자질을 갖추고 있으며, 앞으로 어떤 유형의 그리스도인이 되어야 하는가는 그가 힌두인들, 불자들, 무슬림의 신앙을 어떤 식으로 이해하는 것과 관계가 있다. 그런데 우리가 서로에게, 그리고 전 세계에 살고 있는 다른 사람들에게 어떤 태도를 취해야 하는 가는 우리의 신학적, 도덕적 문제의식에서 나온다. 그리하여 캔트웰 스미스는 모든 종교를 치우침이 없이 묘사하기 위하여 외부인들에게 보이는 그대로, 또는 보일 수 있는 최선의 상태로 각각의 신앙을 묘사한 후에, 인류의 종교적 다양성이 내적으로 각각의 신앙에 시사하는 바를 고려하고자 하였다(PF, 93). 이 경우에 중요한 것은 비인격적인 객관성이 아니라 정직한, 그리고 실천적인 자기분석이다. 캔트웰 스미스는 나의 기독교 신앙과 다른 사람들의 신앙을 보는 나의 인식, 또는 그와 반대로 다른 사람들이 나의 신앙을 보는 인식이 어떻게 관련되어 있는가를 개인적 경험(personal experience), 신학적 교리(theological doctrine), 도덕적 명령(moral imperative)이라는 세 가지 차원에 의하여 설명하고 있다.

첫째로 개인적 경험의 차원에서 보면, 모든 지식은 그 이전까지의 이해와 그것의 확장이며, 따라서 다른 사람의 종교에 대한 이해 역시 자기 자신의 능력, 즉 도덕적이고 정신적인 실재들에 대한 그 자신의 믿음, 그리고 신적인 것에 대한 나의 인식, 나 자신의 그리스도교적 신앙에 달려있다(PF, 94). 종교전통들 사이에는 유사점뿐만 아니라 상이점들이 있다(PF, 95). 그리스도인들이나 유대인들이 무슬림을 이해하려고 하는 경우에, 무슬림이 하느님, 심판, 창조 등에 대하여 말할 때 그는 그리스도인들이 말하는 것과 동일한 것에 대하여 말하고 있다는 것을 깨달아야 한다. 아직도 많은 그리스도인들은 이 사실을 이해하고 있지 못하다. 더 나아가서 무슬림은 이것들에 대하여 그리스도인들과는 다른 방식으로 말하고 있다. 그러나 그 둘 사이에 얼마나 차이가 있으며, 근본적인 차이가 무엇인가를 말하는 것은 그렇게 쉽지 않다. 그러나 우리는 유사성과 차이성을 넘어서서 그것들을 포괄하면서 초월하는 단계로 이행해야 한다. 무엇보다도 먼저 내가 하느님을 믿고 무슬림도 하느님을 믿는다는 이 사실은 우리를 일치시킨다. 그리고 내가 하느님에 대해 가지고 있는 생각과 무슬림이 하느님에 대하여 가지고 있는 생각이 서로 다르다는 사실은 우리를 서로 분리시킨다. 또한 그리스도인으로서 나는 하느님이 내가 그분에 대하여 생각하는 것, 곧 나의 신관보다 훨씬 더 위대하시다는 것을 안다. 무슬림 역시 하느님은 자신이 그분에 대해 생각하는 것보다 훨씬 더 위대하시다는 것을 안다(PF, 96). 이러한 사실을 통하여 종교간의 일치가 이루어질 것인가는 장담할 수 없다. 그것은 그와 나 자신, 그리고 내가 어떤 유형의 신앙인이고, 그것에 대하여 내가 무엇을 하는가 등에 의하여 달려 있기 때문이다. 이러한 관계는 정적인 것이 아니고 동적인 것이며, 이론적인 것이 아니고 인격적인 것이다. 모든 참된 종교적 삶은 과정이며, 그 자신의 신앙과 영적 깊이가 더해지고 탄탄해진다(PF, 97).

둘째로 다른 종교에 대한 인식태도는 신학적 영역에서도 마찬가지로 드러난다(PF, 100). 기독교 신학의 경우에 지배적인 경향은 다른 사람들의 신앙을 논의할 여지도 주지 않고 그릇된 것이라고 단정하였으며, 유대교와 기독교 이외의 다른 전통에서는 하느님을 성공적으로 찾을 수 없다고 생각하였다. 기독교 안에만 참된 종교적 진리가 있다고 믿었다. 이와 같은 배타적인 신학적 경향성은 연구를 시작하기도 전에 자신이 발견하려고 하는 것을 이미 판정해버리는 편견을 갖게 된다(PF, 101). 따라서 그들은 다른 사람의 신앙이 신학자들이 말한 것보다 더 타당하고 실제적이며 진실하고 심오하다는 것을 느끼게 되면 자신의 신앙이 위협받고 있다는 비참한 지경에 이르게 된다. 그러나 신학은 신앙이 아니다. 신학은 매우 인간적인 신학자의 입장에서 자신의 신앙을 지적으로 진술하려는 시도이다. 그것은 하느님의 계시를 말로써 명확하게 체계화하려는 시도인 것이다. 지금까지 확실한 것은 "기독교 신앙만이 진리이므로 논리적으로 다른 신앙들은 당연히 그릇된 것이라고 주장하는 경향이 계속되어 왔다"는 것이다. 이러한 논리는 이제 설득력이 없다. 배타적인 결론은 신앙 자체와 어긋나기 때문에 부정적 전제로서 사용되는 신학은 그 주인을 배반하게 된다. 그리스도의 계시가 타당하다면, 바로 이런 사실로부터 다른 사람들의 신앙 또한 진실되며, 그것을 통해 하느님이 그들을 만나고 구원하신다는 결론이 나온다. 캔트웰 스미스는 기독교인이 가진 신앙의 사실들과 다른 사람들이 가진 신앙의 사실들을 동시에 공평하게 다룰 수 있는 신학체계를 정립하는 일은 매우 중요한 작업이라고 본다. 오늘날 기독교인들은 이런 새로운 지적 시도에 착수하고 있으며, 그 해결책이 발견되면 승인하게 될 것이다.

셋째로 타종교에 대한 태도표명은 도덕적 문제와 관련이 있다(*PF*, 103). 이 문제는 지금까지 신학적인 것보다 소홀하게 다루어져 왔다. 물론 도덕적 고려는 신학적인 문제와 관련되어 있다. 왜냐하면 기독교적 신앙의 요구는 바로 도덕적 명령의 형태를 띠고 있기 때문이다. 도덕적으로 그리스도적 명령이란 형제애(fellowship), 화합(reconciliation), 사랑(love) 등이다. 기독교 신앙의 출발점은 예수 안에서 하느님을 인식하는 것이다. 이로부터 두 사실, 즉 그 하나는 지적인 수준에서 사상과 개념의 문제, 그리고 다른 하나는 도덕적인 수준에서 대인관계와 행위의 문제가 제기된다. 도덕적으로 우리는 반샘족주의, 인종차별주의와 같이 심연을 파는 것이 아니라 다리를 놓고 모든 사람에게 겸허하게 다가서서 사랑과 봉사와 신뢰를 바탕으로 조화와 평등 및 세계적인 인간적 동포애를 추구해야 할 것이다. 신학과 윤리 사이의 갈등에서 우리는 기독교 신앙의 도덕적인 측면을 취해야 한다. 이런 맥락에서 캔트웰 스미스는 "나는 교회가 다른 신앙을 가지고 있는 사람들에 대해 보다 더 우리의 원초적 계시를 올바르게 해석하고, 그것이 우리에게 도덕적으로 시사하는 바와 좀더 조화를 이루는 교리적인 입장을 확립할 수 있도록 노력해야 한다"고 말하였다(*PF*, 104). 다른 사람들의 신앙은 두 가지 방식으로 기독교인과 도덕적으로 연관되어 있다. 그 하나는 우리가 그리스도인이기 때문에 도덕적으로 다른 사람들의 신앙을 이해해야 할 의무가 있다는 사실이다. 다른 하나는 우리가 기독교인이기 때문에 '화해와 평화, 그리고 상호 이해와 지구공동체, 보편적인 인간 존엄성이 추구되는 세계'(a world of reconciliation and peace, of mutual understanding and glo- bal community, of universal human dignity)를 건설할 책임이 있다는 사실이다(*PF*, 104). 이는 종교적 공동체들 간에 보다 많은 호의를 갖도록 해야 하고, 종교적 다양성 속에서 일치를 낳고, 서로 다른 신앙을 가진 사람들을 절망적으로 갈라놓은 심연들 사이에 다리를 놓는 일을 기독교인들이 해야 된다는 것을 의미한다. 캔트웰 스미스는 참된 기독교 공동체라면 신앙의 도덕적인 명령에 의해서 모든 사람들 사이에서 이해와 사랑을 구축해야 할 책임이 있다고 말한다. 자기 자신의 종교가 진정한 의미에서 사랑과 평화의 공동체라고 한다면 그들은 논쟁의 방식보다는 실천적 방식으로 증명해야 할 것이다.

힌두인, 불교인, 무슬림, 중국인, 그리스도인과 유대인들의 다양한 신앙유형 가운데서도 가장 본질적이고 특징적인 사실들을 열거해 보왔다. 중국인은 음양의 상징을 통하여 그리스도인들이 생각하는 하느님에 대한 신앙과 유사한 우주에 대한 신앙을 드러내고자 하였다. 여기에서 하느님은 음양과 함께 하나의 상징이며, 그것은 특히 서구사람들이 즐겨 사용하는 종교적 상징이다. 그러나 모든 종교인들이 그런 상징을 사용하지는 않는다. 중국인들은 '우주 속에 깃들어 있는 신적인 성질'(a divine quality in the universe; *PF*, 96)을 음양, 즉 궁극적인 조화와 신뢰성의 상징으로 나타내었다. 그리하여 캔트웰 스미스는 신적인 것을 볼 수 있는 능력, 곧 신앙을 새롭게 다른 방식으로 보는 것이 필요하다고 강조하였다.

4. 종교현상의 의미진술 요구

종교대화를 가능하게 하는 두 번째 조건은 종교다양성 현상을 인정하는 것 이외에도 각각의 고유한 종교현상들에 대하여 그 참된 의미를 존중해 주는 것이다. 그런데 종교현상의 참된 의미는 그 종교를 믿고 있는 신자들이 이해하고 규정하고 있는 바, 그대로의 것이다. 신자들이 부여하는 의미체계를 떠나서 독립적으로 존재하는 어떤 객관적인 의미 같은 것은 없다. 따라서 종교적 상징들의 객관적 의미도 존재하지 않는다. 그렇다면 종교현상에 대한 의미 있는 진술은 어떻게 가능한가? 캔트웰 스미스에 의하면 우리가 다른 종교의 현상에 대하여 의미 있는 진술을 하려면 두 가지 조건을 만족시켜야 한다. 비교종교학의 임무는 적어도 어떤 종교에 관한 진술을 할 때, 서로 다른 두 개의 전통에서 모두 이해할 수 있도록 한다(*RV*, 152).

비교종교의 연구는 그 자신의 종교보다는 다른 사람의 종교를 이해할 수 있다는 요청으로부터 시작되며, 이러한 요청은 우리의 구체적인 인간상황에 의하여 검증될 수 있다고 본다(*RD*, 155). 어떤 종교에 대한 의미 있는 진술이 가능하기 위해서는 반드시 그 종교 신자들의 동의를 얻을 수 있어야 한다. 특정한 신앙공동체에 속한 사람의 동의를 구할 수 있어야만 의미 있는 진술이 될 수 있다. 둘째로 동시에 그것은 진술자 자신이 속한 종교공동체나 또는 학문공동체 안에서도 이해될 수 있는 진술이어야 한다. 이처럼 종교대화를 통한 세계신학 또는 세계적인 종교공동체의 구축을 위하여 필연적으로 요구되는 조건은 다른 사람의 신앙에 대한 유의미한 진술 가능성이다. 그러나 다른 종교적 신앙을 가진 학자가 그가 믿고 있는 신앙 이외의 다른 신앙에 대하여 그들이 동의할 수 있는 범위 내에서 진술하는 것이 도대체 가능한가? 그리고 이와 같은 지나친 요구 및 제약은 오히려 비교종교학의 존립 자체를 부정하는 결과를 초래하지는 않을까? 이와 같은 우려에 대하여 캔트웰 스미스는 전통적인 종교 개념이나 연구방식으로는 종교현상들에 대한 유의미한 진술이 불가능하며, 따라서 종교대화의 수행적 조건이 되는 종교현상의 의미진술 요구를 위해서 새로운 개념과 방법이 필요하다고 주장한다.

1) 비교종교학의 새로운 방법

인간은 세속적 존재인 동시에 언제나 이미 초월적 실재에 대하여 묻고 있는 존재라는 사실에서 두 세계에 동시에 속하여 있는 교접적 존재이다. 이 점에서 종교사는 바로 성속이 교차되는 역사라고 할 수 있다. 캔트웰 스미스는 종교학을 전형적인 인문학으로 보며, 이것이야말로 사물에 대한 학이 아니고 인격적 삶의 속성들에 대한 학이라고 규정한다. 따라서 캔트웰 스미스의 진리관은 전통적인 자연과학적 진리관과는 구별될 수밖에 없다. 그에 의하면 자연과학적 진리 개념은 인간의 내면적 사건인 종교현상을 다루는 데는 적합하지 않으며, 철학 역시 하나의 특수한 문화적 역사적 산물로서 보편성을 지니지 못한다고 본다. 철학 역시 역사적 유한성을 가진 사유체계에 지나지 않으므로 같은 한계성을 가지고 있는 종교적 진리를 심판할 수 있는 처지에 있지 못하다는 것이다.15)

스미스는 에밀 브루너의 입장, 즉 "종교는 불신앙이고, 불신앙은 죄이며, [...] 타종교들의 신은 언제나 우상이다"라는 생각은 '편협한 그리스도인의 오만'을 극명하게 드러내고 있다고 지적한다(MR, 140).16) 틸리히는 이 종교 개념의 사용에 대하여 사과하였다.17) '타종교들'이라는 개념은 그 자체로서 이미 그 종교들의 신을 우상, 거짓 신, 인간 공상의 산물로 전락시킨다. 이는 기독교의 경우에도 마찬가지이며, 무슬림들에게 그리스도인들의 하느님은 적어도 삼위일체의 2격에서는 우상으로 간주된다. 이렇게 보면 종교라는 개념은 자기들이 관찰하고 있는 사람들의 종교적 삶에서 초월과의 관계를 부인하려는 사람들에게만 유용하다. 따라서 스미스는 인류의 전 역사를 통하여 우상을 숭배한 사람은 아무도 없다고 말한다. 인간은 우상의 형태로 하느님 혹

---

15) Smith, Cantwell: A Human View of Truth, in: *Truth and Dialogue in World Religions Conflicting Truth-Claims* (John Hick ed.), Philadelphia 1974; *Faith and Belief*, pp. 15-16; 길희성, 「윌프레드 캔트웰 스미스의 인격주의적 종교 연구」, 『포스트모던 사회와 열린 종교』, 민음사 1994, 70쪽 이하 "종교적 진리의 문제" 참조.

16) *MR*, 125; Brunner, Emil: *Offenbarung und Vernunft. Die Lehre von der christlichen Glaubenserkenntnis*. 1942. 2te Auflage, Zurich & Stuttgart 1961 S. 290, 299. "Diese Offenbarung sollte nicht Religion genannt werden [...] ; die Religion ist das Produkt der sündigen Verblendung des Menschen." Eng. Fassung: *Revelation and Reason: the Christian doctrine of faith and knowledge*. trans. by Olive Wyon, Philadelphia 1946, pp. 272, 264.

17) Tillich, Paul: *Biblical religion and the search for ultimate reality*. Chicago 1955, pp. 1-5.

은 그 어떤 것을 숭배한 것이다(*MR*, 140).

　캔트웰 스미스는 '상호 대립적인 이념공동체'로서의 서구적인 종교 개념은 원초적인 것이 아니라 최근 200여 년 동안에 형성된 근대적인 발상이라는 사실을 보여주었다. 예를 들면 루크레티우스 등과 같은 로마인들은 religio를 '성스러운 의무'나 '특정한 관습의 외적 준수'의 뜻으로 사용하였다(*MR*, 20). 아우구스티누스나 칼빈이 사용하였던 religion의 개념 역시 지금의 '종교' 개념이 아니고 '경건성'을 뜻하는 말이었다(*MR*, 29,37). 17세기의 신학논쟁 이후부터 교리체계로서의 종교 개념이 정착되었고, 18세기에는 상호 배타적인 이념 공동체가 추구하는 교의체계로 이해되었으며, 19세기에는 세계종교들을 각각의 역사를 가진 복잡한 유기체로 간주하기 시작하였다. 이러한 시도는 그리스도인들이 세계의 다른 민족들을 개종시키려는 전략으로부터 빚어진 것이다.

　따라서 캔트웰 스미스는 종교라는 현상을 개념과 시각의 전환을 중시하는 '새로운 방법'으로 접근하고 있다(*MR*, v). 스미스는 인간의 종교적인 삶이 여러 개의 신학적·역사적 복합체로 구분될 수 있다는 관점을 버려야 한다고 강조한다. 서구의 지적 전통에서 성장한 사람은 종교의 세계를 독자적인 복음이나 교리체계에 근거한 상호 배타적인 집단들의 하나로 이해한다. 이 경우에 종교인들은 필연적으로 어느 종교가 가장 참된 종교인가라는 물음에 이르게 된다(*MR*, v-vi).

　캔트웰 스미스는 전통적인 '종교' 개념 대신에 '축적적 전통'(cumulative traditions)과 '신앙'(faith)이라는 개념을 제안하였다.[18] 축적적 전통이란 사원, 경전, 신학체계, 무용 양식, 법률 또는 그 이외의 사회제도, 관습, 도덕적 규범, 신화 등과 같은 문화적 틀이며, 이는 종교적 공동체의 과

---

18) Smith, Wilfred Cantwell: *The Meaning and End of Religion*, New York 1991(1962), pp. 156-157.

거 역사적 삶의 축적물로서 역사적인 접근이 가능한 영역이다. 그러나 신앙은 구체적인 실존의 삶과 연관되는 것으로서, 종교적 체험, 누멘적인 것에 대한 느낌, 사랑, 경외, 희망, 숭배, 헌신과 봉사 등에 대한 생동적이고 내면적인 특성으로 인하여 객관적인 접근이 사실상 불가능한 영역이다.19)

___

19) 스미스와 힉은 신조와 신학을 축적적 전통의 요소 또는 일부라고 보는 점에서는 일치한다. 그러나 힉은 이를 더 세분하여 기도, 예언, 죄의 고백, 사랑과 기쁨의 자유로운 표현들, 주님의 현존 앞에서 느끼는 일차적인 경외와 같은 것은 신앙의 일차적 표현으로 규정하는 동시에, 신학의 언어는 신앙의 일차적 표현들을 자료로 하여 체계적 이론으로 해석하는 이차적 언어로 구분하는 점에서 차이를 보이고 있다(Hick, *MR*, x). 캔트웰 스미스의 새로운 종교 연구의 성과를 힉은 다음과 같이 정리하고 있다. 첫째로 종교들을 상호 대립된 신학을 지닌 실체로서 보는 관념으로부터 우리를 해방시키는 동시에 어떤 것이 참된 종교인가라는 무익한 질문으로부터 자유롭게 한다. 둘째로 종교적으로 뿐만 아니라 철학적으로 매우 중요한 개인의 내면적 신앙과 체험의 문제를 분명하게 다루고 있다. 셋째로 축적적 전통들의 연구를 획일적 체계로 보는 망상으로부터 해방시켜서, 여러 전통들과 각 전통들 안에 있는 풍부한 다양성을 드러나게 한다(xii). 캔트웰 스미스에 의하면 종교는 외부적으로 관찰 가능한 축적적 전통과 내면적인 신앙의 두 측면을 가지고 있다. 전자에 대한 연구는 괄목할만한 성과를 보였으며, 종교의 비인격화 또는 물신화(*MR*, 51)를 초래하였지만, 후자에 대한 연구는 아직도 미진한 상태에 머물러 있다. 캔트웰 스미스에 의하면 종교는 객관적으로 공유하는 외적 전통이나 교의체계가 아니라 개개인들의 마음속에서 시시때때로 유전되는 역동적인 실재현상이다. 따라서 그의 종교연구는 축적적 전통 그 자체에 대한 연구라기보다는 인간의 내면현상에 대한 변화를 연구하는 점에서 인간에 대한 연구라고 볼 수 있다(*RD*, 142). 축적적 전통으로 보면 특정한 종교적 공동체의 공통적인 요소를 파악할 수 있으나, 신앙의 차원에서 보면 심지어 같은 종교적 전통에서조차 동일한 신앙은 찾을 수 없게 된다. 예를 들면 서로 다른 종교적 전통 속에 있는 사도 바울과 나가르주나의 신앙만이 다른 것이 아니라, 동일한 하나의 종교 전통 속에 있는 터툴리아누스, 아베라르두스, 토마스 아퀴나스의 신앙도 역시 각각 다르며, 또한 그것들은 폴 틸리히의 신앙과도 다르다. 기독교인으로서의 스미스는 그리스도를 통하여 계시된 신의 존재를 신앙하고 있다. 그러나 그는 오직 그리스도만이 구원할 수 있다는 배타주의적 기독론은 기독교의 자비와 모순관계에 있다고 보았다. 물론 기독교인들에게 기독교만이 참된 종교라는 사실은 자명하다. 대부분의 기독교인들은 교회 안에만 구원이 있다고 믿

그리스도인들에게는 그리스도교만이 참된 종교이고, 따라서 다른 종교들은 모두 진리에 미치지 못한다. 그러나 이와 같은 시각적 틀은 결국 기독교 신학으로 하여금 다음과 같은 아포리아에 빠지게 한다.

만약에 하느님이 온 인류의 하느님이라면 도대체 왜 하느님에게로 가는 올바른 길인 이 참된 종교가 인류 역사의 한 가닥에만 국한되어 인류 역사 이래 지금까지 살고 죽은 수십억 인구 대다수에게는 주어지지 않았는가? 만약 하느님이 모든 사람의 창조주요 아버지라면 그가 과연 이 참된 종교를 단지 선택된 소수만을 위하여 줄 수 있었을까? 어째서 하느님의 섭리는 인간의 종교적 삶으로 하여금 역사가 우리에게 보여주는 다양한 형태를 취하도록 하였던 것일까?"(MR, vi) 또한 동시에 "성서는 과거, 현재, 미래를 통하여 온 인류를 위한 하느님의 결정적이고 유일한 말씀을 지니고 있는가? 아니면 오히려 많은 전통들 가운데서 한 전통에 속하는, 더군다나 세계 종교공동체의 문제가 생겨나기 이전에 씌어진 경전일 뿐인가?(MR, vi-vii)

이와 같은 물음들은 다른 신앙을 가진 사람들도 익명의 그리스도인들로서 간주되거나, 교회를 통하여 주어지는 '특별한' 방식과는 다른 일반적인 방법으로 구원을 받을 수 있다는 현대의 신학적 이론들에 의하여 유사한 답변에 이를 수는 있지만, 전적으로 적절한 대답이라고 할 수는 없으며, 그런 이론들은 해결책이라기보다는 완화제로서 기능을

고 있다. 그러나 아직 이해할 수 없는 사실이 있다. 하느님이 온 인류의 하느님이라면 그 분은 왜 이러한 진리를 처음부터 모든 민족에게 제시하지 않고 오직 특정한 민족을 통해서만 드러내었는가라는 의문이 바로 그것이다. 이것은 보편적인 구원의 개념을 무의미하게 만드는 결과를 초래한다.

할 뿐이다. 왜냐하면 이와 같은 이론들은 경건한 비그리스도교 신자들에게 과도적인 지위만을 부여하다가 마침내는 현세 혹은 내세에서 그가 그리스도를 만나 온전한 그리스도의 제자가 된다는 것을 의미하기 때문이다(*MR*, vi).

2) 축적적 전통

종교적 신앙인은 이 세상에서 살고 있다. 변하는 시공간의 맥락 속에서 특정한 위치를 차지하고 있다. 동시에 그는 세속적인 한계를 초월하는 또 다른 세계와 접촉하고 있다. 이와 같은 이중적인 위치는 인간의 위대성, 인생의 의미, 삶의 비극과 영광을 드러낸다(*MR*, 154). 세속적 영역과 초월적 영역을 연결시켜 주는 것은 인간이다. 그런데 지금까지의 역사적 종교 연구는 이 두 가지 측면 중에서 어느 하나를 의식적으로 소홀히 취급하였다. 따라서 스미스는 이 두 영역을 종교라는 개념으로 다루는 것을 지양하고, 그 대신에 축적적 전통과 신앙이라는 두 개념으로 접근하고자 한다. 이 두 개념의 연결고리는 살아있는 개인 인격체이다(*MR*, 156).

축적적 전통이란 "연구 대상이 되는 공동체의 과거 종교적 삶의 역사적 축적물을 구성하는 외적, 객관적 자료의 전체 덩어리를 의미하는 것으로서, 사원, 경전, 신학적 체계, 무용 양식, 법적 혹은 그 밖의 사회제도, 관습, 도덕적 규범, 신화 등을 가리킨다. 즉 한 인격체나 한 세대로부터 다른 인격체와 다른 세대로 전수되는 것으로서, 역사가가 관찰할 수 있는 모든 것을 의미한다"(*MR*, 156, 157).

"이 전통은 이 세계의 일부이며 인간활동의 산물이다. 그것은 다양하고 유동적이며 성장하고 변화하며 축적된다"(*MR*, 159). 그것은 이전 세대들의 신앙을 가시적인 형태로 담고 있고, 새로운 세대의 신앙을 포함하게 되고, 그 다음 세대의 신앙을 조건적으로 규정하게 된다. 축적적 전통의 자료가 지속되는 것은 그것이 각 세대마다 어떤 초월적 신앙을 불러일으키는 근거로서 작용하고 있기 때문이다. 한 전통의 객관적 자료는 이 세상에 존재하는 것이며 역사가들에 의하여 관찰 가능한 것이다. 그것은 사람들에게 초월의 세계를 들여다 볼 수 있게 하는 창문이다(*MR*, 160).

"축적적 전통이 지닌 요소들 가운데서 어떤 것은 탈락되거나 추가될 수도 있으며, 어떤 습관은 사라지고 어떤 규례는 지켜지지 않으며, 어떤 사원은 폐허가 되어 버리기도 한다. 고매한 통찰이 저질화되고 온정을 지닌 자발적 행위들이 점차 제도화되며, 새로운 것들이 전통이 되기도 한다. 공동체는 지도자들의 통찰을 보존할 뿐만 아니라 오해되거나 유실될 수도 있다"(*MR*, 161).

축적적 전통은 전적으로 이 속된 세계에 속하여 있고, 역사적 관찰에 완전하게 개방되어 있다. 속된 전통이란 각 세대마다 참여자들 각자의 신앙을 통하여 새롭게 되는 한에서만 존속될 수 있다. 축적적 전통은 전적으로 역사적이다. 그러나 역사는 폐쇄된 세계가 아니다. 왜냐하면 인간은 그 안에서 주체로 서 있으며, 그의 정신 역시 어느 정도 초월적인 것에 개방되어 있기 때문이다.

"종교적 전통이란 역사적 산물이며 그것에 참여하는 자들에 의하여 계승되며 계속적으로 형성되는 산물이다"(*MR*, 165). 각각의 특정한 종교의 축적적 전통은 역동적이고 다양하며 관찰 가능하다(*MR*, 168). 그러나 축적적 신앙은 우리 모두에게 비교적 비슷하다(*MR*, 190).

3) 인격적 신앙

스미스에 의하면 상호 대립적인 신학을 지닌 사회적 실체로서의 종교뿐만 아니라 정의할 수 있는 본질로서의 종교 역시 존재하지 않는다. 그러나 우리가 종교를 이와 같은 방식으로 생각하지 않는다고 하면 우리는 종교적 언술의 세계가 보여주는 다양한 사실을 어떻게 파악할 수 있겠는가? 스미스의 제안은 인간의 종교적 삶의 내적인 면과 외적인 면을 형성하고 있는, 이른바 신앙(faith)과 축적적 전통(cumulative traditions)이라는 두 가지 다른 실재로써 종교를 말해보자는 것이다. 그가 신앙이라고 부르는 것은 개인이나 혹은 여러 개인들이 지닌 신적인 초월성과의 관계이다. 스미스에서 신앙은 '개인 인격체적 신앙', 즉 '한 특정한 인격체의 내적인 종교적 체험이나 개입'을 뜻한다. 사실적으로나 관념적으로 초월적인 것이 그에게 미치는 영향을 의미한다.

종교 사상가들은 신앙이란 정확하게 묘사되거나 언표될 수 없는 것이라고 주장해 왔다. 신앙은 공적으로 설명하기에는 너무나 심오하고 너무나 개인 인격체적이며 또 너무나 신적이라는 것이다. 또 한편으로는 사람들은 시간과 공간의 차이에 따라 또 그들이 속한 전통의 상이성에 따라 이 문제에 대한 그들의 견해에 현저한 차이를 보여 왔다. 여기서도 역시 인류의 신앙이 지닌 놀라운 다양성을 알 수 있다.

인간의 종교적 삶의 핵심은 그 안에서 인간이 한계를 초월한 어떤 것으로 인도된다는 데 있다. 한 종교를 개념화하려는 시도는 그 자체가 모순을 범하는 일이다(*MR*, 141). 신은 사물이 아닌 인간에게 관심을 가지고 있다(*MR*, 127). 신은 이 세상을 사랑해서 그의 아들을 보낸 것이 분명하지만, 신이 기독교를 사랑하였다는 것은 어디에서도 읽지 못한다(ibid.). 신은 종교를 계시하는 것이 아니라, 그 자신을 계시한다

(*MR*, 128, 129). 왜냐하면 종교는 너무나 풍부한 내용을 가지고 있기 때문이다. 한 종교의 역사적 현상이 지니고 있는 풍부성, 다양성, 변동과 변화, 분파와 복합적 양상이 그것을 정의할 수 없게 만든다. 그리스도교라고 불리는 것은 역사적으로 한 개가 아니라 수백만 개이며, 또한 수억의 인격체들로 이루어져 있다. 이슬람과 유대교, 그리고 힌두교의 경우도 마찬가지이다. 힌두교를 정의하는 것은 힌두교 신자가 지닌 그의 신앙의 자유와 성실성에 대한 권리를 거부하는 것이다(*MR*, 145).

스미스에서 신앙은 '개인 인격체적 신앙', 즉 '한 특정한 인격체의 내적인 종교적 체험이나 개입'을 뜻한다. 사실적으로나 관념적으로 초월적인 것이 그에게 미치는 영향을 의미한다. 신앙이란 개인 인격체의 내적 종교적 체험이다. 따라서 신앙은 역사적인 것 안에 국한되지 않는다. 각 사람의 신앙은 그 자신의 것이며, 부분적으로는 자유롭고, 그 사람의 개인 인격체 속에서 그가 대면하게 되는 전통을 비롯한 그 외의 내, 외적인 속된 환경과 초월적인 것이 상호 작용하여 생기는 결과이다. 한 사람의 신앙은 전통이 그에게 지니고 있는 의미이다. 그의 신앙은 이 전통의 빛 아래서 우주가 그에게 갖고 있는 의미이기도 하다 (*MR*, 159).

인간의 신앙은 다양한 형태로 표현되는 개인 인격체적 성질이다 (*MR*, 171, 185). 역사적으로 볼 때, 신앙은 산문과 시적 언어, 의례와 도덕, 예술, 제도, 법률, 공동체, 성격과 같은 관찰 가능한 형태로 다양하게 표현되어 왔다. 신앙은 이 세상을 넘어서는 어떤 것으로서 초월적인 것과 관련된다. 종교적 신앙은 개인 인격체적이다. 그리스도교의 교회, 무슬림의 움마, 힌두교의 카스트, 불교의 승가와 같은 여러 공동체들은 그 집단을 구성하는 개인 인격체적 신앙의 표현이다. 구성원들의 개인 인격체적 신앙을 떠나서는 종교적 공동체의 성립이나 지속적 역사 그 어느 것도 이해될 수 없다(*MR*, 175).

아퀴나스의 개인 인격체적인 신앙은 부분적으로는 그때까지의 그리스도교 축적적 전통 때문에 가능하였다고 이해될 수 있으며, 그의 신학은 그의 개인 인격체적 신앙의 표현이었으며, 나중에 토마스주의자들 신학의 인장이 되었다. "축적적 전통은 과거 인간들의 신앙의 속된 결과이며, 현재 인간들의 신앙의 속된 원인이기도 하다. 그러므로 그것은 항상 변하며 항상 축적되며 항상 신선하다. 모든 종교적 인격체는 모든 사람에게 동일한 초월적인 것과 모든 사람에게 상이한 축적적 전통과의 상호작용이 일어나는 장소이다"(*MR*, 186). "신학은 전통의 일부이며 이 세상의 일부이다. 신앙은 신학을 넘어서 있으며 인간의 가슴 속에 있다. 진리는 신앙을 넘어서 있으며, 하느님의 마음 안에 있다"(*MR*, 185).

그러나 신앙은 어떤 고정된 것이 아니라 수천만의 개개인의 가슴속에 고동치는 현실이다. 그리하여 캔트웰 스미스는 종교를 외적으로 드러난 가시적 전통과 생명력을 가진 개인 인격체적 신앙으로 구분한다. 물론 그 중 어느 것도 어떤 확정된, 안정된, 정적, 완성된, 정의할 수 있는, 형이상학적으로 주어진 산물이 아니다. 신앙은 그것을 이상으로서가 아니라 현실로서 보아야 한다. 이는 동일성이 아니라 연속성에서 보는 것이다. 어느 누구도 타인들의 유산에 의하여 부분적으로나마 가르침을 받지 않은 신앙을 지니고 있지 않다. 그런데 우리는 모든 공동체에 속한 사람들의 신앙이 동일하다고 볼 것이 아니라, 오히려 같은 공동체에 속한 사람들의 경우에도 동일하지 않다고 보아야 한다.

어느 날 아침의 어떤 한 사람의 신앙은 그 전날 오후의 신앙과도 다르다고 인정해야 한다. 신앙은 개인 인격체적인 것이며 우리는 이 것을 진지하게 받아들여야 한다. [...] 우리는 터툴리아누스(Tertul- lian)의 신앙은 아베라르두스(Abelard)의 신앙과 다르며, 콘스탄틴 (Constantine) 황제의 신앙은 츠빙글리(Zwingli)의 신앙과 다르고, 성 테레사(St. Teresa)의 신앙은 존 녹스(John Knox)의 그것과, 하르낙 (Harnack)의 신앙은 윌리엄 제닝스 브라이언(William Jennings Bryan)의 그것과 다르다는 것을 인정할 수밖에 없다. 보다 선택된 수준에서 보자면 로마 지하교회의 한 무산계급자가 지녔던 신앙이나 순교자의 신앙은 십자군의 한 맹목적 추종자의 신앙과 달랐으며, 또 한 이들 모두의 신앙은 오늘날 보수주의 신앙을 표방하는 미국의 중 남부 지역인 바이블 벨트(Bible-belt)에 사는 한 농부의 신앙과 달랐 다(MR, 190).

나의 신앙은 내가 스스로 하느님 앞에서 적나라한 모습으로 서 있는 행위이다(MR, 191). 그러므로 그리스도교 신앙 일반, 불교 신앙, 힌두 교 신앙, 유대교 신앙이란 것은 존재하지 않고, 오직 나의 신앙, 너의 신앙, 나의 한 이웃인 유대인의 신앙 등이 있을 뿐이다. 우리는 초월적 인 것을 직접적, 개인적으로 만난다. 하느님에 들어오는 것은 한 개인 의 인격체이지 유형이나 집단이 아니다. 따라서 규범적인 그리스도교 신앙(the Christian faith)은 존재하지 않고, 각각의 개인적이고 특수한 사람들의 하느님에 대한 직접적인 신앙만이 있을 뿐이다(MR, 191). 무 슬림의 신앙 역시 땅위에서, 역사 속에서 발생하는 그의 개인 인격체 적 의식으로서, 역사 밖에는 오직 하느님만이 존재하며, 땅위의 역사 속에서 그가 해야 할 의무는 오직 하느님에게만 복종하는 것임을 깨닫 는 의식이다. 이러한 신앙은 계속해서 변천해 왔으며, 현실적인 것이 다.

신학자들은 신앙이 어떤 것이어야 한다는 그들 자신의 개인적인 생각을 일반화된 진술과 지적 체계로 기술하였다. 그러나 이들 체계들은 많은 차이를 보여 왔으며, 그 저자의 인간성으로부터 자유롭지 못하였다. 이것은 땅위에 속한 일이다. 하늘에는 그리스도인들에 의하여 삼위일체적이고 활동적이고 사랑의 존재인 하느님이 계신다. 외부의 관찰자나 신자에게 하늘에 그리스도인들의 신앙을 위한 어떤 일반화된 원형은 존재하지 않는다. 신앙은 인간의 응답으로서 속된 것이다. 내가 가져야 할 이상적 신앙이란 존재하지 않는다. 내가 보아야 하는 하느님이 존재하고, 내가 사랑해야만 하는 이웃이 존재할 뿐이다. 내가 추구하는 이상이란 나 자신의 신앙의 이상이 아니라 하느님 자신이고 나의 이웃 자신이다. 신앙은 영원의 일부가 아니라 영원에 대한 나의 현재의 의식이다(MR, 192).

그러나 캔트웰 스미스가 여러 종교적 삶 속에 어떤 공통된 것이 있다는 것을 부인하는 것은 아니다. 그가 유일하게 인정하고 있는 공통적인 요소는 바로 초월적인 것 그 자체이다. "전통들은 진화되고, 인간의 신앙은 다양하게 되지만, 하느님은 계속해서 존재한다"(MR, 192).

5. 세계적인 종교공동체의 실현 요구

일반적으로 우리는 물려받은 개념틀을 사용하여 세계를 바라다본다. 이 개념화 작업은 인간의 활동이고, 바깥세계를 바라보는 창틀이다. 그러나 이 개념적 틀은 그 기능이 변하거나 수정될 수 있다. 캔트웰 스미스는 기존의 '종교' 개념을 기각하고, 유익한 새로운 개념적 틀을 제시하고자 하였다(MR, 194). 즉 우리가 종교 일반 또는 어떤 하나의 종교라고 생각해온 것을 두 개의 역동적이면서 서로 다른 요소들인 축적적 전통과 개인 인격체적 신앙으로 대체한 것이다. 종교적 접경선을 넘어 서로를 이해하고 신뢰하는 법을 터득하지 않는 한, 그리고 서로 다른 심오한 신앙을 가진 사람들이 함께 살고 일할 수 있는 세계를 건설하지 않는 한 지구촌의 앞날은 밝지 못할 것이다(MR, 9).

캔트웰 스미스는 자신의 궁극적인 관심사를 "인류의 종교적 다양성이라는 사실 그 자체가 의미하는 바는 도대체 무엇인가?" 라는 물음으로 집약하였다(PF, 107). 이 물음은 곧 "우리 자신의 신앙을 포함해서 다른 사람들의 신앙에 대해서도 공정성을 유지하면서 신앙 자체를 규정할 수 있는 방법은 무엇이며, 인간의 어떤 자질을 가리켜서 신앙이라고 할 수 있는가?"라는 물음으로 바꿀 수 있다. 여기에서는 어떤 특정한 신앙이 아니라 종교적 신앙 일반이 문제된다. 캔트웰 스미스는 자신의 종교이론이 "잠정적인 것으로 아직 증명된 것이 아니기 때문에 지금으로서는 가설에 불과한 사변적 이론에 지나지 않는다"고 말한다 (PF, 107). 그것은 이론적이고 지적인 문제만이 아니라 역사적이고 실제적인 문제이기 때문이다. 이는 우리가 살고 있는 이 세상 안에서 실제로 일어나는 일인 동시에 우리의 문명을 방향을 정하고 인류가 새로운 시기로 진입할 수 있는가에 결정적이라는 의미에서 역사적인 문제이다(PF, 109). 이제 인류의 종교 역사는 새로운 국면으로 접어들고 있다. 자신이 믿고 있는 종교 이외에 다른 종교 전통들도 이해될 수 있어야 한다는 새로운 풍조가 일반적인 현상으로 받아들여지고 있는 것이다. 오늘날 인류는 하나로 연결되어 있으며, 서로 다른 종교적 전통에 살아가는 사람들이라 하더라도 하나의 공동체 속에서 인류 전체의 발전 과정에 참여하고 있다.

1) 그리스도교 신학의 불충분성

온 인류의 종교적 상황에 대한 정확한 이해를 위하여 캔트웰 스미스는 최근의 종교사학의 연구성향은 타인의 종교적 삶의 연구에 집중하기 시작하였다는 것과, 종교공동체 상호간의 소통영역이 점차 확대되고 있다는 사실에 주목한다(MR, 196). 독백적인 설교보다는 대화가 중요하게 인식되고 있다. 종교간의 대화는 앞으로 세계의 종교가 가장 중요하게 추구해가는 사안이다. 캔트웰 스미스는 그리스도교 신학이나 무슬림 공동체가 이 축적적 전통과 신앙이라는 두 개념군을 수용하면 이들 종교가 현대에 처한 위기들이 해결될 것이라고 보았다(MR, 197).

켄트웰 스미스가 보기에 현재의 그리스도교 신학은 불충분하다. 그리스도교 교회는 현재의 신학보다 다른 사람들에게 더 이해 가능하고 자체 구성원들에게 보다 만족스러운 지적, 언어적 표현을 진지하게 모색해야 한다. 특히 과학의 발달과 종교다원성의 문제를 감안하여 새로운 신학이 요구되어 왔지만, 20세기의 자유주의와 신정통주의는 세속적 적응과 초월적 의의 중 어느 한 일면 만에 치우친 결과를 빚어냈다(MR, 198). 축적적 전통은 눈에 띄게 지속되고 있다. 그리스도교 전통은 아직 과정 중에 있다. 이슬람과 유대교, 그리고 불교 전통도 마찬가지이다. 힌두교 전통은 언제나 변화 속에 있다. 인류 전체의 종교적 역사는 하나의 새로운 국면으로 들어가고 있으며, 점점 더 공동체적인 운명을 지니고 있다(MR, 199).

앞에서도 살펴본 바 있지만, 종교 신앙을 바라보는 두 가지 상이한 관측 지점, 즉 외부의 관찰자와 전통의 참여자(MR, 200)가 있다. 외부 관찰자는 자기가 보고 있는 객관적인 사실들, 즉 신화, 의례, 신조, 경전, 교의, 제도 등에 대한 연구를 수행하며, 전통참여자는 자기가 전수

받은 문화유산을 알고 느껴보려는 태도를 취하며, 여기서는 그 종교의 신앙을 가진 사람들의 내면적인 세계가 중시된다. 캔트웰 스미스는 어떤 특정한 종교에 대한 의미 있는 진술이 가능하기 위해서는 이 두 가지 입장을 넘어선 제3의 유형, 즉 관찰자와 참여자를 동시에 만족시킬 수 있는 단일 종교 이론이 요구된다고 말한다. 그것은 서로 다른 공동체들로 구성되어 있으나, 서로 격리되어 있지는 않은 종교적 복합체의 구성원들이 갖고 있는 입장이다. 이들은 타인의 신앙과의 만남을 통하여 자기 신앙에 대한 정체성을 확인하는 동시에 자신이 속한 신앙공동체가 인류 전체의 공동체적인 종교적 복합체의 구성원이거나 또는 될 수 있다고 의식하기 시작하였다. 새로운 시대에는 전통간의 상호침투, 의사소통이 요구된다. 그러나 캔트웰 스미스는 우리가 종교적 영역에서 이와 같은 통일을 어떻게 이루어낼 것인가는 아직 분명하지 않다고 말한다(MR, 200). 그러나 분명한 것은 우리가 그것을 이루어내야 한다는 책임을 부여받고 있으며, 이를 위하여 상이한 종교적 공동체에 속한 인간들이 협동하여 함께 긍정할 수 있고 함께 참여할 수 있는 세계를 만들어 가야 한다. 이 엄청난 새로운 과제를 수행하려면 새로운 관념들, 새로운 종교이론과 신학이 요구되며, 이를 통하여 '세계종교사의 다음 국면'(the next phase of the world's religions history)이 기술될 것이다(MR, 201).

종교다원주의를 신 중심적으로 접근하는 방식을 소개하는 자리에서 카워드는 동방정교회의 성령 편재신앙을 정점으로 폴 틸리히, 존 힉, 캔트웰 스미스의 경우를 들고 있는데, 기독론과 타종교와의 관계를 가장 분명하게 드러내는 기본적인 지침을 마이엔도르프의 『교회사』에서 다음과 같이 인용하고 있다: "그리스도는 단순히 인간 또는 하느님이 아니라, 인간들을 하느님에게로 끌어올리는 신인(神人, theanthropos)이다. 다른 종교들도 인간을 신성한 삶으로 끌어올리려는 동일한 목적을 가지고 있는 한, 하느님의 세계 안에 있는 하느님의 도구로 인지되는 것이다".20)

캔트웰 스미스의 종교연구에서 가장 핵심적인 주장은 다음과 같다. 역사적이고 이론적인 탐구에 의하여 언표된 '종교'라는 말의 의미를 비판적으로 검토함으로써 인간의 종교적 삶 그 자체가 보다 참되게 부각되었다. 고전적인 의미에서 종교의 의미와 목적은 하느님이며, 이 때문에 모든 종교적 장식품은 속된 자리로 되돌아가게 된다. 그러므로 하느님은 곧 종교의 종말을 뜻한다(MR, 201). 이는 오늘날 종교대화에서 지배적인 입장이 되고 있는 신 중심적 사유방식에서는 전통적인 의미에서의 종교 체계가 들어설 자리가 없다는 것을 의미한다.

2) 종교다원성과 하나의 세계

우리에게 주어져 있는 현실은 수많은 종교들이 있으며, 그 종교들을 믿고 있는 사람들이 살고 있는 세계는 하나의 세계라는 사실이다. 그 사람들이 추구하고 있는 것은 공통적으로 하나의 신성 또는 하나의 절대성이다. 그것은 비록 다른 이름으로 기술되고 있다하더라도 본질적으로는 동일한 존재의 이름들이다.

---

20) Meyendorff, John: The Christian Gospel and Social Responsibility, in: *Continuity and Discontinuity in Church History*, ed. E.F. Church and T. George. Leiden 1979, p. 123; Coward, Harold: *Pluralism. Challenge to World Religions*. New York 1985, p. 27. "Christ is never mere man or God but always the theanthropos (God-man), seeking to elevate human beings to theosis. As long as other religions have the same goal, the elevation of humanity to divine life, they are perceived by the Orthodox as instruments of God in God's world."

그리스도교 교회, 대학, 인류공동체의 내부에서 씌어진 것으로서 교회와 학자들과 전 인류에게 헌정사를 쓰고 있는 캔트웰 스미스의 심정 속에서 우리는 전 지구적 차원에서 공존할 수 있는 종교적 공동체의 설립이 다름 아닌 종교대화의 선험적인 가능성 조건인 하느님의 존재 승인으로부터 비롯된다는 사실을 확인하게 된다. 하느님의 존재를 승인하게 되면 그가 기독교인이든지 무슬림이든지 혹은 불교인이든지 아무런 차이가 없게 되는 것이다. 다른 신앙을 가진 사람들 역시 우리와 마찬가지로 순수한 신앙을 가진 순수한 인간이며, 우리와 다른 방식이기는 하지만 우리가 보는 것과 동일한 우주를 보고 있다. 이 새로운 세계는 문화적 다원성과 다양한 신앙이 존재하는 세계이다(*PF*, 117). 이것이 가능하기 위해서는 모든 종교들이 새로운 공동체의 구성원으로 승인되어야 한다. 이를 성사시킬 것인가의 여부는 전적으로 인류의 결정에 달려 있다. 모든 종교들의 이상이 통합된 새로운 인류공동체의 건설은 확실히 우리에게 주어진 중차대한 과제임이 분명하다.

"종교적으로 다양한 세계 속에서 살고 있는 기독교인"(The church in a religiously plural world)[21]이라는 강연에서 캔트웰 스미스는 최초의 새로운 세계주의의 출현, 즉 징치경제적으로 '하나의 세계'에 대하여 언급하였다. 우리의 현실세계는 종교적 다양성을 가진 세계이다. 선교 영역에서는 다른 종교형식, 종교적 전통과 직접적인 대결이 있었으나, 우리는 이제 더 이상 특정한 종교 신앙에로의 개종을 요구하는 선교활동이 가능하지 않은 시대에 살고 있다. 틸리히의 유명한 저서 『기독교와 세계종교들과의 만남』 역시 이제는 하버드대학의 학부생이 가진

---

[21] 이 글은 1961년 5월 18일 캐나다 신학학회, 캐나다 교회사협회, 캐나다 성서 연구회의 연합모임에서 강의한 내용으로서, *Patterns of Faith Around the World*, pp. 121-145에 수록되어 있다.

지식보다도 더 피상적인 것으로 받아들여질 정도가 되었다.

　　과거에는 서로 다른 문명들끼리 서로를 무시하거나 싸워왔으며 아주 드물게 때때로 서로 만날 뿐이었다. 그러나 오늘날에는 이들이 서로 만나고 있을 뿐 아니라 상호 침투하고 있다. 즉 그들은 서로 만날 뿐 아니라 공통된 문제들을 함께 대처해 나가고 있으며, 함께 해결하려 노력해야 한다. 그들은 서로 협력하지 않으면 안 된다. 아마도 우리 시대에서 인류가 대면하고 있는 가장 중요한 도전은 오늘날의 미성숙한 사회를 세계공동체로 바꾸어야 한다는 시대적 요구일 것이다(*PF*, 131).

　　이제 기독교 신앙은 다른 여러 종교들 가운데 하나의 종교로 간주될 수 있다. 인간은 종교적으로 다양한 집단들 사이의 충돌을 피하기 위해서라도 종교 및 문화적인 다원성의 세계에서 동반자로서 살아가야 할 새로운 지혜를 가져야 한다.22) 캔트웰 스미스는 이것이야말로 삶의 가장 낮은 차원에서도 요구되는 도덕적인 명령이라고 말한다(*PF*, 132). 우리가 그리스도 안에서 하느님의 계시를 진지하게 받아들인다면, 즉 우리가 그분의 삶과 십자가에서의 죽음, 자기희생에서 비롯된 최후의 승리가 세계에 궁극적인 진리와 힘과 영광을 구체적으로 드러낸다는 것을 진정으로 확신한다면 도덕적 차원과 지적 차원이라는 두 가지 유형의 추론이 가능하다. 도덕적인 차원에서 그것은 화해, 일치, 화합, 형제애를 향한 명령으로 이해될 수 있다. 이러한 도덕적 명령은 모든

---

22) 우리나라에서 발전된 고유한 종교들 가운데서 캔트웰 스미스의 제안을 가장 분명하게 보여주는 신앙유형은 증산도일 것이다. 증산교의 후천개벽적 통일신단 이론은 상생적 조화세계를 지향하고 있다. 다만 거기에서도 남아있는 문제는 그 중심적 통합기능을 증산도가 수행한다는 사실에 있다.

사람에게 구속성을 가지고 있다(*PF*, 134). 기독교인은 배타주의를 고집하여 인류를 우리와 그들로 구분하고, 기독교 세계와 그 밖의 세계 사이의 심연을 만들었다. 그러나 캔트웰 스미스는 "우리는 구원받았지만, 너희들은 저주받았다"라고 말하거나, "우리는 하느님을 알고 있고, 우리의 믿음만이 옳은 것이다. 당신들은 하느님을 알고 있다고 믿고 있지만, 사실 완전히 틀린 것이다"라고 말하는 것은 도덕적으로 성립 불가능하다고 지적한다. 따라서 "서로를 화해시키기보다 적대시하고 소외시키며, 겸허하기보다는 거만하고, 형제애보다는 분리를 조장하는, 사랑할 수 없는 입장은 그것이 어디로부터 유래하든 그 자체로 비기독교적이다"(*PF*, 135). 만약 기독교만이 옳고 다른 종교들은 잘못되었다는 관점에서 보게 된다면, 그 명제의 역도 성립할 것이다(*PF*, 136). 따라서 다른 종교를 믿는 사람들이 그 자신의 종교만이 옳고 기독교의 주장은 잘못되었다고 생각하는 것 역시 정당한 것으로 인정해야 할 것이다. 하느님이 이웃을 구원하신다는 사실 때문에 자신의 신앙이 훼손된다고 생각한다면 그것은 결코 올바른 신앙이 아니다. 기독교 복음을 알지도 못하고 살아온 수많은 사람들이 구원받을 수 없다고 여기는 것은 확실히 우리를 당혹스럽게 한다(*PF*, 137). 이제 기독교 이외의 다른 종교에서 어떻게 구원이 가능한가를 묻지 않으면 안 된다.

3) 전통의 진화와 신앙의 지속성

스미스는 만일 우리에게 계시된 그리스도가 온 인류를 구원하기 위한 하느님이라는 사실을 정당화하기 위해서는 이슬람이나 불교와 다른 종교들도 생동하며 변화하는 신과 인간의 만남을 추구한다는 것을 받아들여야 한다고 주장하였다. 이를 위해서 기독교 선교는 다른 종교를 가진 사람을 개종시키려고 하기보다는 다른 종교의 신과 인간의 만남에 참여하는 방식으로 변화되어야 할 것이다.23) "전통들은 진화하고, 신앙은 다르게 나타나지만, 하느님은 지속적으로 존재한다"(The traditions evolve. Man's faith varies. God endures).24)

---

23) 캔트웰 스미스는 '인간의 종교적 다양성' 물음에는 지적, 도덕적, 신학적 문제를 내포되어 있다고 보았다. 지적 또는 학문적으로 과거의 종교집단은 자신이 속한 전통만을 신앙으로 보고, 다른 사람의 종교행위는 미신으로 봄으로써 이 두 영역을 전혀 연관성이 없는 것으로 간주하였다. 따라서 학문적 접근에서도 이 둘은 전혀 다른 원리에 입각하여 이해되는 이분법에 시달려 왔다. 지적 도전이란 합리적이며 통합적인 방식으로 서로 뚜렷이 비교될 수 있고 눈에 띌 만큼 다양한 종교현상 전체를 일관성 있게 이해하려는 것을 뜻한다. 도덕적 문제는 종교 간의 대립과 분쟁이 공동체의 분열을 조장하는 데서 제기된다. 과거에는 서로 다른 문명끼리 서로를 무시하거나 싸워왔으며, 아주 드물게 서로 만날 뿐이었다. 그러나 오늘날에는 이들이 서로 만나는데 그치지 않고 상호침투하고 있다. 인간은 이제 종교 및 문화적인 다원성의 세계에서 동반자로서 함께 살아나가야 할 새로운 과제를 배워야 한다. 신학적 차원에서 그리스도의 배타주의는 모든 종교들 사이에서 분란을 조장하는 가장 중심적인 명제이다. 그러나 배타주의는 기독교의 교리 안에서 보더라도 이론적으로 잘못된 것이다. 전통적인 기독교 이론에 의하면 삼위 가운데 하나의 인격, 즉 그리스도가 있을 뿐만 아니라 세 분의 인격, 즉 성부와 성자와 성령이 있기 때문이다. 하느님은 역사 속에서 활동하고 계신다. 우리는 우리의 지식에 의하여 구원받는 것이 아니다. 우리는 교회의 구성원이라는 자격 때문에 구원받는 것이 아니다. 우리는 우리의 어떤 행위에 의하여 구원받는 것이 아니다. 우리는 오히려 우리를 구원할 수 있는 유일한 것, 하느님의 고뇌와 사랑에 의해서 구원을 받는다. 하느님이 어떻게 다른 사람들의 삶을 다루고, 삶 속에서 행동하시는지 우리는 궁극적으로 자신 있게 알 방도가 없기 때문에 최종적인 결론을 내릴 수 없으며, 적어도 그러한 고뇌와 사랑에 한계를 설정하는데 있어서는 신중해야 한다. 우리가 하느님의 행위를 감지할 수 있는 한, 우리가 알고 있는 하느님은 세상 모든 곳에 있는 사람들에게 사랑의 손을 뻗치시며, 그분의 음성을 들으려는 모든 사람에게 말씀하신다. 인간은 교회 안에서나 밖에서나 그분의 음성을 너무나도 희미하게 경청하고 있다. 그러나 우리가 아는 한 하느님은 어떤 방법으로든 인간의 마음속에 들어가 거주하신다. Wilfred Cantwell Smith: *Patterns of Faith around the World*. Oxford 1962, pp. 121-145.

24) Smith, Wilfred Cantwell: *The Meaning and End of Religion*, New York 1991(1962), p. 192.

우리가 기독교 신앙을 지적으로 신중하게 진술할 경우에 인류공동체 안에서 그 목적을 달성하려면 다른 종교의 교리를 부분적으로 포함시켜야 한다. 창조의 교리로써 은하의 존재를 설명할 수 있지만, 바가바드기타의 존재에 대해서는 어떻게 설명할 것인가? 또한 기독교인들은 "예수 그리스도 안에서 하느님에 대한 특정한 지식 없이 인간은 하느님을 진정으로 알 수 없다"고 한다(PF, 138). 그러나 이 명제의 인식론적인 어려움이 있다. 누군가가 기독교 신앙이 옳다는 것을 어떻게 알 수 있는가라고 물을 경우에 두 가지 대답이 가능하다. 첫째로 우리는 기독교 신앙을 받아들이고 내재화하고, 신앙과 일치하면서 살려고 노력함으로써 신앙이 스스로 드러나는 것을 우리의 삶 속에서 발견할 수 있다. 우리가 그 신앙을 살아왔기 때문에 그것이 사실임을 안다는 것이다. 둘째로 교회가 이천년 동안 기독교신앙이 그렇다는 것을 증언하였고, 그와 같이 발견해 왔다고 대답할 수 있다. 대부분의 사람들은 자신들의 전통 속에 살아오면서 그것이 옳다고 여겨왔던 것이다. 그러나 이 경우에 우리는 어떻게 다른 전통 속에서 살고 있는 사람들의 신앙이 잘못이라는 것을 알 수 있느냐고 물으면서 당황하게 된다(PF, 139). 소수신학자들의 논리적 추론 때문에 다른 전통 속에서 다른 신앙을 가진 사람들이 지옥에 가거나 구원이 없다고 말하는 것은 불합리하고 잔혹한 일이다. 실제로 다른 신앙을 가진 사람들 역시 그들의 신앙 안에서 하느님을 알고 지내왔다는 증거를 발견할 수 있다. 따라서 기독교 내부에서도 배타주의를 견지하기란 그렇지 쉽지 않다. 하느님이 모든 것의 창조주라면 그와 무관한 인간 종족이 존재할 수 있는가? 그리고 하느님이 성령이시라면, 그가 다른 신앙의 역사 안에 뿐만 아니라 기독교 이외의 인류 역사 속에서 완전하게 부재한다는 사실이 믿어질 수 있는가?(PF, 142)

어떤 사람은 기독교를 떠나면 하느님을 완전하게 알 수 없고 단지 부분적으로만 알 수 있을 뿐이라고 말한다. 그렇다면 기독교인들은 하느님을 완전하게 알 수 있는가? 그것은 유한하고 상대적인 인간으로서는 불가능한 일이다. 그리하여 캔트웰 스미스는 '무모한 배타주의의 오류'(the fallacy of relentless exclusivism, *PF*, 143)는 진정한 그리스도적 자비와 통찰력을 교리적인 타당성과 조화시키는 올바른 길보다 더 두드러지게 나타나고 있다고 지적한다(*PF*, 143). 부적절한 기독교 신학은 이제 수정되어야 한다. 따라서 최종적인 교리는 이렇게 다시 씌어져야 한다. 하느님은 예수 그리스도와 동일한 하느님이시므로, 불자, 힌두인, 무슬림 등 누구든지 구원받을 수 있다는 사실을 긍정해야 한다. 하느님은 서로 다른 종교 신앙을 가진 모든 사람들에게도 동일한 하느님이시기 때문에, 그들에게도 기독교인들과 동일한 방식으로 관계하고 있다는 사실을 긍정할 필요가 있는 것이다.[25] 이처럼 신 중심적 사고방식은 세계적인 종교공동체의 설립요구를 현실화시키는 중요한 계기가 되고 있다.

---

25) 하느님은 그리스도를 통하여 자신을 보여주신 사람들에게만 자신을 보이시는 것일까? 하느님은 기독교 전통 안에서 자신 있게 응답한 사람들만을 사랑하시는 것일까? "우리는 우리의 지식에 의해서 구원받는 것이 아니다. 우리는 교회의 구성원이라는 자격 때문에 구원받는 것이 아니다. 우리는 우리의 어떤 행위에 의해서 구원받는 것이 아니다. 오히려 우리는 우리를 구원할 수 있는 유일한 것, 하느님의 고뇌와 사랑에 의하여 구원받는다. 하느님이 어떻게 다른 사람들의 삶을 다루고, 삶 속에서 행동하는가 우리는 궁극적으로 자신 있게 알 방도가 없기 때문에, 어떤 최종적인 결론을 내릴 수 없으며, 적어도 그런 고뇌와 사랑에 한계를 설정하는데 있어서는 신중해야 한다. 우리가 하느님의 행위를 감지할 수 있는 한, 우리가 알고 있는 하느님은 세상 모든 곳에 있는 사람들에게 사랑의 손길을 뻗치시며, 그분의 음성을 들으려는 모든 사람에게 말씀하신다. 인간은 교회 안에서나 밖에서나 그분의 음성을 너무나도 희미하게 듣고 있다. 그러나 우리가 아는 한 하느님은 어떤 방식으로든지 인간의 마음속에 들어가 거주하신다"(*PF*, 144f).

6. 종교대화의 가능성 조건들

우리는 이 글에서 "종교대화는 어떻게 가능한가?"라는 물음을 특히 캔트웰 스미스의 새로운 종교학의 언어들을 통하여 답하고자 하였다. 우리가 중점적으로 착안하였던 사실은 세 가지의 문제였다. 첫째로 그 것은 서로 다른 세계관을 가진 종교들 사이에서 대화가 성립될 수 있으며, 그것이 가능하다면 어떤 조건들을 통하여 그런가를 문제 삼았다. 캔트웰 스미스는 우리가 제기한 종교대화의 선험적 조건에 대한 물음에 대하여 종교다양성의 현상을 인정하는 것과 다른 종교에 대한 태도 인식의 변화를 주문하였다. 종교대화를 가능하게 하는 논증적 상황은 나의 종교 신앙과 타자의 종교 신앙을 동시에 인정하는 것으로서, 예를 들면 기독교 신앙을 가진 사람이 이슬람 신앙을 가진 사람에게 그는 잘못된 신앙을 가졌으며, 따라서 그에게는 결코 구원이 주어지지 않을 것이라고 말한다면, 그는 다른 사람의 신앙을 부정하는 데 그치지 않고 바로 자기 자신의 신앙까지를 부정하는 모순에 직면하게 된다는 사실을 명쾌하게 보여주었다. 종교다양성의 현상을 인정하는 것은 바로 대화의 출발점이다. 그리하여 종교대화의 선험적 조건은 다양한 종교현상의 사실인정을 요구하는 것이다.

두 번째의 문제는 만일 서로 다른 종교들이 서로 다른 진리주장을 하고 있다면, 그럼에도 불구하고 그와 같은 종교주장들 속에서 의미 있는 내용들을 수렴하고 존중할 수 있는 방법론적 토대가 구축될 수 있는가였으며, 이것은 바로 의미 있는 종교대화의 모색을 가능하게 하는 수행적 조건에 대한 물음이었다. 종교대화의 수행적 조건에 대한 물음에 대하여 캔트웰 스미스는 종교를 하나의 폐쇄적인 체계적 사유로 고착시키는 전통적인 종교 개념의 성립 배경과 그 한계를 지적하면서, 새로운 종교학의 정립을 요구하였다. 그가 새로운 대안으로 제시한 종교개념은 축적적 전통과 인격적 신앙이었다. 축적적 전통은 역사적이고 관찰 가능한 삶의 축적물로서, 경전이나 사원생활에서 추상화된 신학체계, 관습이나 법률과 같은 사회제도, 그리고 도덕적 규범이나 신화 등과 같은 문화적 틀이다. 이와 반대로 신앙은 구체적인 한 실존의 삶과 연관되는 것으로서, 종교적 체험이나 초월적인 것에 대한 고유한 관계로부터 형성되는 내면적이고 생동적인 측면이다. 따라서 이에 대한 객관적, 역사적 접근은 현실적으로 불가능하며, 서로 다른 종교뿐만 아니라 동일한 축적적 전통신앙을 가진 사람들끼리도 신앙의 내용은 각각 다르며, 심지어는 전혀 다를 수도 있다. 캔트웰 스미스는 축적적 전통만을 중시하게 되면 그 객관적 사실의 고착화 현상으로 종교간의 대화가 현실적으로 불가능하게 되지만, 각각의 종교를 가진 사람들의 인격적 신앙은 서로 다른 종교들 사이의 매개적 역할을 수행할 수 있다고 보았다.

종교대화의 가능성과 관련된 세 번째의 문제는 서로 다른 종교들이 대화를 수행할 경우에 방법론뿐만 아니라 내용적으로 일치할 수 있는 근거 및 지평에 관한 것이었다. 이것은 종교대화의 지향적 이념에 대한 물음으로서, 캔트웰 스미스는 종교대화를 가능하게 하는 실질적인 근거가 신 중심적인 접근방식에 있다고 생각하였으며, 이를 통하여 인류는 전통적으로 상이한 축적에도 불구하고 세계적인 종교공동체의 한 구성원으로서 다른 종교 신앙과 대등한 입장에서 대화할 수 있는 인격적 지위를 확보하려고 하였던 것이다.

결국 캔트웰 스미스에서의 종교대화는 종교다원화 현상을 인정하고 있는 대화 상대자들이 신 중심적인 종교구상을 바탕으로 서로가 이해하고 인정할 수 있는 공통적인 신앙근거들에 대한 상호주관적인 해석

작용을 통하여 전 지구적인 차원에서의 종교공동체의 구성원으로 기능
함으로써 가능하게 되는 것이다. 이는 결국 종교대화의 선험적 조건인
종교다양성의 사실인정 요구와 종교대화의 수행적 조건인 종교현상의
의미진술 요구, 그리고 종교대화의 지향적 이상인 세계적인 종교공동체
의 실현 요구를 완전하게 달성할 수 있게 하는 근거지평의 확보에 달려
있다.

:제9장: 존 힉: 실재중심주의와 영원한 일자

1. 칸트와 힉

이 글의 목적은 존 힉(John Hick 1922~)의 종교철학에서 세계의 다양한 종교현상들이 어떻게 자리매김되고 있으며, 서로 다른 종교들 사이의 대화가 어떤 방식으로 가능한가를 살펴보는 데 있다. 다시 말하면 힉이 이해하고 있는 종교의 의미와 종교대화의 가능성 조건을 비판적으로 논의해 보고자 하는 것이다. 힉의 근본적인 주장은 이미 우리에게 잘 알려져 있다. 이 세계에 존재하는 수많은 종교들은 저마다의 고유한 역사문화적 전통 속에서 경험된 신적인 실재들에 대한 응답이며, 따라서 종교대화의 가능성은 신적 현상들의 차이에서가 아니라 신적 실재 그 자체에서 찾아야 한다고 설파하고 있다.

이와 같은 힉의 주장은 근본적으로 칸트의 학문방법론을 수용한 결과이기도 하다. 따라서 우리는 힉이 차용하고 있는 칸트주의적 전제들을 살펴보면서, 그가 칸트에게서 수용한 것과 사상한 것들을 살펴본 다음에, 그의 종교철학적 주장들에 함축된 칸트주의적 요소들이 얼마만큼 제대로 작동되고 있는가를 드러내고자 한다. 이와 같은 작업을 통하여 우리는 힉이 칸트의 학문방법론을 통하여 새롭게 구축하려고 하였던 종교인식론의 의미와 한계를 비판적으로 반성할 수 있을 것이다. 필자가 보기에 힉의 칸트 이해는 매우 단순하고 자의적이지만, 그럼에도 불구하고 그의 종교철학적 주장체계에 결정적인 역할을 하고 있다. 이제 우리는 힉의 종교철학적 주제들, 특히 예수 그리스도를 정점으로 하는 기독교 중심주의의 대화전략들, 종교에서의 코페르니쿠스적 전회, 실재중심적 다원주의, 종교인식론과 종교적 진리의 문제들을 검토하면서 궁극적으로 그것들이 칸트의 테제와 어떻게 다른가를 살펴보기로 하겠다.

2. 기독교 중심주의의 대화전략

힉에 의하면 전통적인 기독교는 역사적으로 다른 종교에 대한 태도 표명을 달리 해 왔다. 따라서 그는 기독교의 타종교에 대한 관점의 변화를 단계적으로 소개하면서 종교대화의 가능 근거를 모색하고자 하였다. 힉은 다른 세계종교들에 대한 기독교인의 태도표명을 세 단계로 구분하고 있으며, 이것들은 다른 종교에 대하여 점점 관용적인 태도를 보이기는 하지만 근본적으로 기독교 중심주의[1]에서 탈피하지 못하였다고 지적한다.

힉이 말하는 첫 단계는 타종교의 구원 가능성을 "전적으로 부정하는 단계"(the phase of total rejection)이다.[2] 이러한 태도에 의하면 다

---

1) 힉에 의하면 기독교 중심주의는 전적으로 나사렛 예수를 정점으로 하고 있다. Hick, John: *The Second Christianity*. London 1983, pp. 15-25. 이후 *SC*로 줄인다. 기원전 1세기에 오늘날의 이스라엘 영토에 살았던 유대인 남자의 죽음과 부활을 믿고 그를 주님으로 섬기는 신앙이 바로 기독교의 핵심을 이루고 있다.

2) Hick, John: *God has many names*. Philadelphia 1980, 1982, p. 29. *GhmN*으로 줄임. 한국어판으로는 이찬수 역, 『하느님은 많은 이름을 가졌다』(도서출판 창, 1991) 가 있다.

른 종교를 믿는 사람들에게는 어떤 형태의 구원도 불가능하며, 죽은 후에 그들은 지옥에 들어가게 된다. 한스 큉이 말한 배타주의가 이에 속하며, 제2차 바티칸 공의회 이전의 가톨릭 교회와 근본주의적인 개신교가 이러한 입장을 지지하였다. 그들은 이에 대한 성서적 근거로서 "나를 통하지 않고서는 아무도 아버지께로 갈 수 없다"(「요한복음」 14:6) 또는 "다른 누구에게도 구원은 없다. 천하 인간에 주어진 이름 가운데 우리를 구원할 수 있는 다른 이름은 없다"(「사도행전」 4:12) 등을 들고 있다. 로마의 가톨릭교회는 오래 전부터 "교회 밖에는 구원이 없다"(extra ecclesiam nulla salvus)는 신조를 공표하였다. 1302년 교황 보니파키우스 8세(Boniface VIII)는 "우리에게는 거룩하고 보편적인 사도의 교회가 하나뿐이라는 사실을 인정하고 믿는 신앙이 필요하다. 우리는 그것을 굳게 믿고 숨김없이 고백한다. 교회 밖에는 구원도 죄사함도 없다. [...] 더 나아가서 모든 인류에게 로마 교황에 복종하는 것은 구원을 위해 필수불가결한 것"이라고 선언하였다.[3) 그 후 플로렌스 공의회(Council of Florence 1438~45년)에서도 "이교도는 물론 유대인, 이단자, 종파분리론자를 막론하고 가톨릭교회 밖에 있는 자는 그 누구도 영생에 이를 수 없다. 그러므로 살아있는 동안에 교회에 들어오지 않으면 '악마와 그 사자를 위하여 예비된 영원한 불못'에 빠지게 될 것이다"[4)라고 선언하였다. 19세기의 개신교 역시 기독교 밖에는 구원이 없다는 입장을 고수하였다(GhmN, 27). 1960년 시카고에서 열린 세계선교대회(Congress on World Mission)에서는 "전후 이래 십억 이상의 영혼이 영면했는데, 이들 중 절반 이상이 예수 그리스도가 누구신

---

3) Denzinger, *Enchiridion Symbolorum Definitionum et Declarationum de Rebus Fidei et Morum.* 29th ed., No. 468f. Freiburg 1952; Hick, *GhmN*, 29.

4) Denzinger, No. 714.

지, 그가 왜 갈보리의 십자가에서 돌아가셨는지에 대해 듣지도 못한 채 고통스런 지옥불로 들어갔다"[5]고 선언하였다. 근본주의자들은 오늘날에도 여전히 이러한 신앙을 고수하고 있다.

힉은 이와 같은 근본적인 거부태도는 잘못된 신론에 기인하고 있다고 지적한다. 기독교의 하느님이 사랑과 자비와 은총의 하느님이라고 한다면 예수를 알지 못하고 죽은 절대 다수의 인류에게 구원을 거부하는 것은 적절하지 않기 때문이다. 죽기 전에 예수 그리스도를 구세주로 영접해야만 영원한 행복을 얻을 수 있다면, 대부분의 인류는 좌절과 고통 속에 방치될 것이다. 그리스도 이전에 살았거나 그분의 영향력이 미치지 않는 지역에서 살고 있는 사람들 역시 그의 부름에 응답할 수 없다. 따라서 단지 기독교인이 아니라는 이유에서 구원될 수 없는 것으로 주장한다면 그것은 자비롭고 거룩한 사랑의 하느님이 성육신하신 그리스도에 대한 온당한 이해가 아니라는 것이다"(GhmN, 31). 타종교인의 구원을 전적으로 거부하는 신은 더 이상 사랑과 자비의 하느님일 수 없으며, 그러한 그리스도 역시 더 이상 그리스도일 수 없기 때문이다. 그러므로 힉은 배타주의 또는 절대주의는 잘못된 신관에서 도출된 것이라고 비판하였다.

힉이 설명하는 두 번째 단계는 "초기 주전원(周轉圓)의 단계"(the phase of the early epicycles)이다. 힉이 여기에서 말하는 주전원(epicycle)은 첫 번째 단계의 배타주의적 태도를 지지하면서 그 한계를 보완하기 위하여 제시된 비유이다. 본래 주전원이란 프톨레마이오스가 천동설 체계에서 기존의 가설만으로 설명되지 않는 사실들을 보완하기 위하여 지구를 중심으로 하는 우주도에 첨가하였던 부수적인 궤도를

---

5) *Facing the Unfinished Task: Massages Delivered at the Congress on World Mission*, Chicago III. 1960, ed. by J.O. Percy. 1961, p. 9; *GhmN*, 30.

말한다. 그는 지구를 중심으로 하는 원 궤도에 작은 궤도를 덧붙임으로써 지구가 우주의 중심이라는 기존의 천문학적 가설을 유지할 수 있었던 것이다(GhmN, 33). 1854년 교황 비오 9세는 "사도의 로마 교회 밖에서는 아무도 구원받을 수 없다는 사실과 교회는 구원의 유일한 방주이니 그 안으로 들어가지 않는 자는 누구나 홍수에 떠내려간다는 사실을 신앙의 문제로 받아들여야 한다. 그러나 다른 한편, 진정한 종교를 알지 못하고 어쩔 수 없는 무지 속에 사는 사람들이라면, 주의 눈앞에서 이 문제로 인하여 유죄판결을 받지는 않을 것이 분명하다"고 밝혔다.6) 그는 오직 가톨릭 신자만이 구원받을 수 있다는 전제하에서, 그 밖의 여러 사람들은 경험적으로 가톨릭 교인일 수는 없으나, 형이상학적으로는 가톨릭 신자일 수 있다고 선언하였던 것이다. 이는 화체 (transubstantiation)의 교리와 매우 비슷하다. 성찬식 때 사용하는 빵과 포도주는 경험적으로는 빵과 포도주 그대로이지만, 형이상학적으로는 그리스도의 몸과 피로 이해된다. 이와 마찬가지로 유대인과 무슬림 등 타종교인은 경험적으로는 비기독교인이지만 형이상학적으로는 비가시적인 교회의 구성원으로 포용될 수 있다는 것이다(GhmN, 31f). 그러나 힉은 이러한 태도가 여전히 가톨릭교회 중심주의로서 첫 번째의 태도와 다를 바가 없다고 본다.

힉이 제시하는 세 번째 단계는 "후기 주전원의 단계"(the phase of later epicycles)이다. 이것은 제2차 바티칸 공의회 이후 가톨릭 교회의 입장을 반영한다. 그러나 힉은 이 역시 "기독교 밖에는 구원이 없다"와 "기독교 밖에도 구원이 있다"는 모순되는 두 개의 주장을 동시에 정당화하려는 시도라고 이해하였다. 가장 대표적인 사람은 바로 칼 라너(Karl Rahner)이다. 그는 기독교 안에 있는 사람들만이 구원될 수 있

---

6) Denzinger, No. 1674.

다고 주장하는 대신에, 기독교 안이나 밖에서 구원될 수 있는 모든 사람을 그리스도인이라고 보아야 한다는 새로운 주장을 제시하였다. 따라서 교회 밖에서 구원될 수 있는 사람들을 그는 '익명의 그리스도인'(anonyme Christen)이라고 부를 것을 제안하였다. 그러나 힉은 세계적인 차원에서 종교일치적인 발언으로 보이는 라너의 주장 역시 초기 주전원의 단계에서 한 걸음도 나가지 못하였다고 비판한다(GhmN, 34; SC, 80). 칼 라너가 주장한 '익명의 그리스도인'은 신앙의 가능성은 인정하지만 구원의 가능성은 인정하지 않는다. 또한 라너의 의도와는 반대로 다른 종교를 주축으로 하는 주전원도 생각할 수 있으며, 익명의 힌두인이나 익명의 무슬림도 정당하게 언급될 수 있다. 한스 큉은 라너보다 진일보한 태도를 보여주고 있다. 그는 세계종교를 일반적인 구원의 길과 특별한 구원의 길로 분류하면서, 기독교 교회는 아주 특별하고 이례적인 구원의 길이고, 다른 세계종교들은 보편적인 구원사 안에 있는 대중적이고 공통적인, 즉 일반적인 구원의 길이라고 보았다. 그러나 힉에 의하면 큉 역시 대중적인 다수의 길을 그리스도를 향한 전(前) 그리스도적인 것이라고 해석함으로써,7) 기독교 중심주의를 넘어서지 못하였다. 큉은 그리스도를 향하여 가는 세계 종교인들, 즉 전(前) 그리스도인들이 비록 스스로를 그리스도인이라고 고백하지는 않지만 하느님의 은혜를 통하여 그리스도인으로 부름받고 선택받았다고 주장한다. 이러한 해석에 의하면 타종교인이 자신의 종교 안에서 안주할 수 있는 것은 예수 그리스도의 계시를 실존적으로 체험하기 전까지만 해당되는 것이다. 이러한 태도는 아직도 여전히 기독교 중심주의에서 있음을 확인할 수 있다.

---

7) Neuner, Joseph(ed.): *Christian Revelation and World Religions*. London 1967, pp. 52, 55-56; *GhmN*, 35, 69.

3. 종교에서의 코페르니쿠스적 전회

그렇다면 기독교인은 다른 종교신앙을 가진 사람들에 대하여 어떤 태도를 취해야 하는가? 힉은 예수를 중심으로 하는 기독교가 하느님을 중심으로 하는 새로운 입장으로의 전이, 즉 종교에서의 코페르니쿠스적 전회를 요구한다(*GhmN*, 36). 앞에서 언급한 것처럼 천문학에서의 코페르니쿠스적 전회는 사람들이 우주와 그 안에서의 자신의 위치를 이해하는 방식을 거꾸로 바꾸는 것을 말한다. 그것은 지구가 우주의 중심이라는 도그마를 내던지고 태양의 주위를 돌고 있는 하나의 행성이라는 근본적인 깨달음을 뜻한다. 신학에서의 코페르니쿠스적 전회는 보편적인 신앙과 그로부터 나오는 종교가 처한 위치에 대한 인식의 근본적인 변환을 포함해야 한다. 기독교 중심이라는 교리에서 벗어나 하느님이 모든 인류기 받들고 그 주변을 선회하는 중심이 되신다는 생각으로 전이해야 하는 것이다(*GhmN*, 36). 그러나 이와 같은 전이는 어떻게 그리고 어떤 과정을 통하여 이루어지는가?

우리는 존 힉 그 자신의 영적인 성정과정에 대한 소묘를 통하여 종교대화의 가능성 근거를 포착하는데 결정적인 도움을 얻을 수 있나고 생각한다. 존 힉은 어렸을 때부터 우주의 인격과 살아계신 주님으로서의 하느님의 실재에 대한 신앙을 가지고 있었으며, 18세 때에 동양의 신지학적 세계를 접하였고 대학시절에는 근본주의 신앙을 가진 기독교인으로 성장하였다. 그는 성경의 축자영감설, 창조와 타락, 성육신, 처녀탄생, 신성에 대한 자각과 기적, 예수를 통한 구원, 예수의 육체부활과 승천, 재림, 천국과 지옥 등, 복음주의 신학의 교의체계를 모두 신봉하였다. 그는 목사가 되기 위하여 에딘버러(Edinburgh)에 가서 성서연구와 철학에 전념하였고, 1958년에 처음 발표한 논문에서 베일리

(D.M. Baillie)[8])의 기독론을 비판하기도 하였으나, 약 15년 후에는 그와 비슷한 생각을 갖게 되었다고 술회하였다. 그리고 악의 문제를 다루면서 하느님의 모든 피조물들에 대한 궁극적인 구원을 인정해야 한다는 결론에 도달하였다. 여기에서 힉은 다시 하느님의 보편적인 구원 행위에 대한 믿음은 유일하게 참된 종교의 개념과 어떻게 양립될 수 있는가 등의 새로운 종교철학적 문제에 봉착하게 된다. 그는 버밍햄(Birmingham)에서 타종교 공동체를 접하는 동안 정의와 사랑을 요구하는 보다 높은 신적 실재에 대한 인격적 믿음을 추구하는 사람들 모두에게 근본적으로 동일한 사태가 발생하고 있다는 사실을 깨닫게 되었다. 그의 생각은 1962년에 출판된 윌프레드 캔트웰 스미스의『종교의 의미와 목적』[9])을 읽으면서 확실하게 가닥을 잡을 수 있게 되었다. 스미스에 의하면 종교생활은 축적적 전통의 흐름 속에서 규정된 신앙생활의 연속체였다. 이 사실에서 힉은 기독교 중심적 또는 예수 중심적 신앙유형에서 신 중심적 신앙유형으로의 전이를 시도하였으며, 이것이 바로 종교에서의 '코페르니쿠스적 전회'였던 것이다.

이와 같은 사실 때문에 힉은 기독론의 수정을 강력하게 요구하게 되었다. 전통적인 기독교에서는 예수 그리스도의 신성과 인성이 모두 인정되는 동시에 그의 성육신과 역사적 부활까지도 문자적인 사실로서 신봉되고 있다. 그리고 이러한 신앙이 다른 종교에서의 구원 가능성을 철저하게 부정하는 근본 요인으로 작용하였던 것이다. 그러나 이제 삼위일체의 제2격으로서 예수 그리스도에 대한 신앙은 문자적인 의미보다는 단지 신화적인 의미로 변화되지 않으면 안 된다. 물론 이를 위해

---

8) Baillie, D.M.: *God was in Christ*. New York 1948.
9) Smith, Cantwell W.: *The Meaning and End of Religion*. New York 1962, Minneapolis 1991.

서는 기독론의 수정이 전적으로 요구된다. 힉은 역사적 예수가 이 땅 위에서 살았던 동안에는 결코 자신이 육화한 성자라는 인식을 가지고 있지 않았을 것이라고 주장한다(*GhmN*, 125). 역사적 예수에게서는 신적 자의식을 찾을 수 없으며, 그가 하느님의 아들이나 성자가 된 것은 모두 부활사상에서 비롯된 것이다.

힉에 의하면 예수는 전적으로 인간이었다. 그러나 예수는 사랑의 하늘 아버지이신 하느님 앞에 생생하게 깨어 있었다. 따라서 힉은 성육신의 문제를 예수가 인성과 신성을 동시에 갖춘 인격체라고 독해하지 않는다. 그렇다고 해서 성육신의 사상이 아무런 의미를 갖지 않는 것은 아니다. 힉은 하느님의 사랑에 대한 응답으로 자신을 내어주는 사랑이 인간의 삶 안에서 실현될 때마다 신의 사람이 그만큼 육화된 것이라고 이해하였다(*GhmN*, 58). 육화는 예수가 우리의 삶과 초월적 하느님 사이의 접촉점이라는 방편에 지나지 않는다. 그러므로 육화를 사실적인 전제로 생각하는 것이 오히려 근본적인 이단일 수 있다(*GhmN*, 74). 그리고 이것은 예수가 하느님과의 유효한 접촉점이라는 사실은 오직 그만이 유효한 접촉점이라는 사실을 뜻하지 않는다는 것을 반영하고 있다. 그리스도가 우리에게 구원을 주신 분이라고 해서 하느님과 인간 사이의 구원의 접촉점이 다른 방식으로 나타날 수도 있다는 사실을 부인할 수 없는 것이다. 다른 신앙의 길을 비난하지 않고서도 그리스도교 신앙을 권할 수 있다. "그리스도 밖에는 구원이 없다고 말하지 않고서도 그리스도 안에 구원이 있다고 말할 수 있는 것이다"(*GhmN*, 75). 그리하여 힉은 기독교의 틀 안에서 신의 육화사상은 문자적이라기보다는 은유적(metaphorical), 즉 신화적인 것으로 보아야 한다고 주장하였던 것이다(*GhmN*, 58).

힉은 이처럼 기독론의 수정을 통하여 다른 모든 종교들의 구원관과 연결될 수 있는 하나의 세계신학(a global theology)을 추구하고자 하였다. 그러나 물론 그가 하나의 단일한 세계종교를 구축하려고 한 것은 아니다. 기독교 신학이 기독교인들의 체험자료를 해석하도록 고안된 이론들이라고 한다면, 세계신학 역시 인류의 종교체험을 해석하도록 고안된 이론들이다. 다른 점이 있다면 후자는 기독교 이외의 모든 거대한 종교생활에서 동시적으로 일어나고 있으며, 여러 세대에 걸친 다수의 협력을 요구하게 된다. 그리하여 힉은 세계의 서로 다른 종교들에서 신앙의 대상으로 추구되는, 성서적 전통에서의 '거룩한 유일자'(the Holy One)와 우파니샤드에서의 신비적인 '불이의 일자'(the One without a second) 등이 '영원한 일자'(the Eternal One)의 서로 다른 표현에 지나지 않는다고 보았다. 이와 함께 힉은 유대교의 아도나이(the Adonai of Judaism), 예수 그리스도의 아버지(the Father of Jesus Christ), 이슬람의 알라(the Allah of Islam), 유신론적 힌두이즘의 크리쉬나와 쉬바(the Krishna and the Shiva of theistic Hinduism), 아드바이타 힌두이즘의 브라흐만(the Brahman of advaitic Hinduism), 대승불교의 법신 혹은 공(the Dharmakaya or the Sunyata of Mahayana Buddhism), 그리고 소승불교의 열반(the Nirvana of Theravada Buddhism)을 한꺼번에 '영원한 일자'라는 용어에 담아낼 수 있는 가를 스스로 묻고 있다(GhmN, 24).

여기에서 힉은 초월자에 대한 개념 사용과 관련하여 적어도 세 가지의 입장을 보여주고 있다. 어떤 종교철학자도 그 자신의 종교문화적 풍토와 언어사용에서 자유로울 수 없으므로, 자신이 기독교적 절대자의 개념인 '하느님'을 사용하더라도 특별히 문제되지는 않는다는 것이다. 그러나 힉은 다시금 기독교적 언어사용의 한계를 극복하기 위하여 보다 중립적인 용어를 사용하고자 하였다. 따라서 인격적 존재로서의 영원한 일자(the Eternal One as personal)의 개념인 하느님(God)과 비인격적 존재로서의 영원한 일자(the

Eternal One as nonpersonal)의 개념인 절대자(the Absolute)를 구분하고 있다 (*GhmN*, 25). 성서의 야훼나 바가바드기타의 크리쉬나와 같은 인격적 신들은 순수 절대에 대한 신인동형론적 사고를 넘어서지 못하는, 즉 인간에 의하여 경험된 절대자의 일부 형상이지만, 힌두교에서의 브라흐만은 인격성이나 다른 모든 속성을 초월한 비인격적 존재라는 것이다 (*GhmN*, 36). 그리고 마지막으로 힉은 각각의 세계종교들이 말하는 현상으로서의 하느님과 그것들을 초월하여 있는 하느님 그 자체를 구분한다.[10] 무한하고 초월적인 신적 실재와 유한한 인간에게 경험된 실재 사이의 구별을 시도하고 있는 것이다(*SC*, 83).

이와 같은 사실을 바탕으로 힉은 종교신학에서도 코페르니쿠스적 전회가 이루어져야 한다고 강조한다. 프톨레마이오스의 천문학에서 태양계의 중심은 지구이고, 다른 천체는 모두 그 주위를 돌고 있다. 그러나 궤도에서 이탈한 별의 운동이 이 이론과 맞지 않다는 사실을 알고서 주전원의 개념을 도입하여 사실에 가깝게 설명하려고 고심하였다. 이와 같은 현상이 종교에서도 발생하였다. "그리스도교 밖에는 구원이 없다"는 전통적인 기독교의 주장은 신학적 프톨레마이오스 논리이다. 기독교 신앙이 우주의 중심으로 간주되고 다른 종교들은 모두 그 주위

---

10) 여기에서 우리는 칸트와 힉의 근본적인 차이에 유의해야 한다. 칸트는 신의 존재를 경험적 지식을 통하여 접근할 수 없는 문제로 규정하였다. 칸트는 물자체가 이론적 인식 기제를 통하여 우리에게 드러나는 현상존재론의 문제를 신 그 자체에 대하여는 적용하지 않았다. 칸트에서 신의 존재는 경험적 지식을 산출할 수 있는 지성의 대상 개념이 아니라, 지성 활동에 보이지 않는 초점으로서 방향성만을 제시하는 이성의 대상 개념, 이른바 이념이기 때문이다. 나중에 칸트는 신의 존재를 실천이성의 변증론에서 제기되는 모순구조를 극복하기 위한 방편으로 요구되는 이론명제, 즉 '요청'(Postulat)으로 이해하였다. 그러나 힉은 신은 요청되는 것이 아니고 인간에 의하여 경험되며, 그것도 인간의 인식수단과 문화적 전통의 한계 안에서 이루어진다고 보았다.

를 도는 것으로 간주되기 때문이다. 그러나 힉은 각종 신앙이라는 우주의 중심은 기독교나 다른 특정한 종교가 아니라 하느님이라는 사실을 깨달아야 한다고 주장한다. 하느님이 빛과 생명의 근원인 태양이며, 모든 종교는 다른 방식으로 하느님을 반영하는 것이다(GhmN, 71). 힉에 의하면 지금까지 인류 전체를 향한 신의 계시는 아직 내려지지 않았으며, 인류사의 다양한 흐름 속에서 개별적인 계시만이 있었을 뿐이다(GhmN, 71). 이는 증산교에서 말하는 선천시대의 종교적 한계와 같은 맥락에 있다. 계시체험과 종교 전통은 역사, 문화, 언어, 기후, 시기, 장소 등 삶의 구체적인 상황에 의하여 규정되기 때문에 서로 다른 종교적 특징을 이루게 되었으며, 따라서 종교마다 다를 수밖에 없다.

1980년 런던에 있는 유대교 공회의 초청강연에서 힉은 "각종 통로들은 모두 하느님께로 향하고 있으며, 그것들은 새로운 것이 아니라는 점에서 세계는 보다 풍요롭다"[11]고 했던 몬테피오레(Claude Goldsmid Montefiore)의 말을 되새기고 있다(GhmN, 40). "경험적 실체로서의 종교는 서로 다른 인간 심성들과 역사 조류들을 반영하는 인간의 문화적 형태들로서 이들 안에서 하느님(궁극자에 대한 우리 서구 용어를 사용하면)은 서로 다른 방식으로 서로 다른 종교 개념의 양태들로 예배된다."[12] 그리하여 힉은 이러한 사실을 단적으로 "하느님은 많은 이름을 가졌다"고 말한다. "하느님은 많은 이름을 가졌다"는 것은 바로 "영원한 일자는 인격적이든 비인격적이든 다양한 형태의 다양한 인류문화 속에서 인식되고 있으며, 이들 다양한 인식을 통해서 우리가 세계의 대종교들이라고 부르는 종교적 생활방식들이 생겨난다"는 것을 뜻한

---

11) Jewish Quarterly Review 1985.
12) Hick, John: *The Reconstruction of Christian Belief for Today and Tomorrow*, in *Theology*, September 1970, p. 404.

다(*GhmN*, 59).

　서로 다른 종교들은 신인동형론과 신비주의를 각각 다른 비율을 가지고 진리에 대한 다양한 접근을 시도하고 있으며, 초월적인 신적 실재에 대한 인간의 서로 다른 응답들일 뿐이다(*GhmN*, 37). 이 경우에 각각의 종교를 신봉하는 자들은 자기의 신념체계만이 진리이고, 그로부터의 원근 정도에 의하여 진리치가 다르게 나타난다고 생각한다. 따라서 기독교만이 종교의 중심이 될 수 있는 것이 아니라, 종교적 전통에 따라서 '베다의 프톨레마이오스적 체계'나 프톨레마이오스식 무슬림 신학도 상정될 수 있는 것이다. 따라서 이와 같은 다양한 프톨레마이오스 식의 종교체계를 넘어서기 위해서는 종교에서의 코페르니쿠스적 전회가 요구되지 않으면 안 되는 것이다.

4. 실재중심적 다원주의

　하느님은 많은 이름을 가지고 있으며, 신에 이르는 많은 길(many pathways)이 있다. 이와 같은 기본적인 인식으로부터 종교 다양성(plurality)의 문제가 제기된다(*GhmN*, 40). 힉에 의하면 종교는 "초월적인 신적 실재에 대한 인간의 응답"(*GhmN*, 42)이다. 성서가 오류없는 신의 계시로 구성되어 있다는 사실도 역사적 상황에서 신의 임재를 체험하였던 신앙인들의 문화와 관련된 발언이다(*GhmN*, 131). 힉은 그러한 응답의 결과를 '영원한 일자'(the Eternal One)로 표현하고 있는데, 이것은 플로티노스의 일자(the One)와 우파니샤드의 불이일자(the One without a second)와 같이 신비주의 전통에서 '언어를 넘어서는 일자'(ineffable One)의 측면과 동시에 이스라엘이나 인도의 거룩한 일자와 같이 유신론적 체험의 일자를 가리키고 있다. 따라서 신성한 실재,

영원한 일자는 무한하여 인간의 사고, 언어, 체험의 영역을 넘어서면서도, 유한한 인간의 본성에 가능한 제한된 방법으로 반응하고 그 앞에 드러나며 개념화되고 조우하는 등 인류에게 영향을 미치는 모든 종교전통의 공통적인 근거이다(GhmN, 42).

힉은 하느님이라는 용어를 그대로 사용하였다. 그러나 하느님은 너무 유신론적이어서 종교의 다양한 스펙트럼을 충분하게 반영하지 못한다는 비판에 직면하게 된다.13) 종교는 유신론적 전통뿐만 아니라 무신론적, 비신론적 전통도 포함하기 때문이다. 물론 힉은 '초월자', '신성', '다르마', '절대자', '도', '존재자체', '궁극적 신 실재'(神實在) 등, 어떤 개념을 사용하든지 간에 전통 중립적이거나 전통 초월적인 용어는 존재하지 않는다고 주장한다(GhmN, 91). 따라서 어떤 용어를 사용하든지 간에 그가 서 있는 종교문화적 상황으로부터 완전하게 자유롭지 못하며, 그 때문에 자신은 '하느님'이라는 말을 쓰지만, 그것을 직접적인 유신론적 의미에서 사용하는 것은 아니라고 변명한다.

신적인 계시는 모든 인류에게 주어진 것이며, 인류 문화의 각 중심에서 다양한 형태로 생겨났다. 그것은 서로 다른 문화적 환경이나 인간의 삶의 모습에서 무한하고 초월적인 동일한 신적 실재, 즉 영원한 일자에 대한 다양한 인간의 반응인 것이다(GhmN, 53f). 따라서 진정한 종교다원주의를 논하기 위해서는 한 종교만이 참된 종교라는 가정을 거부하지 않으면 안 되는 것이다(GhmN, 56). 하느님은 사람이나 사물이 아니지만 인격적 또는 비인격적 방식으로 다양한 인간의 심성에 의하여 인식되고 경험되는 초월적인 실재이다. 그리고 모든 종교는 자신들이 처한 문화적 역사적 관점에서 초월적 실재를 각각 다른 방식으로 경험하기 때문에 그것들을 단순하게 비교하는 것은 바람직하지 않다.

---

13) Hick, John: *Towards a Philosophy of Religious Pluralism*, in: *GhmN*, 90.

그리하여 힉은 칸트의 경험이론을 원용하여 창조물과의 관계를 넘어선 '영원한 존재 그 자체'(the Eternal One in itself)와 다양한 문화적 상황 안에서 인류와의 관계를 맺고 있는 영원한 일자를 구분하고자 하였다(GhmN, 52). 이는 인간의 체험과 이해를 넘어서는 무한 깊이의 신성으로서의 하느님과 인간에 의하여 인식되고 경험된 하느님을 구분하는 것을 뜻한다(GhmN, 91). 우선 신성 내지 유신론적 종교 양태를 관장하는 인격자로서의 영원한 일자의 개념은 특정한 인간 공동체의 특수한 신격이나 인간의 문화사 속에서 인식되는 다양한 위격들을 반영하고 있다. 야훼(아도나이), 알라, 예수 그리스도의 하느님 아버지, 크리쉬나, 쉬바 등 인간의 종교적 경험을 통하여 드러나는 유신론적 종교에서의 다양한 신적 현상들이 여기에 속한다. 힉은 여기에다가 비신론적(nontheistic) 또는 초신론적(transtheistic) 종교 양태를 관장하는 비인격적인 영원한 일자 또는 절대자(the Absolute)의 개념을 별도로 상정하고 있다(GhmN, 52). 이것은 인간의 사상과 언어의 영역을 넘어서는 본래적인 영원한 일자, 즉 신 그 자체를 말하며, 비신론적 종교에서의 절대자 개념의 응고물인 동시에 영원한 일자에 대한 비인격적 의식이다. 여기에는 힌두교의 브라흐만, 소승불교의 열반, 대승불교의 공(Sunyata)이 있다(GhmN, 53).

힉은 이와 같은 실재 자체와 현상의 구분이 이미 여러 방식으로 관찰되고 있다고 말한다. 힌두교에서는 아무런 속성이 없으며 인간 언어의 영역을 넘어서는 니르구나 브라흐만(Nirguna Brahman)과 우주의 인격적 창조주이자 통치자인 이스바라(Ishvara)처럼 인간의 종교체험에 의하여 알려지는 사구나 브라흐만(Saguna Brahman)을 구분하고 있다. 에크하르트 역시 신성(Godhead, Deitas)과 하느님(God, Deus)을 구분하였다. 루돌프 오토는 샹카라 철학에서 브라흐만과 이슈바라를 구분하는 것이 마치 에크하르트가 지고의 하느님과 인격적인 주님(Lord)을 구분하는 것과 매우 유사하다고 지적하였다.[14] 유대교 신비주의자 카발리스트(Cabalist)들은 인간으로서는 묘사할 수 없는 절대적, 신적 실재인 엔 소프(En Soph)와 성경의 하느님을 구분하고 있다. 수피주의자들은 알 하크(Al Haqq), 즉 실재(the Real)는 인격적인 알라(Allah)의 근거가 되는 영원한 신성과 유사하다고 보았다. 그리고 폴 틸리히는 유신론적인 하느님 위에 존재하는 하느님을 언급하면서, "하느님은 하느님의 상징이다"[15]라고 말하였다. 또한 화이트헤드와 과정신학자들은 하느님의 근원적인 속성(하느님 자체가 가진 속성)과 그것에 근거하여 일어나는 속성(세계를 포섭하고 그에 응답하면서 성립된 것)을 구분하고 있다. 고든 카우프만(Gordon Kaufman)은 절대적인 미지수 X로서의 신의 실체(real God)와 근본적으로 정신적, 상상적인 구조물로서의 신의 작용(available God)을 구분하였다. 전통적인 기독교에서는 인간의 포착을 넘어서는 무한 자존자로서의 하느님 자체와 인류와 관계하면서 구속주로 계시된 하느님을 구분하고 있다.

그러나 힉은 신 개념의 양극성에도 불구하고, 이러한 실체와 현상은 별도로 존재하는 두 개의 실재가 아니라고 보았다. 모든 종교가 경험하고 이해하는 실재(the Real) 그 자체는 어떤 내용도 담지 않은 비어 있는 것으로서 종교문화적 전통에 따라서 다르게 나타난다. 힉은 이러한 구분이 칸트의 작업으로 가능해졌다고 말한다. 칸트가 이론적 지식의 영역에서 인식될 수 없다고 못 박았던 초월적 이념(영혼, 세계, 신)을 도덕적 실천의 가능성 조건을 위한 명제로 요청한 사실을 중시하였

---

14) Otto, Rudolf: *Mysticism East and West*. Merdian Books, p. 14; Hick, *GhmN*, 91.

15) Tillich, Paul: *The Courage to Be*. Yale University Press. 1952, p. 190; Hick, *GhmN*, 92.

던 힉은 신의 개념은 다양한 인간의 문화적 상황에 의하여 특별한 하느님의 형상으로 드러나게 되며, 그 때문에 이스라엘의 하느님이나 알라신, 주 예수 그리스도의 아버지나 비쉬누에 대한 체험이 가능하게 된다고 보았다(GhmN, 103-107). 어떤 사람이 어떤 특정한 신앙을 갖게 되는 것은 그 사람의 출생지에 의하여 결정되는 경향성이 있으며, 따라서 하느님의 보편적인 사랑과 구원은 어느 특정한 시간과 공간과 민족에만 한정되지 않는다고 보았다.16) 칸트에 의한 현상과 물자체의 구분법에서 착안하였던 힉은 신 그 자체로부터 인간에게 비쳐진 신의 다양한 모습들, 즉 "동일한 초월적 존재에 대한 다양한 자각"(GhmN, 83)을 중시하였던 것이다.17)

그런데 힉에 의하면 신은 우리들이 세계를 경험할 때와 유비적인 방식으로 경험된다. 이 사실에서 그는 칸트와 근본적으로 입장을 달리한다. 현상세계에서 인간은 사물 자체를 있는 그대로 인식할 수 없다. 우리는 언제나 사물 그 자체가 아닌 우리에게 드러난 현상을 접할 뿐이다. 그러나 이와 같은 경험적 인식이 신 존재의 인식에도 그대로 적용될 수 있는가? 힉은 사물적 영역에서와 마찬가지로 종교적 영역에서도 초월적 실재의 존재를 있는 그대로를 인식할 수는 없다고 주장한다. 따라서 우리는 신 그 자체를 경험하는 것이 아니라 그것에 대한 현

---

16) Hick, John: *God and the Universe of Faiths*. New York 1973, p. 104. *GUF* 로 줄임.

17) 힉은 모든 위대한 세계종교들은 실재(the Real)를 인간의 다양한 문화적 태도로부터, 즉 인격적 또는 비인격적으로 접근할 뿐만 아니라, 실재 혹은 궁극자(the Ultimate) 서로 다른 지각과 개념, 그리고 반응을 통하여 드러내고 있다고 보았다(*SC*, 86). 힉이 신의 개념을 실재 그 자체와 인간에게 드러난 다양한 종교현상으로 구분한 것은 전적으로 칸트의 인식론에서 착안한 것이다. Hick, John: *The conflicting truth claims of different religions*, in: *Philosophy of Religion*. 4th Edition, New Jersey 1990, p. 118.

상만을 가질 수 있을 뿐이라고 말한다. 그러나 칸트는 신에 대해서는 인식 그 자체가 불가능하다고 본 사실에서 힉의 입장과 구분된다. 그러나 힉은 칸트의 의도와는 달리 하느님은 인간에 의하여 경험된다는 사실을 드러내고자 하였다. 그는 칸트의 인식론적 절차에 대한 설명을 종교인식론에 유비적으로 도입할 수 있다고 보았다. 왜냐하면 종교적인 사람들은 신을 체험하되 개념으로 하는 것이 아니라 어떤 특수하고 구체적인 신적 형상으로 체험하기 때문이다. "스스로는 창조되지 않은, 우주의 창조자"의 개념과 같은 신성에 대한 추상적인 개념은 신적 형상의 영역에서 구체화된다는 것이다(GhmN, 105).

신의 개념을 특별한 하느님의 형상들로 구체화하는 것은 다양한 인간의 문화적 상황이다. 그리고 인간의 실질적인 종교체험을 알려주는 것은 이 형상들이며, 따라서 그것은 그 상황에 맞는 이스라엘 하느님, 알라, 주 예수 그리스도의 아버지, 비쉬누, 쉬바의 체험인 것이다. 그렇다면 예배자들의 하느님관은 그저 하느님의 형상을 묘사하는 것인가? 만일 그렇다면, 예배는 환상이나 단순한 형상의 나타남에 직결되어 있는 것인가?(GhmN, 106). 이와 같은 의문에 대하여 힉은 칸트가 본체와 현상의 구분을 통하여 경험적 실재론과 초월적 관념론의 결과를 동시에 낳을 수 있다고 한 사실에 착안한다. 우리가 인식하는 세계는 환상이 아니라 실제이며, 우리의 경험 밖에 스스로 존재하는 것의 나타남이다. 우리는 인간적인 인식을 통하여 세계 현상을 접할 수 있을 뿐이다. 우리는 세계 속에 존재하지만, 특수한 인식기제들을 통하여 선택적으로 다가설 수 있다. 이와 마찬가지로 인간이 아는 하느님은 하느님 자체가 아니라 특수하게 제한된 종교 전통의 인식과 반응을 통하여 경험되고 생각된 인류와 관계된 하느님이다. 이로써 힉은 인격으로서의 하느님 인식이 가능하다고 본다. 모든 존재의 초월적 근거와의 참된 만남은 나와 너의 인격적 관계 속에서 성립된다. 따라서 힉은 "인격적으로 경험된 하느님은 초월적인 신적 근원으로부터 유입된 정보에 대한 인간적 의식으로의 타당한 변형이다"라고 주장한다(GhmN, 109).

그러나 인간을 통하여 드러난 신의 인격성은 비록 그것이 신과 인간 사이의 인격적인 상호작용이라 하더라도 우리에게 경험된 현상이 아닌가? 더 나아가서 힉에 의하면 하느님은 인격적인 방식뿐만 아니라 비인격적인 방식으로도 경험된다. 따라서 하느님은 유신론적 혹은 무신론적 형태를 모두 취하는 신적 현상들의 영역에서 인류에게 경험되는 신적 본체(divine noumenon)로 간주되어야 한다. 그러나 힉의 주장은 여기에서 자체 함정에 빠지게 된다. 우리가 신 그 자체라고 여기는 것조차도 사실은 신에 대한 우리의 경험에 불과하기 때문이다. 그렇다면 신의 현상과 본체에 대한 구분은 처음부터 무의미하게 되는 것은 아닐까? 힉은 신적 본체와 신적 현상들 사이의 구분이 신론이나 신적 본성에 대한 설명을 저해하는 것처럼 보일 수 있다는 사실을 우려한다. 하느님이 인간에 의하여 체험될 뿐이고, 그것도 매우 다양한 방식으로 경험된다면 우리에게 본체 혹은 실제의 하느님은 헤아릴 수 없는, 숨겨져 있는 신일지도 모르기 때문이다. 그리하여 포이에르바흐는 "그 자체로서의 하느님과 나를 위한 분으로서의 하느님"을 구분하는 것을 회의적으로 생각하였다.[18] 따라서 힉은 "무한한 신적 실재가 생각하고 응답하는 능력에 있어서 여러 가지로 제한되어 있고 조건적인 유한한 인간의 의식 안으로 침입해 오는 한에서만 그 실재는 인간에 의하여 알려질 수 있다는 사실을 받아들여야 한다"(GhmN, 110)고 하였다. 이러한 사실을 수용하면 인간의 하느님 체험의 다원성과 다양성

---

18) Feuerbach, Ludwig: *The Essence of Christianity*. Harper & Row, p. 17.

이 인정될 수 있으며, 그로부터 어떤 종교 전통으로부터는 하느님이 유신론적 체험의 본체론적 근거로서 인격적이고, 다른 전통에서는 하느님이 신비적 체험 형태의 본체론적 근거로서 비인격적인 공(nonpersonal Void)이라는 사실을 알게 된다.

힉의 종교철학적 관심은 "교회 외부에는 구원이 없다"(Extra ecclesiam nulla salus)[19])는 전통적인 기독교의 구원관을 수정함으로써 종교대화의 가능성 조건을 확보하는 데 있었다. 따라서 그는 유신론적 종교형태에 속하는 하느님(God)이나 인격적 존재로서의 영원한 일자(the Eternal One as personal), 그리고 무신론적 종교형태에 속하는 절대자(the Absolute) 또는 비인격적 존재로서의 영원한 일자(the Eternal One as nonpersonal)의 개념을 동시에 함축할 수 있는 새로운 절대자 개념을 찾으려고 고심하였다(GhmN, 42). 그러나 그는 새로운 절대자 개념을 어떻게 규정하더라도 전통으로부터 자유로울 수 없다고 생각하였다. 그래서 그는 플로티노스의 '일자'(the One), 우파니샤드의 '불이일자'(不二一者, the One without a second), 신비주의에서의 '표현할 수 없는 일자'(ineffable One), 이스라엘이나 고대 인도에서의 '거룩한 일자'(the Holy One) 등, 전통적인 세계종교의 절대자 개념들은 신 그 자체에 대한 인간의 다양한 경험 현상에 지나지 않으며, 그 때문에 어떤 종교의 신 개념도 완전할 수 없다고 생각하였다. "인간이 어떤 길을 택하든 그것은 나에게로 이르는 길이다"(바가바드기타). 이 말은 힉의 종교철학적 입장을 가장 잘 대변해주고 있다.

---

19) 이것은 "나를 통하지 않고서는 아무도 아버지께로 갈 수 없다"(「요한복음」 14: 6), "다른 누구에도 구원은 없다. 천하 인간에 주어진 이름 가운데 우리를 구원할 수 있는 다른 이름은 없다"(「사도행전」 4: 12)는 등, 그리스도 중심적인 구원관으로부터 비롯되었다.

이로부터 우리는 다시금 힉의 실재중심적 다원주의 사상의 본질에 이르게 된다. 그에 의하면 신앙의 우주는 신을 중심으로 있는 것이지, 기독교나 다른 어떤 종교를 중심으로 있는 것이 아니다. 신은 상이한 문명들 속에서 성찰되었기 때문에 상이한 계시와 종교를 통하여 현현하는 것이다. 상이한 문화와 역사 속에서 서로 다른 계시들이 나타날지라도 어디까지나 하나의 신이 인간의 정신 속에 자신의 존재를 각인시키면서 역사하고 있는 것이다.[20] 이렇게 보면 신은 많은 이름을 가지고 있지만 결국 하나의 존재에 지나지 않는다. 바로 이 점에서 힉의 종교철학은 폴 틸리히의 존재신학을 발전시킨 것이라고 볼 수 있다. 물론 그는 틸리히의 기독교 중심주의적 입장에서는 크게 벗어나고 있다. 존 힉은 신의 개념을 어떤 특정한 인격적 신성의 규정이 아니라 다양한 형태의 종교적 경험을 통하여 다양하게 인식되는 무한한 실재로 파악하고 있는 것이다.

5. 종교인식론과 종교적 진리

경험으로서의 종교적 신앙은 무엇인가? '신을 안다는 것'(knowing God)은 신앙에 의하여 하느님을 알게 되는 것을 의미한다. 신앙은 인지(cognition)의 한 양태이지만, 대상적 존재를 지각하는 것과는 다르다. 따라서 신을 인지하는 것은 더 이상 신을 물리적 대상으로서 감각적으로 지각하는 것을 뜻하지 않는다.[21] 신앙이란 종교를 가진 인간이

---

20) Hick, John: *God and the Universe of Faiths*. New York 1973, p. 105: "하느님의 사랑이 범위에서 보편적이라면 그분은 인류에 대한 구원의 만남을 제한하지 않을 것이다. 그리고 하느님이 전 세계의 하느님이라면 우리는 인류의 모든 종교생활이 그 분에 대한 인간의 지속적이고 보편적인 관계의 일부분임을 깨달아야 한다."

21) Hick, John: *Religious Faith as Experiencing-as*, in: *God and the Universe of*

신의 임재 가운데서 그의 삶을 기술하는 해석적인 요소이다. 신앙은 신의 활동의 현존을 매개하는 것이고, 초월적인 신과의 계속적인 상호작용이다(GUF, 40). 따라서 힉은 종교적 각성을 통한 경험은 일상적인 삶에서의 경험과 유비관계에 있다고 본다(GUF, 43). 힉은 종교적 인간이 그의 신에 대한 경험을 다루는 것은 그와 다른 사람이 물리적 세계에 대한 경험을 다루는 것만큼이나 합리적이라고 생각하였던 것이다(GUF, 52). 종교적 신앙을 인식론적으로 분석하는 것은 그것의 타당성이나 진실성 여부를 가리는 데 있지 않으며, 이런 문제들은 별개의 것이라고 본 것이다.

종교의 기본적인 신념은 초월적이고 신적인 실재들에 대한 인간의 응답에 있다. 이러한 관점에서 힉은 종교사와 관련하여 몇 가지 질문을 제기한다. 첫째로 "하느님이 언제나 인류에게 스스로를 계시하고자 하였다면, 과연 자신이 창조한 세계의 상황 속에서 그분은 이것을 어떻게 설명할 수 있을까? 대다수의 초창기 문명은 서로 떨어져 있었기 때문에 각기 다른 계시를 필요로 하였던 것인가? 서로 다른 문화적, 역사적 상황 하에 있는 서로 다른 심성들과 그러한 계시들은 어떤 관련을 가지는가?" 둘째로 "신학은 과연 신적으로 계시된 지식의 본체인가, 아니면 종교체험을 심사숙고하여 얻은 인간의 해석인가? 어느 정도까지는 여러 종교 전통의 다양한 신학들이 서로 양립할 수 있는 것일까? 예를 들어 하느님은 인격적이면서 동시에 비인격적일 수 있는가?" 신적인 성품이 모든 인간적 개념의 영역을 넘어서는 무한한 것이면서, 또한 나의 주님이자 동시에 모든 이를 위한 존재의 근거와 뿌리로 체험될 수 있는가?(GhmN, 38)

힉은 신의 특별한 계시와 그에 대한 인간의 경험이 특정한 역사적

Faiths. Oxford 1973, pp. 37-38.

문화적 전통에 의하여 결정된다는 입장을 취하고 있다. 힉에 의하면 모든 종교 전통들은 하나의 동일한 실재를 인식하고 경험하면서 그것에 대하여 응답하는 서로 다른 방식들이다.22) 이것은 실재의 상이성보다는 인간의 인식 유형의 상이성에서 기인되는 현상이다. 어떤 종교를 믿느냐의 문제는 대부분 개개인의 선택 문제라기보다는 그가 어디에서 태어나는가에 달려 있다. 이집트나 파키스탄의 무슬림 부모에게서 태어난 사람들은 무슬림이 되기 쉽고, 스리랑카나 버마의 불교 집안에서 태어난 사람은 불교도가 되기 쉽다. 이와 마찬가지로 유럽이나 미국의 기독교 가정에서 태어난 사람은 기독교인이 될 것이다. 이처럼 종교인은 우연하게 태어난 그 세계의 결정적인 영향을 받게 된다.23) 힉의 이러한 생각은 캔트웰 스미스의 축적적 전통에서 물려받은 것이다.

그리하여 하나의 동일한 실재에 대한 인간의 인식과 응답은 서로 다를 수 있다. 종교는 사회생활에 뿌리를 둔 문화현상을 주도적으로 결정하는 하느님에 대한 공동체적 응답이다(GhmN, 113). 인간은 원시적인 조건으로부터 시작된 변화하는 사회적 환경 속에서 살아온 역사적인 존재이기 때문에 인간의 하느님에 대한 인식 역시 역사적 상황과 축적적 전통에 구속될 수밖에 없으며, 특히 그들이 속한 사회늘 보다는 개인적 자유를 통하여 하느님에 개방적이었던 예언자들이나 성인들의 영향을 받으면서 발전되었다. 역사의 초기단계에서 하느님은 자연과 인간에게 생명을 부여하는 존재로서 권능의 상징인 동시에 잔인

---

22) Hick, John: *The Philosophy of World Religions,* in Scottish Journal of Theology 37, 1984, p. 231.

23) 출생 환경에 의한 종교적 확신의 상대성 문제는 *GhmN*, 61, SC, 78-79를 참조. Hick, John: The Theological Challenge of Religious Pluralism, in: *Christianity and Other Religions*. Oxford 2001, p. 158; Hick, John: The Reconstruction of Christian Belief, in: *GUF*, 100.

하고 난폭한 존재로 군림하고 있다. 그러나 야스퍼스가 말한 차축시대 (axial period, 기원전 800년경)로부터 개인성이 출현하면서부터 궁극적 초월적 실재로서의 영원한 일자는 인간의 체험과 개념화를 넘어서면서 인격적 존재를 포함한 모든 것들의 존재 근거가 된다. 이러한 사실들은 인류의 모든 종교사가 증언하고 있는 신적 현상의 영역으로서, 신적 본체가 서로 다른 전통들을 통하여 체험된 것이다. 신의 실재 그 자체는 우리가 직접 느끼는 것이 아니라 특수한 인간의 관점에서 경험되는 것이다. 인간의 유한성과 불완전성은 신에 대한 제한적 인식만을 가능하게 한다. 우리는 인간적 개념들로 이루어진 문화적 창을 통하여 종교사에서 발견되는 신을 의식하고 경험하는 것이다(GhmN, 67).

힉은 이처럼 다양한 종교체험들을 세 가지 유형으로 구분하고 있다. 첫째로 '나와 당신의 만남'(I-Thou Encounter)이다. 이는 인격적 존재와 의지로서의 하느님을 체험하는 것을 말하며, 유신론적 종교의 핵심을 이루고 있다(GhmN, 92). 둘째로 '자연적 또는 우주적 신비주의'이다. 이는 온 세계나 우주를 신적인 실재의 현현이나 매체로 경험하는 것을 말한다. 이처럼 전체 세계 또는 전체 우주가 신적 실재의 현현으로 경험되는 자연신비주의 또는 우주신비주의는 유교나 도교와 같은 동양 사상의 핵심을 이루고 있다. 셋째로 '일자와의 합일'이다. 이는 유한한 피조물들의 체험들을 넘어서서 초월적 실재와 하나가 되는 것을 말한다. 경험하는 자아가 신적인 것과 합일되는 것은 힌두교와 불교의 핵심을 이루고 있다. 이처럼 우리는 어떤 방식에 의하여 종교체험을 하는 가에 따라서 그 경험의 내용을 다양하게 가질 수 있다. 이것을 바꾸어 말하면 어떤 종교적 신들도 신 그 자체는 아니며, 단지 인간에 의하여 경험된 유한한 존재들이라는 것이다(GhmN, 95).

힉은 이에 대한 전형적인 예로서 기독교 안에서의 다양한 교의 논쟁을 들고 있다. '하느님'과 '하느님의 인간적 형상들'(human images of God)을 어떻게 이해할 것인가에 대하여 기독교인들은 오랜 동안 논쟁을 거듭하였으며, 예수 그리스도에 대한 서로 다른 견해들로 인하여 혼란이 계속되었다. 힉에 의하면 예수는 분명 신에 대한 의식으로 가득 찬 삶을 살았으며 신의 임재를 확신하고 모든 것을 신에 의존하였다(SC, 51-52). 힉은 예수처럼 신에 대한 의식을 가진 사람들이 충분한 근거에 의하여 신을 믿고 있다고 주장할 수 있다면, 예수에 대한 응답을 중심으로 한 낮은 차원의 종교적 경험에 근거하는 사람들에게도 신을 믿는 것이 합리적이라고 말할 수 있다고 본다(SC, 55). 따라서 예수의 모습은 역사적 예수, 인간 예수, 성육신하신 예수, 온화하고 부드러운 예수, 비천한 자를 높이고 권세 있는 자를 내치는 예수, 자기를 희생하신 예수, 하느님의 오른 편에 앉아 계시는 영원한 신의 아들 예수, 우주의 그리스도 등처럼 다양하게 나타난다. 이것이 바로 살아있는 존재로서의 '인격적 예수의 현존'(personal Jesus-presence)이다.

역사적인 종교현상들이 모두 하나의 동일한 초월적인 신 그 자체에 대한 다양한 경험들이라는 힉의 주장은 종교인식론에서의 몇 가지 문제점들을 노정하고 있다. 모든 종교 전통들이 예외 없이 동일한 신에 대한 상이한 경험이라면 모든 종교들은 무차별적으로 동일한 것인가, 아니면 도덕적, 사회적 위상이 여전히 존재하는가? 세계의 모든 종교들은 그 성립 시대나 교의체계, 신자들의 규모 등의 차이에도 불구하고 동일한 가치를 가지는 것일까? 하나의 공통기반을 갖기 때문에 그것에 근거하는 모든 것들이 동등한 가치를 갖는다고 말할 수 있는가? 만일 그렇지 않다면 그들 상호간에 비교 우위성을 결정하는 것은 무엇인가? 종교들 사이의 차이가 존재한다면 그런 것들은 무엇에 의하여 정당화되는가? 토템과 샤만과 같은 원시신앙과 불교나 기독교와 같은 세계종교 사이에는 근본적인 차이가 존재하는가 그렇지 않은가? 바로 이런 사실들에는 종교인식론상의 문제점이 도사리고 있다. 신에 대한 의식으로 가득 찬 것처럼 보이는 예수의 삶을 실질적으로 지배하였던 원리는 광기와 망상인가, 아니면 합리적인 신앙인가?(SC, 53 참조) 예수의 주장들이 신 그 자체에 대한 소명들이라는 사실을 입증하는 근거들은 무엇인가? 성서가 계시의 통로라고 한다면, 그것은 예수의 삶 속에 나타난 신을 다시 체험한 사도들의 신앙에 의하여 해석된 역사이고, 특정한 신앙으로부터 출발한 신앙 공동체의 전통이 축적된 결과일 뿐이다(SC, 59 참조). 실제로 힉은 기독교를 기원 1세기에 유대 지역에 살았던 예수의 삶과 사상에 기초한 신앙 운동체라고 해석한다(SC, 72). 이들은 예수에 대한 공동의 기억을 보존하고 있지만, 그것이 예수의 진정한 의도와 일치하는가는 확신할 수 없다.[24] 기독교의 중심 교의체계들은 예수의 의도와 관계없이 다양하게 해석되었고, 강력한 권력에 의하여 일의적으로 규정되기도 하였던 것이다. 그렇다면 예수의 본래적인 의도에서 벗어나거나 다르게 된 예수 공동체의 종교적 주장들이 합리적이라고 승인될 수 있는 근거는 무엇인가? 절대적인 종교적 헌신이 있을 경우에 우리는 무조건적으로 하느님의 이름을 사용할 수 있고, 사용해도 좋은 것일까?

역사상 그 어떤 종교도 신 그 자체를 있는 그대로 경험하지 못하기 때문에, 우리가 신에 대하여 결정적으로 진술할 수 없는 한계를 안고 있다. 이와 같은 종교인식의 한계는 동시에 종교진리의 한계를 노정한다. 이는 두 가지 방향으로 나타난다. 하나는 어떤 종교도 완전한 진리 주장을 할 수 없다는 사실이고, 다른 하나는 어떤 종교든지 비도덕적이거나 반사회적인 진리주장을 고수할 수 있으며, 이에 대한 비판적

---

24) Hick, John: *The Reconstruction of Christian Belief*, in: *GUF*, 92.

척도가 제시되지 않는 한 계속해서 그에 대한 정당성을 주장하게 될 것이라는 사실이다.

힉은 서로 다른 전통에서 서로 다른 형식의 예배에도 불구하고 그들이 동일한 하느님을 예배하고 있다는 주장을 강화한다. 그는 세 가지의 가능성을 상정한다. 첫째로 존재론적으로 여러 신들이 있을 수 있다. 그러나 이러한 주장은 신이 세계의 창조주이고 세계의 근원이라는 신념과 상치된다. 둘째로 하나의 특정한 신앙공동체에서 예배하는 우리만이 신을 예배하고 있으며, 다른 사람들은 우상을 숭배하고 있다고 생각할 수 있다. 그러나 기독교의 경우에도 신에 대한 여러 가지 모습들이 나타나고 있으며, 한 교회에서도 저마다 다른 신앙내용을 가질 수 있다. 셋째로. 만물의 창조주는 하느님 한 분뿐이라고 생각할 수 있다. 그의 존재는 무한하고 풍성해서 인간의 인식능력을 초월하여 있으며, 세계의 여러 종교들은 사실상 하나의 히느님을 예배하고 있다(GhmN, 66f). 이 경우 배타적 구원관을 가진 기독교의 근본주의 신앙은 잘못된 것이다.

여기에서 종교 인식론의 문제와 종교 진리의 문제가 제기된다. 복음이 다양하다는 사실에서 그것들 모두가 참일 수 없다는 시각에서 보아야 하는가, 그렇지 않으면 그것들 모두가 거짓이 아니라고 해야 하는가의 문제가 야기된다(GhmN, 89). 나를 기독교인으로 만드는 나의 종교만이 신적 실재에 대한 응답이고 다른 것들은 그저 인간적인 투사일 뿐이라는 주장으로는 종교다원주의의 문제를 해결할 수 없다(GhmN, 90). 종교 예배에서는 거의 공통적으로 인격적 창조, 세계의 주님, 인간의 삶에서 살아있는 도덕을 요구하는 분으로 간주되는 보다 높은 실재에 마음을 열어 놓고 있다. 물론 현상적으로는 다르게 나타날 수 있다. 교회에서는 신을 신고 모자를 벗는데, 모스크(이슬람), 구드와라(시크교), 사원(힌두교)에서는 모자를 쓰고 신을 벗으며, 시나고그(유대교)에서는 둘 다 벗는다. 또한 초월적인 실재가 교회에서는 하느님(God), 시나고그에서는 아도나이, 모스크에서는 알라, 구드와라에서는 에코암카르(Ekoamkar), 힌두교에서는 라마(Rama) 혹은 크리쉬나(Krishna) 등으로 서로 다르게 불리지만, 그것은 본질적으로 동일한 존재를 지칭한 것이다(GhmN, 63).

그러나 우리는 여기에서 또 다시 실재에 대한 상이한 대답은 실재에 대한 부분적인 경험들을 반영하는가라는 물음에 직면하게 된다. 예를 들면 필립 앨몬드는 각각의 종교들은 실재의 부분만을 경험하기 때문에 서로 다르다고 주장한다.25) 그러나 이에 대하여 힉은 '부분' 대신에 '방식'(way)이라는 말을 사용한다. 힉은 서로 다른 종교적 전통들이 실재에 대한 부분적인 경험이어서 그 경험들을 모두 합치면 실재 그 자체가 구성된다고 보지 않는다. 그보다는 오히려 각 종교들은 전체로서의 실재를 서로 다른, 그리고 고유한 방식으로 경험한다고 보아야 한다. 이 문제는 서로 다른 방식으로 경험되는 종교적 전통들 사이에서의 가치서열 문제를 불러일으킨다. 힉은 분명히 "모든 종교 전통들이 동일한 가치나 또는 동일한 정당성의 차원에 있는 것은 아니다"라고 말한다.26) 그는 구원론적 체계에서 종교의 인지적 현상은 실재에 대한 경험이며, 이 경우에 실재에 대한 비전을 비교할 수 있는 합리적인 기준은 이성이라고 보았으며, 그에 수반되는 종교의 실천적 현상은 양심이나 도덕적 판단에 의하여 평가될 수 있다고 보았다.27) 그러나

25) Almond, Philip: *John Hick's Copernican Theology*, in: Theology, January 1983, p. 37.
26) Hick, John: *On Grading Religions*, in: *Religious Studies* 17, 1982, p. 451 and in: *Problems of Religious Pluralism*. London 1985, p. 67.
27) Hick, John: *On Grading Religions*, in: *Problems of Religious Pluralism*.

그는 이성이 세계종교의 우선순위나 등급을 매길 수는 없다고 물러선다. 그는 "우리는 위대한 세계 종교들을 이성의 도구나 수단으로 등급을 매길 수 없다"[28]고 단정하는 동시에 "우리는 종교적인 현상들을 어느 정도 평가하고 등급을 매길 수는 있지만, 전체성으로서의 위대한 세계 종교들을 실질적으로 평하고 등급을 매기는 일은 불가능하다"[29]고 물러섰던 것이다. 왜냐하면 하느님이 전 세계의 하느님이라면, 우리는 인류의 모든 종교적 삶이 신에 대한 인간의 계속적이고도 보편적인 관계의 일부라고 생각해야 하기 때문이다.[30]

이러한 언급을 통하여 힉이 의도하는 것은 기독교가 다른 종교들의 개종을 목표로 해서는 안 된다는 사실이다. 그는 기독교가 타종교와 만남으로써 상호인정과 상호성숙을 도모할 수 있다고 보았다.[31]

다른 위대한 종교 전통의 비전과 경험과 사상들로부터 배울 수 있는 기독교인에게는 큰 소득과 성숙이 있을 것이다. 다른 사람들이 실재를 어떻게 경험하고 그에 어떻게 응답하는가를 볼 수 있을 때에만, 우리는 그 안에서 살고 움직이고 우리의 존재를 보존하게 되는 그 궁극적 실재에 대한 우리 자신의 인식을 얻을 수 있을 것이다. [...] 만약 우리가 불교와 비유신론적 힌두교의 다양한 형태들을 마찬가지 의미에서 구원을 가져다주는 인간변혁의 그릇들로 간주할 수 있다면, 우리는 오랫동안 시도된 그들의 명상과 방법들과 그들의 도

London 1985, pp. 69, 79.

28) Hick, John: *Problems of Religious Pluralism*. London 1985, pp. 80-81.

29) Hick: *Problems of Religious Pluralism*, p. 86.

30) Hick, John: *Reconstruction of Christian Belief*, in: *God and Universe of Faiths*. Oxford 1993, p. 101.

31) Hick, John: *An Interpretation of Religion. Human Responses to the Transcendent*. Yale University Press 1989, p. 379.

전적으로 생소한 통찰로부터 혜택을 입을 수 있을 것이다. 참으로 실재와 관련한 인간됨의 다른 길들의 축적된 경험과 사상에 개방함으로써 각 전통 안의 삶은 놀랍도록 풍부해지고 확장될 수 있을 것이다.32)

여기에서 '성숙'은 '신적 실체에 대한 보다 풍부한 인식'이다(GhmN, 117). 초월적 존재는 그에 대한 자신의 제한적 비전보다 무한히 크다는 것을 의식하게 되고, 그들이 나란히 마주 대하여 서 있게 됨으로써 신적 실재에 대한 보다 풍부한 인식을 향하는 데 서로가 도움을 줄지 모른다는 희망 속에서 상대방이 서로의 비전을 나누어 공유하게 하는 것이다. 그러나 그것은 여러 개의 비전을 동시에 갖는 것을 뜻하는 것이 아니라 다른 것에 대한 자극을 통하여 자신의 것을 새롭게 변화시키는 것을 뜻한다. 그러므로 힉이 추구하는 것은 하나의 일사불란한 통일신단의 체계를 구축하는 데 있지 않고, 서로 다른 종교적 전통들과의 만남을 통하여 실재에 대한 보다 풍부한 경험과 이해를 확대함으로써 자신의 종교적 신앙고백을 보다 성숙시키는 데 있는 것이다. 여기에서 추구되는 것은 단일한 세계종교33)가 아니라 다양한 전통들이

---

32) Hick,: *An Interpretation of Religion*, pp. 379-380: "But on the other hand there are great gains and enrichments available to a Christian who is able to learn from the visions, experiences and thoughts of the other great religious traditions. To see how others experience and respond to the Real can only enlarge one's own awareness of that ultimate Reality in which we all live and move and have our being. [...] and if we regard the various forms of Buddhism and of non-theistic Hinduism as likewise authentic contexts of the salvific methods of meditation and form their challengingly different insights. Indeed life within each tradition can be enormously and thought of other ways of being human in relation to the Real."
33) 이는 세계적 규모의 종교 획일화를 뜻하는 것이 아니라 다른 전통에 대한 상호이해와 상호연대성의 진전을 의미하는 동시에, 적대적인 종교제국이라는 상극적인

서로를 더 이상 경쟁적인 이념 공동체로 보지 않는 상황인 것이다 (*GhmN*, 77).

6. 존 힉의 칸트주의적 전제들

이상의 논의를 바탕으로 우리는 칸트와 힉의 관계를 다음과 같이 정리할 수 있다.

첫째로 힉은 타 종교의 구원 가능성에 대한 기독교의 태도 변화 과정을 단계적으로 살피는 과정에서 코페르니쿠스적 전회라는 칸트적인 개념을 차용하고 있다. 전통적인 로마기독교와 보수적인 개신교의 근본주의적 태도가 예수 그리스도 중심적인 구원론을 전제하고 있기 때문에, 기독교 이외의 다른 종교에 대하여 극단적으로 배타적인 태도를 취하였던 역사적인 사실로부터 1960년대 이후의 변화를 거쳐서 다양하게 전개되는 에큐메니칼 선교정책에 이르기까지를 다루면서, 이런 모든 태도는 여전히 기독교 중심적이라는 사실을 지적한다. 그리고 이와 같은 태도에서는 결코 다른 종교와의 진지한 대화가 불가능하다는 사실을 환기시키고 있다. 그리하여 힉은 기독교가 다른 종교와 대화를 진지하게 수행하기 위해서는 종교에서의 코페르니쿠스적 전회를 일으

대립관계를 탈피하여 상보적 다원주의(complementary pluralism)로 나아가는 것을 말한다(*SC*, 89). 힉의 신 중심주의, 실재 중심주의는 자신들의 종교에만 진리와 구원이 있다는 독자적 우월성을 지양하고 다른 종교전통들에 대하여 개방적인 태도를 취하도록 요구하고 있다. 그러나 그가 존재의 근거라고 생각하는 궁극적 실재가 무엇인지를 알지 못하는 한 이러한 주장은 한계에 부딪칠 수밖에 없다. 물론 힉은 이 문제를 잘 알고 있으며, 그가 악의 문제와 기독교 신학에서의 변신론을 중요하게 생각하는 이유이기도 하다. 그러나 상보적인 다원주의의 결과가 절대악을 지향하는 일방주의 신학이 아니라는 보장은 어디에서 그리고 무엇으로부터 얻을 수 있는가라는 문제는 여전히 남아 있다.

켜야 한다고 주장한다. 세계의 모든 종교들이 그 다양한 신적 표상에도 불구하고 기독교가 신봉하는 것과 동일한 하느님을 믿고 있다는 사실을 인정함으로써 하느님 중심의 공통신앙을 확립할 수 있다는 것이다. 여기에서 힉은 칸트가 학문적 주장 이전에 이성 그 자체의 능력을 비판적으로 탐색한다는 의미에서 사용하였던 코페르니쿠스적 전회라는 용어를 차용하고 있다. 그러나 이것은 내용상의 유사성보다는 개념 사용의 유비적인 유사성만을 겨냥한 것이다. 다시 말하면 칸트는 '코페르니쿠스적 전회'라는 방법론으로 구성주의적 이성인식, 즉 객관적 사실(현상적 자료들)에 대한 주관적 구성(선험주의)을 겨냥하고 있지만, 힉은 그리스도 중심적인 시각에서 실재 중심적인 시각으로의 변화를 의도하고 있다.

둘째로 힉이 강조하는 신 중심주의에로의 전환요구는 현상에서 실재를 향하는 것과는 반대로 칸트의 구성주의는 실재로부터 제시되는 현상의 포착을 겨냥하고 있다. 두 사람은 서로 다른 방향을 치닫고 있는 것이다. 힉은 칸트가 신을 인식의 대상이 될 수 없다고 주장한 사실을 잘 알고 있다. 그러나 힉은 이러한 칸트의 주장을 묵살한다. 그는 사물 그 자체와 현상들의 관계를 자신의 종교인식론에 도입함으로써 세계종교의 다양한 신 개념들은 하느님 그 자체가 아니라 그에 대한 다양한 인간의 응답이라고 보았다. 여기에서 힉은 신 그 자체와 인간에게 경험된 신의 모습을 칸트의 현상과 물자체 도식으로 구분하고자 하였으나, 두 사람의 논점은 사뭇 다르다. 힉은 기독교의 종교 경험(현상)으로부터 실재 그 자체(물자체)에의 도달을 목표하였으나, 칸트는 물자체로부터 제시되는 현상의 주관적 구성을 강조하였다.

셋째로 힉이 의도하는 종교대화는 실재중심적 다원주의 지평 위에서 가능하지만, 칸트의 경우에는 도덕중심적인 이성신앙의 지평 위에서 이루어진다는 사실에 유의할 필요가 있다. 물자체와 현상의 도식을 통하여 제시된 힉의 신 개념과 도덕법의 구속성 확보를 위하여 요청되는 칸트의 신 개념은 전적으로 다른 차원에 있다. 다시 말하면 힉의 하느님은 인간의 경험적 현상을 통하여 접근할 수 있는 신 개념(이론철학적 지평)이지만, 칸트의 경우에는 원천적으로 인식에 도달할 수 없다(실천철학적 지평). 역사적인 다양한 세계종교 현상들을 통하여 인간에게 각인된 하느님의 모습들은 힉에게 하느님이 경험될 수 있다는 결정적인 증거가 된다. 그러나 칸트에 의하면 우리 인간들은 그 지성 능력의 한계 때문에 하느님의 존재에 대한 어떤 이론적인 주장도 펼칠 수가 없다. 칸트는 신의 존재를 이론적으로 증명하려는 모든 시도들, 즉 존재론적 논증, 우주론적 논증, 그리고 목적론적 논증을 비판하고 그 한계를 지적하였다. 따라서 신의 존재 요구는 이론적인 방식이 아니라 실천적인 방식, 즉 도덕적 주장의 구속성 확보를 요구하기 위한 조건명제로서만 가능하다고 보았다. 칸트의 종교철학적 구상은 『실천이성비판』에서 요청이론으로 구체화되고 있으며,34) 힉은 이러한 칸트의 구상을 다음과 같이 기술하고 있다.

　　그[s.c. 칸트]에게서 하느님은 종교체험 안에서 만나는 실재가 아니라, 도덕의 동인으로서의 작용을 기초로 하고 이성에 의하여 요청된 어떤 대상이었다. 도덕적 의무의 실재는 완전선과 완전한 행복이 동시에 일어나는 최고선(summum bonum)의 가능성의 기초로서의 하느님이라는 실재를 전제로 한다. 그러므로 신은 "행복과 도덕성의 완전한 일치의 근거를 포함하는, 자연 전체와는 구별되는 전체 자연

---

34) Kant, Immanuel: *Kritik der praktischen Vernunft*. Riga 1788, Das Dasein Gottes, als ein Postulat der reonen praktischen Vernunft. A223.

의 원인"[...]으로 요청되었던 것이다. 따라서 간접적으로 세워진 하느님 관념과 규정적인 관념 기능들에 의해 우리는 "세계 내의 모든 질서가 마치 최고 이성의 목적에서 싹튼 것처럼 보게 되는 것이다. [...]. 따라서 칸트에게서 하느님이란 경험되는 것이 아니라 요청되는 것이다(GhmN, 104-105).

칸트의 하느님은 경험 대상이 아니고 이성의 실천적 사용에서 요구되는 요청명제이다. 칸트가 신의 존재를 도덕적 요구의 현실화를 위한 조건명제로 이해한 것과는 달리 힉은 하느님의 존재를 현실적으로 살아계시면서 인간과 끊임없이 교섭하시는 최고의 초월적 존재로 파악하였다. 이 점에서 힉의 하느님은 헤르만 코헨의 하느님과 유사하다. 칸트는 도덕 형이상학을 통하여 하느님의 존재를 다루지만 힉은 그것을 종교인식론의 영역에서 다루고 있다. 물론 그는 신의 존재를 증명할 수 있다고 보지는 않았던 사실에서는 칸트와 같은 입장을 취하지만, 신의 현실성에 대한 종교적 체험이 타당한 확신이라는 점에서는 칸트와 구별된다(SC, 49-55). 힉의 종교철학은 경험적 사실 너머에 있는 실재중심적 다원주의라는 현상초월적 지평을 전제하지만 칸트의 종교철학은 도덕적인 의무 이행을 신의 명령으로 인식하는 이성신앙적 지평을 지향하고 있다.

넷째로 힉의 종교인식론과 종교적 진리주장은 이론적 지식의 준거 문제와 유비적인 반면에, 칸트의 그것들은 어떤 이론적 규정성도 갖지 못한다. 힉은 세계종교의 다양한 신 인식이 하나의 공통적인 신 존재 자체에 대한 현상들이라고 이해한다. 그는 감각적 인식에서 현상과 물자체의 개념을 구분한 칸트의 구상을 자신의 특유한 종교인식론에 원용하고자 하였다. 그러나 이것은 물론 칸트의 의도를 존중하는 방식으로 진행되지 않는다. 칸트는 현상과 물자체의 도식을 순수 인식론의 차원에서 제기하였다. 객관적으로 타당한 지식이 산출되기 위해서는 우리의 감각 외부에서 들어온 자료들이 우리의 직관 능력에 포착된 후에 오성의 논리적인 개념화 작업을 거쳐야 한다. 칸트는 우리가 유한한 의식구조 안에 본래적으로 가지고 태어난 특정한 형상과 범주들로 세계를 구성한다고 주장하였다. 따라서 우리가 인식한 것은 사물 자체가 아니고 그것의 현상일 뿐이다. 힉은 칸트의 이런 주장을 선별적으로 수용하는데, 특히 현상과 본체의 차이성에 대하여는 적극 수용한다. 그러나 힉은 현상과 물자체의 구별을 순수 인식론이 아닌 종교인식론에 도입함으로써, 칸트의 의도와는 반대로 경험으로서의 종교적 신앙을 강조하게 되었던 것이다.

그러나 이와 같은 힉의 주장은 칸트의 주장과 전적으로 구분된다. 칸트는 어떤 초월적 대상 개념들은 그 특성상 우리에게 결코 대상으로 나타날 수 없다고 규정하였는데, 그 가장 대표적인 유형이 하느님의 존재와 같은 초월적 이념들이다. 힉의 주장에 대하여 칸트는 매우 곤란한 표정을 지을 것이 분명하다. 칸트는 하느님에 대한 어떤 이론적인 주장도 성립될 수 없다고 보기 때문이다. 그것은 현상과 물자체의 문제가 아니라 결코 대상화될 수 없는 '초월적 이념'(transzendentale Ideen)35)으로서 우리에게는 영원히 물자체로 남아있기 때문이다. 칸트에 의하면 하느님의 존재는 인간의 인식 능력을 벗어나 있으며, 따라서 그 존재를 긍정할 수도 없고 부정할 수도 없다. 전통적으로 유신론자는 신이 존재한다고 주장하였고, 무신론자는 신이 존재하지 않는다고 단언하였으나, 칸트는 이 두 주장 모두 잘못되었다고 생각한다. 그러므로 여러 종교의 신 개념이 하느님 그 자체에 대한 다양한 현상들

35) Kant, Immanuel: *Kritik der reinen Vernunft*. Riga 1781, A 327; 1787, B383.

이라는 힉의 주장은 신을 가능한 경험의 대상으로 설정한 점에서 칸트의 의도로부터 벗어나 있다.

힉의 종교철학에서 발견되는 이와 같은 네 가지의 칸트주의적 전제들은 서로 다른 맥락에서 힉의 고유한 이론체계를 구축하고 있다. 그리고 여기에다가 힉은 그의 다양한 종교학적 주장들을 가미하여 현대를 대표하는 종교철학자로 평가되고 있다. 그런데 재미있는 사실은 힉이 칸트로부터 몇 가지 중요한 사실들을 차용하여 그의 고유한 주장체계를 구성하는 과정에서, 어떻게 보면 그의 주장체계와 가장 유사하고 가장 결정적인 것으로 보이는 칸트의 명제에 대해서는 침묵하고 있다는 사실이다. 힉의 결론적인 주장은 "하느님은 많은 이름을 가지고 있다"는 것이다. 그는 세계의 종교를 통하여 우리에게 드러나는 신적 실재들의 현상들은 결국 하나의 동일한 초월적인 신 존재 그 자체를 반영하고 있다는 사실을 강조하고자 하였다. 그러나 힉은 바로 이 사실을 가장 결정적으로 드러내고 있는 칸트의 명제에 대해서는 침묵하고 있다. 칸트는 "하나의 참된 종교와 수많은 신앙유형들"을 언급함으로써 종교대화의 존재론적 지평을 이미 열어놓았던 것이다. 힉 역시 역사적으로 실재하는 수많은 신앙유형들은 제각기 궁극적인 실재에 대한 종교적 경험으로부터 성립된 것이라고 믿고 있다. 칸트는 그의 유명한 종교철학 저서 『순수한 이성의 한계 안에서의 종교』(1793)에서 다음과 같이 말하고 있다: "하나의 (참된) 종교만이 있다. 그러나 신앙의 다양한 유형들이 존재할 수 있다. 또한 우리는 그 신앙유형의 차이로 인하여 서로 분리되어 있는 여러 교회들 가운데서도 이 하나의 참된 종교와 만날 수 있다고 말할 수 있다. 그러므로 이 사람은 이 혹은 저 종교에 속한다기보다는 이러한 혹은 저러한(유대교, 회교, 기독교, 가톨릭, 루터교의) 신앙에 속한다고 말하는 것이 더 적절한 표현일 것이다."36)

여기에서 칸트가 말한 '하나의 참된 종교'(eine wahre Religion)는 분명히 지금까지의 모든 종교유형들을 가능하게 하였던 초월론적 정초근거, 즉 이 세계의 모든 신앙유형들을 가능하게 하는 가장 근본적인 종교임이 분명하다. 칸트가 모든 종교들을 통합하는 하나의 단일한 신앙체계를 염두에 둔 것이라면 종교공동체의 통합을 추구하지 않으려고 하였던 힉의 의도와 상치될 수도 있다. 그러나 만일 칸트가 말하는 "하나의 참된 종교"가 서로 다른 모든 신앙유형의 만남을 가능하게 하는 토대일 경우에, 그것은 힉의 의도와 정확하게 일치할 수도 있다. 교회신앙이 맹위를 떨치고 있었던 시대에 칸트의 이와 같은 발언은 가히 급진적, 혁명적이라고 할 수 있다. 그러나 지금까지 칸트 학자들은 칸트의 이와 같은 발언이 구체적으로 무엇을 의미하는지에 대해서는 적극적으로 연구하지 않았으며, 힉 역시 이 주장에 대해서는 침묵하였다. 그가 칸트의 이 주장을 알면서도 언급하지 않았다면 그의 독창성을 드러내기 위한 전략일 가능성이 크다. 그러나 그가 칸트의 이 주장을 모르고 언급하지 않았다면 그의 칸트 이해가 피상적인 수준에 머무르고 있다는 결정적인 증거가 될 수 있다. 힉은 칸트의 도덕 지향적인 요청론적 종교구상을 경험-실재론적 지평으로 몰아세우고 있다는 느낌을 주고 있다.

---

36) Kant, Immanuel: *Die Religion innerhalb der Grenzen der blossen Vernunft.* Riga 1793, S. 146.

: 제10장 : 파니카: 미지의 그리스도와 우주신인론

1. 라이문도 파니카의 경우

인도출신의 가톨릭 종교신학자인 파니카(Raimundo Panikkar 1918~)
는 기독교와 힌두교를 바탕으로 하여 각각의 종교적 진리를 훼손하거
나 포기하지 않으면서도 다른 편의 종교적 진리를 양해할 수 있는 방
법을 모색하였던 사람이다. 이로써 그는 하나 이상의 종교들이 실재하
며, 그 각각의 종교들은 신성한 종교적 진리를 각각 추구하고 있다는
사실을 보여주고자 하였다. 그의 태생 자체가 상호문화적인 동시에 종
교대화적인 특징을 가지고 있다. 그의 아버지는 인도의 독립운동 지도
자로 활약하였던 힌두교인이었고 그의 어머니는 스페인 출신의 독실
한 가톨릭 신자였다. 그는 스페인의 바르셀로나에서 태어났지만 인도
에서 오랫동안 머물다가 다시 유럽에 돌아왔다. 그가 서 있었던 대지
는 인도와 유럽이었으며, 자연스럽게 가톨릭과 힌두교의 영향을 모두
받았으며 불교와 과학사상에까지 천착하였다. 또한 그는 언어에 대한
천부적인 재능이 있어서 11개의 언어로 대화할 수 있었고 6개의 언어
로 자유롭게 저술활동을 할 정도였다.

그는 본(Bonn)대학과 바르셀로나대학에서 철학을 공부하였으며, 마
드리드대학에서 철학박사 학위를 받았다(1946). 12년 후에 그는 같은

대학에서 화학으로 박사학위를 취득하였고, 이탈리아 라테란대학에서는 신학으로 박사학위를 받았다(1961). 현대의 슈바이처 같은 인물이었다. 파니카는 25년 동안 인도에서 생활하였으며, 하버드대학과 캘리포니아대학에서 23년 동안 종교학 교수로 활동하였다. 은퇴한 후에는 스페인 바르셀로나에서 집필과 강연에 몰두하였다.

라이문도 파니카는 켄트웰 스미스나 존 힉과 더불어 이 시대의 가장 대표적인 종교사상가 그룹에 속한다. 그의 종교사상은 다원주의를 지향하지만, 각 종교의 고유성을 유지하면서도 각각의 종교가 지향해야 할 근원적인 종교진리의 차원을 드러내고 있다는 점에서 특징적이다. 그는 어떤 힌두교인이 기독교에서 진리를 발견하였다면 그것은 힌두교적으로 채색된 진리이고, 그와 반대로 어떤 기독교인이 힌두교에서 진리를 발견하였다면 그것 역시 기독교적으로 채색된 진리라는 점을 강조하였다. 모든 종교가 추구하는 신성한 신비는 기독교의 그리스도, 힌두교의 베다, 불교의 다르마 등으로 각각 다르게 나타나지만, 사람들은 서로 다른 문화 역사적 스펙트럼을 가지고 그들만의 신비체를 바라보게 된다는 것이다. 그는 두 종교 사이의 동화(assimilation)나 대체(substitution)보다는 상호교접(mutual fecundation)에 관심을 보였던 것이다.

이처럼 서로 다른 관심의 문제는 현상적으로 정치경제 분야에서 심각한 것처럼 보이지만 근본적으로는 종교들 사이의 갈등에서 가장 첨예한 것이 사실이다. 우리의 경우처럼 전통적으로 다양한 세계종교들, 특히 불교와 유교, 그리고 기독교 등이 각축하고 있는 사회에서는 파니카의 종교다원주의 이론에서 배울 점이 많을 것이다. 파니카의 종교사상은 종교다원주의 사회에서의 종교 갈등을 합리적으로 해소하기 위한 가능성 조건들에 대한 철학적 성찰을 예비하고 있다. 파니카는 서로 다른 종교들 사이에서의 대화 가능성에 대한 근거를 신과 우주와 인간을 전일적으로 파악하는 우주신인론적 세계관에서 찾으려고 시도하였다. 파니카에 의하여 정초된 우주신인론적 원리는 다음과 같다: 신적인 것(Theos)과 하느님의 영(Spiritus Dei), 인간적인 것(Anthropos)과 사람의 생명(Vita Hominis), 그리고 우주적인 것(Kosmos)과 땅의 기운(Anima Mundi)은 그것이 실재하는 한에서의 모든 실재를 이루고 있는 필연적인 세 가지 차원들이다. 우주신인론적 직관은 실재의 세 가지 차원들이 실재의 마지막 구성을 드러내는 필수불가결한 삼중적 관계라는 사실을 강조한다. 땅은 살아있으며, 어머니이다. 그리고 이 세계의 도처에는 신들로 가득 차 있다. 하늘과 땅의 합일은 세계의 모든 피조물을 만든다. 전체 우주는 그 생명력이 전 우주로 확장되는 신적인 생명의 창조이자 후예이다. 생명은 인간에게만 있는 것이 아니며, 인간은 우주의 생명을 나누고 있다. 그러므로 분명히 인간이 없는 세상은 없으며, 세상이 없는 인간도 존재하지 않는다. 신은 인간의 신만이 아니라 세계의 신이기도 하다. 신과 세계가 없다면 인간 역시 존재할 수 없다. 이러한 우주신인론적 비전을 통하여 그리스도의 보편성과 일반성이 비로소 언급될 수 있다. 기독교의 그리스도는 예수이지만, 다른 종교에서는 미지의 그리스도를 신봉하고 있다. 신의 화육으로서의 그리스도는 모든 종교가 가지고 있는 우주의 신비이며 우주신인론적 영성의 상징이다.

여기에서는 파니카가 제시한 우주신인론적 진리 주장을 통하여 종교들 사이의 갈등이 어떻게 해소될 수 있는가를 살펴보기로 한다.

2. 힌두교에서의 미지의 그리스도

파니카의 중심 주장은 그리스도에 대한 특별한 이해로부터 시작된다. 1964년에 그는 『힌두교에서의 미지의 그리스도』라는 책을 발표하였다.[1] 문제는 여기에서의 그리스도가 언제나 기독교에서의 그리스도와 같은 존재가 아니라는 사실이다. 기독교에서 그리스도가 존재하는 것처럼 힌두교 안에서도 '미지의 그리스도'(unbekannte Christus)가 존재하고 있다. 그러나 힌두교에서 발견되는 그리스도는 기독교 전통의 그리스도와는 다르게 활동하고 있으며, 따라서 그 의미 역시 전적으로 다르게 이해되고 있다. 힌두교에서 미지의 그리스도는 힌두교의 그리스도이다. 그것은 기독교에서의 그리스도와 같은 이름을 가지고 있으나 전적으로 동일한 존재가 아니다. "그것은 실재가 이름의 외부에 하나가 있는 것처럼 많은 이름을 갖는다는 것을 의미하지 않는다. 이 실재는 많은 이름이다. 각각의 이름은 실재의 새로운 측면이고 표지이며 계시이다"(uCiH, 37). 이처럼 파니카가 말하는 그리스도는 각 종교의 다양한 형태 속에 활동하고 있는 우주적 상징이다. 기독교의 그리스도와 힌두교의 그리스도는 서로 다르게 이해되고 있지만, 그것은 인간과 우주와 신을 연결하는 근본적인 실재이다. 기독교인들은 그것의 존재를 그리스도라고 부른다. 그들은 자신들이 그리스도라고 부르는 실재에 대한 신앙을 가지고 있는데, 그 신앙은 바로 예수 안에서, 예수를 통해서 발생한다. 기독교인들은 예수를 그들의 그리스도라고 고백하는 것이다.

---

1) Panikkar, Raymond: *The Unknown Christ of Hinduism*. London 1964. Deutsche Ausgabe: *Der unbekannte Christus im Hinduismus*. Mainz 1986, 2. Auflage 1990. 이하 독일어판에서 인용하고 *uCiH*로 줄인다.

기독교인들에게 세계는 창조 전부터 존재하고 있었던 신적 존재로서의 로고스였다. 그 로고스가 육신을 가지고 태어난 것이 예수이다. 그러나 힌두교에서의 그리스도는 예수와는 다른 존재이다. 세계는 그리스도로부터 비롯되어 다시 그에게로 되돌아가고, 그를 통하여 이 세계가 유지되고 있다. 그것은 모든 신성의 원천으로서의 일차적인 신성, 브라만, 아버지 하느님이 아니라 이스바라(Ishvara, 주님), 아들 하느님, 로고스, 곧 그리스도인 것이다. 그리스도는 인간과 우주와 신을 연결하는 이른바 우주신인론적 실재이거나 또는 삼위일체적 푸루샤(purusha, 영적 인간)와 같은 존재이다(uCiH, 36f).

여기에서 삼위일체는 기독교의 삼위일체에 한정되지 않고 인간과 우주와 신이 하나로 귀결되는 원리를 의미한다. 우주신인론(Kosmotheandrismus)은 신적인 것(das Göttliche), 인간적인 것(das Menschliche), 우주적인 것(das Kosmische)이라는 세 가지 지평의 역동적인 관계성에서 파악된 것이고, 그 중심에 언제나 그리스도가 위치하기 때문이다. 파니카에 의하면 삼위일체는 우주신인론적 통찰에서 모든 종교들이 지향하는 근본방향이지만 현상적으로는 다르게 나타날 수 있다. 기독교인들이 중재자로서의 그리스도를 강조하는 것과는 달리 힌두교인들은 영혼존재를, 그리고 불교인들은 언표불가능한 것을 내세운다(uCiH, 45f, 54, 76). 따라서 그리스도는 어떤 하나의 종교를 세우기 위하여 오신 것도 아니고, 새로운 종교를 세우기 위하여 오신 것도 아니며, 모든 의를 완성하고(「마태복음」 3:15) 세상의 모든 종교를 완성하시기 위하여 오신 것이다.

이러한 사실을 바탕으로 파니카는 배타주의와 포괄주의의 대립을 지양하고자 하였다. 다시 말하면 "그리스도가 구세주이며 그를 통하지 않고는 결코 구원이 없다"는 절대적인 배타주의적 주장과 "하느님은 구원에 대한 보편적 의지를 갖고 계시다"는 포괄적인 구원 가능성에 대한 주장이 모순되지 않는다고 본 것이다. 따라서 기독교인들만이 그리스도에 대한 신앙을 독점할 수는 없다. 다른 문화권에서는 다른 형태의 그리스도가 나타날 수 있는 것이다. 그리하여 예를 들면 힌두교에서도 그리스도를 통하여 하느님의 구원 계획을 일반화하는 계기가 나타날 수 있으며, 그 때문에 '가능적인 기독교'로서 기능하게 되는 것이다. 힌두교뿐만 아니라 다른 종교들 가운데서도 그리스도는 현현할 수 있다. 그리스도는 단순히 기독교의 세계에서 나타나는 특수한 사건이 아니며, 따라서 기독교만의 전유물이 될 수 없다. 그리스도는 이제 진정한 의미에서 종교적 경험의 상징이자 인격적 범주인 동시에 보편적인 구속을 가능하게 하는 우주신인론적 원리의 주체인 것이다. 이로써 모든 종교 안에 나타나는 그리스도는 실재의 신적, 인간적, 우주적 지평이 합일되는 신비의 상징으로 된다. "모든 만물은 그리스도의 현현"(Every creature is a christophany)인 것이다.[2]

모든 종교문화권에서 그리스도의 현현은 서로 다른 모습으로 나타나고 있으며, 그 때문에 어떤 특정한 종교만이 유일한 진리라고 주장하는 것은 독단적인 태도로 여겨진다. 세계 종교 가운데서 기독교만이 지금까지 그처럼 배타적이고 독선적인 자기이해를 표명해왔기 때문에, 파니카는 역사적으로 기독교의 자기이해가 어떻게 변해 왔는가를 살펴봄으로써 우주신인론의 정초근거를 확보하고자 하였다.

---

2) Panikkar, Raimon: *A Dwelling Place for Wisdom*. Westminster 1993, p. 153. Deutsche Ausgabe: *Einführung in die Weisheit*. Freiburg 2002. 한국어판: 『지혜의 보금자리』, 이종찬 역, 감신 1999. 영어판을 *DPW*로 줄임.

3. 기독교적 자기이해의 세 유형

상식적으로 기독교 문화는 유대문명과 그리스사상과 로마제국의 전통을 이은 서구문명의 복합체로 인식하고 있다. 그리하여 파니카는 "기독교인이 되려면 반드시 셈족의 영성과 서구적 지성을 필요로 하는가?"라고 묻는다(DPW, 109). 이 물음은 파니카에게는 결정적인 것이며, 그의 사상적 편력을 단적으로 드러나게 한다. 그에 의하면 기독교는 요단강, 티베르강, 갠지스강으로 상징되는 정체성을 형성하고 있다. 그는 이것을 "기독교의 자기이해에 있어서 세 가지의 전환적 계기" (three kairological moments in the christian self-understanding)라고 부르며, 이 과제를 분명하게 해결하기 위하여 제 2차 바티칸 공의회보다 더 근본적인 '제2차 예루살렘 공의회'의 소집을 요구하였다.

예수가 세례 받았던 요단강(Jordan, 「마태복음」 3:13, 「마가복음」 1:9)은 기독교 전통에서의 유대적인 흔적을 말해주고 있다. 예수의 제자들, 복음서의 저자들 모두 유대인이었다. 그러므로 유대교적 영성을 이해하지 않고서 기독교를 이해할 수 없다. 여기에서 영성이란 '기본적 확신'을 가리킨다(DPW, 110). 그렇다면 유대적 영성만이 유일하게 보편적인 정신성으로 정립될 수 있는가? 이것이 바로 파니카의 도전적인 물음이다.

기독교 역사에서 매우 중요한 또 하나의 강은 베드로와 바울이 죽었던 자리에 있는 티베르강(il Tevere, Tiberis)이다. 기독교인들에게 지중해는 앞마당이자 '우리의 바다'(mare nostrum)였으며, 로마는 오늘날의 기독교를 가능하게 하였던 새로운 터전이었다. 이처럼 기독교는 유대전통과 로마와 고딕 그리고 서구적 요소가 한데 흐르는, 이른바 두 강물의 합류지점에서 성립되었다. 기독교는 영적인 측면에서 유대교로부터 벗어날 수 없으며, 지적으로 로마를 부정할 수 없다. 세계를 지배해 왔던 기독교의 정체성은 바로 티베르강으로 상징될 수 있다.

파니카는 현대사회에서 기독교가 티베르강의 위용을 계속 유지할 수 있는가에 대해서 회의적이다. 그래서 그는 "기독교 신학은 루비콘강을 건너서는 안 되는가? 갠지스강과의 평화로운 만남은 가능한가?"를 계속해서 묻는다. 그는 무엇보다도 먼저 기독교인들은 그들이 더 이상 세계를 정복할 수 없다는 것을 인정해야 한다고 말한다. 이렇게 되면 기독교는 자연스럽게 보편성 주장과 참된 종교의 유일성 주장에 대한 근거를 어디에서 찾아야 할 것인가라는 문제에 봉착하게 될 것이다. 먼저 파니카는 기독교인들이 자기의 보편성에 대한 주장을 접어두어야 한다고 말한다. 기독교는 모든 나라를 지배하려는 생각을 버려야 한다. 기독교의 강을 사해나 지중해로 한정하지 않고 세계의 강물들이 흐를 수 있게 하는 것이 중요하다. 그것은 기독교가 여러 종교들 가운데서 존재하고 있으며, 예수 역시 기독교인들의 구세주로서 간주되어야 한다는 뜻한다. 그것은 기독교인들이 다른 종교를 각각의 고유한 권한을 가진 것으로 인정함으로써 가능하게 된다. 강은 그 고유한 근원을 가지고 있어야 한다. 바로 이런 사실에서 기독교 신학의 보편성 요구를 생각할 수 있는 여지가 생겨난다. 기독교는 자신의 정체성을 차별화시키기 위하여 자신의 독자성을 이끌어내고 차이점을 간직해야 하는 것이다(*DPW*, 112).

둘째로 기독교 안에 특별하게 보편적인 어떤 요소가 실제로 존재한다고 보는 것이다. 전 지구인의 10%도 채 안 되는 제1세계, 백인 등이 비영어 사용권의 절대 다수의 종교문화적 전통을 지배해 왔다. 그러나 이 세계에는 수많은 근원지를 가지고 있는 샛강(GangF), 갠지스강의 근원(MF gangF), 첩첩이 계속되는 발원지와 신기한 삼각주, 특별히 신비롭고 천상적인 기원이 존재한다(*DPW*, 111). 그 갠지스강은 수많은 강들의 대표적인 이름이며, 인도뿐만 아니라 유라시아, 아프리카, 아메리카, 오세아니아 등의 모든 전통들에 대한 상징이다. 기독교의 보편성 요구는 기본적인 것이다. 보편성이 없는 기독교는 그 스스로를 부정하는 것이 된다. 그러나 기독교가 모든 종교의 물줄기를 자신들의 강으로 끌어들이려고 할 경우에 그들의 보편성은 어디에 존재하는가? 대부분의 기독교인들은 자신의 종교가 우주적이라는 믿음을 포기할 경우에 그 신앙을 저버린다고 생각한다. 그러나 파니카는 이와 같은 보편성 주장이야말로 시대착오적인 제국주의적 잔재이며, 다른 종교에 속한 신자들이 가지고 있는 종교적 확신을 위협할 수 있다고 비판한다 (*DPW*, 113).

이처럼 기독교의 절대적인 진리주장이나 보편성 주장이 안고 있는 문제점을 해소하기 위하여 파니카는 기독교 역사에 나타난 다섯 가지 유형의 자기이해를 살펴나간다(*DPW*, 114f). 제1단계는 증인(witness)의 시대이다. 이는 원시 기독교의 일차적인 자기이해로서 초기 기독교인들은 신앙에 의지하여 복음사건의 증인이 되고 순교자가 되는 것을 영광으로 받아들였다. 그들은 말씀과 부활에 대한 확신을 가지고 있었고, 영원히 현재적 성격을 띠고 있는 종말론은 그들에게 죽음에 대한 두려움을 없애 주었다.

제2단계는 개종(conversion)의 시대이다. 기독교가 로마의 국교로 지정되면서 세계의 기독교화가 이루어졌으나 주변세계는 아직 이방의 상태로 있었다. 공식적으로 종교적 틀 속에 있는 기독교인은 세속인과의 차이점을 부각시켜야 했고, 그러한 요구는 '삶의 자세에서의 변화'(conversio morum), '마음의 정결함'을 강조하게 만들었다. 그러나 금욕의 원칙에 따른 수도 생활은 점점 정치적 성격을 띠기 시작하였다. 기독교는 다른 종교에 대해서 아직 적대적 태도를 나타내지는 않았지만, 시간이 흐를수록 그들에게 개종을 요구하게 되었다. 이와 같은 성향은 중세시대까지 계속되었다(*DPW*, 115f).

제3단계는 십자군(crusade)의 시대이다. 이는 8세기에서 콘스탄티노플이 함락되는 1454년 이후까지 지속되었고, 1571년 레판토에서 터키군이 패배할 때까지 영향력을 미쳤다. 기독교제국은 이슬람의 세력확장에 위협을 느꼈다. 실제로 713년에 스페인이 무슬림의 세력에 들어가고, 남부 프랑스와 예루살렘까지 점령당하게 되면서, 기독교 국가에서 '그리스도의 군대'(militia christi), 즉 십자군을 조직하게 되었다. 그 때문에 새로운 종교운동의 지도자는 장군으로 불리었고, 이로써 기독교는 도전적이고 전투적으로 변하고, 용기와 결단이 신앙의 덕목으로 인정되었다. 기독교는 차츰 유일한 진리의 종교로 여겨졌으며, '참된 종교적 삶'을 뜻하는 '참된 종교'(vera religio)는 "오직 유일하게 진리이며, 구원을 허락하는 제도화된 종교"라는 자기이해를 확정한다. 그러나 독일 신성로마제국(Sacrum Romanum Imperium Germanicum)의 출현과 1492년의 신대륙 발견으로 기독교 국가가 와해되면서부터는 종교로서의 기독교만이 남게 되었다(*DPW*, 116).

제4단계는 선교(mission)의 시대이다. 신대륙에서 아메리카 원주민에 대한 기독교의 접근방식은 십자군처럼 전투적인 방식이 아닌 선교를 통한 정복(conquista)이었다. 복음 전파, 회개, 구원의 증거가 이 시대의 화두였다. 아시아 등 세계 선교에 나선 마테오 리치나 로베르토 노빌리 등 선교사들은 원주민들의 정신적 문화유산의 가치를 발견하였다. 중국에서의 제사논쟁은 기독교인들의 선교정책에 약간의 타협을 상징적으로 보여준다. 그러나 더 이상 선교화할 수 없는 새로운 현대가 다가오면서 기독교의 태도변화를 요구해왔다(*DPW*, 117).

제5단계는 대화(dialogue)의 시대이다. 식민주의적 정치질서가 와해된 이후 기독교는 다른 문화들과 상호 교제하는 방식으로 변화되었다. 기독교 왕국은 시대착오적인 것이 되었으며, 기독교 역시 정체성의 위기를 맞게 되었다. 기독교 신앙, 기독교 국가보다는 이제 '그리스도인다움'(christianess)이란 말이 중시되었다.

오늘날의 기독교 신앙에는 이 다섯 가지 계기들이 모두 함축되어 있다. 모든 기독교인들은 자신들이 말씀에 대한 확신(증인)을 가지고 있으며, 다른 종교를 믿는 사람들보다 남다르게 생활하고(개종), 자신들의 신앙을 용기 있게 고백하며(십자군의 용사로서), 온 세상을 염려하는 책임과 의무감을 가지고 있으며(선교), 타종교와 더불어 살 수 있는 기독교인으로서의 마음가짐(대화)을 중요하게 생각하고 있다. 요단강은 증인의 시대를 상징하며, 여기에서는 셈족의 영성세계 안에서 옛 계약에 대한 관념이 지배적으로 나타난다. 티베르강은 개종, 십자군, 선교의 시대를 상징하며, 지중해 문화와 유럽적 지성을 특징으로 한다. 갠지스강은 대화의 시대를 상징하며, 그것은 지구상의 모든 강물과 어울려 함께 흐르는 것을 추구하고 있다(*DPW*, 119).

결국 파니카가 제시하는 이른바 새로운 시대에 부합되는 기독교의 모습은 대화하는 기독교이다. 이미 오래 전부터 시대를 초월해서 일부의 종교적 전통에서는 다른 문화 및 종교사이의 대화가 중시되었다. 이를테면 펠릭스(Minicus Felix), 룰루스(Ramon Llull), 버나드(Bernard of Clairvaux), 쿠자누스(Nicholas of Cusa) 등의 사상, 그리고 인도의 커라라(Kerala)에서는 힌두교, 기독교, 회교도가 수 백 년 동안 평화롭게 공존하였다. 이런 사실들로부터 모든 논의는 시간, 즉 역사적 환경에 좌우되며 대화를 통하여 모든 상황에 적용될 수 있는 이상적인 경우를 도출하는 지혜가 필요하다는 사실을 깨닫게 된다. 이를 위해서는 편협하고 일방적인 초자연주의와 단순한 변증법적 유물론으로부터 자유롭게 되어야 한다. 물론 역사적 상황이 특정한 입장을 갖게 한다. 그러나 역사는 가장 뛰어난 것이 항상 승리하는 것(하느님의 축복을 얻는 것)은 아니며, 가장 현명한 자 역시 단지 권력에 의한 축복에 지나지 않는다는 사실을 확인하게 된다. 따라서 신학적, 지적 작업 등에서 종족 편향주의와 시간 편향주의를 경계해야 하며, 진정한 창의성과 자유를 추구하는 것이 매우 중요하다.

그리하여 파니카는 다음과 같은 방법론적 원리를 제시한다(DPW, 121). 기독교적 자기이해의 고찰은 기독교적 전통 안에서의 근원적 원천들을 살피고 해석하는 것, 그리고 이 원천과 전통에 대한 개인적 체험과 그 의미에 대한 새로운 숙고를 조화 있게 기술하는 것이 중요하다. 그러나 기독교적 원리의 신학적 해석이 배교행위를 지지하는 것은 아니다. 배교란 특정한 이익을 얻기 위하여 전통을 외면하고 이탈하는 것을 말한다. 여기에는 공통의 종파를 추구한다는 명목하에 전통을 희석시키는 것이나 전통의 합리적 지식을 외면하는 것도 해당된다. 기독교인의 자기이해는 다른 종교의 경험과 신앙양식에 대하여 개방적인 태도를 가짐으로써 대화를 통한 상호변화를 추구하고 종교 전체의 틀을 개선하고자 노력해야 한다. 그러한 노력과 방법론은 대화적이어야 하고, 기독교와 다른 세계종교들 사이에서 각자 자신들의 종교적 중심에서 이루어져야 한다. 대화는 매우 친숙한 종교적 체험이며, 그 가운데서 신학자 자신들의 영혼은 존중되어야 한다.

파니카는 기독교의 역사 속에서 요단강과 티베르강과 갠지스강이라는 세 가지 풍토신학의 계기를 정리하고 있다(DPW, 122f). 역사와 전통, 그리고 풍토는 긴밀하게 연결되어 있다. 요단강이 영성과 종교로서의 기독교를 상징한다면, 티베르강은 문화와 국가로서의 기독교, 그리고 갠지스강은 기독교 신앙을 가진 개인이 가져야 할 덕목으로서 '그리스도인다움'을 드러내고 있다(DPW, 139).

각각의 종교에는 그들만의 요단강, 즉 종교적 영성의 원천을 가지고 있다. 동시에 티베르강 역시 단순히 로마에 있는 강으로 한정되지 않는다. 로마는 비잔티움을 포함한다. 모스크바 역시 몇 백 년 동안 제3의 로마로 불리었다. 이탈리아의 도시들은 세 가지의 형태의 로마를 가지고 있으며, 즉 케사르의 로마(기독교와 비기독교의 양면성), 교황들의 로마(세속권과 비세속권의 양면성), 그리고 인간들의 로마가 바로 그것들이다. 이러한 풍토신학의 계기들은 초역사적인 동시에 현재에 속한다.

요단강은 물(Water), 신앙(Faith), 사건(Event), 종교성(Religiosity), 천상의 세계(Heavenwardness)를 상징하고 있으며, 결과적으로 배타주의(Exclusivism)를 지향한다. 요단강은 오직 한 곳에만 존재한다(중심주의, 배타주의). 요단강은 유대교적 경전과 관련되어 있으며, 그 강물 위에서 할례가 물의 세례로 대체되는 사건이 일어난다. 물은 새 출발을 상징한다. 신앙의 사건은 예수 중심적, 팔레스타인이라는 특정한 지역과 문화적 배경을 가진 종교적 사건에 근거한 신앙이 요구된다. "예수는 그리스도이다"라는 명제는 기독교 신앙의 결정체이며, 그것은 결국 그리스도를 '유대적 형태의 메시아', '기름부음을 받은 자', '예수 그리스도'라는 특수한 형식으로 한정하고 있다(DPW, 123). 요단강의 물은 '사람의 아들', '마리아의 아들', '예수'에게 세계를 주었다. 그리고 승천한 그리스도를 통하여 하늘 세계를 대망할 수 있다. 종말론적 소망, 예수의 자비와 신비, 부활에 동참하는 것이 기독교인의 특권이다. 그리고 이로부터 권위, 기쁨의 원천, 책임과 의무, 특권 배타주의, 기독론, 삼위일체설 등 예수의 정체성에 관한 교의신앙이 형성되었다.

요단강 다음에 티베르강이 있다. 티베르강은 불(Fire), 신조(Confession), 제도(Institution), 종교(Religion), 내재성(Inwardness)을 상징하고 있으며, 결과적으로 포괄주의(Inclusivism)를 지향한다. 파니카는 말한다: "요단강은 지리적인 강이면서도 신비스러운 강이다. 그 물은 세례를 주는 물이다. 반면에 티베르강은 역사적이고 정치적인 강이다. 그 물은 테임즈강과 세느강 그리고 파라나강과 포토맥강으로 흘러들었다. 그것은 신학과 잘 다듬어진 세계관을 나르고 있으며, 과거와 현재의 기독교 문명을 모두 담고 있는 강물이다"(*DPW*, 125). 15세기에 걸친 기독교 역사는 개종, 십자군, 선교의 단계를 거치면서 일정한 신앙신조를 가진 기독교인을 공동체(교회)의 일원으로 조직화하였으며, 그 종교적 세계는 고도의 제도화된 기구에 의하여 유지되었다.

티베르강은 불로 상징된다. 불은 낡은 것을 태우고 거세게 번져나간다. 그러나 깨끗하게 청소하는 반면에 모든 것을 말살시키는 해악을 끼치기도 한다. 기독교라는 강물은 세계 도처에 흐르면서 세계를 포괄하기 위한 문명을 개척하고 있다. 기독교의 포괄주의는 종교적 발전 단계의 최 절정에 위치하며 보편적 가치를 지향하는 보편성의 요구를 바탕으로 모든 종교를 완성하려는 '성취신학'(fulfillment theology)을 추구한다(*DPW*, 126). '천부적인 그리스도인의 영혼'(Anima naturaliter christiana), '익명의 그리스도인'(anonymous christians), '인류의 봉사자'(servant of humanity), '자연과 자비의 왕국'(kingdom of nature and of mercy), '민주주의'(democracy), '세계 문명'(world civilization), '세계 권력'(world power), '세계 시장'(world market) 등은 보편성을 지향하는 기독교의 포괄주의적 표현들이다. 이와 같은 포괄주의는 보다 열린 지평을 지향함으로써 '우주적 그리스도'나 불교인들조차도 수용할 수 있는 유일신 개념, 그리고 법(nomos), 다르마(dharma), 업(karma),

리(理)를 함께 다룰 수 있는 방법론을 모색하기도 한다(*DPW*, 128). 그러나 이 경우에도 기독교 중심주의는 건재하고 있다. 16세기에 이르러서야 기독교 국가, 기독교 제국, 기독교 문명이라는 틀이 사라지고 종교로서의 기독교가 대신하게 되었다.

그러나 파니카는 이렇게 말한다: "티베르강이 존재하지 않더라도 그 물은 어디에나 있다. 그러므로 우리는 불(fire)과 내재성(inwardness)을 요구한다"(*DPW*, 127). 세계 도처에는 수많은 강들이 있으며, 거기에는 그 지역 사람들이 각각 '우리의 강물'이라고 생각하는 똑같은 물이 있다는 것이다. "모든 강은 동일한 물을 나르고 있다"(ibid).

세계의 모든 강들을 대변하는 것은 바로 갠지스강이다. 갠지스강은 대지(Earth), 신뢰(Trust), 종교성(Religiousness), 계측(Measure), 외향성(Ourwardness)을 상징하고 있으며, 결과적으로 다원주의(Pluralism)를 지향한다. 땅, 대지는 각 종교의 세속적 기반을 의미하는 상징이다(*DPW*, 128). 기독교는 이제 다른 종교를 정복하기 위해서가 아니라 상호적인 관계를 구축하기 위하여 노력해야 한다. 기독교가 명시적으로 언급한 것은 인류의 근원적이고 원초적인 전통에서 나온 공동 자산이다. 그것은 대화의 신학을 통하여 제시된다. 기독교가 다른 종교와의 차별성을 부각시켜서 자신의 정체성을 확보하려고 할 경우에 일차적으로 요구되는 것은 바로 '그리스도인다움'(christianess)이다.

4. 사중세계의 원리: 우주신인론의 정초 근거

파니카는『지혜의 보금자리』에서 '사중세계'(Quaternitas Perfecta)의 문제를 다루고 있다. 리그베다에서 언급하고 있는 네 가지의 사실은 세계를 구성하고 있는 근본 원리들이다.[3] 이처럼 세계를 구성하는 성스러운 원리들은 피타고라스의 황금률에서도 찾아볼 수 있다. "나는 우리 마음 속 깊이 새겨있는 그분에게 맹세하는 바 그 성스러운 네 가지는 거대하고 순수한 상징, 자연의 근원이며 신들의 모형이다."[4] 고대 그리스에서는 거룩한 것에 대한 사중성의 상징을 육체(soma), 영혼(psyche), 도시(polis), 영원(aion)으로 드러내었고, 고대 인도에서는 개체(jiva), 자아(aham), 아트만(atman), 브라만(brahman)으로 표현하였다. 동서고금을 막론하고 우주의 네 가지 구성원리는 흙, 물, 불, 공기로 규정하고 있다. 이처럼 사중세계는 인간과 피조물 모두를 우리와 관련시키는 동시에 실재의 본질적 요소가 된다.

파니카는 우주 세계의 첫 번째 중심을 대지와 몸으로 규정하고, 여기에 육체(soma)와 개체(jiva), 일, 행위(karman), 선(bonum) 등의 도덕성의 범주가 속한다고 보았다(DPW, 35-41). 우리는 대지이며, 살아있는 개체이다. 이것은 우리가 단순히 어떤 지역에 거주하거나 특정한 혹성 위에 살고 있는 존재를 뜻하는 것이 아니다. 그것은 영성의 질료적 차원인 대지와의 연관성을 밝혀 준다. 우리가 몸이고 개체이고 대지라는 사실은 그런 연관성 속에서 우리가 비로소 행위하고 실천할 수 있다는 것을 의미한다. 대지, 몸, 요가, 일깨움은 의식이 정상적 상태를 유지하는 가운데서 그 의미를 갖는 것들이다. 우리의 개체성에 대하여 인식을 가지는 것이야말로 본질적으로 인간적이고 현실적인 것이다. 우리는 전체가 될 때에만 비로소 현실적으로 된다. 일, 선, 도덕성의 범주는 전체성과 통일성을 가진 자아의 의지 및 정신의 집중으로

___

3) "이것은 그 장엄성을 드러낸다. 그리고 인간은 그보다 더 위대하다. 네 가지 중 하나는 살아있는 만물들이고, 나머지 세 가지는 하늘의 영원한 것들을 이루고 있다." Purusha-sdäkta, *Rig Veda* X, 90.3; in: *DPW,* 31.

4) *The Golden Verses of Pythagoras,* explained and translated into french by Fabre d'Olivet, London 1925. *DPW,* 32.

수행된다. 행위의 조화는 평정과 관조를 가능하게 한다. 중심을 잡는 것은 지혜이며, 영광이나 장엄한 것으로 드러나게 하는 것은 계시이다. 선은 성스러움을 추구하는 것이다. 우리의 존재를 몸과 대지에 관통시킬 때 우리 속의 자유를 향유할 수 있고, 내가 존재한다는 사실에 대한 의미를 찾을 수 있다.

우주 세계의 두 번째 중심은 물과 자아이다(*DPW*, 42-51). 여기에는 물, 영혼, 자아, 지식, 이해, 진리, 소망과 같은 심리적 차원이 속한다. 물은 흘러가는 것, 씻어주는 것, 삶을 힘 있게 만들어주는 것이며, 삶의 근원을 상징하고 있다. 물은 생명 그 자체이다. 성서에서 '생명의 물'이나 '영원한 생명수'(「요한복음」 4:14)라고 한 것은 바로 이 때문이다. 이와 같은 물의 이미지는 우리로 하여금 인내(hypomone, 「누가복음」 8:15)와 관용의 정신을 배우게 한다. 인간의 근원은 순수함에 있으며, 그러므로 우리는 진리를 추구하고 꿈을 갈망하는 것이다.

우주 세계의 세 번째 중심은 불과 존재이다(*DPW*, 51-58). 우리는 불이고 도시(polis)이면서, 자아(atman)이고 박애(bhakti)이며 존재(ens)이다. 이것은 잠자는 것, 존재론적인 것을 뜻한다. 대지와 몸이 나태함을 경계하고, 물과 자아가 지식주의를 경계하는 반면에 불과 존재는 감상주의를 경계한다. 도시(polis)는 일종의 중간우주(mesocosm)로서 소우주와 대우주가 만나는 지평이요 장소이다. 폴리스는 그들의 성전이나 신들이라는 수직적 차원 없이는 결코 존재할 수 없다. 그러나 도시(polis)나 도성(civitas)만으로는 인간 존재의 온전함을 제공할 수 없다. 아우구스티누스가 세속의 도성(civitas terrena) 이외에 하느님의 도성(civitas Dei)을 언급한 것은 바로 그 때문이다. 아트만(Atman)은 그 자체로서 하나의 공동체를 이룬다. 그것은 자기 자신이면서 신이다. 불은 그 자체의 존재를 위해서 언제나 무엇인가를 필요로 한다. 불교에서의 니르바나는 불이 완전하게 소진된 상태를 뜻한다. 자신을 완전히 소진시키는 것은 사랑(bhakti)이다.

우주 세계의 네 번째 중심은 공기와 영이다(*DPW*, 58-69). 공기는 숨결이자 정신이다. 그것은 온 우주(kosmos)에 충만해 있는 에테르이며 빈 공간(akasha)이다. 인도인들은 그것을 브라만이라고 하였다. 그것은 동시에 침묵의 존재(tushnim)이고 무, 공허(nihil)이며, 투리야(turiya, 네 번째 상태로서 깨어있는 것이나 꿈꾸고 잠드는 것을 초월한 상태)인 것이다. 이것은 신비주의적 차원을 가리킨다.

파니카가 범주화하고 있는 사중세계의 구성요소는 다음과 같은 것이다(*DPW*, 69). 흙, 대지(Earth)는 몸(soma), 개체(jiva), 일(karman), 선(bonum), 깨어있는 것(Waking), 도덕적인 것(the Moral)의 차원이다. 물(Water)은 영혼(psyche), 자아(aham), 이해(jnana), 진리(verum), 꿈꾸는 것(Dreaming), 심리적인 것(the Psychological)의 차원이다. 불(Fire)은 도시(polis), 아트만(atman), 사랑(bhakti), 존재(ens), 잠(Sleeping), 존재적인 것(the Ontic)의 차원이다. 공기(Air)는 우주(kosmos), 브라만(brahman), 침묵(tushnim), 무(nihil), 고요한 것(Being Silent), 신비적인 것(the Mystical)의 차원이다.

이것은 마치 하이데거가 항아리에서 쏟아지는 물이 단순히 '쏟아지는 것'(Ausschenken)으로 인식하는데 그치지 않고 '시혜를 베푸는 것', 즉 '선물하는 것'(schenken)으로 인식하여 대지(Erde) 하늘(Himmel)과 신적인 것(das Göttliche)과 가사적인 것(das Sterbliche)이라는 사중물(das Gevierte)에 연결시키는 것과도 매우 흡사하다.[5] "시혜의 물에 샘

---

5) 파니카는 1953년 8월 15일 채링겐(Zähringen)에서 막스 뮐러와 함께 하이데거를 방문하였으며, 그 후부터는 인도에서 유럽에 올 때마다 하이데거와 만났다(Hartig, Willfred: *Die Lehre des Buddha und Heidegger. Beiträge zum Ost-West-Dialog des*

물이 머무르고 있고, 샘물에 바위돌이, 바윗돌에 하늘의 비와 이슬을 받은 대지의 어두운 잠이 머무르고 있다. 샘물에 하늘과 대지의 결혼식이 머무르고 있다. 그 결혼식은 대지의 자양과 하늘의 태양이 맡겨 두었던 포도송이가 주는 포도주에 머무르고 있다. 물의 시혜와 포도주의 시혜에 언제나 하늘과 대지가 머무른다. 넘쳐흐름의 시혜(Geschenk des Gusses)는 항아리의 항아리다움(das Krughafte des Kruges)이다. 항아리의 본질에 대지와 하늘이 머무르고 있다."6) 하이데거는 항아리에서 넘쳐흐른 물이 대지와 하늘, 신적인 것과 가사적인 것으로부터 주어진 시혜적 사건이라고 해석하였던 것이다. 이것은 세계 속에 있는 어떤 존재자도 다른 모든 것과의 관계 속에서 실재할 뿐만 아니라 그 존재 의미를 가지게 된다는 사실을 말해주고 있다.

사물로서의 항아리는 그 자신 속에서 항아리의 본질을 드러내고 있다. 사물은 물화된다(Das Ding dingt). 물화된다는 것(Dingen)은 어떤 것이 다른 것을 불러 모음으로써 가능하게 된다. 사중물을 생기시키면서 물화하는 것은 그 때마다 만나는 이것이나 저것으로서의 사물에 일정 기간 머물면서 자기 자신에게 필요한 것을 모으는 것이다(Ding, 166). 대지는 집을 짓게 하면서 땅을 갈게 하고 모든 것을 실어 나르고 자양으로서 열매를 맺게 하고 동물을 보호하고 먹여 살린다. 그러나

Denkens im 20. Jahrhundert. Mit einer Würdigung Heideggers aus buddhistischer Sicht von Hellmuth Hecker, Hamburg 1997, S. 181, 201). 파니카가 1990년에 출판된 『새로운 종교의 길』에서 하이데거의 사중물(das Gevierte)과 관련된 언급을 하고 있는 것을 보면(Panikkar: Der neue religiöse Weg. München 1990, S. 162), 1993년에 출판된 『지혜의 보금자리』(Panikkar: A Dwelling Place for Wisdom. Westminster 1993; Deutsche Ausgabe: Einführung in die Weisheit. Freiburg 2002)에서의 사중세계론 역시 하이데거의 영향을 받은 것처럼 보인다.

   6) Heidegger, M.: Das Ding, in: Vorträge und Aufsätze, Pfullingen 1954, S. 164. 이하 Ding으로 줄인다.

이 일들을 대지 혼자서 하는 것이 아니고 다른 세 가지 사물들과 함께 한다(Ding, 170). 하늘은 태양의 통과 장소이고 달의 이행과 별들의 찬란한 광휘, 일년의 계절들과 낮의 빛과 일몰, 밤의 어두움과 밝기, 기후의 은혜와 심술, 구름의 흘러감과 에테르의 푸른 깊이이고, 이 역시 다른 세 가지 사물들과 함께 이루어 낸다(Ding, 171). 신적인 것은 신성의 신호를 우리에게 알려주는 사자의 역할을 한다. 이 신성의 숨어 있는 섭리에 의하여 제신은 자신들의 존재를 우리에게 현시한다. 인간은 가사적인 존재이다. 인간의 본질은 그가 죽게 되어 있는 유한한 존재자의 자각에서 꽃핀다. 오직 인간만이 죽음을 죽음으로서 이해한다. 그러므로 인간이 대지에 거주한다는 것의 의미 속에는 대지의 구원(Rettung), 하늘의 영접(Empfangen), 신적인 기다림(Erwarten), 죽게 되어 있는 인간을 죽음의 의미로서 안내하는 것(Geleiten)이 함께 하고 있다. 그리하여 하이데거는 말한다: "거주한다는 것은 언제나 이미 사물들 곁에 머무르는 것이다. 아낌으로서 거주한다는 것은 죽게 되어 있는 인간이 사물들과 함께 머무르면서 그 사중물을 보호하는 것을 의미한다"(Ding, 145). 하이데거는 하나의 존재 사건에서 동시에 일어나고 있는 사중물의 상호포섭적인 관계를 놓치지 않고 있다.

파나카가 제시한 종교적 인간의 사중세계적 구조 역시 하이데거적인 사유와 무관하지 않다. 실재 존재의 참된 모습은 제아무리 사소한 것이라 할지라도 모든 존재와의 관계 속에서, 특히 우주 질료와 신성과 인간의 상호적인 관계 속에서 발견되는 것이다. 이것이 바로 파니카가 말하는 '우주신인론적 통찰'(cosmotheandric insight) 또는 '신인우주론적 통찰'(theanthropocosmic insight)이다(DPW, 72). 그는 우주신인론적 통찰의 토대를 마련하기 위하여 기독교에서의 보편성 주장이 성립될 수 있는 근거, 특히 개체와 보편, 특수와 일반의 문제, 신화와 로고스의 문제, 그리고 다원성과 다원주의의 문제를 다룬다.

　개체와 보편, 특수와 일반의 문제를 통하여 파니카는 기독교와 예수 그리스도라는 개체 및 특수적 사태가 어떻게 보편성을 드러낼 수 있는가를 보여주려고 한다. 그것을 가능하게 하는 것은 바로 우주신인론적 관점이다. 기독교 정신은 구체적이면서도 보편성을 지향한다. 성육신의 신비가 그것을 단적으로 보여준다. 그리스도는 두 번째 아담으로서 개인이지만 전 인류를 대표하며, 전 우주를 표상하고 있다. 여기에서 기독교 구원의 보편성이 자리하게 된다. 그리스도는 고유한 것이다. 파니카가 말하는 코페르니쿠스적 혁명 역시 직선적 역사관의 중심축을 신인우주론적 관점으로 전환하는 것이다(*DPW*, 142). 이 관점의 중심은 대지, 즉 자신의 특정종교도 아니고 태양, 즉 신성, 초월, 절대자와 같은 것도 아니다. 모든 태양계는 각각의 중심축을 가지고 있으며, 모든 은하계는 서로의 주변을 운행할 뿐이다. 그 어떤 절대적인 중심축도 존재하지 않는다. 실재 그 자체는 모두가 중심이 된다. 모든 피조물(모든 전통)이 함께 어울려 있는 그 세계의 중심을 구축하고 있기 때문이다. 이 신인우주론적 관점은 만물이 다른 모든 것을 담고 있다는 삼위일체의 역동성의 형태를 제시한다.

　신화와 로고스의 관계 역시 우주신인론적으로 접근해야 한다. 기독교 신학은 우주론의 문제와 관련이 있다. 기독교의 상징론을 지지하였던 전통적 우주관이 붕괴하면서 하늘, 지옥, 부활과 같은 기독교적 상징체계들은 빛을 잃게 되었다. 오늘날에는 동정녀 탄생이 다시 문제되고 있다. 예수의 구원 기능과 관련된 이 신화는 인간의 육체(정자)를 통하여 원죄가 유전된다는 기독교의 자기이해에서 비롯되었다. 화체설(doctrine of transubstantiation)과 무로부터의 창조(creation *ex nihilo*) 이론 역시 분자적 세계관이나 진화론자에게는 여전히 낯설게 들린다

(*DPW*, 143). 여기에서 파니카는 우주론적 근거에서 볼 때 기독교의 자기이해는 자율적인 것도 타율적인도 아닌 존재율적(ontonomous) 관계에서 비롯된 것임을 강조한다(*DPW*, 144). 우주론과 신학은 불가분의 관계 속에 있다. 우주론이 없는 신학이나 신학 없는 우주론은 모두 불가능하다. 신학이 없는 우주론은 그 자체가 신학적 구조를 가지고 있으며, 결국 모든 종류의 우주론은 우리 세계에 대하여 무엇인가를 말하고 있다. 천사와 같은 순수 영적 존재자까지도 그것을 뒷받침하는 우주론을 전제하고 있다. 이러한 세계관은 단순한 애착에 의하여 이루어지는 것이 아니라 시인이나 예술가의 창조적인 노력이 요구되며, 거기에다가 문화와 종교의 상호작용에 의하여 형성된 것이다. 따라서 파니카는 현대의 기독교인들은 자신들의 종교적 신조가 전제하였던 우주론적 한계를 인식하는 것이 필요하다고 역설한다(*DPW*, 145).

우주신인론적 통찰은 다원성(plurality)의 개념을 넘어서서 다원주의(pluralism)를 지향하고 있다. 갠지스 강 속으로 뛰어드는 것은 다원주의적 태도를 의미한다(*DPW*, 146). 다원주의는 다원성, 잡다성, 연합을 통한 잡다성의 축소를 뜻하지 않는다. 다원주의는 서로 다른 다양한 종교들이 실제로 존재한다는 사실을 보여주고 있다. 따라서 다원주의는 궁극적으로 어떤 하나의 통일된 형식으로 일치시키는 것을 이상으로 삼지 않는다. 다원주의는 보편적 체계를 추구하지 않는다. 다원주의는 진리가 오직 하나라든가 여러 가지의 진리가 있다는 주장을 하지 않는다. 진리의 복수성을 주장하는 것이 다원주의는 아니다. 여러 가지 진리가 있다고 하게 되면 우리는 오히려 너무나 쉽게 모순에 직면하게 될 것이다. 따라서 다원주의는 비이원적(advaitic) 태도를 취한다. 진리는 존재를 가장 완전하게 조명해준다. 그러나 로고스가 아무리 존재를 투명하게 구성한다고 하더라도 그것을 통하여 존재 자체가 모두 드러나는 것은 아니다. 존재는 선험적인 형식 속에서 로고스 등을 통하여 미리 예견할 수 있는 것이 아니다. 로고스는 존재보다 앞서는 것이 아니고 그 성격을 규정하지도 않으며, 다만 존재를 수반하는 것에 지나지 않는다. 존재는 자유로운 상태에 있으며 그 스스로를 통하여 말할 뿐이다. 삼위일체의 신비는 이와 같은 다원주의의 궁극적인 근거가 된다. 다원주의는 우리 자신의 우연성과 한계를 깨닫게 해주며, 실재가 완전히 파악될 수 없는 것이라는 사실을 가르쳐준다(DPW, 147). 다원주의는 일종의 상징이다. 그것은 로고스에 종속되지 않은 영적 세계에 대한 일종의 우주론적 신뢰를 가진다. 다원주의는 로고스의 차원을 부정하지 않는다. 그러나 그것에 한정되지 않고 신화적 지평을 통하여 궁극적 사유에 이르게 한다. 신화는 신앙의 터전이다.

이러한 다원주의적 규정을 기독교에 적용할 경우에 다음과 같은 사실들을 확인할 수 있다. 어떤 특정한 기독교파의 자기이해만이 유일하지 않다는 사실이다. 그것은 기독교의 자기이해는 수없이 많이 존재할 수 있다는 것을 뜻한다. 캔트웰 스미스가 동일한 교회에 다니는 신자들조차도 신앙은 제각기 다를 수 있다고 지적한 것은 바로 이러한 사실과 일치한다. 그리고 이토록 수많은 자기이해의 방식들은 하나의 공통교리나 상위체계로 통합될 수 없다(DPW, 148). 그처럼 상이한 자기이해는 기독교적 형태로 간주되더라도 동일한 것이 아니며, 심지어 기독교의 기본적인 신앙에 부적합하고 이율배반적일 수도 있기 때문이다. 따라서 우리는 한 가지 관점에 근거해서 기독교 내부의 다른 관점을 재단해서는 안 된다. 그러나 기독교의 다원주의적 입장은 비다원주의적 관점에 의하여 정죄되거나 비기독교인으로 매도되는 것을 기꺼이 감수해야 한다(DPW, 149). 그 대신에 기독교 다원주의는 그들을 반대하지 않은 모든 이들을 같은 편으로 인식할 수 있다. 비기독교인에

대한 기독교 다원주의자의 태도는 기독교 진리가 객관적 사실이라고
주장하는 대신에 자신의 신앙을 통하여 그렇게 믿는다는 고백적 태도
로 접근해야 한다. 따라서 기독교 다원주의자는 자신의 종교전통에서
인정하는 그리스도 이외에 다른 여러 구세주를 말해서는 안 된다. 신
앙은 각 개인에게 고유한 구세주를 경험하는 것을 뜻하며, 다원주의
기독교인 역시 그가 기독교인인 한에서 그리스도의 신비를 최상의 의
미로 생각해야 온당하기 때문이다. 그러나 자신만이 그 신비를 독점하
고 있다거나 그것을 다른 종교의 구세주와 같은 것으로 생각하는 것은
잘못이다.

5. 우주신인론적 진리의 세 차원

파니카는 새로운 영성의 시대에 실재 인식에 대한 변화가 요구되는
것은 자연스러운 일이며, 따라서 전통적인 형이상학의 영역이었던 신,
세계, 인간의 문제를 특수 형이상학적 차원이 아닌 모든 유기체를 통
전적으로 고찰하는 새로운 인식의 틀을 통하여 무모순적으로 파악하
고자 시도하였다. 앞에서 살펴본 것처럼 우주 세계의 근본원리를 세
개 혹은 네 개의 세계 개념으로 나타내려는 시도는 전 문화에 걸쳐서
공통적이고 보편적인 현상이었다. 전통적으로 총체적 실재의 급진적
상대성을 드러낸 총체적 직관으로는 기독교의 삼위일체, 힌두교의 아
드바이타(Adviata, 非二元論), 불교의 연기(緣起)를 들 수 있다. 특히 파
니카는 기독교의 삼위일체론을 우주신인론적으로 새롭게 이해하고자
하였다.[7]

---

7) Panikkar, Raimundo: *Trinität. Über das Zentrum menschlicher Erfahrung.*
München 1993, S. 69-98.

그가 말하는 우주신인론의 영성의 측면들로서는 땅의 생기(Anima Mundi), 사람의 생명(Vita Hominis), 하느님의 영(Spritus Dei)이 있다. 실재는 형이상학적 측면(초월적인 측면)과 지적 요소(의식, 사유)와 경험적(물리적, 물질적) 요소를 공유하고 있다. 그것은 또한 천상-지상-지하, 하늘-중간세계-땅, 과거-현재-미래, 존재론적-물질적-육체적 연기(緣起) 작용 속에서 존재한다. 파니카는 이제 우주신인론의 발현 양식에 대한 몇 가지 가능성을 점검한다. 우선 우주적인 것, 인간, 그리고 신적인 것이 직선적 시간 안에서 진화 발전된다는 가능성을 생각할 수 있다. 이것은 실재가 우주(물질)로부터 시작하여 인간의 삶 속에 나타난 후 다시 신적인 것에 다다른다는 생각에서 비롯되었다. 그러나 이러한 직선적 모형에서는 세 차원의 유기적인 상호관계를 그려볼 수 없으며, 실재의 초월적 성격이 약화되는 한계가 있다. 역사적인 시간구조 안에서 모든 사건들의 중심은 미래에 모아지고 있으며, 따라서 신적인 것 역시 미래적 지평에서의 '미지적인 것'(Unbekannte)으로 규정한다.[8]

두 번째로 우주적인 것과 인간을 신적인 것에 대비시키는 가능성을 상정할 수 있다. 신이 우주와 인간을 창조했다는 사실에서 기독교적 모형을 생각할 수 있으며, 신이 세계 연관성의 외부에서 영향을 주는 라이프니츠의 모델이나 진화론적 가설도 포함될 수 있다. 신은 인간과 세계에 세 가지 모습으로 나타난다. 첫째로 신적인 충동(göttliche Impuls)을 부여하는 하느님의 모습이다. 만물 생성의 동기, 사건의 발생, 진화가 이에 속한다. 둘째로 세계와의 관계로서의 창조(Schöpfung) 사건이다. 인간과 만물의 출현, 화육(Inkarnation), 신적인 것이 인간적인

---

8) Panikkar, R.: *Den Mönch in sich entdecken*. München 1989, S. 151. 이하 *Mönch*로 줄인다.

시간 속으로의 침투 등이 여기에 속한다. 셋째로 신과 세계와의 접촉점으로서 '하느님의 도래'(Kommen Gottes, Parousia)이다. '만물의 회복'(Wiederherstellung aller Dinge)이나 '그리스도 안에서 만물의 통일'(Zusammenfassung aller Dinge in Christus, 「에베소서」 1:10)이 여기에 해당된다(Mönch, 152). 그러나 이 모델은 신적인 것이 중심이 되며 인간과 세계에 일방적으로 영향을 미치고 있다. 만물이 신적인 영역에 이르게 되면 역사는 종말을 고한다.

세 번째로 인도의 종교사상에서 착안한 우주신인론의 모형을 생각할 수 있다. 세계(물질), 인간(의식), 신(자유)의 삼각구도에서 실재의 이완과 수축(die Systole und Diastole der Wirklichkeit)을 상정하는 방식이다. 실재의 운동에 상응하여 세 가지 차원들이 각각 다른 차원들과 유기적인 관계를 가지면서 상호 영향을 주게 되며, 이 세 가지 요소들의 작용을 통하여 시간이 발생한다(Mönch, 153). 세 차원의 지평 전개는 네 가지 중심, 즉 개체(jiva), 자아(aham), 아트만(atman), 브라만(brahman)과 같은 개념들과 연결되면서 실재의 특성이 드러난다. "이 네 가지 요소의 집중, 즉 네 개의 요소의 한 중심에로의 융합(Verschmelzen)은 실재에 대한, 그리고 또한 끊임없이 완성되는 실현 과정의 또 다른 이름 중의 하나이다"(Mönch, 154). 이는 우주신인론을 적절하게 표현하고 있으며, 실재를 향한 무한한 생동적 발전 속에서 인간적 삶의 생동적 지향성이 강조되고 있다. 여기에서 중심을 향한 추구는 삶의 수도자적 차원을 나타내며, 이는 서구문명의 한계를 극복할 수 있는 단초가 된다(Mönch, 154).

지금까지의 세계문명사는 인간중심적, 우주중심적, 신중심적 관점이 이동하는 차원에 머물렀다. 그러나 우주신인론적 통찰은 어떤 중심도 갖지 않으며, 서로 대등하고 상호 연관된 방식으로 존재하는 사실을 중시한다. 그것은 실재를 분리적, 이원적으로 파악하지 않고 총체적으로 바라보게 한다. 또한 그것은 배타적인 역사적 기반에 사로잡혀 있는 편향된 미래 인식이 아니라 개방적인 삶의 내적 발전을 기하는 특징을 가진다. 인간은 물질이나 신적 운명에 제약되는 것이 아니라 신적 경험과의 일치 그리고 우주와의 연대를 바탕으로 새로운 삶의 세계를 설계하게 된다. 여기에서 바로 우주신인론적 영성(kosmotheandrische Spritualität)이 자리잡게 된다. 우주신인론에서 말하는 영성은 단순히 종교내적 사실로 국한시키는 기존 종교의 전유물이 아니라, 실재의 영역에서 발현되는 인간의 자기초월적 경험이다. 그것은 인간의 신적, 우주적 차원에서의 실재 경험을 통하여 무한한 영성의 깊이와 넓이에로 나갈 수 있는 가능성을 열어 놓는다.

영성은 기독교에서처럼 초월자에 대한 일방적 의존에서 비롯되는 것이 아니다. 그것은 인간의 세계 밖에 존재하는 절대 타자에 대한 의존감정이 아니라 인간 지평 속에 내재하는 신적 차원과의 내적 합일이며, 따라서 타율에 의하여 성취되는 것이 아니라 존재의 심연으로부터 자연스럽게 성취된다.[9] 우주신인론적 영성은 더 이상 개인주의적 차원에 머무르지 않는다. 유럽인들이 생각하는 것처럼 '개인주의적 영혼'(individualitische Seele)은 존재하지 않는다. "우리 모두는 서로서로 연결되어 있고, 이 입장에서 구원은 전 우주와 관련되어 있다는 사실을 통해서만 도달할 수 있다"(*DW*, 187). 공동체적 영성은 인간과 인간의 관계 속에서 발현되는 영성으로서, 인간의 신적이고 우주적인 차원이 서로의 삶의 만남을 통해 영성으로 폭발될 때 형성되는 것이다. 우

---

9) Panikkar: *Der Dreiklang der Wirklichkeit. Die kosmotheandrische Offenbarung.* Salzburg 1995, S. 186. (영어판: Panikkar, Raimon: *The cosmotheandric experience. Emerging religious consciousness.* New York 1993.) 독일어판을 *DW*로 줄임.

주신인론적 영성은 우주와 인간의 비이원론적 관계 속에서 전우주적 구원을 추구하며, 따라서 미래만을 지향하는 것이 아니라 과거와 현재 그리고 미래 모두를 포함하는 전 존재적 차원을 지향한다. 그리하여 우주신인론적 영성은 물질과 영혼, 초월과 내재, 성과 속, 외부와 내부, 시간과 영원 사이에 존재하는 모든 간극을 해소할 수 있는 능동적이고 실천적인 힘을 가지고 있다.

파니카는 우주신인론적 영성에 근거하여 그리스도를 새롭게 이해하려고 시도한다. 그리스도를 우주신인론적 관점에서 기술하는 것은 종교의 다원주의를 가능하게 한다. 그것은 기독교에서 예수라는 특정한 인간이 그리스도로 인정되는 것과 같은 맥락에서 다른 종교에서는 다른 이름을 가진 그리스도가 출현할 수 있는 가능성 근거를 마련하였다. 그러한 근거는 파니카의 우주신인론에서 찾아볼 수 있다. 신비는 우주의 처음에서 마지막까지 계속된다. 그것은 만물이 존재로 드러나는 알파와 오메가를 의미하며, 모든 피조물을 밝혀주는 빛이다. 이 실재는 온전한 물질이고 완전한 인간이며 단일한 신성이지만, 실재가 존재하는 모든 곳에 존재한다. 그리스도의 신비는 특정한 역사나 특별한 가계에 제한되지 않고 관례적이거나 현재적인 사실이 그치는 것이 아니다. 그것은 모든 피조물의 역사와 운동 속에서 이루어지며, 모든 미래에 자유롭게 열려있다. "모든 만물은 그리스도의 현현이다"(Every creature is a christophany, *DW*, 153). 그것은 또한 "이분은 당신이다"(This Is You)라는 명제를 가능하게 한다.

인간은 하느님의 형상(eikon)과 모습(homoiosis)으로(「창세기」 1:2) 지음을 받은 하느님의 자녀(「사도행전」 17:28)이다. 인간 존재는 모든 창조물을 대표한다. 인간은 모든 실재를 나타내며, 그 자신 속에 하느님과 세계의 운명이 반영되어 있다. 이것이 바로 무한하고 신적인 인간의 존엄성이며, 그 속에서 실재의 모든 차원을 보게 된다. 여기에서 파니카가 말하는 실재는 추상적 존재가 아니라 우리의 눈앞에 실제로 펼쳐져 있는 가장 구체적인 존재 사실을 의미한다. 따라서 신적 존재조차도 '나'라는 존재사실을 통하여 드러나며, '내가 있다'는 것은 '당신이 있다'는 것을 통하여 가능하게 된다. 나의 존재와 외부 세계의 존재는 결국 신적인 것과 합일을 이루며, 이를 통하여 '그것이 나다', '이 분은 당신이다'라는 사실이 가능하게 된다(*DW*, 153f).

그리하여 파니카는 이제 결정적으로 "신적이고 우주적이며 인간적인 것은 모든 실재를 구성하고 있는 세 가지 차원"이라는 이른바 우주신인론적 원리를 확정하게 된다(*DW*, 80). "신적인 지평, 인간적인 지평, 그리고 우주적 지평은 실재, 즉 그것이 현실적으로 존재하는 한에서의 모든 실재를 이루게 하는데 필수적으로 요구되는 세 가지의 지평이다. 이 원리는 특정하게 제한된 목적을 위하여 실재의 부분들을 분리해서 독립적으로 고찰하려는 인간 정신의 추상능력을 부정하지 않는다. 그것은 또한 실재(Realität)의 복잡성과 수많은 그 단계들(Abstufungen)을 부정하지 않는다. 그러나 부분들은 단순히 우연적으로 공존하는 그런 부분들이 아니고, 본질적으로 전체와 관련되어 결합되어 있는 부분들이다. 다시 말하면 부분들은 현실적으로 참여하고 있는 것(Be*tei*ligte)이다"(*DW*, 80). 그것은 도서관의 책들이나 자동차의 부품처럼 공간적인 모형이라는 의미에서의 부분들이 아니고, 육체와 영혼 또는 정신과 의지에서처럼 인간 존재의 유기적인 통일성이라는 의미에서와 같은 것으로 이해되어야 한다. 따라서 그 부분들은 전체는 아니지만 전체로부터 분리될 수 없는 것들이다.

여기에서 파니카가 말하는 차원(Dimension)은 실재 세계의 다양한 변화 및 상호연관 구조를 드러내고 있다. 이를 통하여 그는 일원론적

우주관이나 상호소통이 불가능한 이원론적 세계관을 동시에 지양하고
자 하였다(DW, 95). 그 세 가지의 차원들이 각각 실재의 전 영역을 관
통하고 있다는 사실을 분명하게 보여줌으로써 세 차원 사이의 진정한
상호관계를 강조하고자 한 것이다(DW, 95f). 그러므로 우주신인론은
세 가지 차원들이 각각 다른 속성들을 무시하는 것이 아니라, 그것들
과 더불어서만 유기적인 통일성을 이룰 수 있으며, 그 완전한 통일성
의 지평에서만 제각기 의미를 가질 수 있다는 사실을 보여준다. 그것
은 만물이 다른 사물과 직간접적으로 연관되어 있다는 사실을 넘어서
서, 그러한 계기들이 서로 연관되어 전체를 이루고 모든 존재의 내면
을 구성하고 있는 사실을 드러내고 있다. 이처럼 파니카는 실재를 삼
중적 차원(dreifältige Dimension)에서 접근하는 경우에만 모든 영역의
총체적 진상에 다가설 수 있다고 생각한다.

우주신인론은 세 가지 실재의 근본적인 상대성(Relativität)을 인정하
는 데서 출발한다. 이것은 상대주의(Relativismus)와는 다르다. 상대주
의는 실재의 독특성이나 다른 것과의 구별 가능성(Unterscheidungs-
möglichkeit)을 부정하는 것이다. 그러나 상대성은 "실재 영역들 사이
에서의 상호소통의 순환"(Kreislauf der Kommunikation zwischen den
Sphären der Wirklichkeit)이라는 개방성을 특징으로 한다(DW, 78). 모든
것은 모든 것에 있으며, 모든 것은 모든 것과 연관을 가지고 있다. 이
는 모든 존재들이 다른 존재들과의 상호적인 관계 속에서 존재하는 동
시에 그런 연관 속에서만 온전한 의미가 파악될 수 있다는 것을 말해
준다. 이처럼 실재의 상대성을 전제로 하는 경우에만 세 가지 차원의
상호소통이 가능하게 되는 것이다. 우주신인론적 직관(kosmotheandri-
sche Intuition)은 실재의 세 차원이 구분될 수 없는 일신론적 실재의
세 가지 존재양식도 아니고 다원론적 체계의 세 계기도 아니라는 것을

강조한다. 세 가지 차원은 각각 다른 것들과의 관계 속에 있다. 신은 피조물 없이는 무의미하다. 실재하는 것은 이상적인 것의 다른 측면에 다름 아니다. 땅은 물과 태양과 텅 빈 우주를 필요로 한다. 이처럼 우주신인론적 직관은 모든 존재의 세 부분이 아니라 그것이 존재하는 한에서 존재하는 것들의 세 가지 원핵이다(DW, 80f). 그렇다면 각각의 존재자가 다른 존재자들과 상호소통할 수 있는 근거는 무엇일까? 파니카는 이것을 세 가지 방식으로 진술하고 있다.

첫째로 신적 차원(Theos)을 생각할 수 있다. 신적 차원은 모든 존재가 가지고 있는 초월적이면서 동시에 내재적인 차원이다. 모든 존재자들은 초월적이면서 동시에 내재적인 초근거적 차원을 가지고 있기 때문에 다른 차원들과의 상호소통이 가능하게 된다(DW, 81f). 각각의 존재자는 그 자신뿐만 아니라 다른 모든 것을 초월한다. 동시에 그것은 그 지각과 지성 능력에 있어서 무한한 가능성을 가지고 있으며, 근원적으로 고갈되지 않는 풍요성을 가지고 있다. 초월적이면서 동시에 내적인 차원은 규정 불가능한 것이지만, 그것은 단순히 존재의 외적 토대를 구축하려는 것이 아니라 모든 존재의 근본을 드러낼 수 있는 본질적인 원리이다. 실재의 초월성과 내재성을 동시에 강조하고 있는 신적 차원은 어떤 존재라도 그것이 영원하고 개방적이며, 신비하고 자유롭게 서로 교통할 수 있다는 사실을 보여주고 있다. 존재하는 모든 것은 존재 혹은 비존재의 비밀에 속하여 있기 때문이다. 동시에 이것은 모든 존재의 변화를 의미 있게 보증해 주기 위하여 요구되는 터전이기도 하다. 파니카가 이해하는 신은 기독교에서의 인격적 유일신과 같은 절대 타자가 아니다. 그것은 존재하는 모든 것으로서 '절대적인 존재'(absolutes Sein)를 뜻한다.

둘째로 인간적 차원(Anthropos)을 생각할 수 있다. 각각의 실재 존재자들은 의식의 영역 안에서 움직인다. 그리고 이것은 자연스럽게 인간의 의식에 연결된다. 실재의 전 영역은 인간 안에서 거주하고 그 안에서 인간화 된다. 그러나 이러한 의식의 투과적 특성은 인간에게만 있는 것이 아니고 그에게 인식되는 대상에도 속한다. 이와 같은 의식의 차원을 파니카는 인간적 차원(menschliche Dimension)이라고 부른다(DW, 82). 그러나 이것은 모든 것이 의식으로 환원된다든지 의식이 모든 것이라는 것을 뜻하지 않는다. 그것은 마치 첫 번째 차원이 모든 것은 신적이라고 주장하는 것이 아닌 것처럼 두 번째 차원 역시 모든 것이 의식으로 환원된다고 말하지 않는다. 우주신인론적 통찰은 다만 신과 우주(물질)가 의식에 침투하거나 반대로 의식이 신과 우주에 관통하고 있다는 사실을 강조할 뿐이다. 그리하여 인간적 차원은 한 인간이 단순히 개인이라는 사실을 넘어서서 다른 실재들과의 고유한 연관성을 가지고 있는 인격적 존재라는 사실을 밝혀준다. 이것은 또한 고립된 개인은 생각할 수 없으며 생존할 수도 없다는 것을 말해준다. 인간은 위로는 하늘과 아래로는 땅과 자기 동료들과 함께 있을 때만 참된 가치를 발하게 된다(DW, 99). 우주신인론적 통찰은 하느님과 세상 없이는 인간도 없으며, 모든 참된 존재는 의식과 연결되어 있다는 사실을 밝혀준다. 인간은 의식을 통하여 신이나 세계와 온전한 관계를 갖게 된다. 모든 사물은 인간 안에서 인간화되어 생명을 유지하고 있다. 그러므로 의식은 인간 주체뿐만 아니라 인간 외부에 존재하는 객체 속에도 존재한다. 의식은 모든 것을 관통한다. 존재하는 모든 것은 의식이다(DW, 86). 그리고 의식이 인간 속에서, 사물과 세계 속에서, 그리고 동시에 신과의 관계 속에서 존재하는 한에서 그것은 실재를 인식할 수 있는 것이다.

셋째로 우주적 차원(Cosmos)을 생각할 수 있다. 모든 존재자는 결국 세계 안에서 발견되며 그 세계성을 나누고 있다. 모든 존재자는 질료와 에너지, 공간과 시간이라는 구성적 관계를 가지고 있다. 우리가 비록 세계의 외부에 있거나 세계를 초월하여 있는 존재자에 대하여 생각할 경우에도 우리는 여전히 세계적인 방식으로만 알아듣게 된다. 그러므로 세계외부성이나 초세계성 역시 세계적이며 세속적인 것과 관련된다(*DW*, 85). 이처럼 우주적 차원은 모든 존재가 세계 속에 있으며, 세계와 관계를 갖고 있지 않은 존재는 없다는 사실을 밝혀준다. 이는 신의 존재가 세속적이라는 것을 뜻하지 않는다. 이것은 세계가 존재하지 않는다면, 그리고 인간의 의식이 존재하지 않는다면 진정한 의미에서의 신도 존재할 수 없다는 것을 말하는 것이다. 세계가 없는 신은 실재적인 신이 아니며 또한 존재할 수도 없다(*DW*, 86). 우주적 차원은 신적 차원이나 인간적 차원과 마찬가지로 실재를 이루고 있는 본질적인 차원인 것이다. 그러므로 우주는 단순한 물질이나 전환 가능한 에너지가 아니며, 세계 역시 단순한 거주지나 실재의 확장된 일부분이 아니다. 우주는 인간과 마찬가지로 생명이나 신적 역동성을 가지고 있으며, 스피노자가 산출된 자연(natura naturata)이라고 부른 것처럼 영혼과 신이 육화된 것이다. 인간 역시 '우주의 운명'(Schicksal des Universums)에 따른다(*DW*, 87). 세계와 나 자신은 서로 다른 존재이지만 분리된 실체가 아니며, 그 둘은 생명과 실존, 역사와 운명을 독특한 방법으로 공유하고 있다. 순수하게 비물질적인 존재는 물질적인 존재나 일원론적 영성이나 마찬가지로 하나의 추상에 지나지 않는다(*DW*, 87). 신적, 인간적 차원이 없는 물질이나 에너지, 그리고 시공의 세계는 없는 것이나 같다. 반대로 신은 물질, 시간과 공간, 몸 등이 없이는 존재하지 않는다. 그런 의미에서 긴은 우리 인간과 같이 하나의 몸을 가지고 있다. 모든 것은 신의 '것'이며 신의 세계이다.

6. 우주신인론적 그리스도의 보편성

파니카의 경우에 종교간의 대화를 가능하게 하는 근거는 우주신인론적 직관에서 고찰된 그리스도의 존재이다. 그리스도는 당연히 기독교적인 메시아 개념이다. 그러나 파니카의 경우에 그것은 기독교의 메시아에 그치는 것이 아니다. 기독교에서의 그리스도는 예수이지만, 힌두교나 불교에서의 그리스도는 예수가 아닌 다른 이름을 가진 메시아이다. 여기에서 파니카가 사용하는 그리스도 개념의 보편성이 확인된다. 각각의 종교는 그들 나름대로의 미지의 그리스도를 신봉하고 있다. 그리고 그와 같은 그리스도에 대한 신앙은 단순히 고립된 개인이나 특정한 민족의 존재론적 한계를 가진 것이 아니라 신적이고 우주적이고 인간적인 세 가지 차원의 지평에서 형성된다.

세계는 삶의 공간이 아니며 전체나 혹은 나 자신의 외적 부분이 아니다. 세계에 대한 나의 관계는 결국 나 자신에 대한 관계와 구분되지 않는다. 물론 세계와 나는 구분된다. 그러나 그것은 두 개의 분리된 실재가 아니다. 우리 모두는 독특한 방식으로 다른 삶, 실존, 존재, 역사, 운명을 나누고 있다. 내 손은 분명히 나의 심장과 다른 것이다. 그러나 파니카는 손은 없어도 살 수 있지만, 심장 없이는 살 수 없다고 말한다 (*DW*, 96). 그리하여 그는 우리 자신이 바로 전체 실재의 독특한 상징이라고 말한다. 파니카가 생각하는 실재는 시공의 차원을 전제하지 않고서 존재하지 않는다. 무엇인가가 존재하기 위해서는 반드시 세계의 존재가 전제되지 않으면 안 된다. 인간의 희망이나 신앙 역시 세계 존재를 기반으로 하고 있다. 그러므로 분명히 인간 없는 세계나 세계 없는 인간은 존재하지 않는다. 세계의 부정이나 실재를 신과 영혼으로 환원하는 것은 전형적으로 영지주의(그노시스)적 시도이다. 그노시스는 영혼을 구제하는 것은 인간과 우주의 정신적-영적인 부분으로 만족하기 때문에 지식과 인식을 통하여 성스러움을 설교하고자 한다. 그들은 물질을 과소평가하고 세계를 전적으로 배제하기 때문에 "새 하늘과 새 땅"은 어디에도 존재하지 않는다(*DW*, 97).

하느님은 '절대초월'(Absolute Transzendenz)로서의 '절대타자'(der absolut Andere)가 아니다. "신은 최고의 유일한 '나'이며, 우리는 하느님의 '너'이다."[10] 파니카는 이 관계가 인격적이고, 삼위일체적이며 비이원론적이라고 말한다. 파니카의 신 개념은 단순한 일원론, 원자론, 이신론(理神論), 의인신론과는 전적으로 다른 것이다. 신은 단순히 인간의 신만이 아니고 세계의 신이기도 하다. 우주론적(kosmologische) 기능이나 우주생성론적(kosmogonische) 기능이 없는 신은 그야말로 신이 아니고 유령에 지나지 않는다. 인간뿐만 아니라 우주 역시 아직 목적에 도달하지 않았으며, 완성되지 않았으며, 종국에 이르지 않았다(un-endlich). 우주는 기계적으로 확장되는 것이 아니라 자발적으로 전개되며, 그것은 언제나 새로운 우주로 발전되고 움직이며 성장한다. 오늘날에는 모든 것을 포괄하는 분야인 신-론(Theo-logie)과 초-자연학(Meta-physik)뿐만 아니라 신-자연학(Theo-physik)이 요구되고 있는 것이다(*DW*, 98f).

인간 역시 개인 이상의 것이다. 인간은 하나의 인격이며, 정신적인 '너' 사이의 관계 그물망의 매듭인 동시에 실재의 대립적인 종극에까지 미친다. 인간은 다른 인간 존재와 더불어 세계 속에 존재하면서 신을 믿는 존재이다. 그러므로 신과 세계 없는 인간은 존재할 수 없다(*DW*, 99). 그러므로 신, 인간, 우주는 각각 분리된 초점을 가지고 있는 것이 아니라 세 개의 차원에 공통되는 하나의 초점을 가지고 있는 것

---

10) *DW*, 98: Gott ist das höchste und einzigartige Ich", wir sind Gottes Du".

이다. 신의 마음에는 우주와 인간에 대한 요구가 있으며, 우주의 자연 속에는 신과 인간에 대한 생동성이 깃들어 있으며, 인간의 의식 속에는 신을 향한 소망과 우주의 존재에 대한 요구가 전제되어 있다. 파니카는 바로 이같은 우주신인론적 직관을 통하여 인간의 초월적인 경향성과 우주의 무진장한 창조적 생산 능력과 신의 인격화를 설명하였던 것이다. 그리고 인간 존재가 다른 두 차원과 교섭하는 실재라는 사실을 통하여 우주신인론적 그리스도의 보편성이 정초될 수 있는 근거가 마련된다. 그리스도는 세 차원, 즉 삼위일체적 성격을 가진 메시아적 존재이다. 그리스도 안에서 우리는 세 차원이 역동적으로 상호작용하는 상입상즉의 지평과 만나게 된다. 그리하여 신적인 것은 인간과 우주를 품고 있으며, 인간은 신과 우주를 품고 있고, 우주 역시 신과 인간을 품고 있는 것이다. 그 세 가지 차원이 하나로 통합되는 지평은 다름 아닌 그리스도이다. 우주신인론적 그리스도야말로 진정한 의미에서의 종교대화가 성립될 수 있는 가능근거인 것이다.

❀제11장❀ 한스 큉: 세계도덕의 과제와 종교평화

1. 한스 큉의 과제: 왜 세계도덕이 필요한가?

현시대는 각각의 서로 다른 종교, 이념, 전통, 문화가 존재할 뿐만 아니라, 같은 시간과 장소 안에서 상호작용을 하는 이른바 다문화적 콘텍스트를 특징으로 하고 있다. 근대 이전의 세계나 사회에서는 시간과 공간에서의 원격성이 이질적인 것들의 충돌을 완화시키는 역할을 수행하였다. 그러나 현대사회에서는 그와 같은 원격성이 극복됨으로써 다문화적 복합성에 은폐된 충돌 가능성이 그대로 노출되어 있다. 이와 같은 실체적 위기현상들로 인하여 인류는 지금 전례 없이 새로운 도덕의 정초를 요구하게 되었다.

그렇다면 이러한 위기의 실체는 도대체 무엇인가? 이 세계는 지금 군사비용으로 매분 당 1,800만 달러씩 지출하고 있다. 기아와 질병으로 매 시간당 500여명의 어린이들이 죽어가고 있다. 매일 한 종 이상의 동식물이 멸종되고 있다. 1980년대에 들어와서 매주 체포와 고문과 살해가 증가하고 있다. 제3세계 사람들은 1,500억 달러 이상의 외채에 시달리고 있으며, 매월 75억 달러가 증가하고 있다. 매년 한국의 넓이 3/4에 해당되는 원시림이 사라지고 있다. 이상과 같이 환경, 정치, 경제영역에서 갈수록 고조되는 위험요소들은 인류의 생존을 위협하고 있으며, 우리는 그 해결에 대한 단초가 쉽게 발견되지 않는 상황에 처해 있는 것이다. 이와 함께 종교문화적 갈등요인 역시 세계평화를 실제적 또는 잠재적으로 위협하고 있다.[1] 따라서 '전체인류를 위한 도덕의 필연성'(Notwendigkeit eines Ethos für die Gesamtmenschheit)이 요구되고 있는 것이다.

1928년 스위스 출신의 세계적 신학자이고 현재는 튀빙겐 대학의 에큐메니칼 신학 정교수로서 활동하고 있는 한스 큉(Hans Küng)은 최근에 지금까지 그가 집중적으로 수행하여 왔던 조직신학 및 철학에 대한 작업[2]과는 좋은 대조를 이루는 종교적 실천 및 세계도덕성의 과제를 중점적으로 다루고 있다.[3]

이 새로운 과제는 그가 1989년 2월 파리에서 유네스코 주최로 열린 심포지움에서 "종교평화 없이는 세계평화도 없다"라는 주제 논문을 발표하고, 1990년 2월 다보스(Davos)에서 개최된 세계경제포럼에서 "우리가 생존하기 위해서는 왜 전 지구적 윤리 기준이 필요한가?"라는 주제 강연을 하게 되면서 구체적으로 가시화되었다. 이 과정에서 한스 요나스 및 칼-오토 아펠과의 공개적인 대화가 있었다는 사실은 매우

---

1) Küng, Hans: *Projekt Weltethos*. München 1990. S. 20; 이하 *PW*로 줄인다. 안명옥 역, 『세계윤리구상』, 분도출판사 1992.

2) Küng, Hans: *Menschwerdung des Gottes. Eine Einführung in Hegels theologisches Denken als Prolegomena zu einer künftigen Christologie.* Freiburg 1970, München 1989; *Christ Sein.* München 1974; *Existiert Gott? Antwort auf die Gottesfrage der Neuzeit.* München 1978.

3) Küng, Hans: *Christenheit als Minderheit. Die Kirche unter den Weltreligionen.* Einsiedeln 1965; *Die Kirche.* Freiburg 1967, München 1977; *Christentum und Weltreligionen. Hinhührung zum Dialog mit Islam, Hinduismus und Buddhismus,* (mit J. van Ess. H. von Stietencron, H. Bechert), München 1984; *Theologie im Aufbruch. Eine ökumenische Grundlegung.* München 1987; *Christentum und Chinesische Religion,* (mit J. Ching), München 1988.

특기할만하다(*PW*, 15). 현대철학의 영역에서 보편적인 규범윤리학의 정초요구를 강하게 피력하고 있는 두 사람의 사상적 노선은 한스 큉의 세계도덕 정초요구와 맥락을 같이 하고 있기 때문이다. 1989년부터 그는 로베르트-보쉬(Robert-Bosch) 재단의 지원 아래 "종교평화 없이는 세계평화도 없다"라는 주제 연구에 천착하게 되었다. 그리하여 현 시대의 도덕적, 종교적 갈등의 해소를 위한 대화노력을 통하여 세계평화를 추구한다는 그의 기본구상이 마련된 셈이다.[4]

그는 한 사람의 신학자로서 세계도덕과 세계평화를 언급하는 것은 한계가 있다는 사실을 잘 인식하고 있었다. 1990년 2월에 그는 교회 안의 문제해결을 위한 구상을 담아서 『희망의 보존: 교회개혁론』[5]이라는 책으로 출간하였다. 그리고 교회 밖의 문제해결을 위하여 『세계윤리구상』을 새롭게 내놓게 된 것이다. 이 책을 통하여 한스 큉은 개별적인 종교들과 윤리전문가들이 원천에 대한 공동연구, 역사적 분석, 체계적 평가, 정치적 사회적 진단을 통하여 전 지구적 윤리를 위한 의식을 창출하고자 하였다. 세계윤리는 인류의 생존을 위하여 구상된 것이다. 그는 이 책의 서문에서 이렇게 말한다: "세계도덕이 없는 생존은 없다. 종교평화가 없는 세계평화는 없다. 종교대화가 없는 종교평화는 없다."[6] 결국 추구되어야 할 세계도덕은 서로 다른 종교들 간의 대화로부터 비로소 정초될 수 있다는 것이다.

---

4) Küng, Hans: *Projekt Weltethos*. München 1990; *Weltfrieden durch Religions-frieden. Antworten aus den Weltreligionen*. München 1993; *Erklärung zum Weltethos. Die Deklaration des Parlaments der Weltreligionen*. München 1993; *Ja zum Weltethos. Perspektiven für die Suche nach Orientierung*. München 1995.

5) Küng, Hans: *Die Hoffnung bewahren. Schriften zur Reform der Kirche*. München 1994.

6) *PW*, 13: "Kein Überleben ohne Weltethos. Kein Weltfriede ohne Religions-friede. Kein Religionsfriede ohne Religionsdialog."

2. 근대성의 위기와 포스트모던적 실험

한스 큉에게 1918년은 19세기와 20세기의 분수령이자, 근대와 탈근대의 전환점으로 이해되고 있다. 1914년부터 1918년 사이에 일어난 제1차 세계대전 이후부터 이미 17세기 중엽부터 근대철학, 자연과학, 형식적인 법치국가 및 정치이해와 더불어 몰락하기 시작한 근대세계는 포스트모던적 세계질서에 의하여 대체될 수 있는 기회가 있었다. 그러나 세계는 잘못된 발전모델로 인하여 새로운 파국을 향하여 치달았다. 한스 큉이 제시한 바에 의하면 그것은 바로 국가사회주의(Nationalsozialismus), 군국주의(Militarismus), 공산주의(Kommunismus)의 출현이었다(*PW*, 23).

첫째로 독일의 국가사회주의는 근대를 출발시키고 조직화하였음에도 불구하고 반동적이고 국수적인 성격을 가지고 있었다. 이 악령은 이탈리아, 스페인, 포르투갈에서의 파시즘과 더불어 제2차 세계대전을 불러 일으켜서 600만 명의 유태인 학살을 포함한 5,500만 명의 인명손실을 초래하였다. 제2차 세계대전은 유럽에서 1,000년 동안 지속되었던 독일제국과 400년 동안 지속되었던 프로테스탄트의 국가 교회 및 근대 자유주의 신학의 붕괴를 초래하였다. 둘째로 일본의 군국주의는 한국, 만주, 중국본토, 미얀마, 싱가포르, 뉴기니아를 유린하였으나, 1945년의 원자폭탄 공격을 받고 침몰하게 되었다. 일본의 군국주의는 오늘날까지도 도덕성이 결핍된 몰지각성의 전형으로 각인되어 있다. 셋째로 동구와 소련의 공산주의는 마르크스의 구상을 부분적으로 이해함으로써 반동적인 운동에 그치고 말았다. 1917년 3월 혁명과 더불어 시작된 민주주의 운동은 레닌의 귀국과 함께 좌절되었다. 그 당시 투표자의 24%의 지지를 얻는데 그쳤던 레닌의 공산주의는 붉은 군대의 폭력적인 의회해산으로 집권에 성공하였다. 폭력정치, 탈법정치, 집단테러, 강제수용소 등을 통하여 근대적인 전체주의 국가를 수립하였던 것이다. 계획경제와 일당독재, 국가기구에 의한 계급투쟁 등 마르크스-레닌주의가 표방하는 구호들은 미래를 전혀 보장해 주지 못하였다.

한스 큉은 여기에다가 사회주의국가(Staatssozialismus), 신자본주의(Neokapitalismus), 그리고 일본주의(Japanismus)를 미래 없는 질주의 유형으로 첨가하였다(PW, 25). 첫째로 레닌-스탈린주의를 특징으로 하는 공산주의는 1953년의 베를린, 1956년의 부다페스트, 1968년의 프라하, 1970년의 그단스크에서 일어났던 민중봉기를 잔인하게 진압하였음에도 불구하고, 결국에는 1989년의 중국 사태와 1990년 소련 공산당의 이른바 권력독점 포기선언으로 차차 몰락의 길을 걷게 되었다. 1918년 이후에 총체적 위기를 극복할 수 있었던 기회는 결국 미국과 소련의 적대주의에 의하여 사라지고 만 것이다.

둘째로 신자본주의의 출현을 들 수 있다(PW, 26). 미국이 주도한 민주주의 정신과 자유의 이상은 어떤 유형의 독재주의보다 더 강력하다는 사실이 역사적으로 입증되었다. 그러나 미국 월스트리트의 신자본주의는 새로운 암초였다. 그들은 "부자가 되어라, 빚내고 허비하고 즐겨라"(Get rich, borrow, spend and enjoy)라는 슬로건으로 1980년대의 탐욕을 상징적으로 드러내었다. 레이건의 집권은 미국을 최대의 채무국으로 전락하게 하였고, 주식불황은 수많은 회사와 은행을 파산에 이르게 하고 심각한 고용불안을 야기하였다. 폴 케네디가 지적한 것처럼 상승과 절정의 다음에는 고갈과 허탈이 뒤따른다는 세계권력에 대한 역사적 체험을 확인해 주었다.[7] 한스 큉은 서구강대국들이 직면한 위

---

7) Kennedy, Paul: *The Rise and Fall of the Great Powers.* New York 1987; dt.: *Aufstieg und Fall der großen Mächte. Ökonomischer Wandel und militärischer Konflikt von 1500 bis 2000.* Frankfurt 1989.

기는 세계 전체의 윤리적 위기에서 비롯된다고 보았다. 그것은 전통의 파괴, 포괄적인 차원에서 삶의 의미의 파괴, 절대적인 윤리척도의 파괴 및 새로운 목표의 결여 등 하드웨어적 위기와 수많은 젊은이들의 좌절과 불안, 약물중독, 에이즈 확산 등 소프트웨어적 일탈구조로부터 첨예화되고 있다. 서구의 가치규범은 이제 진공상태에 처하여 있다. 서구가 동구에 대해서 승리하였던 사실은 이제 더 이상 중요하지 않게 되었다.

셋째로 일본은 전쟁의 참패에도 불구하고 특유한 경쟁심을 바탕으로 세계경제의 3위권 국가로 급성장하였다. 그러나 일본경제 역시 무분별한 능률과 효율, 무원칙한 유연성, 무책임한 권위주의적 통제, 윤리적 전망을 배제한 정치와 경제, 호혜주의를 배제한 무역과 상거래, 죄의식을 배제한 전쟁책임 등의 문제로 자성을 요구받고 있다. 국제사회에서 윤리적 의식이 전적으로 결여된 일본주의의 속성은 가장 큰 장애요인으로 지적되고 있다. 실제로 일본은 정치사회적으로 불교와 유교의 강력한 영향을 받고 있음에도 불구하고 윤리적인 입장을 강화하지 못하고 있다. 그것은 아마도 조상숭배적 성격에 머물러있는 신도주의의 편협함이 결정적으로 작용하고 있기 때문일 것이다.

근대 이념들의 몰락은 서구적 가치와 업적들에 대한 한계를 적나라하게 노정하였다(*PW*, 31). 근대인은 학문은 가지고 있었으나 과학적 연구의 남용을 규제할 지혜는 갖고 있지 않았다(Wissenschaft, aber keine Weisheit). 근대인은 고도의 기술이 야기하는 예측 불가능한 위험을 통제하기 위한 기술은 가지고 있었으나 정신적 에너지는 갖고 있지 못하였다(Technologie, aber keine geistige Energie). 예를 들면 인도와 파키스탄에서는 대중의 비참을 외면하고 원자폭탄을 제조하였다. 또한 근대인들은 공업은 강조하였으나 생태학은 외면하고 말았다

(Industrie, aber keine Ökologie). 지구의 허파였던 브라질의 열대림은 벌목의 대상이 되고 말았다. 그리고 근대인들은 권력주의자들의 관심 속에서 민주주의를 추구하였으나, 어떤 윤리도 추구하지 않았다 (Demokratie, aber keine Moral). 현대의 진보사회가 자기파멸의 길로 들어서게 된 것은 바로 근대적 이성 이해의 위기 때문이었다(PW, 33).

근대를 풍미하였던 공산주의(사회주의)와 자본주의(자유주의) 체제는 더 이상 희망을 보증해주지 못하는 낡은 이념으로 전락하고 말았다 (PW, 34). 이와 같은 이념적 가치 속에서 실험적으로 도입된 창조 가능성에 대한 한계 체험이 분명하게 드러나게 되었다. 첫째로 근대인은 원자력의 평화적 또는 군사적 이용을 통하여 결과적으로는 인류의 자기파멸을 초래하게 되었다. 둘째로 전자정보학 시대의 통신기술로 인한 정보의 대량유출은 방향감각을 잃게 하기에 충분하였다. 셋째로 세계적 규모의 주식 및 금융시장의 형성은 온갖 통제로부터 자유롭게 되어 세계의 통화 및 경제조직의 총체적인 불안을 야기하고 있다. 넷째로 유전공학의 발달로 인하여 인간의 유전인자를 조작하는 등 부작용이 예상된다. 다섯째로 의학기술의 발달은 인간생명의 존엄성을 증대시켰으나 생명 문제에 대한 논쟁점을 드러내고 있다. 여섯째로 우리는 지구의 남북분열은 빈곤의 문제를 한층 더 심화시키고 있다(PW, 35f).

그리하여 이와 같은 새로운 요구는 자연스럽게 후기산업사회로의 이행을 촉발하였다(PW, 37). 다니엘 벨에 의하면 후기산업사회는 농업이나 공업 등 생산경제보다는 무역, 수송, 보건, 교육, 연구 등 서비스경제가 우위성을 차지하며, 이론지식과 새로운 지적 기술 중심으로 새로운 기술 엘리트가 지배하는 정보지식사회인 것이다.[8] 이로써 인간

---

8) Bell, Daniel: *The Coming of Post-Industrial Society. A Venture in Social Forecasting.* New York 1973, pp. 29-56. 374-376.

의 존엄성에 상응하는 목표가 실현될 수 있다고 믿어왔던 모든 낙관론적 기대의 상실과 서구의 몰락을 기다리는 비관주의적 이상주의의 인기상승, 그리고 대형 생태사고의 가능성에도 불구하고 인류생존을 가능하게 하는 개혁의 징후가 나타나기 시작하였다. 예를 들면 군비경쟁 대신 민간부문에 대한 기술전환 및 인력 지원(Rüstungskonversion), 폐기물의 재생과 환경보호자원의 처리를 위한 생태공학(Ökotechnik)의 출현, 에너지 저장기술(Energiespeicher-Technologie)과 태양열 이용 기술의 개발, 핵융합(Kernfusion) 기술 및 신소재의 발견(Erfindung neuer Werkstoffe) 등이 바로 그것들이다.[9]

다른 한편, 군사지배와 동서의 냉전체제의 종식으로 막대한 예산이 민간부문으로 투입될 수 있게 되었다. 동구권의 국가들은 서구의 발전에 합류하여 민간복지의 향상을 꾀하고 있다. 유럽과 미국은 농업경제와 사회정책, 주택건설과 보호무역주의 정책을 통하여 국가의 재정적자를 만회할 기회를 갖게 되었다. 동서의 긴장완화를 계기로 남북의 경제문제를 극복하는 동시에 전 지구적 차원에서 생태적 위기를 극복할 수 있는 전기를 맞게 된 것이다.

이제 더 이상 '역사의 종말'(Francis Fukuyama)이 아니라, 어떤 목표가 의미 있고, 어떤 가치가 공동의 합의를 이끌어낼 수 있으며, 어떤 확신이 확고한 기초 위에 근거하고 있는가가 물어지게 되었다. 이것은 물론 개별적인 목표와 가치, 그리고 개별적 확신만을 관심의 대상으로 한정하는 것도 아니고, '복지국가의 종말'(대처리즘)이나 '개인주의의 개선'과 같은 거대과제만을 지향하지도 않는다. 그것은 세계변화에 대한 현실적 평가 및 장기적 변화, 즉 새로운 포스트모던적 세계의 총체

---

9) Oertli-Cajacob, P. (Hrsg.): *Innovation statt Resignation. 35 Perspektiven für eine neue Zeit.* Bern 1989, S. 351-372.

적 위상과 관련된 근본적인 방향정위에 대한 물음인 것이다(*PW*, 39f).

후기 근대는 여전히 유럽 중심적이지만, 북미, 소련, 일본, 중국, 인도 등 다양한 세계지역의 다중심적 위상과 대치하고 있다. 후기 근대는 대외 정책적으로 후기 식민주의적, 후기 제국주의적 성격을 갖고 있으며, 국제 연합의 위상강화가 특징적이다. 또한 경제정책적으로 후기 자본주의적인 동시에 후기 사회주의적인 '생태-사회적 시장경제'(öko-soziale Marktwirtschaft)를 지향하며, 서비스산업과 통신산업이 주도하는 후기 산업사회이고, 가정과 공적 영역에서 남녀의 동반자적 관계가 강조되는 한편, 다원적이고도 총체적인 문화와 '다교파적 일치의 세계공동체'(multikonfessionelle ökumenische Weltgemeinschaft)를 특징으로 하고 있다(*PW*, 40f).

이처럼 새롭게 부각되는 포스트모던적 세계질서에서는 가치의 파괴 대신에 가치의 변화를 의도함으로써, "윤리적 책임을 배제하는 과학이 윤리적 책임을 인정하는 과학으로, 인간을 지배하는 기술지배가 인간의 인간성에 기여하는 기술공학으로, 자연을 파괴하는 산업이 자연과 일치하는 인간의 관심사와 욕구를 증진하는 산업으로, 그리고 형식적인 민주주의가 자유와 정의를 통하여 화해하는 민주주의로의 가치변화를 시도하고 있다.

따라서 지금 세계는 총체적 시각을 가지고 유럽-미국식 사고와 아시아적 사유의 균형을 유지하고자 노력하고 있다(*PW*, 42). 루만, 가다머, 카프라 등의 의견일치가 가능한 다차원적 사회모형이 실험의 무대에 등장한 것이다. 이 경우에 특정지역의 문화적, 언어적, 종교적 자기주장은 문화적 국수주의, 언어적 편협주의, 종교적 전통주의가 아닌 총체화와 일치화의 경향성으로 이해되어야 한다. 그러나 이것은 리오타르나 웰쉬가 말하는 극단적인 다원주의나 상대주의를 의미하는 것이 아니다(*PW*, 43). 한스 퀑은 포스트모던의 특징을 임의성, 다양성, 혼합,

사고방식의 부재, 방법론적 무정부주의로 규정하는 것은 반대하면서, 슈패만의 보수주의적 비판을 인정한다.10) 또한 동시에 그는 총체성과 통합성이라는 의미에서의 전체성, 근대 이전의 교회 통합주의, 건축양식에서 후기 근대적 고전주의, 철학에서의 본질주의와 신아리스토텔레스주의 등과 같이 세계를 획일적으로 해석하는 것에 대해서도 반대한다. 포스트모던적 세계에서는 다양하고 이질적인 삶의 설계, 행위규범, 언어놀이, 삶의 양식, 학문의 구상, 경제체제, 사회모델, 그리고 근본적으로 사회의 동의를 배제하지 않는 신앙공동체가 들어서게 된다. 포스트모던은 근대에 대하여 맹목적으로 반대(Gegenmoderne)하거나 근대를 초월하는 것(Ultramoderne)이 아닌 헤겔적인 의미에서 지양하는 것(aufheben)을 시도해야 된다. 그리하여 근대는 그 자체의 인간적인 내용이 긍정(affirmieren)되어야 하고, 그 비인간적인 한계는 부정(negieren)되어야 하며, 새로운 차원에서의 다원적이고 전체적인 종합으로 초월해(transzendieren) 나가야 한다. 한스 큉은 이러한 기본신념을 가지고 세계윤리를 정초해야 한다고 주장하고 있다(PW, 45).

3. 포스트모던적 세계질서와 세계도덕

한스 큉은 세계도덕과 인류생존의 문제를 연결시킴으로써 전 지구적으로 타당한 윤리가 필연적으로 요구되지 않으면 안 되는 근거를 제시하고자 하였다. 그는 먼저 현재의 상황을 인류 전체를 위한 도덕이 필연적으로 요구되는 시대라고 진단한다(PW, 14). 제1차 세계대전 이

---

10) Spaemann, R.: Ende der Modernität?, in: *Moderne oder Poatmoderne? Zur Signatur des gegenwärtigen Zeitalters*, hrsg. von P. Koslowski, R. Spaemann, R. Löw, Weinheim 1986, S. 19-40.

후 근대세계는 파괴를 일삼는 비인간적 정책에 의하여 지배되고 있었다. 이 시대의 이데올로기는 주로 파시즘, 국가사회주의, 군사주의, 신자본주의, 공산주의 등이었다. 그러나 평화를 지향하는 포스트모던적 세계 질서(postmoderne Weltordnung)에서도 마찬가지로 도덕적 규범을 일탈한 자연과학의 성장과 환경을 파괴하는 첨단산업기술의 발달로 인하여 윤리학의 합리적 정초 가능성 그 자체에 대한 심각한 우려와 회의가 제기되고 있다.

종말론적 위기의식에도 불구하고 만일 우리가 살고 있는 이 세계가 상극적이고 모순적이며 또한 투쟁적인 상이한 도덕들을 극복할 수만 있다면, 인류의 생존은 가능할 것이다. 이러한 근거에서 지금 세계는 어느 때보다도 더 절실하게 하나의 근본적 도덕을 필요로 하고 있다. 그리하여 한스 큉은 이렇게 말한다.

> 인류의 미래를 위한 우리의 전 지구적 책임은 지금처럼 이렇게 심각한 적이 없었다. [...] 왜 우리가 전 지구적 윤리를 필요로 하는가는 너무나 분명하게 되었다. 세계도덕이 없는 생존은 없기 때문이다 (*PW*, 96).

그러나 우리가 지금 요구하고 있는 것은 하나의 통일된 종교나 통일된 이데올로기와 같은 전체주의적 통일성의 이념이 아니라, 상이한 세계종교들의 존재와 문화-전통적 다양성 위에서 기초될 수 있는 이른바 세계적 구속성을 가진 가치와 이상, 즉 '세계도덕'(Weltethos)인 것이다.

실제로 종교들은 전적으로 상이할 뿐만 아니라 상호간에 모순되기조차 한 이론적 실천적 주장들로 구성되어 있다. 대부분의 세계종교들

은 서로 다른 제도와 의식, 그리고 도덕과 교리를 가지고 있다. 예를
들면 회교도들은 많은 부인을 가질 수 있으나 기독교인들은 한 부인만
을 가져야 하며, 불교인들은 절대로 살생을 해서는 안 되지만 기독교
인들은 그것에 대해서 절대적으로 구속받지는 않는다. 그렇다면 이처
럼 상이한 교의체계 및 상징체계에도 불구하고 공통된 도덕을 정초할
수 있는 기반이 마련될 수 있는가?(*PW*, 80) 이것이 바로 우리에게 던
져진 물음이다. 한스 큉은 바로 이러한 문제 상황 속에서 세계종교의
도덕적 측면에 대한 분석(*PW*, 81-86)을 시도함으로써 그 모든 종교 속
에 공통적으로 들어있는 도덕성의 지반을 확보하려고 한다. 그리고 모
든 참된 종교는 인간의 행복을 추구하며 도덕적인 일반 규범과 이성적
인 중용의 길을 제시한다. 다시 말해서 대부분의 세계종교들은 도덕적
동기를 강조하고 있으며 이상적인 목표를 설정하고 있다는 것이다. 세
계종교들 속에 함축된 도덕성을 기반으로 한스 큉은 세계 속에서의 도
덕적 실천의 가능성 조건으로서 교파일치적 세계질서(ökumenische
Weltordnung)를 요청하고 있다.

20세기의 경제적, 사회적, 정치적, 생태적 발전으로부터 비롯되는
재앙은 지구상에서의 인류생존을 위한 세계윤리를 요구하게 만들었다
(*PW*, 46). 따라서 윤리는 이제 세계행위에 대한 적극적인 대답을 시도
하지 않으면 안 된다. 왜 우리는 도덕적이어야 하고, 악을 행해서는 안
되는 것일까? 왜 우리는 선을 행해야 하는가? 이 물음은 근본적으로
나의 동기유발 및 행위결정에 대한 문제를 함축하고 있다. 최소한의
도덕성 요구는 나의 존재가치에 대한 확인이다. 그러므로 근본합의가
없는 민주주의는 아무런 의미도 갖지 못 한다(*PW*, 48f). 민주주의는 자
유와 인권을 존중해야 하고, 그 과정에서 어떤 최고가치나 최종적인
규범도 규정해서는 안 된다. 엄격하고 통제적인 규정준수보다는 구성

원들의 기본적 동의를 전제한 다양한 가치 및 문화를 인정해야 하는 것이다.

공동의 가치와 규범에 대한 '최소한의 기본적인 동의'(minimale Grund-konsens)가 배제된 상태에서는 인간의 존엄성에 부합되는 공존은 불가능하게 된다(PW, 49). 예를 들면 1919년에서 1933년 사이의 바이마르공화국의 독재와 혼돈 속에서 인권의 문제는 들어설 자리가 없었다. 그러므로 최소한의 근본동의, 즉 폭력을 사용하지 않고 사회의 내적 평화를 유지할 수 있는 의견의 일치, 경제와 법질서를 유지하기 위한 의견의 일치, 그리고 이러한 질서를 유지하고 역사적 변화 속에 서있는 제도에 대해서 최소한 침묵하고 언제나 새롭게 동의하는 의지는 언제나 전제되어 있지 않으면 안 된다.

오늘날 윤리적 근본정위는 우리의 미래전략의 주요 개념을 '이 지구에 대한 인간의 책임', 즉 지구적 책임(planetarische Verantwortung)으로 상정하고 있다(PW, 51). 이를 위해서는 결과윤리나 심정윤리보다는 책임윤리가 강조되어야 한다. 결과윤리는 목적을 실현하기 위하여 모든 수단을 신성시하고, 이익과 권력과 향락을 가져다주는 것을 선이라고 간주한다. 그리고 심정윤리는 정의, 사랑, 진리와 같은 고립된 이념을 지향하지만 역사성과 미래성이 결여되어 있으며 특정한 상황과 처지를 무시하는 비정치적 측면이 있어서 때로는 심정적 근거에서 폭력사용을 정당화할 위험이 있다(PW, 51f). 그러나 1918년 겨울에 막스베버가 제안한 책임윤리는 우리의 행위가 가져올 실제적인 결과에 관심을 가질 뿐만 아니라, 그 결과에 대한 책임이 부과된다. 그렇다고 해서 책임윤리가 심정윤리와 대립된 개념은 아니다. 그리하여 한스 퀑은 심정윤리와 책임윤리의 상호연관성을 다음과 같이 규정하고 있다: "심정윤리를 배제한 책임윤리는 결과를 위하여 모든 수단을 정당화시키는 결과윤리로 전락할 것이고, 책임윤리를 배제한 심정윤리는 스스로를 정당화하는 내면성을 보살피는데 그칠 것이다"(*PW*, 52).

생태학적 시대를 맞이하여 책임윤리는 한스 요나스에 의하여 보다 정교하게 다듬어졌다. 한스 요나스의 책임윤리는 우리 지구의 전체 생명, 암석, 물, 원자세계를 위한 총체적인 책임의식뿐만 아니라, 미래생존을 위한 인간의 자기통제를 요구함으로써, 자연을 경외하고 미래를 염려하는 '새로운 윤리'로 부각되었던 것이다(*PW*, 52). 2000년대의 화두는 단연 '미래를 위한 세계공동체의 책임'이며, 그것은 구체적으로 공동세계(Mitwelt), 환경(Umwelt), 후대(Nachwelt)에 대한 책임의 문제인 것이다. 그렇다면 어떤 기본조건 아래서 우리는 지구 위에서 인간으로서 생존할 수 있고, 우리의 개인적 또는 사회적 삶을 인간적으로 영위할 수 있는가?(*PW*, 53) 최소한으로 요구되는 것은 인간은 지금보다 더 이상의 것이 되어야 하고, 보다 더 인간적으로 되어야 한다는 것이다. 인간은 그가 가진 잠재적 능력을 가능한 한 인간적인 사회와 깨끗한 환경을 이룩하는데 활용해야 한다. 인간성을 활성화하는 인간의 가능성은 그의 현재 상태보다 더 크다. 이런 의미에서 실제적인 책임원리는 유토피아적인 희망원리와 공속적이다(에른스트 블로흐).

보다 더 인간적인 사회를 이룩하기 위해서는 인간 그 자신이 윤리의 기본원리가 되어야 한다. 칸트의 정언명령이 말하듯이 인간은 언제나 목적이어야 하고 단순한 수단이어서는 안 된다. 경제, 자본, 과학, 기술 등은 언제나 수단일 뿐이다. 근대의 윤리적 관심은 개인에 치중하였으나, 포스트모던 시대에는 인류의 생존과 복지에 관심이 기울어지게 되었다. 사회, 과학, 기술, 정책 등의 영역에서도 윤리위원회가 가동되기 시작하였으며, 플라톤에서 아퀴나스를 거쳐서 아담 스미스에 이르는 윤리학자들이 정치와 경제를 윤리적인 전체 맥락 속에서 통찰할 것을 권고하였던 사실들에 대한 중요성이 오늘날에 이르러서 새롭게 인지되기 시작하였다. 정치적인 영역이나 경제 및 과학기술 등의 분야에서 윤리적인 것이 전제되어 있지 않다면 혼돈과 갈등과 무질서가 난무하게 될 수밖에 없을 것이다. 그리하여 한스 큉은 "세계윤리가 없이는 세계질서도 없다"(Keine Weltordnung ohne Weltethos)는 테제를 확정하게 되었다(PW, 56).

인간은 언제나 법과 규정, 심리학과 사회학 등을 통하여 개선되는 것은 아니다. 그 모든 것들은 윤리적 토대를 필요로 하고 있다. 현대인들이 탐닉하고 있는 약물 및 알코올 중독문제를 법적으로 해결하기 위해서는 천문학적인 예산이 투입되어야 한다. 북미나 유럽의 교육문제 역시 그렇다. 모든 국가가 경제질서와 법질서를 구비하고 있으나, 그것이 만일 윤리적 동의를 배제한 상태에서 작동할 경우에는 심각한 저항에 직면하게 될 것이다. 국제적인 국가공동체 역시 그와 같은 초국가적, 초문화적, 초종교적 법적 구조를 창출하였으나, 그것이 만일 인류 전체에게 구속성을 갖는 윤리, 즉 세계도덕성을 배제하고 있다면 무슨 의미가 있겠는가? 세계시장과 유전공학의 연구실, 그리고 막강한 세계종교로서의 교회의 기도실에서 전 지구적으로 타당한 규범윤리학의 기초가 무시된다면 인류는 엄청난 혼란과 재앙에 직면하게 될 것이다. 세계도덕성이 전제되지 않는 곳에서는 세계질서 역시 불가능한 것이다(PW, 57).

종교는 언제나 특정한 도덕을 위한 기초를 제공하고 그것을 정당화해 왔다. 그러나 그것은 현 시대에도 여전히 타당한가? 왜 종교가 없이는 윤리가 없는가? 원천적으로 종교는 선악을 인식하는 윤리적 기능을 가지고 있다. 그러나 역사적으로 종교는 인류의 윤리적, 정신적 진보를 저지하는 경우가 많았다. 종교개혁을 주도한 프로테스탄트 교회가 16세기와 19세기에 로마의 바티칸과 비슷한 지배권력 체제로 드러나는 것은 확실히 아이러니가 아닐 수 없다. 기독교뿐만 아니라 유대교와 이슬람교, 힌두교와 불교, 유교와 도교 역시 긍정적인 측면 이외에도 부정적인 추문에 휩싸였던 때가 많았다. 이와 같은 사실에서 보면 인간은 종교 없이도 얼마든지 윤리적으로 살 수 있다는 생각을 가질 수 있다(*PW*, 59). 심리학적으로 종교는 미신이나 아편으로 간주되기도 하고, 경험적으로 비종교인들이 도덕적으로 활동하였던 것도 사실이다. 인간학적으로도 비종교인이 가치와 규범, 이상과 기준 등을 발전시켰던 것도 확실하다. 철학적으로 이성적 존재로서의 인간은 신에 대한 신앙 없이도 자율적으로 판단할 수 있다.

종교를 찬성하거나 거부할 수 있는 선택의 자유는 모든 사람에게 주어져 있다. 사람들은 종교의 자유를 권리로서 주장할 수 있지만, 동시에 그것은 무종교의 권리도 내포하고 있다. 사실상 인간의 존엄성과 인권은 종교에 대항해서 주장되기도 하였다. 이러한 사실은 신앙인 또는 비신앙인의 윤리적인 상호존중의 공동책임을 요청하고 있다. 전 지구적으로 타당한 새로운 규범윤리학의 정초를 위해서는 신앙인과 비신앙인의 제휴가 필요한 것이다(*PW*, 58).

의미, 가치, 규범 등의 부재현상은 신앙인뿐만 아니라 비신앙인의 삶도 위협하고 있다. 방향정위의 위기를 조장하기 때문이다. 입법 이전의 동의가 없는 민주주의가 정당성의 위기에 직면하게 되는 것처럼, 윤리적인 근본동의가 없으면 인간의 존엄성에 부합되는 공존도 있을 수 없다. 따라서 "윤리가 없으면 인간사회의 생존도 없다는 결과가 생겨난다. 구체적으로 의견일치가 없으면 내적 평화도 없고 사회적 갈등을 비폭력적으로 해결할 수도 없다. 일정한 질서와 법률을 준수하고자 하는 의지가 없이는 경제질서와 법질서도 없으며, 특정한 질서와 법률을 준수하고자 하는 의지가 없으면 경제질서와 법질서도 없으며, 당사자들의 최소한의 묵시적인 동의가 없으면 제도도 없다"(*PW*, 61f).

그럼에도 불구하고 인간의 존엄성에 상응하는 기본권 보장이 점진적으로 실현되고 있고, 1980년대와는 달리 빈부의 격차가 확대되고 있지 않으며, 제3세계의 절대 빈곤층이 더 이상 확산되고 있지 않으며, 현재의 사회복지 수준은 생태학적 재난이나 국제적인 여건의 변화에도 불구하고 유지되고 있으며, 빈곤층의 생활수준을 향상시킴으로써 물질적 불평등의 조건을 평준화시키고, 전쟁이 없는 세계공동체의 출현이 가능하다는 점에서 신앙인과 비신앙인의 제휴가 현실적으로 가능할 수 있다.

자율성과 종교의 긴장 영역에 위치한 윤리는 가치기준의 근거를 찾기에 부심하고 있다(*PW*, 63). 계몽주의의 변증법은 오늘날의 사회에서 윤리로부터 해방된 자연과학, 전능한 거대공학, 환경파괴적 산업, 순전히 형식적이고 법적인 민주주의로 이어지는 절대적이고 무제한적인 힘의 지배가 차츰 지배력을 상실하고 있음을 보여준다. 근대의 이성이 비이성으로 전락한 사실은 합리적 계몽주의에 의하여 밝혀진지 오래되었다. 그렇다면 우리는 어디에서 도덕적 구속성을 되찾아야 하는가? 1980년대 이후 아펠,[11] 하버마스,[12] 부브너[13] 등은 실천과 그 결과인 윤리의 합리적 근거제시를 위하여 노력해 왔다. 그러나 전 지구적으로

---

11) Apel, Karl-Otto: *Diskurs und Verantwortung. Das Problem des Übergangs zur postkonventionellen Moral*. Frankfurt 1988.

12) Habermas, Jürgen: *Moralbewußtsein und kommunikatives Handeln*. Frankfurt 1983; *Der philosophische Diskurs der Moderne*. Frankfurt 1985.

13) Bubner, Rüdiger: *Handlung, Sprache und Vernunft. Grundbegriffe praktischer Philosophie*. Frankfurt 1982. Bubner: *Geschichtsprozesse und Handlungnormen. Untersuchungen zur praktischen Philosophie*. Frankfurt 1984.

적용될 수 있는 절대적이고 보편적 구속력을 갖고 있는 윤리에 대한 정초문제는 쉽게 접근할 수 있는 성질의 것이 아니었다. 그리하여 매킨타이어, 로티, 푸코 등은 보편적인 규범에 대한 최후정초를 포기하고, 다양한 삶의 설계와 삶의 양식이라는 관습의 문제로 돌아섰다.

아펠과 하버마스의 담론윤리 역시 왜 폭력적인 대결 대신에 논증과 동의를 우선적으로 선택하는가, 논증은 윤리인가 아니면 전략인가, 이성은 규범의 절대성과 보편성의 근거를 제시해야 하지 않는가, 그런데 이성은 이제 더 이상 칸트적인 정언명령으로 돌아갈 수 없다는 것이 확증된 오늘날 어떻게 규범의 절대성과 보편성의 근거를 정초할 수 있는가 등의 문제를 안고 있다. 담론윤리학자들이 이상적인 의사소통공동체에 근거하여 '선험적 최후구속성'(transzendentale Letztverbindlichkeit)을 주장하고 있음에도 불구하고, 한스 큉은 그들이 보편적 절대적으로 타당한 도덕적 구속성의 근거, 즉 더 이상 뒤로 물러설 수 없는 담론윤리학적 근거설정을 성공적으로 수행하지 못하고 있다고 지적한다(PW, 65).[14] 그렇다면 철학과 윤리가 보편적인 지침을 제시하지 못하는 현시대적 상황에서 과연 종교가 그 일을 수행할 수 있을까? 이것이 바로 큉의 물음이었다.

4. 후기형이상학 시대의 종교

종교는 이 시대에 아무런 기능도 할 수 없는가? 후기형이상학적 시대를 맞이하여 철학자들은 그 근대적 토대지평을 망각한 채로 종교 의미에 대한 평가절하를 시도하였다. 포이에르바흐, 마르크스, 프로이트

---

14) 칼-오토 아펠이 제안한 선험화용론적 최후정초의 문제는 김진, 『아펠과 철학의 변형』(철학과현실사 1998)을 참조하라.

등은 종교를 투사(Projektion), 소외(Entfremdung), 억압(Repression), 민중의 아편(Opium des Volkes), 퇴행(Regression) 또는 심리적 미성숙(psychische Unreife) 등으로 규정하였다. 그러나 한스 큉은 종교적 차원을 배제하는 시대분석은 힘을 갖지 못한다고 지적한다. 참된 종교의 가능성은 이성적인 신뢰를 전제하고 있다는 것이다(PW, 67).

현실적으로 종교는 권위적이고, 독재적이고, 반동적일 수 있으며, 실제로 자주 그래 왔다. 종교는 불안, 공포, 편협, 불의, 좌절, 사회와의 단절을 야기할 수 있으며, 부도덕, 사회적 병폐, 한 민족 또는 여러 민족들 사이에서의 전쟁을 정당화하거나 유인할 수 있다. 그러나 종교는 해방적이고, 미래지향적이며, 박애적으로 작용할 수 있으며, 실제로 또한 그래 왔다. 종교는 신실한 삶, 관대, 관용, 연대, 창조성, 사회참여를 넓혀나갈 수 있으며, 정신적 쇄신, 사회 개혁, 세계평화를 증진시킬 수 있다(PW, 69). 그렇다면 종교와 윤리는 어떻게 결합될 수 있는가? 무엇보다도 먼저 종교는 '하늘로부터의 고정된 도덕적 해결'이라는 이미지를 갖고 있다(PW, 71). 세계의 주요종교들이 제시하는 윤리적 규범들은 역사적으로 매우 역동적인 사회과정을 거치면서 형성된 것이다. 인간은 언제나 그 시대가 요구하는 윤리적 규범을 통하여 실천의 방향을 제시하고자 하였다. 그러나 땅위에서는 서로 다른 해결책이 모색되었다. 종교와 문화적 차이에서 비롯되는 갈등을 피하면서도 인류가 도덕적으로 바로 설 수 있는 지침이 다양한 형태로 개발되었던 것이다. 그러면서도 인류는 윤리적 갈등 속에서도 바람직한 해결책을 제시할 수 있는 객관적 학문적 방법을 강구해 왔다. 그리고 윤리적 주장들 사이에서 충돌이 생길 경우에는 여러 가지 규범적 원리들에 근거하여 문제를 순차적으로 해결하고자 하였다. 이와 같은 종교의 고유한 기능을 바탕으로 종교는 '윤리의 가능한 토대'로서 이해되어 왔던 것이 사실이다(*PW*, 75).

한스 큉은 비종교인들도 종교인들과 마찬가지로 윤리적 삶을 영위할 수 있는 내재적 자율성을 가지고 있다고 인정한다. 그러나 그는 종교를 배제하고서는 결코 윤리적 요구에 대한 무조건성(Unbedingtheit)과 보편성(Universalität)의 근거를 제시할 수 없다는 사실에서 종교의 도덕적 기능을 강조하였다(*PW*, 75). 왜 도덕적 요구가 정언적이어야 하는가(Kant)에 대해서 종교만이 대답할 수 있다는 것이다. 한스 큉은 인간 현존의 유한한 조건으로부터는 하나의 절대적인 정언적 요구를 도출할 수 없다고 단정한다. 한스 요나스가 제안하였던 '인류의 생존의무'(Überlebens-pflicht der Menschheit) 역시 윤리적 요구의 근거를 합리적으로 정초하는 적절한 수단일 수 없다. 요나스는 핵공학과 유전공학이 초래할 묵시록적인 잠재력과 관련하여 지금까지 윤리가 대결해보지 못하였던 형이상학적 물음을 제기하였다. 그러나 그것은 자신의 유전적 유산을 존중해야 할 인류가 왜 존재하며, 생명 그 자체는 도대체 왜 존재해야 하는가에 대해서는 답변하지 못 한다(*PW*, 76). 한스 큉에 의하면 무조건적인 것만이 무조건적인 의무를 부과할 수 있다(*PW*, 77). 무조건적으로 적용될 수 있는 윤리적 주장은 오직 절대적인 것 또는 무조건적인 것에 의해서만 그 근거가 제시될 수 있다. 그와 같은 최고의 절대적 실재는 신이며, 신만이 윤리적 요구의 절대성과 보편성의 근거를 제시할 수 있는 것이다.

그리하여 이제 종교의 기본적인 기능이 그 분명한 모습을 드러내게 된다. 종교는 절대적인 권위로써 말한다. 종교는 우리의 현존이 어디로부터 와서 어디를 가고 있는지(Woher und Wohin unseres Daseins)에 대한 삶과 죽음의 최종적 의미를 분별할 수 있게 한다. 종교는 최고의 가치, 무조건적 규범, 깊은 동기, 높은 이상을 약속하며, 왜 그리고 무엇 때문에 우리가 책임을 갖는가(Warum und Wozu unserer Verantwortung)를 설명해 준다. 종교는 공동의 상징, 제의, 경험, 목표를 통하여 신뢰, 믿음, 확신을 갖게 하고 자아훈련, 안정, 희망을 창조할 수 있다. 그것은 정신적 공동체와 고향(geistige Gemeinschaft und Heimat)이다. 종교는 불의한 상황에 대하여 항거할 수 있고 저항할 수도 있다. '전적인 타자에 대한 동경'(Sehnsucht nach dem »ganz Anderen«)이 부단하게 작동될 수 있는 것이다(PW, 78).

이처럼 하나의 절대자(신)에 연관되는 참된 종교는 '이성의 여신', '진보의 신', '자연과학', '하이테크', '자본' 등 모든 가능한 유사종교와 구분되어야 한다. 이 유사종교 또는 사이비 신 개념들은 포스트모던 시대에 들어와 탈신화화, 탈이데올로기화 되고 말았다. 우리는 이러한 새로운 세계 상황에서 모든 신적 가치를 세계시장으로 대체시켜서는 안 되고, 오직 한 분뿐이신 참된 신에 대한 새로운 믿음으로 대체시켜야 한다. 그리하여 한스 큉은 참된 종교는 포스트모던 시대에 새로운 기회를 갖게 되었다고 주장한다(PW, 79).

실제로 종교들은 전적으로 다르고 서로 모순되는 이론적 실천적 구상들을 갖고 있다. 교의와 경전, 제의와 제도, 윤리와 규율에서도 다른 것이 사실이다. 그렇다면 이렇게 서로 다른 가치를 추구하는 다양한 종교들이 어떻게 하나의 공통적인 윤리적 요구를 실현시킬 수 있는 것일까?(PW, 80f) 세계종교가 제시하는 윤리적 조망은 무엇인가? 첫째로 세계의 주요 종교는 '인간의 복지'(Das Wohl des Menschen)에 정향되어 있다. 그것은 모든 종교가 추구하는 기본 방향이다. 둘째로 세계종교는 '기초적인 인간성의 격률'(Maximen elementarer Menschlichkeit; PW, 82)을 선포하고 있다. 모든 종교들이 타협 불가능한 척도로서 요구하는 윤리규범은 절대자에 의하여 제시되고 있으며, 모든 사람에게 절대적인 효력을 가질 수밖에 없다. 모든 세계종교는 살인하지 말고, 거짓말하지 말고, 도적질하지 말며, 간음하지 말고, 부모를 공경하고 자녀를 사랑하라는 다섯 가지 계명을 의무화하고 있다. 셋째로 세계종교는 '중용의 합리적 길'(Vernünftiger Weg der Mitte; PW, 83)을 제시하여, 방임주의(Libertinismus)와 율법주의(Legalismus), 소유욕과 무소유, 쾌락주의와 금욕주의, 감각주의와 초감각주의, 세계애착과 세계부정의 사이에서 중용의 길을 걷게 한다. 넷째로 세계종교들은 '황금률'(Goldene Regel)을 절대적 규범, 즉 정언명령으로 채택하고 있다.[15]

이처럼 종교는 개인의 삶과 사회생활에 윤리적 동기를 부여해 왔다. 그리고 종교는 윤리적 실험이 실패하는 곳에서도 유대교의 '부활', 기독교의 '영생', 이슬람의 '낙원', 불교의 '열반', 도교의 '불멸성'과 같은 삶의 의미지평과 목표설정을 적극적으로 제시하고자 하였다. 만일에 종교가 이와 같이 특별한 형태로써 도덕에 참여하여 개별적인 인간의 양심에 호소하지 않았다면, 한스 요나스와 같은 생태철학자가 제아무리 인류가 누리고 있는 향락을 자발적으로 제한할 것을 강조하였다

---

15) 황금률은 거의 모든 세계종교에서 공통적으로 발견되는 현상이다. 공자 (Konfuzius; ca. 551-489 v. Chr.)는 "네 자신이 원하지 않는 바를 다른 사람에게도 행하지 말라"(Gespräche 15;23: Was du selbst nicht wünscht, das tue auch nicht anderen Menschen an.)고 하였으며, 유대교의 랍비 힐렐(Hillel, 60 v. Chr.-10 n. Chr.) 역시 "다른 사람이 너에게 행하기를 원하지 않는 바 그것을 다른 사람에게 행하지 말라"(Tue nicht anderen, was du nicht willst, das sie dir tun.)고 말하였다. 이와 같은 내용은 기독교의 황금률에서도 발견된다: "여러분은 무엇이든지 사람들이 여러분을 위해 해주기를 바라는 바 그대로 그들에게도 해주시오"(「마태복음」 7:12, 「누가복음」 6:31; Alles, was ihr wollt, das euch die Menschen tun, das tut auch ihr ihnen ebenso). 칸트는 이것을 "네 의지의 행위원칙이 보편적 입법의 원리에 타당하도록 행위하라"(Kant: Grundlegung zur Metaphysik der Sitten. BA 66f, in: Werke, Bd. IV, S. 67: Handle so, daß die Maxime deines Willens jederzeit zugleich als Prinzip einer allgemeinen Gesetzgebung gelten könne.)는 정언명령의 형태로 세속화하였다.

하더라도 아무런 의미도 없었을지도 모른다. 그리하여 우리는 전 지구 적인 악덕(Globale Laster) 또는 세계악덕(Weltlaster)을 피하고, 전 지구 적으로 요구되는 세계덕목을 실현하기 위하여 세계의 종교가 공동으로 노력해왔다는 사실을 인정할 필요가 있다. 1970년 일본의 교토에서 열린 '평화를 위한 세계 종교회의'(Weltkonferenz der Religionen für den Frieden)에서는 세계사회에 기여하는 세계종교의 세계윤리가 무엇이어야 하는가에 대해서 적절한 해답을 제시하고 있다. 세계종교는 평화의 실현과 일치의 추구라는 공동선을 지향하고 있다는 것이다.[16)]

그리하여 한스 큉은 포스트모던 사회에서의 도덕적 요구들을 다음과 같이 정리하고 있다(PW, 93ff). 첫째로 자유뿐만 아니라 정의까지도 주어져서 모든 인간이 동등한 권리를 갖고서 연대하는 '사회적 세계질서'(soziale Weltordnung)가 요구된다. 둘째로 평등뿐만 아니라 다원성까지도 주어져서 다양한 인종과 문화전통이 화해할 수 있는 '다원적 세계질서'(plurale Weltordnung)가 요구된다. 셋째로 형제애뿐만 아니라 자매애까지도 주어져서 남녀의 성차별이 존재하지 않는 '동반자적 세계질서'(partnerschaftliche Weltordnung)가 요구된다. 넷째로 공존뿐만 아니라 평화까지도 주어져서 군사주의와 분쟁으로부터 자유로운 '평

---

16) 한스 큉은 현대 사회에서 종교가 최소한 인류가족의 근본적 일치; 인간의 평등과 존엄에 대한 확신; 개인과 그 양심의 불가침에 대한 정서; 인간사회의 가치에 대한 정서; 권력은 동시에 권리가 아니고 인간의 권력은 스스로 만족할 수 없고 절대적이지도 않다는 사실; 사랑, 동정, 무아, 그리고 정신과 내적 진리의 힘이 궁극적으로는 증오, 적개심, 이기심보다 더 강한 힘을 갖고 있다는 사실; 부자와 억압자에 저항하여 가난한 자와 억압받는 자의 편에 가담해야 하는 의무감; 결국 선의가 승리하리라는 희망을 확신해야 한다고 강조하고 있다. 또한 동시에 그는 기독교가 역사 속에서 신적 창조물로서의 역할 미흡, 교회분리, 전쟁 책임, 권력과 부의 남용을 통한 정체경제 문제, 문화패권주의, 생명존재의 존엄성 등의 문제에서 적극적으로 기여하지 못한 점에 대하여 자체비판을 시도하였다(PW, 89f).

화증진의 세계질서'(friedenfördernde Weltordnung)가 요구된다. 다섯째로 생산성뿐만 아니라 환경과의 연대성까지도 주어져서 모든 세계창조물이 공존할 수 있는 '자연친화적 세계질서'(naturfreundliche Weltordnung)가 요구된다. 여섯째로 관용뿐만 아니라 일치주의까지도 주어져서 부단한 용서와 쇄신을 바탕으로 자비와 찬양의 공동체를 가꾸어 나갈 수 있는 교파일치적 세계질서(ökumenische Weltordnung)가 요구된다. 결국 이상과 같은 포스트모던적 요구들에서 확인할 수 있는 것은 인류의 미래를 위한 우리의 전지구적인 책임이 지금보다 더 절실하게 의식된 적이 없으며, 따라서 윤리를 격리시켜보는 것 자체가 이제 더 이상 불가능하다는 사실이다. 세계도덕 없이는 인류의 생존 역시 생각할 수 없기 때문에 우리는 필연적으로 전 지구적으로 타당한 보편적인 규범윤리학의 정초를 요구하지 않으면 안 되는 것이다.

5. 종교적 진리 주장의 다양성

한스 큉은 진리광신과 진리망각 사이를 걷는 일치의 길, 즉 종교 간의 대화를 통한 종교평화의 모색을 시도함으로써 진정한 세계평화의 가능성을 발견할 수 있다고 믿는다. 종교분쟁이 민족 간의 전쟁을 불러일으킨 경우는 수도 없이 많았다. 만일에 하느님이 우리와 함께 계시고, 우리의 신앙과 국가를 편드신다면 우리의 적들은 논리적으로 악마의 세력이기 때문에, 그들에 대한 모든 수단의 징벌이 정당화될 것이다. 따라서 하느님의 이름으로 무차별 살상과 방화 및 파괴가 자행될 것이고, 이것은 신앙으로 미화될 것이다. 역사적으로 종교적 신앙에 대한 확신이 인간에 대한 적대행위를 부추겨 왔던 것이 사실이다. 그러나 종교가 이러한 논리에 거부할 수는 없는가?

프랑스와 독일은 역사적으로 상당 기간 동안 적대국이었다. 그러나 2차대전 후에 드골과 아데나워 등의 정치지도자들은 유럽국가의 화해와 평화를 위하여 프랑스 국왕들이 대관식을 거행하던 대성당에서 공동예배를 드린 후에 전 세계인이 지켜보는 앞에서 평화서명을 하였다. 이어서 독일은 그들이 2차 세계대전 중에 동구권 국가에서 저질렀던 만행과 학살의 피해자들에게 엄숙히 사죄하고 새로운 평화적 관계를 구축하고자 하였다. 일본인들보다는 너무나 대조적인 행보였다. 마틴 루터 킹 목사를 비롯한 1960년대 미국의 인권운동과 1980년대 이후 기독교인들의 평화운동 역시 종교가 기득권의 세계에 안주하지 않고 책임을 다하려는 새로운 변화를 추구하고 있음에 주목할 필요가 있을 것이다.

모든 종교는 두 개의 얼굴을 가지고 있다. 긍정적 측면과 부정적 측면이라는 이중성을 가지고 있다. 종교의 이름으로 사랑과 자비를 말하기도 하고 전쟁과 범죄를 정당화하기도 한다. 그러므로 종교들 사이의 평화를 유지하기 위해서는 필연적으로 종교진리에 대한 문제를 정리하지 않으면 안 된다. 종교적 진리에 대한 상이한 입장 표명은 곧 세계평화에 대한 지대한 장애요인으로 부각된다. 종교들 가운데서 평화가 이룩되지 않고서 국가들 간의 평화는 있을 수 없기 때문이다. 종교평화가 없는 세계평화는 불가능하다. 그러므로 세계의 평화를 이룩하기 위하여 어떤 특정한 종교가 이 세계 안에 있는 다른 종교들과 대화하는 것은 인류의 생존을 위하여 대단히 중요한 일로 평가된다(Vgl. PW, 102). 그와 같은 방식으로 세계의 모든 종교는 마땅히 세계평화에 공동책임을 가져야 한다. 그런데 종교평화와 가장 긴밀한 물음은 바로 진리의 물음이다.

종교의 평화를 이룩하기 위해서 선결되어야 할 것은 종교적 진리에 대한 인식의 문제이다. 한스 큉은 여기에서 진리광신주의(Wahrheitsfanatismus)와 진리망각주의(Wahrheitsvergessenheit)와 같은 가능한 몇 가지 전략이 가지는 한계를 비판하면서 종교평화를 달성할 수 있는 대안으로서 에큐메니칼 전략을 제시하고 있다(PW, 97). 맹목적인 진리광신주의는 모든 시대와 모든 교회에서 무차별적인 살상을 저질러 왔다. 그와 반대로 대책 없는 진리망각주의는 많은 사람들이 더 이상 아무것도 믿을 수 없도록 방향감각과 규범을 상실하게 만들었다. 따라서 이제 특정한 종교 신앙을 가진 자들은 자신들의 종교가 추구하는 진리와 신앙의 정체성을 포기하지 않고서도 다른 종교의 진리를 용납할 수 있는 신학적 가능성을 조심스럽게 타진하기 시작하였다.

한스 알버트가 제시한 뮌히하우젠-트릴렘마와 같이 한스 큉 역시 그것에 대하여 어떤 해결책도 마련할 수 없다고 간주하였던 세 가지 유형의 종교적 진리 주장에 대해서 비판적으로 접근해보자.

진리광신주의자들은 자기가 믿는 종교만이 절대적 진리이고 다른 모든 종교는 거짓 종교라고 주장하는 사람들이다. 이들에 의하면 종교적 평화는 하나의 참된 (국가)종교에 의해서만 달성되고 보장된다. 따라서 이들은 실제로 과거 역사 속에서 마음의 부담을 전혀 느끼지 않으면서 다른 신앙을 가진 사람들을 다치게 하고 죽이기도 하였다. 예를 들면 로마 가톨릭 교회는 오랫동안 교회(=하느님의 나라)는 신성하고 교회 밖에는 구원이 없다는 배타적 입장을 가졌으며, 오늘날 미국 개신교에서의 근본주의(Fundamentalismus)와 독일의 경건주의 신앙을 가진 사람들도 같은 생각을 가졌던 때가 있었다. 이와 같은 종교적 제국주의와 패권주의를 큉은 보수전략(Festungsstrategie; PW, 105f), 절대주의(Absolutismus; PW, 107), 또는 배타주의(Exklusivismus; PW, 108)라고 불렀다. 가톨릭 교회는 1960년대에 제2차 바티칸 공의회를 통하여 에큐메니칼 선교정책을 선포함으로써 보수전략으로부터 선회하였다. 그리고 세계교회협의회는 종교 간의 대화에 대한 필요성을 절감하고 교회일치운동을 주도하고 있다. 자신의 신앙과 자신이 믿는 신만이 옳다는 보수전략적 진리주장은 종교대화를 위한 아무런 해결책도 주지 못한다.

진리망각주의자들은 더 이상 아무것도 믿을만한 것이 없다고 생각하는 이른바 방향과 규범을 잃은 자들이다. 이들에 의하면 진리는 실제로 존재하지 않는다. 그리고 모든 종교는 그 방식과 본질에서 동일하게 참이다. 그러므로 종교적 평화는 각 종교가 가지고 있는 차이와 모순을 무시함으로써 실현되는 것이다. 과학방법론에서 파이어아벤트(Feyerabend)가 "어떤 방식으로든 좋다"는, 이른바 방법론적 무정부주의를 주장한 것처럼, 진리망각주의자들은 어떤 종교든지 상관없이 무차별적으로 모두가 참이라고 말한다. 이와 같은 종교적, 신학적 무관심주의 혹은 무차별적 다원주의를 큉은 무해전략(Verharmlosungsstrategie; *PW*, 106) 또는 상대주의(Relativismus; *PW*, 107)라고 부른다. 그러나 우리는 현실적으로 종교의 이념적 본질과 역사적 현상, 문화전통과 제의 등에서 모든 종교가 특수성과 차이성을 가지고 있다는 사실을 잘 알고 있다. 그러므로 종교 간의 차이를 전혀 인정하지 않고 모든 것이 동일하다는 무차별적이고 상대주의적인 무해전략적 진리 주장은 종교대화를 위한 아무런 해결책도 주지 못한다.

진리통합주의자들은 자신들이 믿는 유일한 종교만이 참이지만, 역사적으로 발전되어 온 모든 종교들 역시 이 유일한 종교적 진리에 참여하여 연관성을 가지고 있다고 주장한다. 그러므로 이들에 의하면 종교적 평화는 다른 종교들과의 통합(Integration)에 의하여 이루어질 수 있다. 모든 역사 속에서 발견되는 경험적 종교들은 보편적인 진리가 다른 차원 또는 다른 단계로서 드러난 것에 지나지 않은 것이다. 각각

의 종교들은 각각의 형상과 특징을 가지고 있으나, 그 모든 종교들의
뿌리는 동일하다는 것이다. 폴 틸리히(Paul Tillich)가 제시한 '존재의
근거' 또는 존재지반(Ground of Being)의 개념이 여기에 속한다. 칼 라
너(Karl Rahner)가 제시한 익명의 그리스도인(anonyme Christen)의 개
념 역시 이에 속한다고 볼 수 있다. 이와 같은 종교의 존재론적 동일성
을 강조하는 입장을 한스 큉은 포용전략(Umarmungsstrategie; *PW*, 107)
또는 통합주의(Inklusivismus; *PW*, 108)라고 부른다. 이러한 관점 역시
자신의 종교가 가장 근본적인 것이고, 다른 종교적 진리주장들은 부분
적으로만 참이라고 천시함으로써 결국에는 참된 종교 간의 대화를 불
가능하게 만든다.

이와 같이 위에서 제시한 세 가지 대화전략은 종교의 평화를 이룩하
는 데 어떤 해결의 단서도 제공하지 못한다. 첫째로 진리절대주의나
독단주의와 같은 광신적 입장을 가지게 될 경우에 종교사이의 대화는
전적으로 불가능하게 된다. 나만이 옳고 다른 것들이 거짓이라면 대화
그 자체는 불가능하게 되고 오직 투쟁만이 있을 것이다. 둘째로 진리
상대주의나 방법론적 무정부주의의 종교학적 적용, 그리고 종교적 통
합주의는 종교의 차이성 및 고유성을 무시하고 있다. 이와 같은 진리
주장은 처음부터 차이의 인식이 결여되어 있기 때문에 대화 그 자체를
불가능하게 한다.

6. 종교일치의 보편적 근거와 에큐메니칼 전략

그렇다면 우리는 종교적 일치의 전제조건을 어디에서 구할 수 있는
것일까? 한스 큉에 의하면 그것은 종교의 자체비판에서 주어질 수 있
다. 각각의 종교가 자신의 과오와 실수를 비판적인 시각으로 성찰할

경우에 비로소 진리의 빛에 다가서게 되는 것이다. 이 경우 가장 설득력 있는 명제가 바로 "모든 것은 동시에 선하고 참일 수 없다"(Nicht alles ist gleich gut und wahr. *PW*, 109)는 것이다. 모든 것은 언제나 선하고 참이지 못하고, 어떤 경우와 어떤 것에 대해서는 참이지만, 다른 것들에 대해서는 악일 수도 있다. 기독교인들의 절대적 신앙관 역시 다른 어떤 것에 대해서는 여지없이 악으로 파악될 수도 있다. 중세의 종교재판과 이단자 숙청(마녀사냥)은 악이요 비진리임에 틀림이 없다. 이와 같은 사실에서 우리는 종교의 이름으로 모든 것이 허용되지는 않는다는 것을 확인할 수 있다. 역사적 기독교는 사랑과 평화의 윤리를 내세우면서도 배타적이고 편협한 차별정책을 구사하였고, 구원과 은총의 필요성을 강조하기 위하여 인간의 죄의식을 병적으로 과장하였으며, 예수 그리스도의 모습을 지나치게 배타적으로 왜곡시켜 왔다(*PW*, 110). 그러나 종교적 신앙이나 하느님의 이름으로 다른 사람을 다치게 하고, 다른 사람의 재물과 아내를 빼앗고, 다른 민족의 땅을 차지하고, 약물중독과 환경공해를 유발해도 되는 것일까?

이러한 문제를 피하기 위해서 우리는 이제 참된 일치를 위한 진리기준을 찾아 나서지 않으면 안 된다. 모든 종교는 표준적인 경전이나 성인의 고유한 가르침에 얼마나 충실하게 따르고 있는지를 비추어 보아야 한다(*PW*, 112). 다시 말하면 종교의 정체성과 진리의 내적 기준을 마련해야 한다. '비판'에 해당되는 희랍어 *krisis*는 교회가 세속과 비진리로부터의 격리(Scheidung), 구분(Unterscheidung), 결단(Entscheidung)이어야 한다는 사실을 환기시키고 있다. 그리고 이로부터 한 걸음 더 나아가서 각각의 종교는 독특한 진리기준을 가질 수 있으나, 그것을 다른 종교에 대해서도 동일하게 요구할 경우에는 대화가 불가능하게 된다는 사실을 염두에 두어야 할 것이다(*PW*, 113).

그렇다면 종교 간의 일치운동을 가능하게 하는 보편적인 도덕적 기준은 무엇인가? 종교가 그 자체의 독특한 진리기준 이외에 다른 신앙인에게도 보편적으로 적용될 수 있는 전 지구적 차원에서의 진리기준을 요구하지 않는다면 종교 간의 대화는 불가능하게 될 것이다. 한스 큉은 그와 같은 보편적인 도덕성의 기준은 바로 진리와 비진리, 참된 종교와 거짓된 종교를 가늠하는 척도라고 생각하였으며, 그것은 바로 도덕적 가치로서 '인간적인 것'(das Humanum)이라는 것이다. 인간적인 것은 근대의 자율성과 교회적 해방을 성취한 후에 기독교를 새롭게 단장한 범주라고 할 수 있다. 앞에서 살핀 것처럼 기독교는 사랑과 평화의 윤리에도 불구하고 배타적이며 용서가 없고 공격적이라는 비판을 받아 왔다. 역사적으로 사랑과 평화의 윤리보다는 미움과 전쟁의 철학을 지지해 왔던 것이다. 이것은 기독교가 인간적인 것을 무시하였던 시대의 일반적인 현상이었다. 한스 큉은 종교의 이름으로 어떤 비도덕적 또는 비인간적인 일도 허용될 수 없다고[17] 강조하면서, 도덕성과 인간성이야말로 세계종교가 추구해야 할 보편적 규범이나 자기비판의 기준, 또는 '일치적 근거기준'(das Humanum als ökumenisches Grundkriterium)이 될 수 있다고 말한다(*PW*, 111, 118, 119).

한스 큉은 이제 종교 사이의 대화 가능성을 저해하는 세 가지 유형

---

17) 그러나 이 같은 한스 큉의 입장에는 반론의 여지가 많다. 자신의 종교가 유일하게 참된 종교이고, 그가 믿는 하느님을 유일신으로 신앙하는 사람들에게 칸트나 한스 큉의 도덕신학적 논리는 전혀 설득력을 가질 수 없기 때문이다. 예를 들면 기독교 신앙, 그리고 특히 근본주의 신앙을 가진 사람들은 도덕적 행위로써 구원받는다고 생각하지 않으며, 심지어 비도덕적인 사람이나 전통 속에서 용납 받지 못할 행위를 한 사람들도 기독교의 확장을 목적으로 필요로 할 경우에는 하느님의 은총에 동참할 수 있다고 믿고 있다. 그러므로 종교적 광신주의나 진리절대주의 속에서는 도덕이 들어설 자리가 없다. 그리고 이 같은 사정은 사이비 종교 집단에도 그대로 적용된다. 도덕적인 것이 무엇인가는 여기서 다시 논란의 대상이 될 것이다.

에 대한 새로운 대안으로서 에큐메니칼 전략(ökumenische Strategie; PW, 114)을 제시하고자 하였다. 그는 세계종교 속에 공통적으로 함축된 일반적-도덕적 기준을 '인간적인 것'이라고 규정하였다.[18] 참된 종교는 '신적인 것'(das Divinum) 속에 반드시 '인간적인 것'을 무조건적 (unbedingt), 보편적으로(allgemein) 정초하고 있어야 한다. 참된 종교는 보다 구체적으로 인간의 권리 보호, 여성해방, 사회정의 실현, 전쟁의 비도덕성(PW, 117)과 같은 문제에 적극적으로 간섭해야 한다. 이로써 모든 인간에게 공통된 인간성, 또는 인간적인 것은 모든 참된 종교의 가장 보편적인 기준으로 정초될 수 있으며, 이를 바탕으로 종교들 사이의 대화가 시작될 수 있는 것이다. 그리하여 한스 큉은 에큐메니칼 전략의 기초근거로서의 인간적인 것을 다음과 같이 규정하였다(PW, 121):

참된 인간성은 참된 종교의 전제이다! 즉: 인간적인 것(인간의 존 엄성과 기본가치의 존중)은 모든 종교에서 최소한의 요구이다. 적어 도 인간성(최소기준)은 참된 종교성이 실현되기를 원하는 곳에서는 주어져야 한다. 왜 하필이면 종교인가?[19]

참된 종교는 참된 인간성의 완성이다! 즉: 종교(포괄적 의미, 최고가

---

18) 한스 큉에 의하면, 종교가 인간성에 기여하고, 그 교리와 윤리, 예식과 제의를 통하여 인간의 정체성, 삶의 의미와 가치를 신장시키며, 의미 깊고 풍요로운 실존을 가능하게 할 경우에 그 종교는 참 종교인 동시에 선한 종교이다. PW, 120.

19) Wahre Menschlichkeit ist die Voraussetzung wahrer Religion! Das heißt: Das Humanum (der Respekt vor menschlicher Würde und Grundwerten) ist eine Mindest-forderung an jede Religion: Wenigstens Humanität (das ist ein Minimalkriterium) muß gegeben sein, wo man echte Religiösität realisieren will. Doch warum dann Religion? PW, 121.

치 및 무제약적 의무라는 의미로서)는 인간적인 것의 실현을 위한 최
적 조건이다. 그러므로 진실로 무제약적이고 보편적 의무로서의 인간
적인 것을 실현하고 구체화하기를 원하는 곳에서는 이미 종교(최대기
준)가 주어져 있어야 한다.[20]

그리하여 한스 큉은 인간적인 것이 세계종교의 공통적 규범이 될 수
있다고 생각한다. 그러나 여기에는 또 다른 문제가 생길 가능성이 있
다. 다시 말하면 절대적인 의미에서 인간적인 것은 어디로부터 오는
것인가? 각각의 종교들은 자기비판의 기준을 전제하면서 동시에 종교
간의 대화를 위한 보편적인 주장을 모순 없이 요구할 수 있는가? 그리
고 세계 종교들은 인간적인 것 또는 인간성을 각각의 고유한 전통 속
에서 정초할 수 있는 가능성을 인정할 준비가 되어 있는가? 각각의 종
교들이 전제하고 있는 인간적인 것은 특수한 것인가 아니면 보편적인
것인가? 또한 종교들 간의 대화에서 이루어진 합의는 어떤 특정한 종
교의 독자성과 정체성을 파괴할 위험은 없는가?[21] 그 같은 교회 일치

---

20) Wahre Religion ist Vollendung wahrer Menschlichkeit! Das heißt: Religion
(als Ausdruck umfassenden Sinnes, höchster Werte, unbedingter Verpflichtung) ist
eine Optimalvoraussetzung für die Realisierung des Humanum: Gerade Religion (das
ist ein Maximalkriterium) muß gegeben sein, wo man Humanität als wahrhaft unbe-
dingte und universale Verpflichtung realisieren und konkretisieren will. PW, 121.

21) 1989년 파리에서 "세계종교와 인권"을 주제로 하여 개최된 국제회의에서 한
스 큉은 종교대화를 위한 보편적 근거기준으로서 '인간적인 것'의 정초 가능성에 대한
공감대가 확인되었다고 기술하고 있다. 인간적인 것은 절대자 안에 기초해야 하고, 종
교 안에서 인간성과 평화의 능력을 함양하는 인간교육이 이루어지고 있으며, 각각의
고유한 종교전통에서 인간성의 고양을 위한 근거를 제시할 수 있다는 것이다. PW,
121. 그러나 유대교, 기독교, 이슬람교, 불교, 유교가 말하는 인간적인 것의 토대가 동
일한 것이고 호환성을 갖는 개념인가에 대해서는 논란의 여지가 있다. 일치의 근거기
준을 신에서 찾지 못해서 인간으로부터 찾으려고 한 것이라면 한스 큉의 주장은 확고
한 것이 아닐 것이다.

적 합의내용은 다시 어떤 특정한 종교인들에게 도덕적 규범으로 제시
될 수 있고, 그들은 그것을 받아들일 준비를 하고 있는가?[22]

이 같은 물음 속에서 우리는 한스 큉이 제시한 에큐메니칼 신학적
대안 역시 칸트적인 의미에서 하나의 '이념'에 지나지 않으며, 종교대
화를 가능하게 하는 일종의 '규제적 원칙'으로 작동되고 있다는 사실
을 확인하게 된다. 그러나 물론 한스 큉은 이것을 단순하게 규제적인
것으로 생각하지 않고, 세계평화를 가능하게 하는 현실적인 원칙, 즉
세계종교의 기초적 윤리규범으로서 인간성 및 '인간적인 것'을 구체적
으로 매개하는 변증법적 이념이라고 확신하고 있다.

종교 간의 대화를 가능하게 하는 근거기준이 마련되었다고 하더라도 여전
히 남아있는 문제는 대화능력(Dialogfähigkeit)과 입장견지(Standfestigkeit) 사
이의 대립일 것이다. 종교인이 어떤 입장을 지킨다는 것은 무엇을 뜻하는가?
그가 고집하는 것이 진리라면 문제가 없을지도 모른다. 그러나 그가 고
집하는 것이 언제나 진리라는 보장을 우리는 어디에서 확증할 수 있는
가? 우리가 고집하는 것이 진리라면 마땅히 그것을 지켜낼 용기도 필
요할 것이다. 그러나 우리가 지금까지 목숨을 바칠 정도로 소중한 것
이라고 여겨온 것이 아무것도 아닌 것이라고 한다면 그것은 도대체 어
떻게 되는 것일까? 신앙의 입장은 대화를 차단하는가? 어떤 교의적 진
리를 추구할 경우에 그와 같은 태도표명은 보편적 규범요구를 불가능

---

22) 에큐메니칼 물음의 한계는 일치적 근거로서 제시된 보편적 기준이 특정 종파
에게는 보편적인 것으로 인정되지 않고 여전히 특수한 것으로 평가된다는 사실에 있
다. 에큐메니칼 운동의 성과로서 얻은 보편적 규범들이 한국의 보수주의 및 근본주의
교회에서 외면되는 것은 그 단적인 사례라고 할 수 있다. 이는 종교의 통합적 대화모
델에서도 동일하게 나타나는 현상이다. 증산교의 메타이념은 기존의 모든 세계종교들
을 통합하는 통일신단의 체계를 구축한다는 사실에 기초하고 있으나, 세계종교들이 그
것을 인정할 것 같지는 않다.

하게 만드는 것일까? 만일 그것들이 양립될 수 있다면 교의적 주장은 어느 선까지 지지되어야 하는 것일까?

이와 같은 복잡한 문제상황 속에서 한스 큉은 어떤 특정한 종교가 고유한 진리주장 이외에도 보편적 요구를 할 수 있는 가능성 영역을 그려내고자 시도하였다. 우선 일반적인 윤리적 기준에 의하면 어떤 종교가 인간적인 색채를 띠는 한에서 참되고 선한 종교라는 것이다. 일반적인 종교적 기준에 의하면 어떤 종교가 그 고유한 원천과 경전에 충실한 경우에 참되고 선한 종교라는 것이다. 그리고 독특한 기독교적 기준에 의하면 어떤 종교는 그 이론과 실천이 예수의 정신을 드러낼 경우에 참되고 선한 종교라는 것이다(PW, 127). 이와 같은 한스 큉의 접근방식은 각각의 종교가 개방적인 대화를 수행하기 위하여 저마다의 고유한 신앙영역을 포기하도록 강제할 필요가 없다는 사실을 분명하게 보여주고 있다(PW, 130). 다시 말하면 결코 포기할 수 없는 것은 각 종교의 고유한 신앙내용이라는 것이다. 그렇기 때문에 어떤 특정한 신앙을 가진, 즉 입장견지를 전제하고 있는 사람과 대화를 시도할 경우에는 그들에게 더 이상 뒤로 물러설 수 없는 입장이 있다는 것을 감안해야 한다.

예를 들면 기독교인의 경우에 첫째로, 우리는 교의적으로 다른 가능성에 대한 충분한 정보와 이해 없이 자신의 입장만을 고집해서는 안 된다. 둘째로 우리는 자신의 길의 실망과 다른 길이 보여준 열광으로 인하여 다른 길로 바꾸어서는 안 된다. 셋째로 다른 종교에서 배우는 내용을 단순하게 오래된 신앙에다 덧붙여서는 안 된다. 넷째로 우리는 참된 의미의 기독교적인 과제로부터 출발하여 다른 종교로부터 배운 내용을 바탕으로 자신의 길을 새롭게 변형시켜야 한다. 존 캅이 말한 것처럼 일치를 향한 '창조적인 변화의 길'(der Weg der schöpferischen Umwandlun g)[23])을 가야 한다(*PW*, 134). 이처럼 입장견지의 근본지평에서 대화능력을 발휘함으로써 종교 간의 대화가 가능하게 되고, 이를 바탕으로 세계평화의 모색이 시작되는 것이다.

7. 종교평화는 어떻게 가능한가?

종교평화는 어떻게 가능한가? 이 물음에 대한 한스 큉의 처방은 너무나 분명하다. 테제: "종교들 사이의 평화 없이는 국가들의 평화도 없으며, 종교들 사이의 대화 없이는 종교들 사이의 평화도 없고, 신학적인 기초연구 없이는 종교들 사이의 대화도 없다"(*PW*, 135). 한스 큉은 이처럼 종교대화와 종교평화의 관계성을 밝히면서 종교적 시대상황 및 종교신학적 기초연구에 대한 분석과 구상을 보여주고 있다.

새 천년의 시대에 세계종교는 어떤 위치에서 어떤 모습을 하고 있을까? 이러한 물음에 대한 답변은 세계종교의 기초연구로부터 찾아질 수 있을 것이다. 종교대화의 기초가 되는 자료들은 종교학자들의 중립적인 학문적 판단, 즉 비판적인 학문성에 의하여 확보될 수 있기 때문에, 한스 큉이 제안한 연구과제, 즉 "종교평화 없이는 세계평화도 없다"는 '인류가 직면하고 있는 종교적 위치에 대한 전 지구적 분석과 전망'을 통하여 구체적인 모습을 드러낼 것이다(*PW*, 139). 그는 유대교, 기독교, 이슬람교, 심지어 불교에 대한 폭넓은 학문적 연구에 착수하여 이미 놀라운 연구결과를 발표한 바 있다.[24] 한 종교에 대한 전체적 조망,

---

23) Cobb, John: *Beyond Dialogue. Toward a Mutual Transformation of Christianity and Buddhism*. Philadelphia 1982.

24) Küng, Hans: *Das Judentum. Die religiöse Situation der Zeit*. München 1991; *Das Christentum. Wesen und Geschichte*. München 1994; *Christentum und Weltreligionen. Buddhismus*. München 1995; *Islam*. 1997; *Chinesische Religion* 1999; *Hindu-*

즉 역사적 발전과정과 체계설명의 시도를 통하여 그 종교와 관련된 모든 사실들을 적확하게 기술함으로써, 대화상대자로서의 세계종교에 대한 성실성을 확보하고자 한 것이다. 한스 큉은 자신의 종교연구가 지향하는 이 같은 목표를 달성하기 위하여 역사적으로 지배적이었던 세 가지 유형의 역사기술 방법론에 대한 비판적인 태도를 견지하였다.

첫째로 헤겔의 역사철학(PW, 42)은 다양한 세계종교들을 세계사의 변증법적 노정을 통하여 드러내기는 하지만 서구정신을 상징하는 기독교를 절대종교로 파악함으로써 기독교 정신의 우월성을 지나치게 강조하였다. 이와 같은 헤겔적 기술방식은 상대적으로 다른 종교의 위상을 폄하할 수밖에 없으며, 따라서 이와 같은 연구 분위기에서는 진정한 의미에서의 종교대화를 기대할 수 없게 된다.

둘째로 스펭글러의 문화형태학은 헤겔과는 반대로 민족적인 국가로부터 세계사를 접근하지 않고, 국가를 형성하는 문화로부터 세계사를 파악하려는 시도였다(PW, 145). 그는 영적 상태를 표현하는 여덟 개의 문화권을 상정하고, 그 순환과정을 관찰하려고 하였다. 서구의 몰락, 결정론, 비합리주의 등으로 학문적 위상을 구축하였던 스펭글러는 제국주의 출현의 정당성을 주장함으로써 논란을 불러일으켰으나, 결정적으로 포스트모던 시대의 출현 가능성, 즉 다중심주의적이고 초문화적이며 다양한 종교적 시대와 새로운 유럽공동체에 대한 가능성을 전혀 고려하지 못하였다. 또한 그는 문화의 몰락현상에도 불구하고 세계의 대종교들이 스스로 문화를 산출하고 포용하는 힘을 가지고 있다는 사실을 간과하였다.

셋째로 토인비의 문화순환론은 사변적 요소를 떨쳐버린 헤겔의 진화사관과 결정주의적 비관주의를 배제한 스펭글러의 순환이론을 결합

---

ismus. 1999; *Die religiöse Situation der Zeit.* München 1999.

한 것으로서, 6천년간 존재하였던 26개의 문화공동체 개념을 중점적으로 분석하였다. 그는 생성 소멸하는 문화의 진화과정에서 세계의 대종교들이 핵심적인 역할을 수행한다는 사실을 강조하였으며, 결국에는 세계의 대종교들이 인류의 단일사회에 봉사하는 유일한 단일종교로 결합될 수 없는가를 다루고자 하였다(PW, 149). 그러나 이와 같은 사실은 한스 큉이 제시한 종교대화의 기본원칙에 위배되는 것이다. 종교대화는 단일종교로의 통합을 목표하는 것이 아니라 각각의 종교가 갖고 있는 고유성을 인정하는 것으로부터 시작된다. 또한 한스 큉은 토인비가 유대교와 이슬람교를 소홀하게 다루는 것에 반대하여 각각의 종교를 전체로서 연구하여, 종교의 다양한 위상을 드러내고자 하였다.

여기에서 한스 큉이 주목하는 방법론은 토마스 쿤의 패러다임 이론이다. 종교체계의 패러다임 이론(Paradigmentheorie)은 각각의 종교가 문화의 역사 안에서 차지하는 위상을 그대로 보여줄 수 있기 때문에 경쟁적인 관계에 있는 세계종교의 현상들을 적확하게 기술하는데 매우 적절하였던 것이다. 이를 바탕으로 한스 큉은 현재 영향력을 행사하고 있는 세계의 주요 종교를 집중 분석하여 세 가지 유형의 초개인적, 국제적, 초문화적 종교의 흐름체계를 다음과 같이 제시하였다(PW, 160). 먼저 셈족의 종교는 예언적 특성을 갖고 있으며, 신과의 직접적인 만남으로부터 시작되고 대결적 신앙의 양상을 띠고 있다. 인도의 종교는 신비적 특성을 갖고 있으며, 단일성과 내적 명상을 지향하고 있다. 중국의 종교는 지혜론적 특성이 강하고 근본적으로 조화를 중시하고 있다.

이러한 사실을 바탕으로 우리는 평화를 위한 일치신학의 가능성 조건에 대해서 개진할 수 있을 것이다(PW, 162). 가장 기본적이고 중요한 것은 보편종교, 또는 단일종교를 요구하는 것이 종교대화의 목적이 아니라는 사실이다. 경합적인 상태에 있는 종교들 사이의 평화를 실현하는 데 그 목적이 있는 것이다. 이와 같은 종교대화를 가능하게 하기 위해서는 무엇보다도 창조적이고 구체적인 평화의 신학, 즉 각각의 종교신학에 대한 근본적인 연구를 수행하여 사유체계를 일관되게 정리하되, 종교들 사이의 핵심적인 차이점을 드러내고 자아비판과 자아수정을 요구할 수 있는 신학연구가 선행되어야 한다(PW, 163). 가장 중요한 것은 일치를 위한 지평이 확보되어야 한다. 종교, 문화적으로 다원화된 사회에서의 종교대화는 종교들 사이의 대화뿐만 아니라 정치가, 실업가, 학자, 교회, 신학, 종교교육 등 모든 집단, 모든 영역에서의 종교대화를 요구해야 한다. 그것은 공식적, 비공식적, 학문적, 영성적, 일상적 대화를 모두 포괄하는 광범위한 실험이어야 한다.

이러한 종교대화의 실험을 통하여 우리는 국가간의 세계윤리를 배제하고서는 어떠한 인간의 공생과 공존도 불가능하고, 종교 간의 평화를 배제하고는 국가간의 어떠한 평화도 불가능하며, 종교 간의 대화를 배제하고서는 종교 간의 어떠한 평화도 불가능하다는 사실을 확인하게 되는 것이다(PW, 171).

전 지구적으로 타당한 세계도덕의 정초를 위하여 한스 큉이 제안한 에큐메니칼 전략은 1993년에 세계종교의회가 채택한 '세계도덕 선언'(Erklärung zum Weltethos)[25]과 같이 선언적 성격을 가지고 있을 뿐이다. 그것은 우리에게 하나의 정언명령으로서 부단하게 실현하기 위하여 노력하지 않으면 안 되는 칸트적인 이념이나 또는 아펠이 설정하였던 이상적인 의사소통공동체의 실현요청과 같은 것이다. 그것이 언제, 어떻게 그리고 어떤 방식으로 실현될 것인가의 문제는 한스 요나스나 에른스트 블로흐,

---

25) Küng, Hans(Hg.): *Ja zum Weltethos. Perspektiven für die Suche nach Orientierung*. München 1995. S. 21-24.

그리고 칼-오토 아펠의 철학적 논의에서 부분적으로 다루어졌으나, 앞으로 우리 인류가 생존하는 한 계속해서 그리고 성실하게 숙고해야 할 과제이기도 하다.

※ 참고문헌 ※

강성도, 『종교다원주의와 구원』, 대한기독교서회 1997.

길희성, 『포스트모던 사회와 열린 종교』, 서울, 민음사 1994.

김승철(편), 『종교다원주의와 기독교』, 제1, 2권, 도서출판 나단, 서울 1993.

김승혜 편저, 『종교학의 이해』, 왜관, 분도출판사 1986.

김영태, 「존 힉의 종교철학」, 『종교철학연구』, 송천은기념논문집, 원광대학
　　교출판국 1996.

김진(목사) 외, 『한국 종교문화와 문화신학』, 한들, 서울 1998.

김진(목사), 『피할 수 없는 만남, 종교간의 대화: 파니카의 종교신학』, 한들,
　　서울 1999.

김진, 『살고있는 순간의 어두움』, 세종출판사 2001.

김진, 『선험철학과 요청주의』, 울산대학교출판부 1999.

김진, 『아펠과 철학의 변형』, 철학과현실사 1998.

김진, 『철학의 현실문제들』, 개정판, 철학과현실사 2003.

김진, 『칸트·순수한 이성의 한계 안에서의 종교』, 울산대학교출판부 1999.

김진, 『칸트와 불교』, 철학과현실사 2004.

김진, 『칸트와 생태사상』, 철학과현실사 2003.

김진, 『칼 마르크스와 희랍철학』, 개정판, 울산대학교출판부 1998.

김진, 『퓌지스와 존재사유: 자연철학과 존재론의 문제들』, 문예출판사 2003.

니버, 라인홀트 편, 『맑스, 엥겔스의 종교론』, 아침 1988.

데카르트, 『철학의 원리』, 원석영 역, 아카넷 2002.

뒤르켕, 에밀, 『종교생활의 원초적 형태』, 노치준 외 역, 민영사 1992.

라이헨바하, 브루스 외, 『종교철학』, 이화여자대학교출판부 1994.

로빈슨, 존,『神에게 率直이』, 현영학 역, 대한기독교서회 1968.

매쿼리, 존,『20세기 종교사상』, 한숭홍 역, 서울, 나눔사 1989.

바이스마르, B.,『철학적 신론』, 허재윤 역, 서울, 서광사 1994.

박성룡,「존 힉의 종교신학연구」,『종교다원주의와 신학의 미래』, 종로서적 1989.

박인성,「존 힉의 신정론 연구」,『철학논총』, 제20집, 새한철학회 2000.

반 델 레에우, 게라르두스,『종교현상학입문』, 왜관, 분도출판사 1995.

배국원,『현대 종교철학의 이해』, 동연 2000.

벨테, 베른하르트,『종교철학』, 분도출판사 1998.

변선환,『종교간 대화와 아시아신학』, 한국신학연구소, 천안 1996.

서남동,「신의 죽음의 신학: 알타이저를 중심으로」,『전환시대의 신학』, 한국신학연구소 1976.

쉐플러, 리챠드,『종교철학』, 서울, 이론과실천사 1994.

슐라이어마허,『종교론』, 대한기독교서회 2002.

스피노자, 베네딕트『신학-정치론』, 책세상 2002.

신상형,「힉의 종말론 철학: 종교철학적 방법론 모색과 그 적용」,『철학연구』, 대한철학회 논문집 제85, 2003.

안셀무스,『모놀로기온 & 프로슬로기온』, 박승찬 역, 아카넷 2002.

오토, 루돌프,『성스러움의 의미』, 왜관, 분도출판사 1987.

유동식 외 저,『종교다원주의와 신학의 미래』, 서울, 종로서적 1989.

유정원,「레이문도 파니카의 종교신학」,『종교신학의 이해』, 분도출판사 1996.

이찬수 외,『종교신학의 이해』, 분도출판사, 왜관 1996.

이태하,「종교다원주의를 향한 철학적 접근」,『철학연구』제54집, 철학연구회 2001.

정진홍,『종교문화의 인식과 해석: 종교현상학의 전개』, 서울대학교출판부 1996.

지승원,「R. 파니카의 우주적 기독론과 변선환의 다원주의」,『변선환 종교신학』, 한국신학연구소 1996.

카워드, H.,『종교다원주의와 세계종교』, 한국종교연구회 역, 서울, 서광사 1990.

칸트, 임마누엘,『별이 총총한 하늘 아래 약동하는 자유』, 빌헬름 바이셰델 편, 이학사 2002.

칸트, 임마누엘,『실천이성비판』, 아카넷 2002.

칸트, 임마누엘,『이성의 한계 안에서의 종교』, 이화여자대학교출판부 1984.

캔트웰 스미스, 윌프레드,『종교의 의미와 목적』, 왜관, 분도출판사 1991.

캔트웰 스미스, 윌프레드,『지구촌의 신앙: 타인의 신앙을 어떻게 이해할 것 인가』, 김승혜 외 역, 분도출판사 1989.

캡스, 월터,『현대종교학 담론』, 까치 1999.

큉, 한스,『그리스도교, 본질과 역사』, 분도출판사 2002.

큉, 한스,『세계윤리구상』, 분도출판사 1992.

클레망, 카트린,『테오의 여행. 소설로 읽는 세계의 종교와 문명』, 동문선 1997.

파니카,『종교간의 대화』, 김승철 역, 서광사 1992.

파니카,『지혜의 보금자리』, 이종찬 역, 감신 1999.

하이데거,『니체와 니힐리즘』, 박찬국 역, 지성의 샘 1996.

한인철, 「레이문도 파니카의 신인우주적 다원주의」,『종교다원주의의 유형』, 한국기독교연구소 2000.

한인철, 「윌프레드 스미스의 신앙중심적 다원주의」,『종교다원주의의 유형』, 한국기독교연구소 2000.

한인철, 「존 힉의 실재중심적 다원주의」,『종교다원주의의 유형』, 한국기독 교연구소 2000.

헤겔,『종교철학』, 지식산업사 1999.

헤센, 요한네스,『종교철학의 체계적 이해』, 허재윤 역, 서울, 서광사 1994.

헤시오도스,『신통기』, 천병희 옮김, 한길사 2004.

흄, 데이비드,『자연종교에 관한 대화』, 울산대학교출판부 1998.

힉, 존,『새로운 기독교』, 김승철 역, 나단 1991.

힉, 존,『성육신의 새로운 이해』, 변선환 역, 이화여자대학교출판부 1997.

힉, 존,『종교철학』, 동문선 2000.

힉, 존,『종교철학개론』, 황필호 역, 서울, 종로서적 1980.

힉, 존,『하느님은 많은 이름을 가졌다』, 이찬수 역, 서울, 창 1991.

Almond, Philip: *John Hick's Copernican Theology*, in: Theology, January 1983.

Altizer, Thomas: *The Gospel of Christian Atheism*. London 1966.

Apel, Karl-Otto: *Diskurs und Verantwortung. Das Problem des Übergangs zur postkonventionellen Moral.* Frankfurt 1988.

Armstrong, Karen: *A History of God. The 4,000-Year Quest of Judaism, Christianity and Islam.* New York 1993.

Baillie, D.M.: *God was in Christ.* New York 1948.

Bell, Daniel: *The Coming of Post-Industrial Society. A Venture in Social Forecasting.* New York 1973.

Bihu, L.E.: *Midianite Elements in Hebrew Religion*, in: *Jewish Theological Studies*, 31, Salo Wittmeyer Baron, *A Social and Religious History of the Jews*, 10 vols, 2nd ed., New York 1952-1967.

Bloch, Ernst: *Atheismus im Christentum; Zur Religion des Exodus und des Reichs*, Frankfurt 1968.

Bloch, Ernst: *Avicenna und die Aristotelische Linke.* Frankfurt 1952.

Bloch, Ernst: *Das Prinzip Hoffnung.* Frankfurt 1954-1959.

Bloch, Ernst: *Religion im Erbe, Eine Auswahl aus seinen religionsphilosophische Schriften.* Hrsg. von J. Moltmann, München und Hamburg 1959.

Bloch, Ernst: *Tübinger Einleitung in die Philosophie.* Frankfurt 1970.

Bowker, John: *The Religious Imagination and the Sense of God.* Oxford 1978.

Bubner, Rüdiger: *Geschichtsprozesse und Handlungnormen. Untersuchungen zur praktischen Philosophie.* Frankfurt 1984.

Bubner, Rüdiger: *Handlung, Sprache und Vernunft. Grundbegriffe praktischer Philosophie.* Frankfurt 1982.

Capps, Walter H.: *Religious Studies. The Making of a Discipline.* Minneapolis 1995.

Cobb, John: *Beyond Dialogue. Toward a Mutual Transformation of Christianity and Buddhism.* Philadelphia 1982.

Coedell, Scott: *A God for this World.* New York 2000.

Coward, Harold: *Pluralism. Challange to World Religions.* New York 1985.

Cusanus, Nicholaus: *Nicholas of Cusa's De Pace Fidei and Cribratio Alkorani.* Translation and Analysis by Jasper Hopkins, Minneapolis 1994.

Denzinger, *Enchiridion Symbolorum Definitionum et Declarationum de Rebus Fidei et Morum.* 29th ed., No. 468f. Freiburg 1952.

Dupré, Wilhelm: *Einführung in die Religionsphilosophie.* Stuttgart 1985.

Durkheim, Emil: *Die elementaren Formen des religiösen Lebens.* Frankfurt 1981.

Fearer, J. Clayton: *Religion in Philosophical and Cultural Perspective. A new Approach to the Philosophy of Religion through cross-disciplinary Studies.* Canada 1967.

Feuerbach, Ludwig: *Sämtliche Werke.* Hrsg. W. Bolin und F. Jodl, 10 Bände, 2., um 3 Ergänzungsbände (Hrsg. von H.-M. Saß) erweiterte Aufl., Stuttgart-Bad Cannstatt 1959-1964.

Georg, Siegmund: *Nietzsches Kunde vom »Tode Gottes«.* Berlin 1964.

Glasenapp, Helmuth von: *Kant und die Religionen des Ostens.* Königsberg 1944.

Gogos, Manuel: *Raimon Panikkar. Grenzgänger zwischen Philosophie, Mystik und den Weltreligionen.* Mainz 2000.

Habermas, Jürgen: *Der philosophische Diskurs der Moderne.* Frankfurt 1985.

Habermas, Jürgen: *Moralbewußtsein und kommunikatives Handeln.* Frankfurt 1983.

Hamilton, William: *Radical Theology and the Death of God.* New York,

London 1966.

Hartig, Willfred: *Die Lehre des Buddha und Heidegger. Beiträge zum Ost-West-Dialog des Denkens im 20. Jahrhundert.* Mit einer Würdigung Heideggers aus buddhistischer Sicht von Hellmuth Hecker, Hamburg 1997.

Hartshorne, Charles: *"What did Anselm Discover?"*, in: Hick and McGill (ed.), *The Many Faced Argument.* Macmillan, New York 1967.

Heidegger, Martin: *Der Satz vom Grund. Pfullingen* 1957.

Heidegger, Martin: *Grenzfragen der Philosophie.* Gesamtausgabe Bd. 45. Frankfurt 1984.

Heidegger, Martin: *Identität und Differenz. Pfullingen* 1957.

Heidegger, Martin: Nietzsche. 2 Bde. Pfullingen 1961.

Heidegger, Martin: *Nietzsche. Der Europäische Nihilismus.* Freiburger Vorlesung II. Trimester 1940. Gesamtausgabe, Bd. 48, Frankfurt 1986.

Heidegger, Martin: *Nietzsche. Der Wille zur Macht als Kunst.* Freiburger Vorlesung WS 1936/37. Gesamtausgabe, Bd. 43. Frankfurt 1985.

Heidegger, Martin: *Nietzsche: Der europäische Nihilismus*, Gesamtausgabe Bd. 48. Frankfurt 1986.

Heidegger, Martin: *Nietzsches Lehre vom Willen zur Macht als Erkenntnis.* Freiburger Vorlesung WS 1939. Gesamtausgabe, Bd. 47. Frankfurt 1989.

Heidegger, Martin: *Nietzsches metaphysische Grundstellung im abendländischen Denken. Die ewige Wiederkehr des Gleichen.* Freiburger Vorlesung SS 1937. Gesamtausgabe, Bd. 44. Frankfurt 1986.

Heidegger, Martin: *Nietzsches Wort »Gott ist tot«*, in: *Holzwege.* Frankfurt 1950.

Heidegger, Martin: *Vorträge und Aufsätze. Pfullingen* 1954.

Heidegger, Martin: *Was ist die Metaphysik?* Frankfurt 1949.

Heiler, Friedrich: *Die Religionen der Menschheit.* Stuttgart 1984.

Hewitt, Harold(ed.): *Problems in the Philosophy of Religion. Critical Studies of the Work of John Hick.* London 1991.

Hick, John H.: *An Interpretation of Religion. Human Responses to the Transcendent.* Yale University Press 1989.

Hick, John H.: *Disputed Question in Theology and the Philosophy of Religion.* New Haven 1993.

Hick, John H.: *God and the Universe of Faiths.* New York 1973.

Hick, John H.: *God has many names.* The Westminster Press, Philadelphia, Pennsylvania 1980.

Hick, John H.: *Philosophy of Religion.* Englewood Cliffs, New Jersey 1973[2].

Hick, John H.: *The Fifth Dimension. An Exploration of the Spiritual Realm.* Oxford 1999.

Hick, John H.: *The Metaphor of God Incarnate. Christology in a Pluralistic Age.* Kentucky 1993.

Hick, John H.: *The Non-Absoluteness of Christianity,* in: *The Myth of Christian Uniqueness. Toward a Pluralistic Theology of Religions.* New York 1987.

Hick, John H.: *The Second Christianity.* London 1983.

Hick, John H.: *The Theological Challenge of Religious Pluralism,* in: *Christianity and Other Religions.* Oxford 2001.

Hick, John H.: *Three Faiths — One God. A Jewish, Christian, Muslim Encounter.* London 1989.

Hick, John: *A Critique of the 'Second Argument',* in: Hick and McGill (ed.), *The Many Faced Argument.* Macmillan, New York 1967.

Jaspers, Karl: *Reason and Existence.* London 1956.

Kandler, Karl-Hermann: *Nikolaus von Kues. Denker zwischen Mittelalter und Neuzeit.* Göttingen 1995.

Kant, Immanuel: *Die Religion innerhalb der Grenzen der blossen Vernunft.* Riga 1793.

Kant, Immanuel: *Kritik der praktischen Vernunft.* Riga 1788.

Kant, Immanuel: *Kritik der reinen Vernunft*, Riga 1781(A), 1787(B).

Kennedy, Paul: *The Rise and Fall of the Great Powers.* New York 1987. dt.: *Aufstieg und Fall der großen Mächte. Ökonomischer Wandel und militärischer Konflikt von 1500 bis 2000.* Frankfurt 1989.

Kim, Jin: *Kants Postulatenlehre, ihre Rezeption durch Ernst Bloch und ihre mögliche Anwendung zur Interpretation des Buddhismus.* Frankfurt, Bern, Paris, New York 1988.

Kinnamon, Michael(ed.): *The Ecumenical Movement. An Anthology of Key Texts and Voices.* Michigan 1997.

Kues, Nikolaus von: *De pace fidei. Der Friede im Glauben*, übers. v. R. Haubst, T 1, Trier 1982.

Kues, Nikolaus von: *De pace fidei.* h VIII, ed. R. Klibansky et H. Bascour OSB, Hamburg 1970.

Kues, Nikolaus von: *Nicholas of Cusa's De Pace Fidei and Cribratio Alkorani.* Translation and Analysis by Jasper Hopkins, Minneapolis 1994. pp. 33-71, *De Pace Fidei, On Peaceful Unity of Faith.*

Kues, Nikolaus von: *Über den Frieden im Glauben*, hg. v. L. Mohler, PhB 223, Leibzig 1943.

Küng, Hans(Hg.): *Ja zum Weltethos. Perspektiven für die Suche nach Orientierung.* München 1995.

Küng, Hans: *Chinesische Religion.* München 1999.

Küng, Hans: *Christentum und Weltreligionen. Buddhismus.* München 1995.

Küng, Hans: *Christianity & World Religions. Paths of Dialogue with Islam, Hinduism, and Buddhism.* Tr. by Peter Heinegg, New York 1996(1986).

Küng, Hans: *Das Christentum. Wesen und Geschichte.* München 1994.

Küng, Hans: *Das Judentum. Die religiöse Situation der Zeit.* München 1991.

Küng, Hans: *Die Hoffnung bewahren. Schriften zur Reform der Kirche.* München 1994.

Küng, Hans: *Die religiöse Situation der Zeit.* München 1999.

Küng, Hans: *Hinduismus.* München 1999.

Küng, Hans: *Islam.* München 1997.

Küng, Hans: *Projekt Weltethos.* München 1990.

Lanczkowski, Günter: *Einführung in die Religionsphänomenologie.* Darmstadt 1992.

Leeuw, Van der G.: *Phänomenologie der Religion.* Tübingen 1933.

Meyendorff, John: "The Christian Gospel and Social Responsibility," in *Continuity and Discontinuity in Church History*, ed. E.F. Church and T. George, Leiden: E.J. Brill, 1979.

Moltmann, J.: *Ernst Bloch und die Hoffung ohne Glauben*, in: *Das Experiment Hoffnung*, München 1974.

Moltmann, J.: *Im Gespräch mit Ernst Bloch; Eine theologische Wegbegleitung*, München 1976.

Moltmann, J.: *Theologie der Hoffnung; Untersuchungen zur Begründung und zu den Konseguenzen einer christlichen Eschatologie*, München 1964.

Morris, Thomas V.: *Anselmian Reflections: Essays in Philosophical Theology.* Notre Dame, University of Notre Dame Press 1987.

Muck, O.: *Die transzendentale Methode in der scholastischen Philosophie der Gegenwart.* Innsbruck 1964.

Münster, Arno: *Gespräch über die Kategorie Novum*, in *Tagträume vom aufrechten Gang, Sechs Interviews mit Ernst Bloch.* Frankfurt 1977.

Neuner, Joseph(ed.): *Christian Revelation and World Religions.* London

1967.

Neuner, Peter: *Ökumenische Theologie. Die Suche nach der Einheit der christlichen Kirchen.* Darmstadt 1997.

Nicholas of Cusa's De Pace Fidei and Cribratio Alkorani. Translation and Analysis by Jasper Hopkins, Minneapolis 1994. pp. 33-71: De Pace Fidei, On Peaceful Unity of Faith.

Nietzsche, F.: *Der Wille zur Macht. Versuch einer Umwertung aller Werte,* in: *Sämtliche Werke. Kritische Studienausgabe* in 15 Bänden. Hrsg. v. G. Colli und M. Montinari. München, Berlin, New York 1980.

Nietzsche, Friedrich: *Der Wille zur Macht.* Leipzig 1911.

Nietzsche, Friedrich: *Der Wille zur Macht. Versuch einer Umwertung aller Werte.* Ausgewählt und geordnet von Peter Gast unter Mitwirkung von Elisabeth Förster-Nietzsche. Stuttgart 1964.

Oertli-Cajacob, P. (Hrsg.): *Innovation statt Resignation. 35 Perspektiven für eine neue Zeit.* Bern 1989.

Okholm, Dennis L.(ed): *Four Views on Salvation in a Pluralistic World.* Michigan 1995.

Otto, Rudolf: *Das Heilige. Über das Irrationale in der Idee des Göttlichen und sein Verhältnis zum Rationalen.* München 1963.

Otto, Rudolf: *West-Östliche Mystik.* München 1971.

Panikkar, Raimon u.a.: *Meinen wir denselben Gott? Ein Streitgespräch.* München 1994.

Panikkar, Raimon: *A Dwelling Place for Wisdom.* Westminster 1993. Deutsche Ausgabe: *Einführung in die Weisheit.* Freiburg 2002.

Panikkar, Raimon: *Cultural Disarmament. The Way to Peace.* Westminster 1995.

Panikkar, Raimon: *Das Abenteuer Wirklichkeit. Gespräch über die geistige Transformation.* München 2000.

Panikkar, Raimon: *Die vielen Götter und der eine Herr. Beiträge zum ökumenischen Gespräch der Weltreligionen.* Weilheim 1963.

Panikkar, Raimon: *Invisible Harmony. Essays on Contemplation & Responsibility.* Minneapolis 1995.

Panikkar, Raimon: *Myth, Faith and Hermeneutics. Cross-Cultural Studies.* New York 1979.

Panikkar, Raimon: *The cosmotheandric experience. Emerging religious consciousness.* New York 1993. Deutsche Ausgabe: *Der Dreiklang der Wirklichkeit. Die kosmotheandrische Offenbarung.* Salzburg 1995.

Panikkar, Raimon: *The intra-religious Dialogue.* New York 1978.

Panikkar, Raimon: *The Silence of God. The Answer of the Buddha.* New York 1990.

Panikkar, Raimon: *The unknown Christ of Hinduism.* London 1964. Deutsche Ausgabe: *Der unbekannte Christus im Hinduismus.* Mainz 1990(2).

Panikkar, Raimon: *Trinität. Über das Zentrum menschlicher Erfahrung.* München 1993.

Panikkar, Raimundo: *Den Mönch in sich entdecken.* München 1989.

Panikkar, Raimundo: *Der unbekannte Christus im Hinduismus.* Mainz 1990 (1986).

Panikkar, Raimundo: *Religionen und Religion.* München 1965.

Panikkar, Raimundo: *Rückkehr zum Mythos.* Frankfurt 1985.

Panikkar, Raimundo: *The Intrareligious Dialogue.* Revised Edition. Paulist Press, New York 1999.

Panikkar, Raimundo: *Worship and Secular Man.* London 1973.

Panikkar, Raymond: *Kerygma und Indien. Zur helisgeschichtlichen Problematik der christlichen Begegnung mit Indien.* Hamburg 1967.

Pascal, B.: *Pensee.* London 1966.

Plantinga, Alvin: *God, Freedom and Evil.* Harper & Row, New York

1974.

Plotins Schriften. Übersetzt von Richard Harder. Neubearbeitung mit griechischem Lesetext und Anmerkungen. Hamburg 1956.

Porphyrios: *Über Plotins Leben und über die Ordnung seiner Schriften,* in: *Plotins Schriften.* Bd. Vc: Anhang, Hamburg 1958.

Prabhu, Joseph (ed.): *The intercultural challange of Raimon Panikkar.* New York 1996.

Rahner, Karl: *Die anonymen Christen,* in: *Schriften zur Theologie* VI, Einsiedeln 1968, S. 545-554.

Rahner, Karl: *Hörer des Wortes. Zur Grundlegung einer Religionsphilosophie.* 2. Auflage. Freiburg 1963.

Robinson, John A.: *Honest to God.* London 1963, dt.-Ausgabe: *Gott ist anders.* München 1963.

Samartha, Stanley J.: *Hindus vor dem universalen Christus. Beiträge zu einer Christologie in Indien.* Stuttgart 1970.

Schaeffler, R.: *Religionsphilosophie.* München 1983, englische Ausgabe: *Reason and the Question of God. An Introduction to the Philosophy of Religion.* New York 1999.

Schaeffler, R.: *Was dürfen wir hoffen? Die katholische Thelogie der Hoffnung zwischen Blochs utopischem Denken und der reformatorischen Rechtfertigungslehre,* Darmstadt 1979.

Schmidt, B.: *Ein Bericht. Zu Entstehung und Wirkungsgeschichte des "Prinzips Hoffnung",* in *Materialien zu Ernst Blochs "Prinzip Hoffnung",* Frankfurt 1978.

Schweitzer, Albert: *Die Religionsphilosophie Kants von der Kritik der reinen Vernunft bis zur Religion innerhalb der Grenzen der blossen Vernunft.* Leipzig und Tübingen 1899.

Smith, W. Cantwell: *Believing: An Historical Perspective.* The University Press of Virginia 1977, Oxford 1998.

Smith, W. Cantwell: *Comparative Religion. Whither and Why?*, M. Eliade & J. Kitagawa ed.: *The History of Religions*. Chicago 1959.

Smith, W. Cantwell: *Faith and Belief. The Difference between Them.* Princeton University Press, Princeton 1979, Oxford 1998.

Smith, W. Cantwell: *Patterns of Faith around the World.* Oxford 1962, Oneworld Publications, Oxford 1998.

Smith, W. Cantwell: *The Faith of Other Men.* New York 1962.

Smith, W. Cantwell: *The Meaning and End of Religion.* Macmillan, New York 1962, Minneapolis 1991.

Spaemann, R.: Ende der Modernität?, in: *Moderne oder Poatmoderne? Zur Signatur des gegenwärtigen Zeitalters*, hrsg. von P. Koslowski, R. Spaemann, R. Löw, Weinheim 1986.

Stephenson, Gunther: *Wege zur religiösen Wirklichkeit.* Darmstadt 1995.

Swidler, Leonard: *After the Absolute. The dialogical future of religious reflection.* Minneapolis 1990.

Thomas Aquinas, Joseph Bernhart (Hrsg.): *Summe der Theologie. Bd. 1: Gott und Schöpfung.* Stuttgart 1985.

Tillich, Paul: *Auf der Grenze.* München 1987.

Tillich, Paul: *Biblical Religion and the Search for Ultimate Reality.* The University of Chicago Press, Chicago 1955.

Tillich, Paul: *Christianity and the Encounter of the World Religions.* New York and London 1963.

Tillich, Paul: *Dynamics of Faith.* New York 1957.

Tillich, Paul: *Love, Power, and Justice. Ontological Analysis and ethical Applications.* Oxford University Press 1954.

Tillich, Paul: *Morality and Beyond.* London and Glasgow 1963.

Tillich, Paul: *Mystik und Schuldbewußtsein in Schellings philosophischer Entwicklung.* Gütersloh 1912.

Tillich, Paul: *Religionsphilosophie.* Stuttgart 1962. *What Is Religion?*

New York 1973.

Tillich, Paul: *Systematic Theology.* The University of Chicago Press. Vol. 1, 1951; Vol. 2, 1957; Vol. 3, 1963.

Tillich, Paul: *The Courage To Be.* London and Glasgow 1952.

Tillich, Paul: *The New Being.* New York 1955.

Tillich, Paul: *The Shaking of the Foundations.* Charles Screibner's Son's, 1948.

Tillich, Paul: *Theology of Culture.* Oxford University Press 1959.

Tokarew, S.A.: *Die Religion in der Geschichte der Völker.* Berlin 1968.

Troeltsch, Ernst: *Die Absolutheit des Christentums und die Religionsge-schichte.* Siebenstern Taschenbuch Verlag, München und Hamburg 1929.

Troeltsch, Ernst: *Die Stellung des Christentums unter den Weltreligionen* (*The place of christianity among the world-religions*), in *Christian Thought. Its History and Application.* Trans. by Baron F. von Hügel, University of London Press 1923. Wipf and Stock Publishers, West Broadway 1999.

Vahanian, Gabriel: *The Death of God. The Culture of Our Post-Christian Era.* New York 1957.

Van Buren, Paul: *The Secular Meaning of the Gospel.* London 1963.

Waardenburg, Jacques: *Religionen und Religion.* Belin 1986.

Welte, Bernhard: *Religionsphilosophie.* Freiburg 1978.

Wiggins, James B.: *In Praise of Religious Diversity.* London 1999.

❈ 찾아보기 ❈

지은이 : 김 진(金 珍)

울산대학교 철학과 교수. 독일 루어대학(보쿰) 철학박사
e-mail: *jinkim@mail.ulsan.ac.kr*

독일 루어-대학(보쿰)에서 철학, 기독교 윤리학, 한국학을 연구하였으며 리챠드 쉐플러(Richard Schaeffler) 교수의 지도 아래 철학박사 학위를 취득하였다.

저서로는 *Kants Postulatenlehre* (Peterlang, Frankfurt 1988), 『철학의 현실문제들』(철학과현실사 1994), 『칼 마르크스와 희랍철학』(한국신학연구소 1992; 울산대출판부 1998), *Hoffnungsphilosophie im Maitreya-Buddhismus* (UUP 1997), 『종교문화의 이해』(울산대출판부 1998); 『아펠과 철학의 변형』(철학과현실사 1998), 『칸트·이성의 한계 안에서의 종교』(울산대학교출판부 1999), 『살고있는 순간의 어두움 : 나의 일상철학적 구상들』(세종출판사 1999), 『선험철학과 요청주의』(울산대출판부 1999), 『칸트와 생태 사상』(철학과현실사 2003), 『퓌지스와 존재사유』(문예출판사 2003) 등이 있다.

역서로는 토마스 아퀴나스의 『존재자와 본질에 대하여』(서광사 1995)와 리챠드 쉐플러의 『역사철학』(철학과현실사 1997) 등이 있으며, 『공학윤리』(철학과현실사 2003)와 『한의 학제적 연구』(철학과현실사 2004), *Wahrheit und Erfahrung* (Würzburg 2004) 등 다수의 공저와 논문들이 있다. 주요 연구 분야는 칸트 및 현대 독일철학, 종교 및 희망철학, 생태존재론, 역사·문화철학 등이다.

하느님의 길

2005년 3월 20일 1판 1쇄 인쇄
2005년 3월 31일 1판 1쇄 발행

지은이 : 김   진
발행인 : 전 춘 호
발행처 : 철학과현실사
서울시 서초구 양재동 338-10, TEL 579-5908, 5909
등록일자 : 1987. 12. 15. 제1-583호

ISBN 89-7775-523-9 03230

값 15,000원

※ 잘못된 책은 바꾸어 드립니다.